Die ersten Millionen Ziffern von Pi

herausgegeben von

David E. McAdams

Weitere Informationen finden Sie unter
http://www.piday.org.

Die Website des Autors ist
http://www.demcadams.com.

Dieses Buch dient ausschließlich Bildungs- und Unterhaltungszwecken. Der Verlag und der Autor bieten es nicht als mathematische Beratung an.

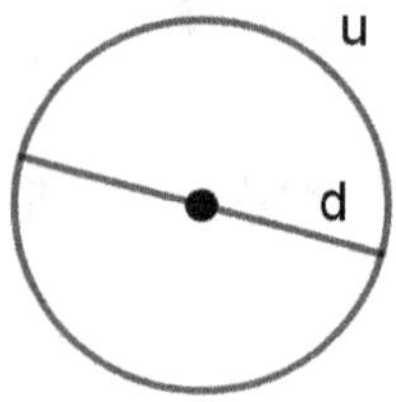

$$\Pi = \frac{u}{d}$$

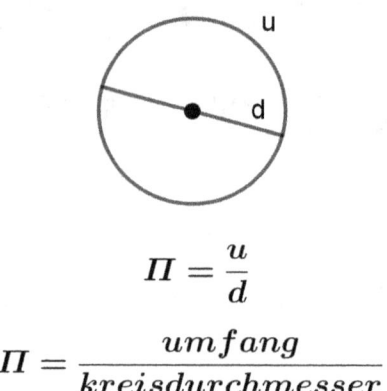

$$\Pi = \frac{umfang}{kreisdurchmesser}$$

3.1415926535897932384626433832795028841971693993751058209749445923
078164062862089986280348253421170679821480865132823066470938446095
505822317253594081284811174502841027019385211055596446229489549303
819644288109756659334461284756482337867831652712019091456485669234
603486104543266482133936072602491412737245870066063155881748815209
209628292540917153643678925903600113305305488204665213841469519415
116094330572703657595919530921861173819326117931051185480744623799
627495673518857527248912279381830119491298336733624406566430860213
949463952247371907021798609437027705392171762931767523846748184676
694051320005681271452635608277857713427577896091736371787214684409
012249534301465495853710507922796892589235420199561121290219608640
344181598136297747713099605187072113499999983729780499510597317328
160963185950244594553469083026425223082533446850352619311881710100
031378387528865875332083814206171776691473035982534904287554687311
595628638823537875937519577818577805321712268066130019278766111959
092164201989380952572010654858632788659361533818279682303019520353
018529689957736225994138912497217752834791315155748572424541506959
508295331168617278558890750983817546374649393192550604009277016711
390098488240128583616035637076601047101819429555961989467678374494
482553797747268471040475346462080466842590694912933136770289891521
047521620569660240580381501935112533824300355876402474964732639141
992726042699227967823547816360093417216412199245863150302861829745
557067498385054945885869269956909272107975093029553211653449872027
559602364806654991198818347977535663698074265425278625518184175746
728909777727938000816470600161452491921732172147723501414419735685
481613611573525521334757418494684385233239073941433345477624168625
189835694855620992192221842725502542568876717904946016534668049886
272327917860857843838279679766814541009538837863609506800642251252
051173929848960841284886269456042419652850222106611863067442786220
391949450471237137869609563643719172874677646575739624138908658326
459958133904780275900994657640789512694683983525957098258226205224
894077267194782684826014769909026401363944374553050682034962524517
493996514314298091906592509372216964615157098583874105978859597729
754989301617539284681382686838689427741559918559252459539594310499
725246808459872736446958486538367362226260991246080512438843904512
441365497627807977156914359977001296160894416948685558484063534220
722258284886481584560285060168427394522674676788952521385225499546
667278239864565961163548862305774564980355936345681743241125150760
694794510965960940252288797108931456691368672287489405601015033086
179286809208747609178249385890097149096759852613655497818931297848
216829989487226588048575640142704775551323796414515237462343645428
584447952658678210511413547357395231134271661021359695362314429524
849371871101457654035902799344037420073105785390621983874478084784
896833214457138687519435064302184531910484810053706146806749192781
911979399520614196634287544406437451237181921799983910159195618146
751426912397489409071864942319615679452080951465502252316038819301
420937621378559566389377870830390697920773467221825625996615014215
030680384477345492026054146659252014974428507325186660021324340881
907104863317346496514539057962685610055081066587969981635747363840
525714591028970641401109712062804390397595156771577004203378699360
072305587631763594218731251471205329281918261861258673215791984148
488291644706095752706957220917567116722910981690915280173506712748
583222871835209353965725121083579151369882091444210067510334671103
141267111369908658516398315019701651511685171437657618351556508849
099898599823873455283316355076479185358932261854896321329330898570
642046752590709154814165498594616371802709819943099244889575712828
905923233260972997120844335732654893823911932597463667305836041428
138830320382490375898524374417029132765618093773444030707469211201

913020330380197621101100449293215160842444859637669838952286847831
235526582131449576857262433441893039686426243410773226978028073189
154411010446823252716201052652272111660396665573092547110557853763
466820653109896526918620564769312570586356620185581007293606598764
861179104533488503461136576867532494416680396265797877185560845529
654126654085306143444318586769751456614068007002378776591344017127
494704205622305389945613140711270004078547332699390814546646458807
972708266830634328587856983052358089330657574067954571637752542021
149557615814002501262285941302164715509792592309907965473761255176
567513575178296664547791745011299614890304639947132962107340437518
957359614589019389713111790429782856475032031986915140287080859904
801094121472213179476477726224142548545403321571853061422881375850
430633217518297986622371721591607716692547487389866549494501146540
628433663937900397692656721463853067360965712091807638327166416274
888800786925602902284721040317211860820419000422966171196377921337
575114959501566049631862947265473642523081770367515906735023507283
540567040386743513622224771589150495309844489333096340878076932599
397805419341447377441842631298608099888687413260472156951623965864
573021631598193195167353812974167729478672422924654366800980676928
238280689964004824354037014163149658979409243237896907069779422362
508221688957383798623001593776471651228935786015881617557829735233
446042815126272037343146531977774160319906655418763979293344195215
413418994854447345673831624993419131814809277771038638773431772075
456545322077709212019051660962804909263601975988281613323166636528
619326686336062735676303544776280350450777235547105859548702790814
356240145171806246436267945612753181340783303362542327839449753824
372058353114771199260638133467768796959703098339130771098704085913
374641442822772634659470474587847787201927715280731767907707157213
444730605700733492436931138350493163128404251219256517980694113528
013147013047816437885185290928545201165839341965621349143415956258
658655705526904965209858033850722426482939728584783163057777560688
876446248246857926039535277348030480290058760758251047470916439613
626760449256274204208320856611906254543372131535958450687724602901
618766795240616342522577195429162991930645537799140373404328752628
889639958794757291746426357455254079091451357111369410911939325191
076020825202618798531887705842972591677813149699009019211697173727
847684726860849003377024242916513005005168323364350389517029893922
334517220138128069650117844087451960121228599371623130171144484640
903890644954440061986907548516026327505298349187407866808818338510
228334508504860825039302133219715518430635455007668282949304137765
527939751754613953984683393638304746119966538581538420568533862186
725233402830871123282789212507712629463229563989898935821167456270
102183564622013496715188190973038119800497340723961036854066431939
509790190699639552453005450580685501956730229219139339185680344903
982059551002263535361920419947455385938102343955449597783779023742
161727111723643435439478221818528624085140066604433258885698670543
154706965747458550332323342107301545940516553790686627333799585115
625784322988273723198987571415957811196358330059408730681216028764
962867446047746491599505497374256269010490377819868359381465741268
049256487985561453723478673303904688383436346553794986419270563872
931748723320837601123029911367938627089438799362016295154133714248
928307220126901475466847653576164773794675200490757155527819653621
323926406160136358155907422020203187277605277219005561484255518792
530343513984425322341576233610642506390497500865627109535919465897
514131034822769306247435363256916078154781811528436679570611086153
315044521274739245449454236828860613408414863776700961207151249140
430272538607648236341433462351897576645216413767969031495019108575
984423919862916421939949072362346468441173940326591840443780513338

9452574239950829659122850855582157250310712570126683024029295252201
118726767562204154205161841634847565169998116141010029960783869092
916030288400269104140792886215078424516709087000699282120660418371
806535567252532567532861291042487761825829765157959847035622262934
860034158722980534989650226291748788202734209222245339856264766914
905562842503912757710284027998066365825488926488025456610172967026
640765590429099456815065265305371829412703369313785178609040708667
114965583434347693385781711386455873678123014587687126603489139095
620099393610310291616152881384379099042317473363948045759314931405
297634757481193567091101377517210080315590248530906692037671922033
229094334676851422144773793937517034436619910403375111735471918550
464490263655128162288244625759163330391072253837421821408835086573
917715096828874782656995995744906617583441375223970968340800535598
491754173818839994469748676265516582765848358845314277568790029095
170283529716344562129640435231176006651012412006597558512761785838
292041974844236080071930457618932349229279650198751872127267507981
255470958904556357921221033346697499235630254947802490114195212382
815309114079073860251522742995818072471625916685451333123948049470
791191532673430282441860414263639548000448002670496248201792896476
697583183271314251702969234889627668440323260927524960357996469256
504936818360900323809293459588970695365349406034021665443755890045
632882250545255640564482465151875471196218443965825337543885690941
130315095261793780029741207665147939425902989695946995565761218656
196733786236256125216320862869222103274889218654364802296780705765
615144632046927906821207388377814233562823608963208068222468012248
261177185896381409183903673672220888321513755600372798394004152970
028783076670944474560134556417254370906979396122571429894671543578
468788614445812314593571984922528471605049221242470141214780573455
105008019086996033027634787081081754501193071412233908663938339529
425786905076431006383519834389341596131854347546495569781038293097
164651438407007073604112373599843452251610507027056235266012764848
308407611830130527932054274628654036036745328651057065874882256981
579367897669742205750596834408697350201410206723585020072452256326
513410559240190274216248439140359989535394590944070469120914093870
012645600162374288021092764579310657922955249887275846101264836999
892256959688159205600101655256375678566722796619885782794848855834
397518744545512965634434803966420557982936804352202770984294232533
022576341807039476994159791594530069752148293366555661567873640053
666564165473217043903521329543529169414599041608753201868379370234
888689479151071637852902345292440773659495630510074210871426134974
595615138498713757047101787957310422969066670214498637464595280824
369445789772330048764765241339075920434019634039114732023380715095
222010682563427471646024335440051521266932493419673977041595683753
555166730273900749729736354964533288869844061196496162773449518273
695588220757355176651589855190986665393549481068873206859907540792
342402300925900701731960362254756478940647548346647760411463233905
651343306844953979070903023460461470961696886885014083470405460742
958699138296682468185710318879065287036650832431974404771855678934
823089431068287027228097362480939962706074726455399253994428081137
369433887294063079261595995462624629707062594845569034711972996409
089418059534393251236235508134949004364278527138315912568989295196
427287573946914272534366941532361004537304881985517065941217352462
589548730167600298865925786628561249665523533829428785425340483083
307016537228563559152534784459818313411290019992059813522051173365
856407826484942764411376393866924803118364453698589175442647399882
284621844900877769776312795722672655562596282542765318300134070922
334365779160128093179401718598599933849235495640057099558561134980
252499066984233017350358044081168552653117099570899427328709258487

8944364600504108922669178352587078595129834417295351953788553457374260859029081765155780390594640873506123226112009373108048548526357228257682034160504846627750450031262008007998049254853469414697751649327095049346393824322271885159740547021482897111777923761225788734771881968254629812686858170507402725502633290449762778944236216741191862694396506715157795867564823993917604260176338704549901761436412046921823707648878341968968611815581587360629386038101712158552726683008238340465647588040513808016336388742163714064354955618689641122821407533026551004241048967835285882902436709048871181909094945331442182876618103100735477054981596807720094746961343609286148494178501718077930681085469000944589952794243981392135055864221964834915126390128038320010977386806628779239718014613432445726400973742570073592100315415089367930081699805365202760072774967458400283624053460372634165542590276018348403068113818551059797056640075094260878857357960373245141467867036880988060971642584975951380693094494015154222219432913021739125383559150310033303251117491569691745027149433151558854039221640972291011290355218157628232831823425483261119128009282525619020526301639114772473314857391077758744253876117465786711694147764214411112635835538713610110232679877564102468240322648346417663698066378576813492045302240819727856471983963087815432211669122464159117767322532643356861461865452226812688726844596844241610785401676814208088502800541436131462308210259417375623899420757136275167457318918945628352570441335437585753426986994725470316566139919996826282472706413362221789239031760854289437339356188916512504244040089527198378738648058472689546243882343751788520143956005710481194988423906061369573423155907967034614914344788636041031823507365027785908975782727313050488939890099239135033732508559826558670892426124294736701939077271307068691709264625484232407485503660801360466895118400936686095463250021458529309500009071510582362672932645373821049387249966993394246855164832611341461106802674466373343753407642940266829738652209357016263846485285149036293201991996882851718395366913452224447080459239660281715655156566611135982311225062890585491450971575539002439315351909021071194573002438801766150352708626025378817975194780610137150044899172100222013350131060163915415895780371177927752259787428919179155224171895853616805947412341933984202187456492564434623925319531351033114763949119950728584306583619353693296992898379149419394060857248639688369032655643642166442576079147108699843157337496488352927693282207629472823815374099615455987982598910937171262182830258481123890119682214294576675807186538065064870261338928229949725745303328389638184394477077940228435988341003583854238973542439564755568409522484455413923941000162076936368467764130178196593799715574685419463348937484391297423914336593604100352343777065888677811394986164787471407932638587386247328896456435987746676384794665040741118256583788784548581489629612739984134427260860618724554523606431537101127468097787044640947582803487697589483282412392929605829486191966709189580898332012103184303401284951162035342801441276172858302435598300320420245120728725355811958401491809692533950757784000674655260314461670508276827722235341911026341631571474061238504258459884199076112872580591139356896014316682831763235673254170734208173322304629879928049085140947903688786878949305469557030726190095020764334933591060245450864536289354568629585313153371838682656178622736371697577418302398600659148161640494496501173213138957470620884748023653710311508984279927544268532779743113951435741722197597993596852522857452637962896126915723579866205734083757668738842664059909935050008133754324546359675048442352848747014435454195762584735642161981340734685411176688311865448937769795665172796623267148103386439137518659467300244345005449953997423723287124948347060440634716063256

830649829795510109541836235030309453097335834462839476304775645015
008507578949548931393944899216125525597701436858943585877526379625
597081677643800125436502371412783467926101995585224717220177723700
417808419423948725406801556035998390548985723546745642390585850216
719031395262944554391316631345308939062046784387785054239390524731
362012947691874975191011472315289326772533918146607300089027768963
114810902209724520759167297007850580717186381054967973100167870850
694207092232908070383263453452038027860990556900134137182368370991
949516489600755049341267876436746384902063964019766685592335654639
138363185745698147196210841080961884605456039038455343729141446513
474940784884423772175154334260306698831768331001133108690421939031
080143784334151370924353013677631084913516156422698475074303297167
469640666531527035325467112667522460551199581831963763707617991919
203579582007595605302346267757943936307463056901080114942714100939
136913810725813781357894005599500183542511841721360557275221035268
037357265279224173736057511278872181908449006178013889710770822931
002797665935838758909395688148560263224393726562472776037890814458
837855019702843779362407825052704875816470324581290878395232453237
896029841669225489649715606981192186584926770403956481278102179913
217416305810554598801300484562997651121241536374515005635070127815
926714241342103301566165356024733807843028655257222753049998837015
348793008062601809623815161366903341111386538510919367393835229345
888322550887064507539473952043968079067086806445096986548801682874
343786126453815834280753061845485903798217994599681154419742536344
399602902510015888272164745006820704193761584547123183460072629339
550548239557137256840232268213012476794522644820910235647752723082
081063518899152692889108455571126603965034397896278250016110153235
160519655904211844949907789992007329476905868577878720982901352956
613978884860509786085957017731298155314951681467176959760994210036
183559138777817698458758104466283998806006162298486169353373865787
735983361613384133853684211978938900185295691967804554482858483701
170967212535338758621582310133103877668272115726949518179589754693
992642197915523385766231676275475703546994148929041301863861194391
962838870543677743224276809132365449485366768000001065262485473055
861598999140170769838548318875014293890899506854530765116803337322
265175662207526951791442252808165171667766727930354851542040238174
608923283917032754257508676551178593950027933895920576682789677644
531840404185540104351348389531201326378369283580827193783126549617
459970567450718332065034556644034490453627560011250184335607361222
765949278393706478426456763388188075656121689605041611390390639601
620221536849410926053876887148379895599991120991646464411918568277
004574243434021672276445589330127781586869525069499364610175685060
167145354315814801054588605645501332037586454858403240298717093480
910556211671546848477803944756979804263180991756422809873998766973
237695737015808068229045992123661689025962730430679316531149401764
737693873514093361833216142802149763399189835484875625298752423873
077559555955465196394401821840998412489826236737714672260616336432
964063357281070788758164043814850188411431885988276944901193212968
271588841338694346828590066640806314077757725705630729400492940302
420498416565479736705485580445865720227637840466823379852827105784
319753541795011347273625774080213476826045022851579795797647467022
840999561601569108903845824502679265942055503958792298185264800706
837650418365620945554346135134152570065974881916341359556719649654
032187271602648593049039787489589066127250794828276938953521753621
850796297785146188432719223223810158744450528665238022532843891375
273845892384422535472653098171578447834215822327020690287232330053
862163479885094695472004795231120150432932266282727632177908840087
861480221475376578105819702226309717495072127248479478169572961423

6585957820908307332335603484653187302930266596450137183754288975579714499246540386817992138934692447419850973346267933210726868707680626399193619650440995421676278409146698569257150743157407938053239252394775574415918458215625181921552337096074833292349210345146264374498055961033079941453477845746999921285999993996122816152193148887693880222810830019860165494165426169685867883726095877456761825072759929508931805218729246108676399589161458550583972742098090978172932393010676638682404011130402470073508578287246271349463685318154696904669686939254725194139929146524238577625500474852954768147954670070503479995888676950161249722820403039954632788306959762493615101024365553522306906129493885990157346610237122354789112925476961760050479749280607212680392269110277722610254414922157650450812067717357120271802429681062037765788371669091094180744878140490755178203856539099104775941413215432844062503018027571696508209642734841469572639788425600845312140659358090412711359200419759851362547961606322887361813673732445060792441176399759746193835845749159880976674470930065463424234606342374746660804317012600520559284936959414340814685298150539471789004518357551541252235905906872648786357525419112888773717663748602766063496035367947026923229718683277173932361920077745221262475186983349515101986426988784717193966497690708252174233656627259284406204302141137199227852699846988477023238238400556555178890876613601304770984386116870523105531491625172837327286760072481729876375698163354150746088386636406934704372066886512756882661497307886570156850169186474885416791545965072342877306998537139043002665307839877638503238182155355973235306860430106757608389086270498418885951380910304235957824951439885901131858358406674723702971497850841458530857813391562707603563907639473114554958322669457024941398316343323789759556808568362972538679132750555425244919435891284050452269538121791319145135009938463117740179715122837854601160359554028644059024964669307077690554810288502080858008781157738171917417760173307385547580060560143377432990127286772530431825197579167929699650414607066457125888346979796429316229655201687973000356463045793088403274807718115553309098870255052076804630346086581653948769519600440848206596737947316808641564565053004988161649057883115434548505266006982309315777650037807046612647060214575057932709620478256152471459189652236083966456241051955105223572397395128818164059785914279148165426328920042816091369377737222999833270820829699557377273756676155271139225880552018988762011416800546873655806334716037342917039079863965229613128017826797172898229360702880690877686605932527463784053976918480820410219447197138692560841624511239806201131845412447820501107987607171556831540788654390412108730324020106853419472304766667217498698685470767812051247367924791931508564447753798537997322344561227858432968466475133365736923872014647236794278700425032555899268843495928761240075587569464137056251400117971331662071537154360068764773186755871487839890810742953094106059694431584775397009439883949144323536685392099468796450665339857388878661476294434140104988899316005120767810358861166020296119363968213496075011164983278563531614516845769568710900299976984126326650234771672865737857908574664607722834154031144152941880478254387617707904300015669867767957609099669360755949651527363498118964130433116627747123388174060373174397054067031096767657486953587896700319258662594105105335843846560233917967492678447637084749783336555790073841914731988627135259546251816043422537299628632674968240580602964211463864368642247248872834341704415734824818333016405669596688667695634914163284264149745333499994800026699875888159350735781519588990053951208535103572613736403436753471410483601754648830040784641674521673719048310967671134434948192626811107399482506073949507350316901973185211955263563258433909982249862406

670310768318446607291248747540316179699411397387765899868554170318
847788675929026070043212666179192235209382278788809886335991160819
235355570464634911320859189796132791319756490976000139962344455350
143464268604644958624769094347048293294140411146540923988344435159
133201077394411184074107684981066347241048239358274019449356651610
884631256785297769734684303061462418035852933159734583038455410337
010916767763742762102137013548544509263071901147318485749233181672
072137279355679528443925481560913728128406333039373562420016045664
557414588166052166608738748047243391212955877763906969037078828527
753894052460758496231574369171131761347838827194168606625721036851
321566478001476752310393578606896111259960281839309548709059073861
351914591819510297327875571049729011487171897180046961697770017913
919613791417162707018958469214343696762927459109940060084983568425
201915593703701011049747339493877885989417433031785348707603221982
970579751191440510994235883034546353492349826883624043327267415540
301619505680654180939409982020609994140216890900708213307230896621
197755306659188141191577836272927461561857103721724710095214236964
830864102592887457999322374955191221951903424452307535133806856807
354464995127203174487195403976107308060269906258076020292731455252
078079914184290638844373499681458273372072663917670201183004648190
002413083508846584152148991276106513741539435657211390328574918769
094413702090517031487773461652879848235338297260136110984514841823
808120540996125274580881099486972216128524897425555160763716750554
896173016809613803811914361143992106380050832140987604599309324851
025168294467260666138151745712559754953580239983146982203613380828
499356705575524712902745397762140493182014658008021566536067765508
783804304134310591804606800834591136640834887408005741272586704792
258319127415739080914383138456424150940849133918096840251163991936
853225557338966953749026620923261318855891580832455571948453875628
786128859004106006073746501402627824027346962528217174941582331749
239683530136178653673760642166778137739951006589528877427662636841
830680190804609849809469763667335662282915132352788806157768278159
588669180238940333076441912403412022316368577860357276941541778826
435238131905028087018575047046312933353757285386605888904583111450
773942935201994321971171642235005644042979892081594307167019857469
273848653833436145794634175922573898588001698014757420542995801242
958105456510831046297282937584161162532562516572498078492099897990
620035936509934721582965174135798491047111660791587436986541222348
341887722929446335178653856731962559852026072947674072616767145573
649812105677716893484917660771705277187601199908144113058645577910
525684304811440261938402322470939249802933550731845890355397133088
446174107959162511714864874468611247605428673436709046678468670274
091881014249711149657817724279347070216688295610877794405048437528
443375108828264771978540006509704033021862556147332117771174413350
281608840351781452541964320309576018694649088681545285621346988355
444560249556668436602922195124830910605377201980218310103270417838
665447181260397190688462370857518080035327047185659499476124248110
999288679158969049563947624608424065930948621507690314987020673533
848349550836366017848771060809804269247132410009464014373603265645
184566792456669551001502298330798496079949882497061723674493612262
229617908143114146609412341593593095854079139087208322733549572080
757165171876599449856937956238755516175754380917805280294642004472
153962807463602113294255916002570735628126387331060058910652457080
244749375431841494014821199962764531068006631183823761639663180931
444671298615527598201451410275600689297502463040173514891945763607
893528555053173314164570504996443890936308438744847839616840518452
732884032345202470568516465716477139323775517294795126132398229602
394548579754586517458787713318138752959809412174227300352296508089

177705068259248822322154938048371454781647213976820963320508305647
920482085920475499857320388876391601995240918938945576768749730856
955958010659526503036266159750662225084067428898265907510637563569
968211510949669744580547288693631020367823250182323708459790111548
472087618212477813266330412076216587312970811230758159821248639807
212407868878114501655825136178903070860870198975889807456643955157
415363193191981070575336633738038272152798849350397480015890519420
879711308051233933221903466249917169150948541401871060354603794643
379005890957721180804465743962806186717861017156740967662080295766
577051291209907944304632892947306159510430902221439371849560634056
189342513057268291465783293340524635028929175470872564842600349629
611654138230077313327298305001602567240141851520418907011542885799
208121984493156999059182011819733500126187728036812481995877070207
532406361259313438595542547781961142935163561223496661522614735399
674051584998603552953329245752388810136202347624669055816438967863
097627365504724348643071218494373485300606387644566272186661701238
127715621379746149861328744117714552444708997144522885662942440230
184791205478498574521634696448973892062401943518310088283480249249
085403077863875165911302873958787098100772718271874529013972836614
842142871705531796543076504534324600536361472618180969976933486264
077435199928686323835088756683595097265574815431940195576850437248
001020413749831872259677387154958399718444907279141965845930083942
637020875635398216962055324803212267498911402678528599673405242031
091797899905718821949391320753431707980023736590985375520238911643
467185582906853711897952626234492483392496342449714656846591248918
556629589329909035239233336474352037077010108438800329075983421 70
185542283861617210417603011645918780539367444747205998502358289183 3
692922337323999480437108419659473162654825748099482509991833006976
569367159689364493348864744213500840700660883597235039532340179582
557036016936990988671132109798897070517280755855191269930673099250
704070245568507786790694766126298082251633136399521170984528092630
375922426742575599892892783704744452189363203489415521044597261883
800300677617931381399162058062701651024458869247649246891924612125
310275731390840470007143561362316992371694848132554200914530410371
354532966206392105479824392125172540132314902740585892063217589494
345489068463993137570910346332714153162232805522972979538018801628
590735729554162788676498274186164218789885741071649069191851162815
285486794173638906653885764229158342500673612453849160674137340173
572779956341043326883569507814931378007362354180070619180267328551
191942676091221035987469241172837493126163395001239599240508454375
698507957046222664619000103500490183034153545842833764378111988556
318777792537201166718539541835984438305203762819440761594106820716
970302285152250573126093046898423433152732131361216582808075212631
547730604423774753505952287174402666389148817173086436111389069420
279088143119448799417154042103412190847094080254023932942945493878
640230512927119097513536000921971105412096683111516328705423028470
073120658032626417116165957613272351566662536672718998534199895236
884830999302757419916463841427077988708874229277053891227172486322
028898425125287217826030500994510824783572905691988555467886079462
805371227042466543192145281760741482403827835829719301017888345674
167811398954750448339314689630763396657226727043393216745421824557
062524797219978668542798977992339579057581890622525473582205236424
850783407110144980478726691990186438822932305382318559732869780922
253529591017341407334884761005564018242392192695062083183814546983
923664613639891012102177095976704908305081854704194664371312299692
358895384930136356576186106062228705599423371631021278457446463989
738188566746260879482018647487672727222062676465338099801966883680
994159075776852639865146253336312450536402610569605513183813174261

184420189088853196356986962795036738424313011331753305329802016688
817481342988681585577810343231753064784983210629718425184385534427
620128234570716988530518326179641178579608888150329602290705614476
220915094739035946646916235396809201394578175891088931992112260073
928149169481615273842736264298098234063200244024495894456129167049
508235812487391799648641133480324757775219708932772262349486015046
652681439877051615317026696929704928316285504212898146706195331970
269507214378230476875280287354126166391708245925170010714180854800
636923259462019002278087409859771921805158532147392653251559035410
209284665925299914353791825314545290598415817637058927906909896911
164381187809435371521332261443625314490127454772695739393481546916
311624928873574718824071503995009446731954316193855485207665738825
139639163576723151005556037263394867208207808653734942440115799667
507360711159351331959197120948964717553024531364770942094635696982
226673775209945168450643623824211853534887989395673187806606107885
440005508276570305587448541805778891719207881423351138662929667179
643468760077047999537883387870348718021842437342112273940255717690
819603092018240188427057046092622564178375265263358324240661253311
529423457965569502506810018310900411245379015332966156970522379210
325706937051090830789479999004999395322153622748476603613677697978
567386584670936679588583788795625946464891376652199588286933801836
011932368578558558195556042156250883650203322024513762158204618106
705195330653060606501054887167245377942831338871631395596905832083
416898476065607118347136218123246227258841990286142087284956879639
325464285343075301105285713829643709990356948885285190402956047346
131138263878897551788560424998748316382804046848618938189590542039
889872650697620201995548412650005394428203930127481638158530396439
925470201672759328574366661644110962566337305409219519675148328734
808957477775278344221091073111351828046036347198185655572957144747
682552857863349342858423118749440003229690697758315903858039353521
358860079600342097547392296733310649395601812237812854584317605561
733861126734780745850676063048229409653041118306671081893031108871
728167519579675347188537229309616143204006381322465841111157758358
581135018569047815368938137718472814751998350504781297718599084707
621974605887423256995828892535041937958260616211842368768511418316
068315867994601652057740529423053601780313357263267054790338401257
305912339601880137825421927094767337191987287385248057421248921183
470876629667207272325650565129333126059505777727542471241648312832
982072361750574673870128209575544305968395555686861188397135522084
452852640081252027665557677495969626612604565245684086139238265768
583384698499778726706555191854468698469478495734622606294219624557
085371272776523098955450193037732166649182578154677292005212667143
463209637891852323215018976126034373684067194193037746880999296877
582441047878123266253181845960453853543839114496775312864260925211
537673258866722604042523491087026958099647595805794663973419064010
036361904042033113579336542426303561457009011244800890020801478056
603710154122328891465722393145076071670643556827437743965789067972
687438473076346451677562103098604092717090951280863090297385044527
182892749689212106670081648583395537735919136950153162018908887484
210798706899114804669270650940762046502772528650728905328548561433
160812693005693785417861096969202538865034577183176686885923681488
475276498468821949739729707737187188400414323127636504814531122850
990020742409255859252926103021067368154347015252348786351643976235
860419194129697690405264832347009911154242601273438022089331096686
367898694977994001260164227609260823493041180643829138347354679725
399262338791582998486459271734059225620749105308531537182911681637
219395188700957788181586850464507699343940987433514431626330317247
747486897918209239480833143970840673084079589358108966564775859905

563769525232653614424780230826811831037735887089240613031336477371
011628214614661679404090518615260360092521947218890918107335871964
142144478654899528582343947050079830388538860831035719306002771194
558021911942899922722353458707566246926177663178855144350218287026
685610665003531050216318206017609217984684936863161293727951873078
972637353717150256378733579771808184878458866504335824377004147710
414934927438457587107159731559439426412570270965125108115548247939
403597681188117282472158250109496096625393395380922195591918188552
678062149923172763163218339896938075616855911752998450132067129392
404144593862398809381240452191484831646210147389182510109096773869
066404158973610476436500068077105656718486281496371118832192445663
945814491486165500495676982690308911185687986929470513524816091743
243015383684707292898982846022237301452655679898627767968091469798
378268764311598832109043715611299766521539635464420869197567370005
738764978437686287681792497469438427465256316323005551304174227341
646455127812784577772457520386543754282825671412885834544435132562
054464241011037955464190581168623059644769587054072141985212106734
332410756767575818456990693046047522770167005684543969234041711089
888993416350585157887353430815520811772071880379104046983069578685
473937656433631979786803671873079693924236321448450354776315670255
390065423117920153464977929066241508328858395290542637687668968805
033317227800185885069736232403894700471897619347344308437443759925
034178807972235859134245813144049847701732361694719765715353197754
997162785663119046912609182591249890367654176979903623755286526375
733763526969344354400473067198868901968147428767790866979688522501
636949856730217523132529265375896415171479559538784278499866456302
878831962099830494519874396369070682762657485810439112232618794059
941554063270131989895703761105323606298674803779153767511583043208
498720920280929752649812569163425000522908872646925284666104665392
171482080130502298052637836426959733707053922789153510568883938113
249757071331029504430346715989448786847116438328050692507766274500
122003526203709466023414648998390252588830148678162196775194583167
718762757200505439794412459900771152051546199305098386982542846407
255540927403132571632640792934183342147090412542533523248021932277
075355546795871638358750181593387174236061551171013123525633485820
365146141870049205704372018261733194715700867578539336078622739558
185797587258744102542077105475361294047460100094095444959662881486
915903899071865980563617137692227290764197755177720104276496949611
056220592502420217704269622154958726453989227697660310524980855759
471631075870133208861463266412591148633881220284440694169488261529
577625325019870359870674380469821942056381255833436421949232275937
221289056420943082352544084110864545369404969271494003319782861318
186188811118408257865928757426384450059944229568586460481033015388
911499486935436030221810943466764000022362550573631294626296096198
760564259963946138692330837196265954739234624134597795748524647837
980795693198650815977675350553918991151335252298736112779182748542
008689539658359421963331502869561192012298889887006079992795411188
269023078913107603617634779489432032102773359416908650071932804017
163840644987871753756781185321328408216571107549528294974936214608
215583205687232185574065161096274874375098092230211609982633033915
469494644491004515280925089745074896760324090768983652940657920198
315265410658136823791984090645712468948470209357761193139980246813
405200394781949866202624008902150166163813538381515037735022966074
627952910384068685569070157516624192987244482719429331004854824454
580718897633003232525821581280327467962002814762431828622171054352
898348208273451680186131719593324711074662228508710666117703465352
839577625997744672185715816126411143271794347885990892808486694914
139097716736900277758502686646540565950394867841110790116104008572

7445629384254941675946054871172359464291058509099502149587931121 96
1359083158826206823321561530868337308381732793281969838750870834 83
8804638847844188400318471269745437093732983624028751979208023218 78
7448828728437273780178270080587824107493575148899789117397461293 20
3510814327032514090304874622629423443275712600866425083331876886 50
7564292716055252895449215376517514921963671810494353178583834538 65
2556566406572513635750643532365089367904317025978781771903148679 63
8408288102094614900797151377170990619549696400708676671023300486 72
6314755105372317571143223174114116806228642063889062101923552235 46
7116621374996932693217370431059872250394565749246169782609702533 59
4750209138366737728944386964000281103440260847128990007468077648 44
0887113413525033678773167977093727786821661178653442317322646378 47
6978751443320953400016506921305464768909850502030150448808342618 45
2087305309731894929164253229336124315143065782640702838984098416 02
9503092418971209716016492656134134334222988279099217860426798124 57
2853458013382609958771781131021673402565627440072968340661984806 76
6158050216918337236803990279316064204368120799003162644491461902 19
4582296909921227885539487835383056468648816555622943156731282743 90
8264506116289428035016613366978240517701552196265227254558507386 40
5852998303791803504328767038092521679075712040612375963276856748 45
0791511473134400018325703449209097124358094479004624943134550289 00
6806487042935340374360326258205357901183956490893543451013429696 17
5452495739606214902887289327925206965353863964432253883275224996 05
9869747598823299162635459733244451637553343774929289905811757863 55
5556269374269109471170021654117182197505198317871371060510637955 58
5889055688528879890847509157646390746936198815078146852621332524 73
8376511929901561091897779220087057933964638274906806987691681974 92
3656242260871541761004306089043779766785196618914041449252704808 81
9714988015420577870065215940092897776013307568479669929554336561 39
8477380603943688958876460549838714789684828053847017308711177611 59
6635050399793438693391197898871091565417091330826076474063057114 11
0988393880954814378284745288383680794188843426662220704387228874 13
9478010177213922819119923654055163958934742639538248296090369002 88
3593277458550608013179884071624465639979482757836501955142215513 39
2819782269842786383916797150912624105487257009240700454884856929 50
4481107380879965474815689139353809434745569721289198271770207666 13
6024895814681191336141212587838955773571949863172108443989014239 48
4966592517313881716026632619310653665350414730708044149391693632 62
3737677770958503132559900957627319573086480424677012123270205337 42
6670531424482081681303063973787366424836725398374876909806021827 85
7862165127385635132901489035098832706172589325753639939790557291 75
1600976154590447716922658063151110280384360173747421524760851520 99
0161585823125715907334217365762671423904782795872815050956330928 02
6684589376496497702329736413190609827406335310897924642421345837 40
9011693919642504591288134034988106354008875968200544083643865166 17
8805576089568967275315380819420773325979172784376256611843198910 25
0074918290864751497940031607038455494653859460274524474668123146 87
9434416109933389089926384118474252570445725174593257389895651857 16
5759614812660203107976282541655905060424791140169579003383565748 69
2528007430256234194982864679144763227740055294609039401775363356 55
4719310001754300475047191448998410400158679461792416100164547165 51
3370740739502604427695385538343975505488710997852054011751697475 81
3449260794336895437832211724506873442319898788441285420647428097 35
6258070669831069799352606933921356858813912148073547284632277849 08
0870024677763036055512323866562951788537196730346347012229395816 06
7925091532174890308408865160611190114984434123501246469280288059 96
1342835118847154497712784733617662850621697787177438243625657117 79
4500644777183702219991066950216567576440449979407650379999548450 02

7106659878136038023141268369057831904607927652972776940436l3023051
7870805465115424693952651271010529270703066730244471259739399505l4
6284047674313637399782591845411764133279064606365841529270190302 76
0173394748669603486949765417524293060407270050590395031485229213 92
5755948450788679779252539317651564161971684435243697944473559642 60
6333910551268260615957262170366985064732812667245219890605498802 80
7828814297963366967441248059821921463395657457221022986775997467 38
1260693670691340815594120161159601902377535255563006062479832612 49
8812881929373434768626892192397778339107331065882568137771723283 15
3290825250927330478507249771394483338925520811756084529665905539 40
9655685417060011798572938139982583192936791003918440992865756059 93
5989100029698644609747147184701015312837626311467742091455740418 15
9088000649432378558393085308283054760767995243573916312218860575 49
6738322431956506554608528812019023636447127037486344217272578795 03
4284863129449163184753475314350413920961087960577309872013524840 75
0576371992536504709085825139368634638633680428917671076021111598 28
8755399401200760139470336617937153963061398636554922137415979051 19
0835882900976566473007338793146789131814651093167615758213514248 60
4422924453041131606527009743300884990346754055186406773426035834 09
6086055337473627609356588531097609942383473822220872924644976845 60
5795625167655740884103217313456277358560523582363895320385340248 42
2733716391239732159954408284216666360232965456947035771848734420 34
2277066538373875061692127680157661810954200977083636043611105924 09
1178895403380214265239489296864398089261146354145715351943428507 21
3534530183158756282757338982688985235577992957276452293915674775 66
6760510878876484534936360682780505646228135988858792599409464460 41
7052044700463151379754317371877560398159626475014109066588661621 80
0382669899619655805872086397211769952194667898570117983324406018 11
5756580742841829106151939176300591943144346051540477105700543390 00
1824531177337189558576036071828605063564799790041397618089553636 69
6031621931132502238517916720551806592635180362512145759262383693 48
2226658955769946604919381124866090997981285718234940066155521961 12
2072030922776462009993152442735894887105766238946938894464950939 60
3304543408421024624010487233287500817491798755438793873814398942 38
0117627008371960530943839400637561164585609431295175977139353960 74
3227924892212670458081833137641658182695621058728924477400359470 09
2686626596514220506300785920024882918608397437323538490839643261 47
0005324235406470420894992102504047267810590836440074663800208701 26
6642094571817029467522785400745085523777208905816839184465928294 17
0182882330149715542352359117748186285929676050482038643431087795 62
8929254056389466219482687110428281638939757117577869154301650586 02
9652174595819888786804081103284327398671986213062055598552660364 05
0462821523061545944744899088390819997387474529698107762014871340 00
1225355222466954093152131153379157980269795557105085074738747507 58
0687653764457825244326380461430428892359348529610582693821034980 00
4052484070844035611678171705128133788057056434506161193304244407 98
2603779511985486945591520519600930412710072778493015550388953603 38
2619293437970818743209499141595933963681106275572952780042548630 60
0545238391510689989135788200194117865356821491185282078521301255 18
5184937115034221595422445119002073935396274002081104655302079328 67
2547405436527175958935007163360763216147258154076420530200453401 83
5723382926619153083540951202263291650544261236191970516138393573 26
6937601569144299449437448568097756963031295887191611292946818849 36
3386473927476012269641588489009657170861605981472044674286642087 65
3347998582220906198021732116142304194777549907387385679411898246 60
9130916917722742072333676350326783405863019301932429963972044451 79
2881228544782119535308989101253429755247276357302262813820918074 39
7486714535907786335301608215599113141442050914472935350222308171 93

663509346865858656314855575862447818620108711889760652969899269328
178705576435143382060141077329261063431525337182243385263520217735
440715281898137698755157574546939727150488469793619500477720970561
793913828989845327426227288647108883270173723258818244658436249580
592560338105215606206155713299156084892064340303395262263451454283
678698288074251422567451806184149564686111635404971897682154227722
479474033571527436819409892050113653400123846714296551867344153741
615042563256713430247655125219218035780169240326699541746087592409
207004669340396510178134857835694440760470232540755557764728450751
826890418293966113310160131119077398632462778219023650660374041606
724962490137433217246454097412995570529142438208076098364823465973
886691349919784013108015581343979194852830436739012482082444814128
095443773898320059864909159505322857914576884962578665885999179867
520554558099004556461178755249370124553217170194282884617402736649
978475508294228020232901221630102309772151569446427909802190826689
868834263071609207914085197695235553488657743425277531197247430873
043619511396119080030255878387644206085044730631299277888942729189
727169890575925244679660189707482960949190648764693702750773866432
391919042254290235318923377293166736086996228032557185308919284403
805071030064776847863243191000223929785255372375566213644740096760
539439838235764606992465260089090624105904215453927904411529580345
334500256244101006359530039598864466169595626351878060688513723462
707997327233134693971456285542615467650632465676620279245208581347
717608521691340946520307673391841147504140168924121319826881568664
561485380287539331160232292555618941042995335640095786495340935115
266454024418775949316930560448686420862757201172319526405023099774
567647838488973464317215980626787671838005247696884084989185086149
003432403476742686245952395890358582135006450998178244636087317754
378859677672919526111213859194725451400301180503437875277664402762
618941017576872680428176623860680477885242887430259145247073950546
525135339459598789619778911041890292943818567205070964606263541732
944649576612651953495701860015412623962286413897796733329070567376
962156498184506842263690367849555970026079867996261019039331263768
556968767029295371162528005543100786408728939225714512481135778627
664902425161990277471090335933309304948380597856628844787441469841
499067123764789582263294904679812089984857163571087831191848630254
501620929805829208334813638405421720056121989353669371336733392464
416125223196943471206417375491216357008573694397305979709719726666
642267431117762176403068681310351899112271339724036887000996862922
546465006385288620393800504778276912835603372548255793912985251506
829969107754257647488325341412132800626717094009098223529657957997
803018282428490221470748111124018607613415150387569830918652780658
896682362523937845272634530420418802508442363190383318384550522367
992357752929106925043261446950109861088899914658551881873582528164
302520939285258077969737620845637482114433988162710031703151334402
309526351929588680690821355853680161000213740851154484912685841268
695899174149133820578492800698255195740201818105641297250836070356
851055331787840829000041552511865779453963317538532092149720526607
831260281961164858098684587525129997404092797683176639914655386108
937587952214971731728131517932904431121815871023518740757222100123
768721944747209349312324107065080618562372526732540733324875754482
967573450019321902199119960797989373383673242576103938985349278777
473980508080015544764061053522202325409443567718794565430406735896
491017610775948364540823486130254718476485189575836674399791508512
858020607820554462991723202028222914886959399729974297471155371858
924238493855858595407438104882624648788053304271463011941589896328
792678327322456103852197011130466587100500083285177311776489735230
926661234588873102883515626446023671996644554727608310118788389151

1493409393447500730258558147561908813987523578123313422798665035 22
725367171230756861045004548970360079569827626392344107146584895780
241408158405229536937499710665594894459246286619963556350652623405
339439142111271810691052290024657423604130093691889255865784668461
215679554256605416005071276641766056874274200329577160643448606201
239821698271723197826816628249938714995449137302051843669076723577
400053932662622760323659751718925901801104290384274185507894887438
832703063283279963007200698012244365116394086922220745320244624121
155804354542064215121585056896157356414313068883443185280853975927
734433655384188340303517822946253702015782157373265523185763554098
954033236382319219892171177449469403678296185920803403867575834111
518824177439145077366384071880489358256868542011645031357633355509
440319236720348651010561049872726472131986543435450409131859513145
181276437310438972507004981987052176272494065214619959232142314439
776546708351714749367986186552791715824080651063799500184295938799
158350171580759883784962257398512129810326379376218322456594236685
376799113140108043139732335449090824910499143325843298821033984698
141715756010829706583065211347076803680695322971990599904451209087
275776225351040902392888779424630483280319132710495478599180196967
835321464441189260631526618167443193550817081875477050802654025294
109218264858213857526688155584113198560022135158887210365696087515
063187533002942118682221893775546027227291290504292259787710667873
840000616772154638441292371193521828499824350920891801685572798156
421858191197490985730570332667646460728757430565372602768982373259
745084479649545648030771598153955827779139373601717422996027353102
768719449444917939785144631597314435351850491413941557329382048542
123508173912549749819308714396615132942045919380106231421774199184
060180347949887691051557905554806953878540066453375981862846419905
220452803306263695626490910827627115903856995051246529996062855443
838330327638599800792922846659503551211245284087516229060262011857
775313747949362055496401073001348853150735487353905602908933526400
713274732621960311773433943673385759124508149335736911664541281788
171454023054750667136518258284898099512139193995633241336556777098
003081910272040997148687418134667006094051021462690280449159646545
330107754695413088714165312544813061192407821188690056027781824235
022696189344352547633573536485619363254417756613981703930632872166
905722259745209192917262199844409646158269456380239502837121686446
561785235565164127712826918688615572716201474934052276946595712198
314943381622114006936307430444173284786101777743837977037231795255
434107223445512555589998646183876764903972461167959018100035098928
641204195163551108763204267612979826529425882951141275841262732790
798807559751851576841264742209479721843309352972665210015662514552
994745127631550917636730259462132930190402837954246323258550301096
706922720227074863419005438302650681214142135057154175057508639907
673946335146209082888934938376439399256900604067311422093312195936
202982972351163259386772241477911629572780752395056251581603133359
382311500518626890530658368129988108663263271980611271548858798093
487912913707498230575929091862939195014721197586067270092547718025
750337730799397134539532646195269996596385654917590458333585799102
012713204583903200853878881633637685182083727885131175227769609787
962142372162545214591281831798216044111311671406914827170981015457
781939202311563871950805024679725792497605772625913328559726371211
201905720771409148645074094926718035815157571514050397610963846755
569298970383547314100223802583468767350129775413279532060971154506
484212185936490997917766874774481882870632315515865032898164228288
232746866106592732197907162384642153489852476216789050260998045266
483929542357287343977680495774091449538391575565485459058976495198
513801007958010783759945775299196700547602252552034453988712538780

171960718164078124847847257912407824544361682345239570689514272269
750431873633263011103053423335821609333191218806608268341428910415
173247216053355849993224548730778822905252324234861531520976938461
042582849714963475341837562003014915703279685301868631572488401526
639835689563634657435321783493199825542117308467745297085839507616
458229630324424328237737450517028560698067889521768198156710781633
405266759539424926280756968326107495323390536223090807081455919837
355377748742029039018142937311529334644468151212945097596534306284
215319445727118614900017650558177095302468875263250119705209476159
416768727784472000192789137251841622857783792284439084301181121496
366424659033634194540657183544771912446621259392656620306888520055
599121235363718226922531781458792593750441448933981608657900876165
024635197045828895481793756681046474614105142498870252139936870509
372305447734112641354892806841059107716677821238332810262185587751
312721179344448201440425745083063944738363793906283008973306241380
614589414227694747931665717623182472168350678076487573420491557628
217583972975134478990696589532548940335615613167403276472469212505
759116251529654568544633498114317670257295661844775487469378464233
737238981920662048511894378868224807279352022501796545343757274163
910791972952950812942922205347717304184477915673991738418311710362
524395716152714669005814700002633010452643547865903290733205468338
872078735444762647925297690170912007874183736735087713376977683496
344252419949951388315074877537433849458259765560996555954318040920
178497184685497370696212088524377013853757681416632722412634423982
152941645378000492507262765150789085071265997036708726692764308377
229685985169122305037462744310852934305273078865283977335246017463
527703205938179125396915621063637625882937571373840754406468964783
100704580613446731271591194608435935825987782835266531151065041623
295329047772174083559349723758552138048305090009646676088301540612
824308740645594431853413755220166305812111033453120745086824339432
159043594430312431227471385842030390106070940315235556172767994160
020393975099897629335325855575624808996691829864222677502360193257
974726742578211119734709402357457222271212526852384295874273501563
660093188045493338989741571490544182559738080871565281430102670460
284316819230392535297795765862414392701549740879273131051636119137
577008929564823323648298263024607975875767745377160102490804624301
856524161756655600160859121534556267602192689982855377872583145144
082654583484409478463178777374794653580169960779405568701192328608
041130904629350871827125934668712766694873899824598527786499569165
464029458935064964335809824765965165142090986755203808309203230487
342703468288751604071546653834619611223013759451579252696743642531
927390036038608236450762698827497618723575476762889950752114804852
527950845033958570838130476937881321123674281319487950228066320170
022460331989671970649163741175854851878484012054844672588851401562
725019821719066960812627785485964818369621410721714214986361918774
754509650308957099470934337856981674465828267911940611956037845397
855839240761276344105766751024307559814552786167815949657062559755
074306521085301597908073343736079432866757890533483669555486803913
433720156498834220893399971641479746938696905480089193067138057171
505857307148815649920714086758259602876056459782423770242469805328
056632787041926768467116266879463486950464507420219373945259262668
613552940624781361206202636498199999498405143868285258956342264328
707663299304891723400725471764188685351372332667877921738347541480
022803392997357936152412755829569276837231234798989446274330454566
790062032420516396282588443085438307201495672106460533238537203143
242112607424485845094580494081820927639140008540422023556260218564
348994145439950410980591817948882628052066441086319001688568155169
229486203010738897181007709290590480749092427141018933542818429995

9881696609938369616443815288772140852680887574882932587358099056708
7558170179491619061140019085537448827262009366856044755965574764855
6740081773817033073803054769736097865438593821872205839023444435088
8674998665060406458743460053318274362961778625180818931443632512055
1070946908135864405192295129324500788333987884293393424351263433655
2043858129128343452973086529097833006712617981303167943855357262966
9987403595704584522308563900989131794759487521263970783759448611399
4519602867512105616389760088800927461158608002078033415914517970733
0368351969777660763737853330120241201120469886092093390853657732222
3924124490515327809509558664594776344822699860748132973026309750288
8121035177231244650953496536930900186377640940943498373132513218622
0802148099226855029484546618147155574447096695301776904342720318922
7706047177845279391604722815343798035396798614243709566832214914655
4380145938292773933960327540480095522318166673803571839327570771422
0467238386246178039762923771312095807893638414479298025880655221299
2620936239306373134966401866195108115834711733120258058667276399922
7635790780638188130691563662741254312595899361196476261014055635033
3995231403231138196562363271989618372548453337020625634642239527666
9435683767613687119629218187545760816170530315907288287007123136666
3087227549186613957737305460659974378109876498024140112421427736688
0827513909593134041558262667895108467761186659576601659981780894144
9857549762843878561002637965431783136340251358141611519020964991333
5487331311150227006819301359295959716401971960536250335584799809633
4887180391116128135959685654788683258564378961731597620024196215522
8962979048198221994622694871374624447290934564700285376949588595911
6067892824910544125159963007813683674902093749157328962700286568299
3444313423473512392982591667395034259958689706972673325827359031211
2887466604514614878503461428277659916080903986525757172630818334944
4418201935333850712923457743755793440621787113300631060033240539911
6936826037461766385657588775802012293663532702671006812618251729144
6082025418928859352444910701382062115538277935652969145765020486433
2828655579347072096348073726921411868954673227677513356901901537233
6690368653891612916888878764075254934942497334271811788927599315966
7193547589880979245252623636590363200708544407845447973482918020822
0449266706344204375553250505275228337788870408040335319234076856300
1093477721256390886404131010738178533383160381352808281190408325644
4018420537467929926220376987180180611226244909092426419858208617511
1771137890516091403815750033664241560952163281971223350231674226000
5679412814062172196418427057843289598028823350598282081966662490355
8577899403331522748177769528436816300885317696947836905806710648288
0835980466988410981351586549069333195223943632879239905348109878300
2745001720654336990661177845543646877236318444647680691428280045511
0746866453928053994091087549391660957316197150331669683099294663499
1427987808422572206971488755806374803088629951184731871247772919100
0702275888934869394562895158029653721504096031077612898312635899644
8934102470360366450586872875890514068412381242473863854279082827333
8279733268855049358743031602747490631295723497426112215174171531333
6186224109138695006888358989623492763173164783400774608866555987333
3821138299287769114954921841920877716060684728746736818861675072211
0172611038306717878566948129487850489430630861699487987031605158844
1082823512741535385133658953329486294944950618685147791058046960399
0693726626703865129052011378108586161888869479576074135855345851511
7680519733344334952301203957707396237713160302428872005373209982533
0089776189731298178819446717311606472314762484575519287327828251277
1824468078242152164695678192940982389262849437602488522790036202199
3866964822156280936053731780408637272684266964219299468192149087011
7075333610947913818040632873875938482695355830773957614479972700033
4728801827852813895032179863452161110666088393140532269449054555277

867894417579202440021450780192099804461382547805858048442416404775
031536054906591430078158372430123137511562284015838644270890718284
816757527123846782459534334449622010096071051370608461801187543120
725491334994247617115633321408934609156561550600317384218701570226
103101916603887064661438897736318780940711527528174689576401581047
016965247557740891644568677717158500583269943401677202156767724068
128366565264122982439465133197359199709403275938502669557470231813
203243716420586141033606524536939160050644953060161267822648942437
397166717661231048975031885732165554988342121802846912529086101485
527815277625623750456375769497734336846015607727035509629049392487
088406281067943622418704747008368842671022558302403599841645951122
485272633632645114017395248086194635840783753556885622317115520947
223065437092606797351000565549381224575483728545711797393615756167
641692895805257297522338558611388322171107362265816218842443178857
488798109026653793426664216990914056536432249301334867988154886628
665052346997235574738424830590423677143278792316422403877764330192
600192284778313837632536121025336935812624086866699738275977365682
227907215832478888642369346396164363308730139814211430306008730666
164803678984091335926293402304324974926887831643602681011309570716
141912830686577323532639653677390317661361315965553584999398600565
155921936759977717933019744688148371103206503693192894521402650915
465184309936553493337183425298433679915939417466223900389527673813
330617747629574943868716978453767219493506590875711917720875477107
189937960894774512654757501871194870738736785890200617373321075693
302216320628432065671192096950585761173961632326217708945426214609
858410237813215817727602222738133495410481003073275107799948991977
963883530734443457532975914263768405442264784216063122769646967156
473999043715903323906560726644116438605404838847161912109008701019
130726071044114143241976796828547885524779476481802959736049439700
479596040292746299203572099761950140348315380947714601056333446998
820822120587281510729182971211917876424880354672316916541852256729
234429187128163232596965413548589577133208339911288775917226115273
379010341362085614577992398778325083550730199818459025958355989260
553299673770491722454935329683300002230181517226575787524058832249
085821280089747909326100762578770428656006996176212176845478996440
705066241710213327486796237430229155358200780141165348065647488230
615003392068983794766255036549822805329662862117930628430170492402
301985719978948836897183043805182174419147660429752437251683435411
217038631379411422095295885798060152938752753799030938871683572095
760715221900279379292786303637268765822681241993384808166021603722
154710143007377537792699069587121289288019052031601285861825494413
353820784883465311632650407642428390870121015194231961652268422003
711230464300673442064747718021353070124098860353399152667923871101
706221865883573781210935179775604425634694999787251125440854522274
810914874307259869602040275941178942581281882159952359658979181144
077653354321757595255536158128001163846720319346507296807990793963
714961774312119402021297573125165253768017359101557338153772001952
444543620071848475663415407442328621060997613243487548847434539665
981338717466093020535070271952983943271425371155766600025784423031
073429551533945060486222764966687624079324353192992639253731076892
135352572321080889819339168668278948281170472624501948409700975760
920983724090074717973340788141825195842598096241747610138252643955
135259311885045636264188300338539652435997416931322894719878308427
600401368074703904097238473945834896186539790594118599310356168436
869219485382055780395773881360679549900085123259442529724486666766
834641402189915944565309423440650667851948417766779470472041958822
043295380326310537494883122180391279678446100139726753892195119117
836587662528083690053249004597410947068772912328214304635337283519

953648274325833119144459017809607782883583730111857543659958982724
531925310588115026307542571493943024453931870179923608166611305426
253995833897942971602070338767815033010280120095997252222280801423
571094760351925544434929986767817891045559063015953809761875920358
937341978962358931125983902598310267193304189215109689156225069659
119828323455503059081730735195503721665870288053992138576037035377
105178021280129566841984140362872725623214428754302210909472721073
474134975514190737043318276626177275996888826027225247133683353452
816692779591328861381766349857728936900965749562287103024362590772
412219094300871755692625758065709912016659622436080242870024547362
036394841255954881727272473653467783647201918303998717627037515724
649922289467932322693619177641614618795613956699567783068290316589
699430767333508234990790624100202506134057344300695745474682175690
441651540636584680463692621274211075399042188716127617787014258864
825775223889184599523376292377915585744549477361295525952226578636
462118377598473700347971408206994145580719080213590732269233100831
759510659019121294795408603640757358750205890208704579670007055262
505811420663907459215273309406823649441590891009220296680523325266
198911311842016291631076894084723564366808182168657219688268358402
785500782804043453710183651096951782335743030504852653738073531074
185917705610397395062640355442275156101107261779370634723804990666
922161971194259120445084641746383589938239946517395509000859479990
136026674261494290066467115067175422177038774507673563742154782905
911012619157555870238957001405117822646989944917908301795475876760
168094100135837613578591356924455647764464178667115391951357696104
864922490083446715486383054477914330097680486878348184672733758436
892724310447406807685278625585165092088263813233623148733336714764
520450876627614950389949504809560460989604329123358348859990294526
400284994280878624039811814884767301216754161106629995553668193123
287425702063738352020086863691311733469731741219153633246745325630
871347302792174956227014687325867891734558379964351358800959350877
556356248810493852999007675135513527792412429277488565888566513247
302514710210575352516511814850902750476845518252096331899068527614
435138213662152368890578786699432288816028377482035506016029894009
119713850179871683633744139275973644017007014763706655703504338121
113576415018451821413619823495159601064752712575935185304332875537
783057509567425442684712219618709178560783936144511383335649103256
405733898667178123972237519316430617013859539474367843392670986712
452211189690840236327411496601243483098929941738030588417166613073
040067588380432111555379440605497721705942821514886165672771240903
387727745629097110134885184374118695655449745736845218066982911045
058004299887953899027804383596282409421860556287788428802127553884
803728640019441614257499904272009595204654170598104989967504511936
471172772220436102614079750809686975176600237187748348016120310234
680567112644766123747627852190241202569943534716226660893675219833
111813511146503854895025120655772636145473604426859498074396932331
297127377157347099713952291182653485155587137336629120242714302503
763269501350911612952993785864681307226486008270881333538193703682
598867893321238327053297625857382790097826460545598555131836688844
628265133798491667839409761353766251798258249663458771950124384040
359140849209733754642474488176184070023569580177410177696925077814
893386672557898564589851056891960924398841569280696983352240225634
570497312245269354193837004843183357196516626721575524193401933099
018319309196582920969656247667683659647019595754739345514337413708
761517323677204227385674279170698204549953095918872434939524094441
678998846319845504852393662972079777452814399418256789457795712552
426826089940863317371538896262889629402112108884427376568624527612
130371017300785135715404533041507959447776143597437803742436646973

247138410492124314138903579092416036406314038149831481905251720937
103964026808994832572297954564042701757722904173234796073618787889
913318305843069394825961318713816423467218730845133877219086975104
942843769325024981656673816260615941768252509993741672883951744066
932549653403101452225316189009235376486378482881344209870048096227
171226407489571939002918573307460104360729190945767994614929290427
981687729426487729952858434647775386906950148984133924540394144680
263625402118614317031251117577642829914644533408920976961699098372
652361768745605894704968170136974909523072082682887890730190018253
425805343421705928713931737993142410852647390948284596418093614138
475831136130576108462366837237695913492615824516221552134879244145
041756848064120636520170386330129532777699023118648020067556905682
295016354931992305914246396217025329747573114094220180199368035026
495636955866425906762685687372110339156793839895765565193177883000
241613539562437777840801748819373095020699900890899328088397430367
736595524891300156633294077907139615464534088791510300651321934486
673248275907946807879819425019582622320395131252014109960531260696
555404248670549986786923021746989009547850725672978794769888831093
487464426400718183160331655511534276155622405474473378049246214952
133258527698847336269182649174338987824789278468918828054669982303
689939783413747587025805716349413568433929396068192061773331791738
208562436433635359863494496890781064019674074436583667071586924521
182997893804077137501290858646578905771426833582768978554717687184
427726120509266486102051535642840632368481807287940717127966820060
727559555904040233178749447346454760628189541512139162918444297651
066947969354016866010055196077687335396511614930937570968554559381
513789569039251014953265628147011998326992200066392875374713135236
421589265126204072887716578358405219646054105435443642166562244565
042999010256586927279142752931172082793937751326106052881235373451
068372939893580871243869385934389175713376300720319760816604464683
937725806909237297523486702916910426369262090199605204121024077648
190316014085863558427609537086558164273995349346546314504040199528
537252004957805254656251154109252437991326262713609099402902262062
836752132305065183934057450112099341464918433323646569371725914489
324159006242020612885732926133596808726500045628284557574596592120
530341310111827501306961509835515632004310784601906565493806542525
229161991819959602752327702249855738824899882707465936355768582560
518068964285376850772012220347920993936179268206590142165615925306
737944568949070853263568196831861772268249911472615732035807646298
116244013316737892788689229032593349861797021994981925739617673075
834417098559222170171825712777534491508205278430904619460835217402
005838672849709411023266953921445461066215006410674740207009189911
951376466904481267253691537162290791385403937560077835153374167747
942100384002308951850994548779039346122220865060160500351776264831
611153325587705073541279249909859373473787081194253055121436979749
914951860535920403830235716352727630874693219622190064260886183676
103346002255477477813641012691906569686495012688376296907233961276
287223041141813610060264044030035996988919945827397624114613744804
059697062576764723766065541618574690527229238228275186799156983390
747671146103022776606020061246876477728819096791613354019881402757
992174167678799231603963569492851513633647219540611171767387372555
728522940054361785176502307544693869307873499110352182532929726044
553210797887711449898870911511237250604238753734841257086064069052
058452122754533848008205302450456517669518576913200042816758054924
811780519832646032445792829730129105318385636821206215531288668564
956512613892261367064093953334570526986959692350353094224543865278
677673027540402702246384483553239914751363441044050092330361271496
081355490531539021002299595756583705381261965683144286057956696622

1547216956208700137277685369608407048333251327931122325071486302069512453950037357233468070946564830892098015348787056334910923660575540508641115214414814346304372732710450277686619531078583233348578402971609252153260925589326556006721243594642550659967717703884453961816328796144608177892721718369088801267782074301064225246348074543004764928855534090621851536543554741254761527697726677697727770583158014121856880117050283652755432148034880044429799980621579045641619572127845089284898064264974270905791290692178072987694779751124473059914060506299468942809310342164166299356148281309988707452927160484336308184041264696379258430941854422163590845761460785585624738149314270782662151855416038702068769804617474008083243436653823545551094494984310934947599446726736653525176627067721941831919771963780157021699336750837600571634546436717767233875886434056448715669643210412825956453498413884128904206820470076155969168430389993483667935425492103281133631847225923055543830582069416756299920133731754891220372303490726810685344540359935618235763128377676406310131253352121419946118693508331765878520471123643312267651299641713252175135532618676819423387903654689080018271352835848884441117612341011799187092365071848578562210211040097769944531217950224795780695065329659403839873699072407976790408267940076187295478359634927939045769736616434053597922192858705749574816966940623342726197335181366260637359825755524965098072601236682836059283418558480269584137725589708837899429105498003311138846034019391661221866960584915714857335682861495000190975911252188003964197621635593757437180114805594422987304181968080856472657135476128316292004498803154021055305970766663627493283089168809323592900817874119857383171926167288349184024297212904349655269427264025596414635259143484006758676903503823205729341329815935330444464968294413673234421583807616948312193331198190610961429522015361702985751055943264614685054526849757648078080092213358113781977492717685450755383287688744745915937311624706010912446098294248412875202244625944776387494919978404468292573609685345498432665368628444893657041118177938064416165312236002149187687694673984075171763075168498563592014868929431059402024579696229245666448819675762943495353263821716133957577907663707645695702597388004384158058943361371065518599876007549241872117148892952217377211460811543449826654798725800566747240511220073834592715757277152185899469481179406444663994323700442911407472181802248258377360173466853007449855647154200361235933973129144585915228874087195087086322188372882628228846318437172619033057771476515641438223067918473860391476831081413582757558536435977216500282778037134228696887873497950960311088991961433866640684506974207877002805093672033872326296378560386532164323488155575570184690890746478791224363755566686780676105449550172607911429308312857612544819444494732448190937953690082063846316782250648095318104065702543276043857035059228189198780658654121842992172737209551032422510797180778330426090867942734289557355592527238055114404380012390416877164451802264916816419274011064516224311017000566911217331894234005479596846698042980173625704067332821299621536848814041021944634246462207455756439604529853130714090846084996537678037932018991408658146621753193376659701143306086250098295669176388460567629729314649114937046244693519840395344491351411936679333019366176636525551491749823079870722808608596261126605042892969665356525166888855721122768027727437089173896397722575648905334010388559311256799915165890250164869614272070059160561661597024519890518329692789355503039346812197615821839804839605625230914626384473862960398489243861872985077759287927220685548072104978176532862101874767668972488411395603494803767270363169210073508340738652616845074824964485974281349364803724261167042668708319250409976153190768557703274217850100064419841242073964000

1396036015838105659284136845741191027364202741637234882145241O1347
7165296031284086584197879511165115298278146203791398550063999603 26
591248525308493690313130100799977191362230866011099929142871249388
541612038020411340188887219693477904497527454288072803509305828754
420755134816660927879353566521255620139988249628478726214432362853
676502591450468377635282587652139156480972141929675549384375582600
253168536356731379262475878049445944183429172756988376226261846365
452743497662411138451305481449836311789784489732076719508784158618
879692955819733250699951402601511675529750575437810242238957925786
562128432731202200716730574069286869363930186765958251326499145950
260917069347519408975357464016830811798846452473618956056479426358
070562563281189269663026479535951097127659136233180866921535788607
812759910537171402204506186075374866306350591483916467656723205714
516886170790984695932236724946737583099607042589220481550799132752
088583781117685214269334786921895240622657921043620348852926267984
013953216458791151579050460579710838983371864038024417511347226472
547010794793996953554669619726763255229914654933499663234185951450
360980344092212206712567698723427940708857070474293173329188523896
721971353924492426178641188637790962814486917869468177591717150669
111480020759432012061969637795103227089029566085562225452602610460
736131368869009281721068198618553780982018471154163630326265699283
424155023600978046417108525537612728905335045506135684143775854429
677977014660294387687225115363801191758154028120818255606485410787
933598921064427244898618961629413418001295130683638609294100083136
673372153008352696235737175330738653338204842190308186449184093723
944033405244909554558016406460761581010301767488475017661908692946
098769201691202181688291040870709560951470416921147027413390052253
340834812870353031023919699978597413908593605433599697075604460134
242453682496098772581311024732798562072126572499003468293886872304
895562253204463602639854225258416464324271611419817802482595563544
907219226583863662663750835944314877635156145710745528016159677048
442714194435183275698407552677926411261765250615965235457187956673
170913319358761628255920783080185206890151504713340386100310055914
817852110384754542933389188444120517943969970194112695119526564919
594189975418393234647424290702718875223534393673633663200307232747
037407123982562024662651974090199762452056198557625760008708173083
288344381831070054514493545885422678578551915372292379555494333410
174420169600090696415612732297770221217951868376359082255128816470
021992348864043959153018464004714321186360622527011541122283802778
538911098490201342741014121559769965438877197485376431158229838533
123071751132961904559007938064276695819014842627991221792947987348
901868471676503827328552059082984529806259250352128451925927986593
506132961946796252373972565584157853744567558998032405492186962888
490332560851455344391660226257775512916200772796852629387937530454
181080729285891989715381797343496187232927614747850192611450413274
873242970583408471112333746274617274626582415324271059322506255302
314738759251724787322881491455915605036334575424233779160374952502
493022351481961381162563911415610326844958072508273431765944054098
269765269344579863479709743124498271933113863873159636361218623497
261409556079920628316999420072054811525353393946076850019909886553
861433495781650089961649079678142901148387645682174914075623767618
453775144031475411206760160726460556859257799322070337333398916369
504346690694828436629980037414527627716547623825546170883189810868
806847853705536480469350958818025360529740793538676511195079373282
083146268960071075175520614433784114549950136432446328193346389050
936545714506900864483440180428363390513578157273973334537284263372
174065775771079830517555721036795976901889958494130195999573017901
240193908681356585539661941371794487632079868800371607303220547423

572266896801882123424391885984168972277652194032493227314793669234
004848976059037958094696041754279613782553781223947646147832926976
545162290281701100437846038756544151739433960048915318817576650500
951697402415644771293656614253949368884230517400129920556854289853
897942669956777027089146513736892206104415481662156804219838476730
871787590279209175900695273456682026513373111518000181434120962601
658629821076663523361774007837783423709152644063054071807843358061
072961105550020415131696373046849213356837265400307509829089364612
047891114753037049893952833457824082817386441322710002968311940203
323456420826473276233830294639378998375836554559919340866235090967
961134004867027123176526663710778725111860354037554487418693519733
656621772359229396776463251562023487570113795712096237723431370212
031004965152111976013176419408203437348512852602913334915125083119
802850177855710725373149139215709105130965059885999931560863655477
403551898166733535880048214665099741433761182777723351910741217572
841592580872591315074606025634903777263373914461377038021318347447
301113032670296917335047701632106616227830027269283365584011791419
447808748253360714403296252285775009808599609040936312635621328162
071453406104224112083010008587264252112262480142647519426184325853
386753874054743491072710049754281159466017136122590440158991600229
827801796035194080046513534752698777609527839984368086908989197839
693532179980139135442552717910225397010810632143048511378291498511
381969143043497500189980681644412123273328307192824362406733196554
692677851193152775113446468905504248113361434984604849051258345683
266441528489713972376040328212660253516693914082049947320486021627
759791771234751097502403078935759937715095021751693555827072533911
892334070223832077585802137174778378778391015234132098489423459613
692340497998279304144463162707214796117456975719681239291913740982
925805561955207434243295982898980529233366415419256367380689494201
471241340525072204061794355252555225008748790086568314542835167750
542294803274783044056438581591952666758282929705226127628711040134
801787224801789684052407924360582742467443076721645270313451354167
649668901274786801010295133862698649748212118629040337691568576240
699296372493097201628707200189835423690364149270236961938547372480
329855045112089192879829874467864129159417531675602533435310626745
254507114181483239880607297140234725520713490798398982355268723950
909365667878992383712578976248755990443228895388377317348941122757
071410959790047919301046740750411435381782464630795989555638991884
773781341347070246747362112048986226991888517456251732519341352038
115863350123913054441910073628447567514161050410973505852762044489
190978901984315485280533985777844313933883994310444465669244550885
946314081751220331390681596592510546858013133838152176418210433429
788826119630443111388796258746090226130900849975430395771243230616
906262919403921439740270894777663702488155499322458825979020631257
436910946393252806241642476868495455324938017639371615636847859823
715902385421265840615367228607131702674740131145261063765383390315
921943469817605358380310612887852051546933639241088467632009567089
718367490578163085158138161966882222047570437590614338040725853862
083565176998426774523195824182683698270160237414938363496629351576
854061397342746470899685618170160551104880971554859118617189668025
973541705423985135560018720335079060946421271143993196046527424050
882225359773481519135438571253258540493946010865793798058620143366
078825219717809025817370870916460452727977153509910340736425020386
386718220522879694458387652947951048660717390229327455426785669776
865939923416834122274663015062155320502655341460995249356050854921
756549134830958906536175693817637473644183378974229700703545206663
170929607591989627732423090252397443861014263098687733913882518684
316501027964911497737582888913450341148865948670215492101084328080

783428089417298008983297536940644969903125399863919581601468995220
880662285408414864274786281975546629278814621607171381880180840572
084715868906836919393381864278454537956719272397972364651667592011
057995663962598535512763558768140213409829016296873429850792471846
056874828331381259161962476156902875901072733103299140623864608333
378638257926302391590003557609032477281338887339178096966601469615
031754226751125993315529674213336300222964906480934582008181061802
100227664580400278213336758573019011371754672763059044353131319036
092489097246427928455549913490005180295707082919052556781889913899
625138662319380053611346224294610248954072404857123256628888931722
116432947816190554868054943441034090680716088028227959686950133643
814268252170472870863010137301155236861416908375675747637239763185
757038109443390564564468524183028148107998376918512127201935044041
804604721626939445788377090105974693219720558114078775989772072009
689382249303236830515862657281114637996983137517937623215111252349
734305240622105244234353732905655163406669506165892878218707756794
176080712973781335187117931650033155523822487730653444179453415395
202424449703410120874072188109388268167512042299404948179449472732
894770111574139441228455521828424922240658752689172272780607116754
046973008037039618787796694882555614674384392570115829546661358678
671897661297311267200072971553613027503556167817765442287442114729
881614802705243806817653573275578602505847084013208837932816008769
081300492491473682517035382219619039014999523495387105997351143478
292339499187936608692301375596368532373806703591144243268561512109
404259582639301678017128669239283231057658851714020211196957064799
814031505633045141564414623163763809904402816256917576489142569714
163598439317433270237812336938043012892626375382667795034169334323
607500248175741808750388475094939454896209740485442635637164995949
920980884294790363666297526003243856352945844728944547166209297495
496616877414120882130477022816116456044007236351581149729739218966
737382647204722642221242016560150284971306332795814302516013694825
567014780935790889657134926158161346901806965089556310121218491805
847922720691871696316330044858020102860657858591269974637661741463
934159569539554203314628026518951167938074573315759846086173702687
867602943677780500244673391332431669880354073232388281847501051641
331189537036488422690270478052742490603492082954755054003457160184
072574536938145531175354210726557835615499874447480427323457880061
873149341566046352979779455075359304795687209316724536547208381685
855606043801977030764246083489876101345709394877002946175792061952
549255757109038525171488525265671045349813419803390641529876343695
420256080277614421914318921393908834543131769685101840103844472348
948869520981943531906506555354617335814045544837884752526253949665
869992058417652780125341033896469818642430034146791380619028059607
854888010789705516946215228773090104467462497979992627120951684779
568482583341402266477210843362437593741610536734041954738964197895
425335036301861400951534766961476255651873823292468547356935802896
011536791787303553159378363082248615177770541577576561759358512016
692943111138863582159667618830326104164651714846979385422621687161
400122378213779774131268977266712992025922017408770076956283473932
201088159356286281928563571893384958850603853158179760679479840878
360975960149733420572704603521790605647603285569276273495182203236
144112584182426247712012035776388895974318232827871314608053533574
494297621796789034568169889553518504478325616380709476951699086247
100019748809205009521943632378719764870339223811540363475488626845
956159755193765410115014067001226927474393888589943859730245414801
061235908036274585288493563251585384383242493252666087588908318700
709100237377106576985056433928854337658342596750653715005333514489
908293887737352051459333049626531415141386124437935885070944688045

486975358170212908490787347806814366323322819415827345671356443171
537967818058195852464840084032909981943781718177302317003989733050
495387356116261023999433259780126893432605584710278764901070923443
884634011735556865903585244919370181041626208504299258697435817098
133894045934471937493877624232409852832762226660494238512970945324 5
586252103600829286649724174919141988966129558076770979594795306013
119159011773943104209049079424448868513086844493705909026006120649
425744710353547657859242708130410618546219881830090634588187038755
856274911587375421064667951346487586771543838018521348281915812462
599335160198935595167968932852205824799421034512715877163345222995
418839680448835529753361286837225935390079201666941339091168758803
988828869216002373257361588207163516271332810518187602104852180675
526648673908900907195138058626735124312215691637902277328705410842
037841525683288718046987952513073266340278519059417338920358540395
677035611329354482585628287610610698229721420961993509331312171187
891078766872044548876089410174798647137882462153955933333275562009
439580434537919782280590395959927436913793778664940964048777841748
336432684026282932406260081908081804390914556351936856063045089142
289645219987798849347477729132797266027658401667890136490508741142
126861969862044126965282981087045479861559545338021201155646979976
785738920186243599326777689454060508218838227909833627167124490026
761178498264377033002081844590009717235204331994708242098771514449
751017055643029542821819670009202515615844174205933658148134902693
111517093872260026458630561325605792560927332265579346280805683443
921373688405650434307396574061017779370141424615493070741360805442
100295600095663588977899267630517718781943706761498217564186590116
160865408635391513039201316805769034172596453692350806417446562351
523929050409479953184074862151210561833854566176652606393713658802
521666223576132201941701372664966073252010771947931265282763302413
805164907174565964853748354669194523580315301969160480994606814904
037819829732360930087135760798621425422096419004367905479049930078
372421581954535418371129368658430553842717628035279128821129308351
575656599944741788438381565148434229858704245592434693295232821803
508333726283791830216591836181554217157448465778420134329982594566
884558266171979012180849480332448787258183774805522268151011371745
368417870280274452442905474518234674919564188551244421337783521423
865979925988203287085109338386829906571994614906290257427686038850
511032638544540419184958866538545040571323629681069146814847869659
166861842756798460041868762298055562963045953227923051616721591968
675849523635298935788507746081537321454642984792310511676357749494
622952569497660359473962430995343310404994209677883827002714478494
069037073249106444151696053256560586778757417472110827435774315194
060757983563629143326397812218946287447798119807225646714664054850
131009656786314880090303749338875364183165134982546694673316118123
364854397649325026179549357204305402182974871251107404011611405899
911093062492312813116340549262571356721818628932786138833718028535
056503591952741400869510926167541476792668032109237467087213606278
332922386413619594121339278036118276324106004740971111048140003623
342714514483334641675466354699731494756643423659493496845884551524
150756376605086632827424794136062876041290644913828519456402643153
225858624043141838669590633245063000392213192647625962691510904457
695301444054618037857503036686212462278639752746667870121003392984
873375014475600322100622358029343774955032037012738468163061026570
300872275462966796880890587127676361066225722352229739206443093524
327228100859973095132528630601105497915644791845004618046762408928
925680912930592960642357021061524646205023248966593987324933967376
952023991760898474571843531936646529125848064480196520162838795189
499336759241485626136995945307287254532463291529110128763770605570

609531377527751867923292134955245133089867969165129073841302167573
238637575820080363575728002754490327953079900799442541108725693188
014667935595834676432868876966610097395749967836593397846346959948
950610490383647409504695226063858046758073069912290474089879166872
117147527644711604401952718169508289733537148530928937046384420893
299771125856840846608339934045689026787516008775461267988015465856
522061210953490796707365539702576199431376639960606061106406959330
828171876426043573425361756943784848495250108266488395159700490598
380812105221110919433239511360514464598342107990580820937164645523
127704023160072138543723461267260997870385657091998507595634613248
460188409850194287687902268734556500519121546544063829253851276317
663922050938345204300773017029940362615434001322763910912988327863
920412300445551684054889809080779174636092439334912641164240093880
746356607262336695842764583698268734815881961058571835767462009650
526065929263548291499045768307210893245857073701660717398194485028
842603963660746031184786225831056580870870305567595861341700745402
965687634774176431051751036732869245558582082372038601781739405175
130437994868822320044378043103170921034261674998000073016094814586
374488778522273076330495383944345382770608760763542098445008306247
630253572781032783461766970544287155315340016497076657195985041748
199087201490875686037783591994719343352772947285537925787684832301
101859365800717291186967617655053775030293033830706448912811412025
506150896411007623824574488655182581058140345320124754723269087547
507078577659732542844459353044992070014538748948226556442223696365
544194225441338212225477497535494624827680533336983284156138692363
443358553868471111430498248398991803165458638289353799130535222833
430137953372954016257623228081138499491876144141322933767106563492
528814528239506209022357876684650116660097382753660405446941653422
239052108314585847035529352219928272760574821266065291385530345549
744551470344939486863429459658431024190785923680224560763936784166
270518555178702904073557304620639692453307795782245949710420188043
000183881429008173039450507342787013124466860092778581811040911511
729374873627887874907465285565434748886831064110051023020875107768
918781525622735251550379532444857787277617001964853703555167655209
119339343762866284619844026295252183678522367475108809781507098978
413086245881522660963551401874495836926917799047120726494905737264
286005211403581231076006699518536124862746756375896225299116496066
876508261734178484789337295056739007878617925351440621045366250640
463728815698232317500596261080921955211150859302955654967538862612
972339914628358476048627627027309739202001432248707582337354915246
085608210328882974183906478869923273691360048837436615223517058437
705545210815513361262142911815615301758882573594892507108879262128
641392443309383797333867806131795237315266773820858024701433527009
243803266951742119507670884326346442749127558907746863582162166042
741315170212458586056233631493164646913946562497471741958354218607
748711057338458433689939645913740603382159352243594751626239188685
307822821763983237306180204246560477527943104796189724299533029792
497481684052893791044947004590864991872727345413508101983881864673
609392571930511968645601855782450218231065889437986522432050677379
966196955472440585922417953006820451795370043472451762893566770508
490213107736625751697335527462302943031203596260953423574397249659
211010657817826108745318874803187430823573699195156340957162700992
444929749105489851519658664740148225106335367949737142510229341882
585117371994499115097583746130105505064197721531929354875371191630
262030328588658528480193509225875775597425276584011721342323648084
027143356367542046375182552524944329657043861387865901965738802868
401894087672816714137033661732650120578653915780703088714261519075
001492576112927675193096728453971160213606303090542243966320674323

5827978893323244057791992784846333977737655901870574806828678347
9656241461028995084873996929707504327530299728722973279344429886646
412725348160603779707298299173029296308695801996312413304939350493
325412355071054461182591141116454534710329881047844067780138077131
465400099386306481266614330858206811395838319169545558259426895769
841428893743467084107946318932539106963955780706021245974898293564
613560788983472419979478564362042094613412387613198865352358312996
862268948608408456655606876954501274486631405054735351746873009806
322780468912246821460806727627708402402266155485024008952891657117
617439020337584877842911289623247059191874691042005848326140677333
751027195653994697162517248312230633919328707983800748485726516123
434933273356664473358556430235280883924348278760886164943289399166
399210488307847777048045728491456303353265070029588906265915498509
407972767567129795010098229476228961891591441520032283878773485130
979081019129267227103778898053964156362364169154985768408398468861
684375407065121039062506128107663799047908879674778069738473170475
253442156390387201238806323688037017949308954900776331523063548374
256816653361606641980030188287123767481898330246836371488309259283
375902278942588060087286038859168849730693948020511221766359138251
524278670094406942355120201568377778851824670025651708509249623747
726813694284350062938814429987905301056217375459182679973217735029
368928065210025396268807498092643458011655715886700443503976505323
478287327368840863540002740676783821963522226539290939807367391364
082898722017776747168118195856133721583119054682936083236976113450
281757830202934845982925000895682630271263295866292147653142233351
793093387951357095346377183684092444422096319331295620305575517340
067973740614162107923633423805646850092037167152642556371853889571
416419772387422610596667396997173168169415435095283193556417705668
622215217991151355639707143312893657553844648326201206424338016955
862698561022460646069330793847858814367407000599769703649019273328
826135329363112403650698652160638987250267238087403396744397830258
296894256896741864336134979475245526291426522842419243083388103580
053787023999542172113686550275341362211693140694669513186928102574
795985605145005021715913317751609957865551981886193211282110709442
287240442481153406055895958355815232012184605820563592699303478851
132068626627588771446035996656108430725696500563064489187599466596
772847171539573612108180841547273142661748933134174632662354222072
600146012701206934639520564445543291662986660783089068118790090815
295063626782075614388815781351134695366303878412092346942868730839
320432333872775496805210302821544324723388845215343727250128589747
691460808314404125868181540049187772287869801853454537006526655649
170915429522756709222217474112062720656622989806032891672068743654
948246108697367225547404812889242471854323605753411672850757552057
131156697954584887398742228135887985840783135060548290551482785294
891121905383195624228719484759407859398047901094194070671764439032
730712135887385049993638838205501683402777496070276844880281912220
636888636811043569529300652195528261526991271637277388418993287130
563464688227398288763198645709836308917786487086676185485680047672
552675414742851028145807403152992197814557756843681110185317498167
016426647884090262682824448258027532094549915104518517716546311804
904567985713257528117913656278158111288816562285876030875974963849
435275676612168959261485030785362045274507752950631012480341804584
059432926079854435620093708091821523920371790678121992280496069738
238743312626730306795943960954957189577217915597300588693646845576
676092450906088202212235719254536715191834872587423919410890444115
959932760044506556206461164655665487594247369252336955993030355095
817626176231849561906494839673002037763874369343999829430209147073
618947932692762445186560239559053705128978163455423320114975994896

278424327483788032701418676952621180975006405149755889650293004867
605208010491537885413909424531691719987628941277221129464568294860
281493181560249677887949813777216229359437811004448060797672429276
249510784153446429150842764520002042769470698041775832209097020291
657347251582904630910359037842977572651720877244740952267166306005
469716387943171196873484688738186656751279298575016363411314627530
499019135646823804329970695770150789337728658035712790913767420805
655493624646412600243796845437773390264725128194163200768487362517
640659675406936217588793078559164787772747392720029103429495624476
613082007292507345291707642266210476730378631699542374551174565220
227833240968035246676631908610112067458562873174135111622920788651
329412448154716281820798771683463413223622341177882310276598251093
588923591620551087632980879931651725289380012378174348968321515905
624933473702068322321001186373957705674738671021732123752243252416
263580343762536068086691635715945515278178039217743228234366337728
111863905118930759016666507429527583840085446354193171905313636597
249051584091065822018147347990223590671381469051160519223012694823
161134174399447148330408624842691395023367134124251238640266572581
309439676219396554073865242298978797821986379182997095579247473203
032391164104459069079778623155183495930353059237898175158914576504
080251094791234217584828418819501385461656803017550355800549448948
848713516053755934023457489795166024423383214060300959371055884570
525157042662846003544028236787685509826781617655203757956554816778
960389274983556087915411777494235734007641610932940038999821992672
570869573260687749742248020233075251876502559684207606932299885875
798988964607443817881700815488952265167228340452772191069914157646
394852311267947308658031950764551976756289574288817968120900263871
452578583152776151090886317402436956805678730152354278047934142664
952238337071175112653755039423720987846680491394734465307140796225
972871305030772587148755705025825734668666138023514260561161974055
434365486980054448792959702875903522584097826835986664465860456942
413907290952662499329029734405681606838057266260572770884070734714
960600645614540707344327825140874742755067223048453570060922143900
029929816082117170479176145051910081326703752149307405678533111060
583529127810073917499491978451129159136811073940551752080196305393
507402485095537725003670546651623304304250874423242624046321150789
973369299854070416562610419767002024150948924118560924096376044296
120023645907064497706272079190192359648070489236369798601982830872
842285647523531628827913242955248144475055219096720460806895451817
122049303218537406272474215197403057690436026863607807920047762324
295518294735220272443763390277213920877670657162416397517858592544
269234285352743288563368507896519620725194165560618703705502184628
454342578503830000953745182929584404649188386857934839611512971605
816657450967036774958366666931218817636796449436171304160372430506
584851317492640558551940180051809084752118682246169761492432383194
864344159085580110730703112015022434160731579295287529368358203970
033891121141706852193665897894595031543895890153038271430019295890
741499435928940830970770783628759144840370450386189669758112018523
192318686599680385838123703291562075788359487809416882055316051281
901526475928075749581545642213414593781670569928682998956119823538
371578804804787045841753946654976901732203108900703033629117673084
484503721456696444014695451738574341578101586187838392785526093991
305702555755590609470514980934877733200727975730382459894668096808
222213484858738229992817940908256652095816554724752445667436975944
746863763324289042697761067919339109833004223102937282987989032093
910926828363061736101738781236798986451493117024371282858826304862
988844922074156406071470591374055246657569718702173552872454394277
148091793644376506378618613243486357974112585208634599278036887924

983543632984576876501650651153450086957212395075447856831736315571
535270465242352597375134088254616096614407466755142268360319598010
721524635510691718713357316854856312808578344356236709596509499469
688206611851180860342028213318012494109915026014354500174327307936
251130702982504994179942844511464793291545995559095878076216366685
917910654359660652535253202736507259891212556868428020772464877220
109966318295595529033933122843648644759735608598407609472983895424
339326231532399189818522641808312963335463568748288634656185048106
322888055967378445620009414656034992808794051153100575871295525719
641115068503407737106043803712595755969859493620584775120263549473
475347481892622541903526716144292848998575367406921652716300860606
543737368235565886264863436891532180955722044567771373683104580755
845296128328326063196297285279666743629748008213186279218690442843
426307357607039996694307895081472697302538173756949227517953543261
569120405948328609499923664122878812264191485048563280720664185570
595203750303229168944894275783060909108524106014006832742055839697
738231507349961087587637042555649640868550719422563449667324306562
592504745817627332818160170196981665424263787636014530359465384503
254766749997373408356651381860251565202836373891710165454148826744
480091057041861626268379711208861413572796110990882929702296921281
809787989513915042709367864449831964201345668339087759430064424856
230121246145116979219396344095080832292812942704365991464827499843
759421130204182973084171788130903795585456032471708191953027714657
945554755447542844344081393889086097760178573893075186619065050180
771650018407443258540241843605011182429907023234172436745253653495
947990633345407543718126993998337192184854187359798453489345922685
150681826624900780293350126588249742262418853525266367028276624993
498294887483310617642084290169230528996089786041300651090281798050
405871076711790411302174827966823530019602202531855767898433175868
063783599687916015389222202365757655815866114091993948615992091599
175533417830333476431316350127053906970793265678124159064342847213
602352182367412147331244999443341559152743159316874778825331550927
703362029012225977948098553922000645271622808553982789065842334475
528212765176505726632676911410750348458718969964348757751384791481
836351006214668185850963488870814569767220201679911994624177766889
079171368659459607264685388107787830021613682766970262234594187374
767335379988844034270468030425516941271587393203984443746045478161
130566251764127598211819396611018505628805559425660600323121161809
946221293010024709133471506822684304586803009042428616820255621409
460879000651910994955708158165058289833407394660844575657806366902
728434620185873282529247965052866814085035385198375236374519256227
954902905579070302839501048548359298345428144873043580470533150815
105030015214281171753936491331661726212354055278633080020831770556
302949635942016543330940941771963262341193871051615701017980535516
793708602913667569860971241203685838129576953077981413657001747613
569669861460684914396995738376316958246025133421080726217136019430
180872098885514150241638183259752595931655318658331171268579415272
066122184226614118251546574848783126103478345467492583087299854474
212064450952332450508774314961665552517971680209917200264093749219
075699368963302813916472089635817717355558485927065245048625164195
405508013435103233898133783024977018227549063814999647233340796130
414697394763726508692733471084156856084309213162404346298639208416
600559045985064912435052647660676003444416181864036700837741141010
943205889555986586700778636718969440896223213740341135971991331359
465536854466923676525890121084137774324821918127478478922872648929
700323718734561579815998348391004126010507469645994303319788106349
139238124905030614334079183280040639070986725961970983112659601474
737253305268537177421465540058739246237276173649051987133680677239

525707813606866832613950143295094748515947246675272016843165866088
075127685847555411843811690116220055521134844889606682592274313190
079630115870846701176549353930465633562253112447277966690058311906
161019726630739705425314398184573794494867801346182178759390769996
020290839656772878469057364015640150476964489939475414746083399186
968892711569423454926512466455077925540281050376220359675305586018
564920560628790907694533392088088494778288948511221547432301913832
455629938810206144902668760102077532109156849778307408596498579671
526170100394754945399176987913235465501064073558169994097562481499
674432784292027626441897939181583945627081733015821602255196598987
693761640198612074667550488611108557267645070526224461302223358520
722736204850572892388158849387545352291863997143808840617572862209
501225065158631042588841343554319737298562177530720226294755524830
444453404348888785811703413453425223543194078779728467601815832270
977451809293421931898158124828326589500407048552060998937839003419
141630446391638805496587865013750463416956551566182988786307058423
069676602540530248114710078997842118304890104640568965397028855955
309255586360521589573751140895649058441567749371058596480143158746
144912505492531911646538215851973700932801945303205726284526580460
463378166314299330766466465307605905489628887241897160602258826175
775399220551315093772006248630855628204935757527249955670892216342
339836025653287310291940070411769192208500151116735670101958971001 7
970195781208929109694177543699043682025630240548226254019056965077
105815742407214963395603652702833344073057500736745622605846498861
151016896121811190584717144610687197610174565873737967406971374232
387538390303172002002072059284887851239117464716737437379232838819
662016876221913462338937625995270256721386221124589802121305014072
889043003225355040958668187241393699381930691487447171866461831119
426031616640703773164870018647996002430440032422418094022785333090
115098808706782688353172007675225531380088187804316901900728048317
992874141254761230896068330958283776676882875786886830929760010119
745338983319525886196301329170943858166153741717944963191771543125
069598534812856846193776698942774591709188025200127499055594072896
965947933316722436215678967769667080352290390184857308062756708676
586271047694092035655930253527434189659270022270492331868299915609
364137570049885373045963961527346293969749517480626964517930187199
867885375814159757993148066085572325683743052827641756700502880404
894298995809481035348339341449278859252621924155472319971433850866
373209266327282435149336407045896838523456247443611752567669877675
972234392063575074715529181027626140129924804228839902978799254185
174991296302839907296355885798905933177959087690739056460256235335
672215522594688382984528829229662751371624221729546786707158409241
840841475575825393852409633020513497047406953995678979817278609204
622868397357798151118681526598846069497589654813146511503926263777
495137615572481951161198772503445647107385134359273555387124623755
981938132142384415819290700463897716838872079163617414324970791096
581627464297170728717251427458983568970955346268201690853561089448
984071005819203021769451207717745887955195104733841847399807963067
678858451675757299043069715426423834980098708699336709121083944535
062459224323123482785496603746571880148929379451478705406079245759
006012196221239287200172155886663457349714095337211516559857579417
244198890261670161016115578343150254603287811984240274846085107224
066767787608552476177738330895026100643883505502054563243461678594
519417956698749685152448838475136181806671083161655642093692705206
118985172926171417144346555087063060635510129494003097591677991584
260491971209543227026784326542965724032720887143219996453132025871
096771651285496699625526986073117637182074988273997706019913620930
832307368382064557325637659829125781314922242204279712414416299512

659456397927593803838047826231604243253991328511230322470375619423
217330478540785762440132917179929792407833907157579814268168646553
829468473992058886316559349198678969628404473449680240770928313764
081033522552427174041076735654244410044833474401017264410529547872
963458986405012036080244511903509949744939736171815752770937802092
366681358416362683192634067141827974213425462207054156000509596740
456168404517717479527903532549325891204833857465900967817304160005
210889346107687540042419778030828851812001733695591271377141950113
613044097532791905048915832463991434835316486815485791786329351239
255525102111827885736960602769313014696614334496423021143824837056
335327938588952676720766889712744358156320881066501495681435587965
769098577659027687074536592763649755534496173080781609871032480137
951361703677634575949756862080139963745517624251477806287222659714
554829067692957136435721526744689878894188207512922257565091435528
288746141950978624275278815715664007637210378031940430958442725492
699871692343318900221415031139987652606887615667402101972017196023
908610829749276395695411530322754601738707956259935797853024434767
163995914623179312399899869284379757024923695515872976838540052276
514956144471059719628898881571094151717015181147435136438540051162
462021311748007919837497001004713634325232815789113554504533719052
750682291561850033284695679262262081904424733403625038927920715859
600393631533688427243753667996986479347411331983286194414606539227
840999031438403545650470567895520248271760118743356436902435030856
313095590552503904927316133117349225846446090245350791901844112993
216997704518328535864804285568222087372136164905863032563689130841
037602156799270200053223554398046531193397754590440450785680213984
650096934295473102692499475864660580916699841606846460872939438082
743082858174796941728729903110131926755738979840913642534796949434
803777033646349584768629825901034707278612186230019866079877826842
459338356389195702068535216032116352300649887446002001704130569853
651546687520238593751832803728511432748116996836928492204473805706
334966187112409478359158696268586435891413598542535776887749327436
345147544886408688180303696524317556883002058607732569597160864854
158344684324899630770113713446751569302448854820771241335577323069
494580672678452359436315078727281579015730700331787968544362795257
190236232746142628687327380094977411228562376632149046532940720261
975390717404222595392428881645597965700309571413891069368450362682
310539867437532400527015347458933256795149418545378088270634572959
621690853835353703814181155738163782090325615198697453576464121254
980760051561417072980469948135934831505681166427932193352798227147
157673401860887215187996693502527007575560997198828630642854481282
751392806947027501481632897273143473485285295046048832716739789815
636788047804436021090073207273697493446304997314425715604331336903
876181009488731207134827108158898574832658542075100779531183268617
080370709359276149367825308583404823510036321663789574262025503501
168615434073795045164828967556983589355220201736795480757819095026
979812711487034311903631122461282953038205128704309294719745946908
210256347889954317715243796962112812245034260663992688521330791963
702777804488579205730469908009234401866381132520971230964760599899
479257598510081730396068222199753273016065826285275825766950785472
603493829813358252817867060851265600226887178112535978293373477914
127362841886561759208328794474109697038798547369840254580632948350
223593935435874802239897609162962501104739311694491006669072306346
931301697118206325352692440438400937242844282097093648569094689200
873717532525570305435398287278123011398080938670154748858034456318
713196026785487938933162050076752641120443902375833427242986996547
863685341028488573702547255023656634186809190383886707879072084036
194021646701215348379781518328264725786288152071010814995589803381

189615694417567613407170465385121709021237778843336496518721199054
075818773943975283641439530442459139031788130041887918871145531482
674699870555879310402403888840838506873416250716572741851349520849
636709555424504394839480459791562282824837879341527203622633695618
055563710768148888936192757426599358235594315308879330527675587475
123650658439694756042971920023198680243517199378681003611023125683
642560795974105741536282971800464977485737183786390370390153973749
116546854997164539416112164176107171454017651905650525206622778831
290457196932059902413753959838619826032054958395016755525096441371
182225614960140030230354078992096986775078672000380742679705303071
679322960156486228085184033523501706085895129122232461178302531636
289439460736527713365116316464461990990212249224123151689927678558
637363155260025034884878132330019101893996167027314169996265119457
426367619650024347371727290284622097983948710659822700099549188776
961885054326532118022194442822284251525561411874340180419461413945
147128725275923912559644373568339728963312676782349103563329612947
191015157143115795490933903261411918654752376247215311020793691158
487422058227473432017355850771224379698579654915806279502740977168
861148076163151618553068566924571717692204436684331273989337941116
297224516999854685622157024175947117699529165502116855001089857619
346394559088262707753114657752238846343519376539734984802454976076
024403080844890106838786972612370978357824516680117148598367940552
904619826216566917202742628548239339600182545994092543081696910329
784112340228856001905493427502231852947128296096939768137341977042
781213001473286776057194059699792755124617184349569856417128724811
834654206423187145518241528676305675131162677177350617511245463387
994265291270105789956718057214365579183506917779307040757329043974
949958224106238105149176502385041827300966201717509405908054089572
837554063551522199658207573513157075923615398639459211155864000988
097552610538382568992721584785041746065161511337883360976012114848
700556016581249247068256844272045472896309420306650445298646223594
226008554991589149953606498428034579492757009497959450602378775019
470624632394954957823082283066840818802521076639074230973720916285
337176806216446935432317917855305833171420847988630340846572642693
955700268576057539347888587094600582723230519108117514234912687336
585960799891732928915896001815091816337400806035475200051511751029
012299248709615459280262060761698272181029167315548929423740851967
433079166078499055782101935713662435990883613859808516156417476946
054785540081953530670803089697630452946868233210532878237438944115
685176271711636309401479909649456354592950130739003626821007326370
082356150691269643183351716254390304698989314261544263595113634660
573786549512445747526216789547036289048304849968040377225134319373
734412366185869445880640185840731476337929403863404359194198723552
630156546080518686760680431608451284591604244132698791253856029915
996727876619519505317648831346932573668946443825581391084862096637
426745798313012223438725831244220330945714575414704792938758582389
977385152135237238955966431223564326262860114748908681715928106687
270840082033771869215352352692634722680908259898898400262081521782
826112293131182086600709968603654098183268075582477670695041099758
614362435521619453530292002546673679964850433731334952082107511992
589266389956475698587079018561237915788643744690378715095001125502
100388453119236529655994619004748466206423479423296700605290037091
755781887081935221468714272352776325598980869487211138459800141238
421638278244127365424467488333816797162011288619141540193671290947
899026466644315609837296150196862422825067230616672094354657142514
930864248877859868275958874906507726025095182953676518118236861694
472436078376429476246922631949892196464406831692876616150605081384
631941511620257790786307180123115945860389656252655422334623445450

739478869026815949751311688514369452102168831904461686297633252298
638518188500492869357276476682385556463655449640063176482855757858
666102285515648599088209586894443625469867952382268611596991005636
608292679153375381606611224786953132615853187176388598937792918890
299879387981000369730784895927062541048485931585432339568310423902
990702634437978756918554340897644076013084448197862650794764408301
349424358342818859152592934714363175337495897010728735012707889804
816350456766676932075530518404324461007403216764718360837084750651
269307076608498252990003178503058536821395127350386382460564251033
777558098646433980171862081426630741725922260005110913426810746701
290143016541010649332122837908275150010035300156545975083237729654
396973820477416265710657408216499606262274961879533479070659889748
717795643340648417456457479069251701494998100953534135489087548363
275795224072069862910246717035792514417667038866099069857262605812
408253362252189920004189757457653151230000644457159317017716886354
833330519215820559461173577163211322339319653203861990051161781713
340010705766526899197081692022194647043237953564118660639205586090
344570641517977821450547222788529872101978588460700474200284688737
958442289499743336562718779917211379161644925413297156528795295326
397595385359209501386333805075613695308995475848830242619627589859
415137805158050257675404017857958524488311721050892770892272734319
738238846873071682302487886885855101080735227814053714065207581072
708481672639770987314551626469114232861030369329843303003236761627
142640675878067318839715150027981633747790787750383079867594045910
739210345874042196170349258081899072059612915864202028857340091149
552388651079113714953346397639881839488045300750747403722809368205
354304949519483328334700751619790086872854399629815756058916376247
230691628711111376760864803237524596649304117539461364643378046711
650555046706718362212857950480671656304276267114299991134876984470
503706379001810968886297217579517324338027806174704963020424929166
191718862433555992820932439194457118863215563201616542470553759386
966246563341215410140322869909301591328858088312412428828763738727
428380385907102927486333515030904453280525977956589205545624342979
827941348917563824007716121733247364285401606100443376414572207859
217155914010378320201321338330963807789040957238105588293927963743
816606868351950592770195153616017221589042878567848206829194416987
181928627308270444163039625471305328438833791337476873582612211625
836027289616245590418967702474538275839665229937123516304898330124
214174557885915942560597924277218199085562798486056174536844789237
969079755945551546468531630244623256740348958454622567448582020424
573919942530942642245042026890381501526836024125598075975236481628
093048912746151196231546114008220563967806585354076686882275426503
812259991620760170895567474465242344520176616503259456659129667863
246213799192229614586714224824928806476803210864779941004100600339
067927523736254602774296007347880383566875220034824576949084568626
960577157019191748922606352081297387974438354832861369395624503929
768057832234021716765559177668403757234844094617629312884926899368
713898388222710602790379900190455833600797392774109266557392331470
259092338906543884223513241153880185592349561399302239196450504503
693529270115663051533519186418648234424999192720272953459599063048
723608041595760029668121116831723660381105428035914457202482564561
057140554624208213435209481084171582895724450720635468160023051201
408480543587425261710176818538835575587174154247754497722214192613
155252691091755633319323222432185254221827291491598105836897025035
228130021411924860142480680797536996477719394906804683552808347327
610306049409733091690316783097934636611832784531868716462680738833
656704566010423768505801395074436479639222841126979451347730049249
878649656367949099291327125289776519181754279628060849323755208153

611132403397131655043918879601983821385850007732424617788491875814
596426423378897933308194881600401131265256356932446593984006368903
152547229239914144743770696338935761926039189247936317800831026114
195485436051577871600495578865657970665885510428824663630572077789
022667770425126815719795332251076389036819762844028610258805392339
329474672024088541276492386447602161162620824212991660362299184923
782236300983478119522913821847326342285759120979805478285250591837
983368017874112426447460022562414980691400740979721023278539575615
128345806165411117926710427990579394497134946328950456512868847841
871758020504583283874853137369113510255062010277534580943910500102
183397324565047288947687929892594501987507671223637918758647201214
966061151280487096488630562284408393694438721692120849200851558381
251070741955187208093746942459731172811721051928903896370394235776
862127668210931827636649840421249381440979598631142254364839654999
834790843070217643855543512574368282281530322223808347679511135570
148063182004532207237948918635721491062425269939946710153668462341
051533381426847706275852035240992079720869914537301095516415033176
282001969164115460268207236692552751418429969920539853433073068057
372380504167197221127374050789272663406388506867344585607732666483
845780277189114758013231055198784133652185190714606813898688671031
475982646112937954395266728672759948335902597445878687684964626834
844344141359177145877660880778453571839329371937393236408356337576
688468211117993505541020855618849010201600505639541687451082206035
554108176664605241249662244228045452432160320360194641356097920019
590240497929236732989245539901019801121402908686999205758917771880
741461222050247285857153675307478143897305717872683663601576136100
772286319638852646235125538077319459563567965382362499926551804330
796359621106745528521429026294982656755335273100468788657310472466
493326567927331345122955059186232937393326086077451350775309015744
438294873397796053228493583013618379586264803212973684748175164769
136621103603695091066665051717115082782009327883587225983940463068
376318118089044236262199881236826807857952621972166872017455174726
278180326830585488039709770479348310354398559078435527766760331398
846052715031388563324676889271045958519328951391678238577357726581
004798256393551935200552040800287059678249739374788605283564935914
978380377964960005212445834779001756042465866651998077028839438516
380955043049219603244360903400851746604296274309768387151945982644
735940234248211044757291117779587731341553609527595708986125867714
562523994500759380206093550248920084767332293085742222550206455690
239126543663578524272429056053205754030821014512382090217466975797
653475172501465837478848080537735150422224042957603613754324861996
558919392205046999821062931609675651790751322960777857553310265858
425760866867645355209277482755675451771699508789411805936305249944
967012375980065534998739666395394417017059698101512719333118407679
232718539539809764048527846743872316432910029065495308612833302664
007580129618499207022002555972156957588376168784364346792755863573
972253564884133060119289574642809357858081132331433115287482179766
039712579528900364071989233281316116404169377366280132597382222374
268189176489596422703380390592959649696482133114473166765041976781
108490966469425717069457007871264014486522428469488976172567465352
205061621073001019262483146821203551699501522007316384004132030333
242312167082685468931758436630430784350785928104478492663952652398
718644173380085681692321347429754583269402161253332837900960648627
785494126679513674045877416945596140762656625029900692267267876036
587137932796041848883939339346926354341548095183623323317522937035 2
102914641331275203711716675487206347389232937851072902951446292741
546761947942747166916030497829288961474587026499797079206387240825
023006425544995904011974108535167844409018806462937483544396144003

535233103040411784572289029581805810321237438258987027473704010683
777715925126453570650830092147925834989247512745362200610585457599
736931352970781437428413405519544467214894150574528391716037154530
825255583432025125424166244575245629644579107697171521470951850550
035505439063168825810578507463565620479146676805569843845520277099
697198898072337148695635670317768776378974327349282934390514556706
074460797047693164627812141713818274378561462197088087021064211057
377851471358837377388240765280451914271374881105597447183100939375
197659802100241012511230813682603384744910877161322857660263938849
284959898236565727204263572026374825649494912629141917130646280595
669825493603261320192528043461704390289260279931404361370265820121
312851488158573111782104131033572888718172952627112000814750640268
304641898876974787917317370381399918882424169942121527760451859567
119094180737347933109970928315546816563952710104611376254066449586
183854638982208996778329550111431499593680398222303713632957423217
357446473421097414917436419947319588400526387269592318364232549184
559550453437784670947045095942012021142208641912790493599452137392
487110743231495113804293793655436372172634819075711353127093079527
295221124795314989699080894665747695565124360561142008663990560990
003803025061242360775032934134728905013167728097131626834959634092
922430311950848788671035335200237127302029165929752526570392104214
963495238570856057234346215769569851340683045483315459075364711469
968242091023214311717692277385347704177940764410013010485960927072
113205231853822274448702433271039878114791275460808361156877921513
113104500836636310075175110259002808642771502096271366239740107528
844546833161821150278926430729763557610551124620332480053105995111
505431484829553432959830574272451737886527193000732321736237587327
314890910945537402704811855571990516839387453520679708592118964078
548950410940569965988715988633620779550452193215633612468530317470
544394029418292635524015545231609868255313897018801539704596250169
179664812501555932311482673005633835797260328601778474149600456972
578349562058732873012451455576345230298648149544100907883529801207
012654109525184606662017674204525736799469077190845378748206080290
482516701766198207306183312392193535690040705215498939034465938809
047507724169543651858075066490459443188862978723571603022481352204
601090635214508280639749275512847694354996203399164488791974379020
957188863200247502079102379073072963746326336674594275563784535691
367345524014897125909480368566282321005003940073106632075257283147
115192633289285206967239347175098295260212549476433019535743835092
582831113391153906337661737307723630279889869985799450165923769067
548837988929400605162826140048150469482814033083916434248650939635
458909132805951116334550365634824519150583179498083182728134795050
772717335949663371882149192837871164639035669257799424573943554730
449355593968480327902086141968150826064810924688543383329866390745
478052636291615627988031878282707451630327863907566533621975063224
248645769459753596673200603898262930000761251494798008956712452569
559827585485769012463686594942242277271771518496417510715984163572
072412243719680672039270647894278942171284264133427118318479441334
606472431411501550985511712414668243312352062840657226926069047479
196447297528322749569819632778728162595401202053807329582500497445
930809782409529912965423318498798800771681631986086512088315867256
506594414061844683749631892913745993421603484822883158289730942161
473689255851699271553115588887600721703410244587440208443428273004
673097955556668115013003388895838023146431382900260076322850347583
078087889518031398102076278898517435347822512084675949743002443789
584289568075266320362769629946018083494199491270655913084000586265
639963911040685104128200715324625642637145635575769452849271126355
771963250658965455364821254592633552572925952814993415878776515692

2311915102337344071699165647639820008969846298439977593853981121332
218103281989699457926176493582974837338775235285946403513823823062
694536345810031936725020698280738433341175283157314342639896416347
127053034775699155800311815918091137880268838547576972923398882860
323029977043066628869553012102727057633959897689410249968479498168
420119925613480756440406559462383708723688812548949148794873480861
416810552114001845517008444484294847550732736642827222063365824017
454988082913018839140156809050000849546573730003274779720991750746
178595157995320223728523592040074251522563861667562031883981176186
119602216284743190797025036745928280467817853664739356003540382782
818457669478233745711382212193261672950104270694095202650280522898
590935002394490874562620534522173119409577830195360518503854961406
218253061820365182733706211198939024488975386358180994491815784878
336528865436542248302027892417049689651104172759475017812267858143
917486494243573009091712648771605959209744581146295542231002200851
205225897647781148270394267766642782746259395117438071986187222655
865040300284691469278646800318360346381726405702707422620342971875
558099386871240465622333891464658305543013155095285109726300508051
882652726853353729373385691826937171677303161186474948104242151279
159101460656979533313377409593674932644146370242752453933503013099
283364854070698403439912124524927558029979882409206644640425859662
008887419164987730275403729204215810937814713136226288666694547421
244955284909149219337193623402943371255755699886529662364503535192
026777637942482082860568936231521523178850145213132149146986854835
944706865850109813142058926764161151621094053567807368100897342458
729327052108535726763805642288409266588447779527954671073519329554
747130150792208403282322044289446782183965471109021173407251397247
573570085553127432199967512595825680632358808838843662032622661914
149347404364980002473983320924118386674296092694607014183881781107
142824396577963884398647823137154249894725830411451495268724236189
967630588168208463274374412103905527652187107355645257133601145580
455856845586504328599176765196193271143498665407774514500473072711
714795712227572018128864464407775174603282423173385337652989810442
322404677246320479517980971576025800885768975134059480548268772884
776293846454960402703705085394190927699370668045517194160403763511
801855136575451095247034602260020741742823849481782254906365992084
749037583205744677959106755660640775009347129817005818769408027992
690460594987211763415191488225186704395573100179371000466572921803
728487979715692278888397041982545657064289089858279586256599013759
687500785698534209443995971523667673559911557090061413018853956006
933050826115788315979018829128777653969640675392080848582290475561
905186375490594176472080908485239299663653777468709856801423613707
637046742361802921867959247697776529262929041798392750534329433844
765333985012282836279851502637454279667177148419757339065728715430
543215752354493205346537542382048448508846345908533866772925385204
449844131368637518941176848626136036819373635133932540806852269214
743073291344676252932264084533084493864715156181394136343503648177
947550976339255988278690369632386330342579445292292377520328744890
200405326681393547528550174645317172145995081455613646925266502271
153373818175978557950419880754858113362891549009039080607754157573
613737559880187573075362487370012912238261134381039234372313536898
891533749493786324984941764281417045284082969399172432328677256415
048376577311449335215538523001781108276163630370902052595037790925
341104705700465652519779256793314108866326405926231788931260315285
758716424211903337987257758742901290375936269727234314893572572418
837941862768645667758686920276014398050163871435204776738809005789
283633817797388457344100149966433235822257925351711059485607891824
015219982852269465095876314924712795201644676474027046895454351030

698261799914022340728548915468068420957432075066211544876266446757
986364438802325863608869187594422715214296506641613849638150279721
730712659205782660027847181400342092656930703090445702459646757649
018527813931481315092036410498459690602253144748229457070252704363
040611144551422276693665012542523720743940182775250894143291521517
059974545931259468212143510622763303318504339488951276720637291512
493681935703191046935729052762887687825004850548005973230753265227
792552419913159617911522069419685479187341566997810967025629939932
081645071741734905643398652199866390557093521198524390679861502144
862392843873982018760228547123039494596615725875096503200712476657
593813721248011341535506167547203695791055974610671125417117453695
430147191419937319722797169021161357262524311647228936664414262124
385498136236949635712821160368544160710823177510780129830425381419
089224920859536461082139564811320531607370777207605599349815034240
640775123315121589992462974978454743857855952270892671024791991996
450430401660056217629623401492821816115205046438140512010176327979
026932712227012592708163045794086959388503088585777676988057712O2
774618583728185859970177211160371098273932414719793766386484316000
841579272530611640850151500165203002001427433763904187886226352747
022589848494690776947476132763910525994056603823823716369435554706
581748273071824741827263627240462399440284444736424586444751046902
997652674973443569857085390578191599585996096750612830910194748865
650751261397136329276415834913042083009508511004140745574437849278
985760726105769741819633696790755188383220173443764398053682962687
328518939530815972138409987536577466354932531139362559789543000911
914267407538592549690157973419183710401699917900945678359628573224
471479073204569647197863154908628412333251748127848288098487610221
009742783475164627905539385196688956965108760628729574590889201702
386720740106024538941519547393281424662231268923626502720564026430
217769031895555206112711463146717038915773390065452869232720808111
578757374991035324446693616535175221246886608059397380546894867556
025887068710308118989220242174952934582195353009915613553607315909
567346990699248742680019538217524621053498627010613215907572602408
043008278683562931983842710521983547275117642330279958926872730531
183558056875276124091974244476335680956874844410454670283523651415
276562700804363097477453767809820873498038498259924881067029775494
953522829951654655985068742831762852085719613937978285057790149962
321392204623415241682380388944662426737300189654337647650363412518
285095120888648562947143987795665592807491648962562185926715414692
176768396054500821642162605610642314443579823069196578047057471484
600729681823722879775604960891581786867293632379024157920472836469
702103139751800978415985500070553649387532125749616748758725832599
259576150743391862284379883013460445408808178096854911945411934702
689650599198604109976532111965810629665500511618365170620292880877
609149846167316442686419708923064846305675457388720247601652577608
529377210933584453871074027292591915246267623538179786930642153401
316337011357356351110981418211296622107367262696156726748307752488
744484167665737024004850839370255838591012266948358068391545479166
016456914863052393597793244672558867174160485503871149031760755373
219447283058221915580788075245369693274460174736052420586469686975
770612186776197205874910451651427154954238539202325269751234954654
630906132946005665072830987280338737351553752235631835702537006494
092638080317374634854036114660004846876242310894723791650074517970
524862846727663375517303687368385644037049806617909200831710788210
498183315526148505373540750351082239392474456301096920422788447371
696889509111857369268903366597185225377703296220167081065518126758
009408525150684775792191389321380928696119531220905038018107658748
836831788278142527862618796676068219770390932600672961512755712527

8643706989835444409613917379035454851804039733313748052358791095558
3040481534804539187854038243236907304310274062641777762657301034703
3840211296690848180461624964873947345844121553025815222149945822
2499419419547256410317502114422808652302802213424093193932727678195
9906081125986239673394589896190716797777802595116314775762640285882
6251481582164399441350619608117589046195115853908261335496038803
237135222451696811805975121895900285917973908665244952804078271302
700453774372678555325048503974637573946460984085658930184822341614
986583150346608218622360580194811455490351547426626606129502687840
975477981407268239569314724876098280345081189383404096153431486301
124867646531547875845494652222753187735608908350438370811208824417
599385864663093970481172530040203058134090447450511563770541035014
166861912485252694933482978510181114723298740453961275402222190958
440508723066232688884970422345670001194975185979649409914897138536
227945887407609904328542281277305818304024945108706336986946867400
894810975397100908494768304107115295506388876524905456599942607738
863473945525114489720361047937572544723966023547748127494160698351
013147640236419491461059805563757044651556671236525682827015744528
476022078175397233716409698626492055766876156445774464466492547734
672972555705388285907892317597067686398249662945556019387315271036
272012429312017642522464480318195446833376399461313836144570416088
834222537155878358070161156027177541424723331527813566940098980044
458238998420064074895892389238927522891473294553124042477552083805
237951012393843585877545499900127206828665999857909842930384600732
962384262907972182333727476694640152692048814304227394388383869880
723650340088095245127260013615257041577497895464274592866962164154
275190720789657656762047087629102592988877128340580613171820688795
096273552308022803665885309302704619400614464491862785664244942081
621020383276111696224421386397311571301189918531699151581650258342
812848741492753605073550149275164965568949868814457828072415400901
161769365898628113745927903225784890933976881608670857002995345721
579420980997220532145751427154112209398869874562801165332079254551
969851910384281572683512010923679952429068679954568308388593013667
218521135364172442283704920603648154449717799886187390619701265066
843706404251244599519090062260821798454151398740861561892465930844
027470147101672547160166860173976919976620111199893015535406281778
132823867987398831854809365141752690405027399232695322939310360456
984252059471087760223210167746792793562530768337722069298099521332
754934107640682936962565380979829922150200761906567133233307191753
110953769674314458270474521918565656173056185321660425946455385616
883759934532767382788781222315372811134173554517073553208276044077
452544230785453748112596654635574596043270368542157386962244479609
259367500830989140006853836358817787486427106882578787407992834182
519771408422304894979155179876782746847540849289938647634983917539
244593293129138080738765005052200666662727343844540498968011834325
534999762501192176787558098067233241678261782570891163017980881955
837910754011805096216010930804225701805492976467841153876914307088
247531217231379403723659287710434554469626659999262339332986411371
001268040811602769694022871365072981064452520165517338604686504062
129245789271472274267638614268236764085164119476626514371013938556
806427007782965968048607751794922121562917386716354649889853835751
532497431583541399132213650515513841090309027554332364412022530077
042821114714191814757096183313782294342072543410315558281866932838
668366072691638369677932010214202904681337049153438059246547114970
835401227241006503949742164188669227447368995062528945027771898946
913296346758587926423521163354647468642605485613157784036114314902
695442750564803847888794329565560484433918406020270451468278242315
140650702210485195920723120049337176738352370930885652643448419467

7345382413296885430630247782554350281959571754332687358317282793377
7410102634717252580005510899808792042744778385364274972065430922477
9605721400330661597939815697061366098396405520287669991722547240200
6396060964299454270591546000735367315498807739083001581335160357300
1111141092801541228066667058785550927033385009831156762851616492422
5509292830390877098893494607234902865856020542206703715680463500388
2605276371082398659793184830936764165636079070660523343411137793122
1612020588095146143773947683538839504721294528349865480864837885011
9467676945623267019987133184554534837360845127671800567875423588711
9510589565279780453783448465046814695167753813695184510308323903744
9657162143307963860154481614495523935111212189443023826954057860111
6467373664795652065872508159275305713134383569920048999618043254955
0205219555020617927799305642458366587216753519281750334499239183322
5623616265020814903557861244051834404038159913582717384337340452977
4499964059918656664153561242430800162617933750921429658088283221955
7057843171697946284551330968382460003698996180592987950660376071244
3272559753650882038636095880904003800176047507866974433258772321544
3832599839986439501144954150770097282265369583943808509128411041622
9096637012742498817616344101667423400506836167648232710388942239488
2025308696722292524340750602651298857635878137500851005686874328222
7471873232428984773354258150416258955023854489068496767648928297077
2811584351167607761726048913558510981478950842984983605593659371055
3202059979044369735340166287645320637188693821897801573219076299811
0361256838764838726985360129448160731761865806680596837338941198266
5008732624266960024090883207622611783999157440210584278984506303600
1419933928362455402768350998972042185962090201621015651922358421199
4882020912378392755718560554165620545534719697866123505834896282122
8608208403497311998810772590454586337661085050958238503075128425966
4285974947159675425924034955860979643401966466721757237237070785188
4646638370671702995416983298869124728187680273812549629389876072233
4084657095098943201654876047933946794685134373263039223093317906877
3031699418007404800068725136597857958599478019949652342728688988711
7813516171550577839158713864040578956591823213708140058713808836522
3047167127182200601860881125726033986240354206752127690892108155222
6032930044410189063723659195711953030288248586847825648830052518122
6081035421351812247158400462751059244487058370954083531897521523611
0342040845076413767423473005882203432316047463304350628142321082944
8724090259476441189103223374049794740857827762204826182195142821799
8112437267662584689519510699867374022732300260261505970642152746022
3269994970061582359282822297832868401997290365378168160028841173066
7332449662838403243536504139753620550910521974909579986059572694133
8402426755596748637742930858314066480318445315329081532154943458288
8044293735568005276670180009478873358860913649494583852689279136555
9434288174186455594102961792995812608097064547465090234261840345011
0812403353900061073469412097838671627721613708361451511050077201177
0421405751029551149137025545335020681411652447691784586943540341188
7913507194728683338966247610118301700497261895611839898160539092000
8911727724528273299586808380107378131400187606725012692645464509766
7337470023676782013523567324262478880482343629009996330109765730577
1074508621321877968280743439896483552427144875730583032180249452100
9231991204178629832110645618982345049505439716180303956851265380144
9225169487847955472418638278627582327821299397820742867554710924988
2182446861479580814083550046687559626157906171759021927186972378455
4724112985575731793747953518295584299133692814058848042157153807466
8531130233549462721418440056323974458753772751807146601657065035377
5000078000547610036786369911132398586213221822462464343501036322399
8596701728992842523411315434326293039073595342914413933874282187211
4841861312790716268582668472059546640356511332792729283670421533333

781564897878724347231657710811890588115922053413447767521297746355
065511098018114547089217012441063492394924242267383494394078654658
363868597002601991541683855861557896701272200232200316861954197028
924757421666766801524808240221111561909829095288293422784064903953
396720086499569654470752118461343409778577773642631658691698762749
541886831332475145315900233544095171491408135927319114619200677579
215856331076125470709339611644150880072729394563684925327185891551
688147209601141540566400389210281186485459504119005580079283947161
996760030187700072991661348781038991897992779330826033333833405791
933860125992663543506471009126063462523857434635268474929790657800
172876659682562194685410779874218445504710482511389936542799445932
024438989851344256726693278613295048517020426704168104239887877662
828350193125454951010870376696381206031276179962188931877783052045
019481204742705204573212548733903930286680853928985514539518307016
773725339156792769039073362485903433514761178705177976647101075024
507681616557253954820094809110586317329891753118416036402195034635
732195947558600832082926751237884955166725064922072060974120312931
357435374521855454983025804156517986227801646893748172397133811236
953637358110573939105369179739293431977518803252435258608082755374
099972101540080046979927943422345447689707580313149065499764572719
969962803326920908915583817603213989264488023769100827420906680800
437399250454122368497194097746704673167378878520494165644737071325
437283139540962318133764738488941218277568760582754721153484064111
928660919806142282295524907588525871140721341401635238119989127477
891313975746828093424728231102189843007024439996429064450844787802
766865394635783597863301435743073855224801180578551630030594803517
023052917619376680448974551900622981417402254687938598091422858374
494142946684056784478629968730373668633975101391007984558831971893
984042058517831262556099075164256666091448576606836793744806529724
037099333962928343483326610413687134472596294417153661683256929874
607519349004367548712450125173882289594264322061718377059516656649
038896234159034283659246762389215431621094739650098692570895075041
141578197189457994851682923997676852605909408476925555603209473017
988926182294738346886884787742147478211246290050487616242097572295
178607339598869641860539956912742611053799648648272882147298654479
372705114310364153995043024924890389871904738048121737057256637134
651471541312220563195699529710744845423257854093196070374806243288
730574037414313238215835562671427568755755136182019176330108628379
725855115674172305047190608736162770832629644295804827975636308237
643616154555406169800458196446706678102433478459880692484772748952
982620451694370037112019129535311291971380175955779745321797068998
107869799671161406472583557313852803781447946186458216347452039855
897512317136407974683851455920414500521772122914466992786476520100
365397889970941956779542290004143845487143488528556517630802992516
764442476821864906215121917234256868516006058597808966236688320128
396531227030746548182119994822538814300401681144503621167202444620
482829677761601656378975763497955487255108091057813394203472774484
748769898419218280856304164926029917623036263225044182962965215438
562876070374218681400473863094501591091325421030325613511075755828
734786562608093256450743463372334224085558581633853715306945878269 2
020523950672724753690013980114964316594582971648686322048417952196
424498327948806313464620108913932870531345561503788769211459272685
051467713559958906322386507647782826901680360130617085698288633635
339821664116613355480403703821003445838081505583034017971208224939
095038566095855713953746347628324042175193426566863925591774337832
554820703861056330126237628769817347282242509461531890702150820504
218103977489407657214990832478528545951002467959739308411062725225
415696493892368273581434607727598033462643125982788894418184917380

268704496038867071864770831564787589117803543082013186565820343540
734229283474557696514986839150397614126133607894809975591648249062
551685536794824740509846496085681889172036998737579643980011652952
702772372260193575557202326310147686928476263628518930484926909264
098547249364818141283168938328312579566213598835544520667408958409
231486257559110519622000503080204257370028996601241363556488028033
999569465609588576321992603000468539755980287655583171070639975066
604761486777635632261161271522426710967361840252910825524461538857
766602779608089830283706877813984923812545171789875779067691651324
603108755181479600121676201685543613887535111144646445965948986286
850038429381677597961912729990459134396042836227821457438491080662
673720398159683311458313277557371939647621394703694871344837965336
720886507609494431067489386281016686080935487620406295314268367901
622324344216250096191988652825018478075009309298961687893514404852
784485210194972931491229336642838361095835911792669732105032865863
719619130649857332086615243198917751756133072533690606289440140362
467357916861241907679730721538960992609147780039218290966056780515
742453948127051582786560861766280887675485282643534579297510910374
324314804905099720134009387120996799226673274569721997573974983529
556634445324345570326260278293136893889629676914900511179164157396
415162234596241438799849972397210625910452426655628296014596790128
617641535247864330478558149625711139560325150363183745061942587907
329747990654033781293234354964770959941597021691810368147338333306
415138771322151733984093817465683332375212452120426351494801795737
064857482558812962411141464692661774781738601561556967768080635428
081339262222680573586043957391627387714350848477018662653169748886
473868243094196018928758912021387277096153848809506565320734420589
849785682144810993443271437941292340729754793264761829620403614436
411274652404369175428358566140595943326100913231448641642049764947
955201717108651706981224160848217072171016494824798077491801666631
807604571639525183860958271832720865705298255892664923127405067312
348772034977998295609410636030516581681903848011147030423901820457
583727316520859225399475109389001211221942666544590867792691371154
950789666576676546096288277775199570554507297923666208523507816894
340032047543740400762179909188135109499396694313427985992158062927
042138267562143534059246720235020642585410968595512829598880167947
485348827623226089882142602796694948833997353809115310261572752606
151664675747231126731130456302101644275628278219148792466989753209
783265292168258433047908547833654269758433077955719520001012078724
019881349498443843676382704117421003695116901118016832699946612010
086053209415790192889761397840351651115993464204441482768205455063
418483061619799460270489648952438970258434171773190315330932147980
542020896195125075929364901627814740773224772573220191350456805599
978569277543054657879842859468408586784134114538241240720656755982
648262576190303383417425184853854038470371006908765080853508640217
621010156728291435673677110351164397836344042830234780735456691438
177047450894587211787839154166530924726979519526863928233003716850
678762078775481783910819732182904787993291396078874176833081865318
199940659792678221322713459632471409529463076197396749984634936360
975806725366155180785981453495358216014802602331762520150636639939
135142877511535321241122515057065723115208537650284322101584061898
257004704391718649072412089171456120249173004379934999420658663798
578734606048061922811946433156292568671087969712349623640619373881
121802073791598180109759080113272257843002501113788034957920439189
928830051624292176003376410793371968133192067582991826078485247571
177524201683493481941400539164639352182737104891500365804792597615
834365135534943843191509214629308199501835916709425302654032980324
967615843963471143532471437039221486178438282611386688552159846134

450580330263691439417435599175378716668814004529689343519876527230
084584655015656598952113011048528816939415686706351783192218559553
050002986483254447747771995501650826588967139640889880567958066916
065806094048513928010222769761561382608319076033245484652866146494
294839667733008070732006751042625141429624471453687509706878506600
593940265187786103276547028063257299061968975918873866723051101237
949329259764957482625519592739447176400925561852118577244308889458
931304570975272586707145565142360341819890315195457218862114917103
453059657845082618680743649773583175770086475879964322744548950078
096671196162151367695085308923361238666283481102939804607435534272
724428104903280756767003377271120949128434487450813568822156033050
438835175410814830375344342084122081683605813262345767754279316198
604543050444851055580041167943376713205581470587272088253604731064
967931847963735278844788520587318286600656334932560235908889835377
725079702005054144021055946107207649244091363372278973994663975123
411788366312509006141623227657028541048506797449812718146764308414
103002375256537304952767275484545999787163325331050619024021518146
810014651262851039759839412882369862113183152477649679577744191332
394798552871653023199869802398398473198178817133310344339890837958
000051319653452338339010909704447143479426502628574031518152035465
072823118385198658029362135224379754319380198343291431250275776675
431686988860286567701350037258969644586868341764738783906654442181
923585773107870023191744542871416003026828372404946436034787690357
332618811431010813218855279858973034505344033037227691514045318236
187832171998898905508290896624197658559805783414287373064809852907
821459411264949921965113612567773076994605802064072391808669002017
569564175955272113593375897911604759823155872535644568257143746585
668898203737054970452907158469737635558706092801201769780532935796
783807950227922001052016768988732541083893192509071742888108107086
232075510184800417696968262903923998393811623663847871308193201855
592678658980709850229537394942175424696253547043954732413392476485
210376117773112313850016187130471064778393248758500636199119677877
532680713924689844038826593605108546523692226192724034991210383162
262972411440835568680499807460483713592520753901701446937391640928
648639190537573932945565367754356329489530854791973561811689434694
434436430308714442549106098294828815811595635629933779473922097851
104067216644803205310670913037594884345787343984737076537474047930
809034382443397058305326958562998479383048081779750890193239788196
447472813485486485639973679076903930252128591950959453303137975185
298186626201176126095321392633918271825632758305911893721069157764
383887227842285290091226125140805231508120272624773706671615372979
623651717118309181715228052653759337375581282348642969322667847133
869598876915809508115049936337356905900842892007054825254617689541
647107780117586071432866240448305523642593775798552448696080726730
590765024885140814761891799989629290795406069165098627507033091008
866119931836534781106895005532321232310409943156697571284321105892
729075626652983068346126881743502763445734873130812787853966825948
045024450899453850626222815657206656259080710600907194741580643428
961731315157060558113998960765684277239548120624654927922466441086
739301705267840652247504105360432350868815254382188405781522951987
895606499560698274532892273270385375845209270924294667346895933777
896580676951285904490573991307948762539798998946853448670842763284
764409804653488551209436064288937383710535155958795075103681999586
009247940522051548807777499830613137902641282737157571061281736249
783647450207227756195212674327358168549611969888258311261669505222
402188114669306257495384708699586574599887892786847387198643837904
804637462228161268712763451130947831661759970759508533257460284937
400104364503455658044944295034531833812907850888333858378697710849

820665102062795707669833445177934527180376911410207557477431542932
903262953211497882620351598741254642288439527779549928956475434710
589858515900550849005696903693994638054127440782720795881206109501
826667505282910042864401159690915602602458721174560455109407684697
973682748145979040455219048418011545663478335343808815341403723981
788190775763064723383684807661718788752544407318658305011864756320
301713983390078987542441102627774925945578726315160874870250480620
381626062841567542997110084572360794368388317756971160717747601977
362998608470922561241903344303868060751607783650278916662836093176
759695530149368127979354666523938986549220821261327763789820294679
958162439870593623917051175070504939244293712287520721004790036952
035305417470268810031314275311744562464073545200130335154416116128
453063638220620318271412034710573330570609561041999774412943789723
336195293680711629464974174674606161944284195771506421244911540670
731221384206414126967154566438915947177796949351958346843367832214
130374310734291743734376354415907377380776833554545220416075583245
001412712899741014947054886472434158991296092282986240745516058914
963102100059587134719209797239836831280110175264318686111835170173
586754064926579151374058216297242018837510297720276922807801732353
658524866103735524636051974175871823490873819774519960413516046880
860827255906104828222575767463581916629034390705475970348090440043
043333174134614234541274567798725892324090915108730592024279001496
737015134772151425714802387818972789099319232118851804003049762893
873119886876339770569031907414517629750558295079055157128977260343
546722251875194722777503478062988815802764088305858873211408993562
565445263256262930428543993328255032950289369907770549029470796220
083902932214441126573820895685434478522535584373126933754793765994
306991005699082156031450819886494389488679597736520237763805269495
558714542706585174744459646823526941056851933737004914486237606597
957437429493137628495423747696298423620404069903223286254828223354
201652282912884434215751270602021538317845218564841150669394364364
463390329462869215001200331737223159459937024404665464401070954637
786273667690456425997758603414233762759258536312643708973075795526
996850313206909183067913265420306400314824559862392657597573177591
286253089465412516622840716337014979026738432530161901013729788646
954034256945572630522038762942326480649962381630855003126516805447
885568199731089679575544268392204851309190268824033771201778639860
463980025603720606929534601536735130093516649047599690415348442284
064946435783962739597969701199959968970550071398026714315391239146
116135818340680876053466725530504223979280965662210911118477896503
351900312819308140470647874036715555211403407030398907223233915942
351265297171121449159128746969645445570922804347338410138588742805
072514932018367654986544261906876750303979569390242134374752592028
444937070321982409508528743929412781595864754303669533654646504381
229553856960187081463036000681022319353567758842217066271778752289
539374973944984606881958992605790426632428181883297682570878308901
643540546417536779752140149169816134993044910420427417299073183796
985131245595860639919965966899610800504940072963970989595175746349
501131523954054363842477157673057968997809351123101270006068315601
347056168842081862105906584385468535226530994080955068645181964310
455005698528640369722726449640722091072805065651759005363319425718
826190168520911094446230493872762260130096650980181502161161893149
917554486648451019396408924245351858629668535880723702520862903963
751354424084167679610625407745354397187202203898292588150488174626
321440193245912638467764538782149003218736052884016158146769340972
434249669596797455129521524754130038382417596775542251548689034984
675846106631594198812117971334525092753070140856142635030152714737
087979022966356830017879902880841938939224918844891176700803803875

888780169770111345334911534802106585087570025517363256882009759552
748712253571825516978753150955690868985464837948430351870614923135
734029631365279127615262306104314092395653522974932610180235741449
400201075752924889589293245803518893483362322662110704722279517896
431135332221513311128130269965705654236666071242736067583376783519
101251099443703046290763466149644955996730321258522840068128863206
013843915352393209115790604734139362973234927591808942336565260939
483133648102906435863118308259658785978471502344907874767879956674
248520510401039997571039402206306917347420208969917560052888987367
593966293674017209821954183371282339328624773171964386256653145512
699222367766777081986434967998415260451946404590163957896049279139
291043490275683817268404705229814089067131491526250441754527101123
578680129893682849339139638336607814229179455434491680970664913188
453781202579621552321288398882948309602541545158301556456231328450
317418576979979910789556567996082529165537586122338380700692195796
394198374261176767691005073575014710412739177835963479441159241607
409649189238641623144315098433799999574123860845568790650179660465
904011900931064914597645508744169170936159780546717465899301704137
539046825444198493069773963033614330040322637044138842456485319600
091024035914860434195671889198585615655465775089014431777128616456
862190012845946074216074295710458314004620124639011021019323688746
231874639063905184609082474661222258683171698906360640254048935087
506001935383235847779777771841566927112240044551677054193107303883
694387978890462421759004666609104016362270064506716725632981356191
695775856133339039827759965225099040387093278986221595494379970630
648070964941770800581227055933091621184400463589378563243586419106
154006820478790162140445787717398102952607173000991217971137542433
348822666186718059345350035979406261016945589487985287382394619259
273830058657862369012719296382659263937819596877763449192781383915
273468510317128350116775412896963401763368803347613242500654794483
551600242312566460801078670258603760993908004517562600906555541309
840427357430050066877433135282061707299033893705322254670042058896
404652393614283079185404169666783240709559587709423200941561095553
433443491385438840861082486242898596197412565717042400678767123685
935372271091567040606219434726020409941395472013175524491583459442
749191929135023558344041872069743458860538337018589765720622546686
389914740617138440911140542444892418125280587378444375990337027144
323207852046419314755947583142919416971906297697904498821308019258
759048587570102804989009276466743181741931273879879190866705646017
414104518365473639211201831272642135299075075316741860411390850791
740441726580092889664003508561829937247213684341314956929570401981
300160608754127957466419031797332593924021074167670242353517422118
285715161832976814222607309029636948713308807785556663239728334225
270656507307251890309039502297514554508141344442816541436441049217
506227064362861017571711204836658149705824635780075504562645374462
805259328415678857985069010580452797562628572208304783543668131330
317233238135264707525779523301528916639528654318999573174578016782
672814602226403818995669379948424210982489742008823311140013410440
951609308313090546550315955515473977480221462406761105271613757998
628354396966578355245670079360497518767958500434785944448348747345
525999632392588201044528789576723339110852081379948423471531895261
281875108905121354654969246066557673451857177405113980900507493228
007094056920655442879928976809138532882392312742649637907197997852
490903046095850203281301188191897987538612770509831126796867211781
006094288603341607408020448532441414457945472105469892916649981941
599750811708399758552531253479307072377194823738336760655418502113
337357535711604984088630696264989015115562982779223043334984493678
391519856268504325200844798554629691262997883130293630646337045033

155263752040473922415707285777998802963532890069840076781896975635
402176619429442475372564984572265506787359093405723897937819146080
319827113924804979411004922981431759499199310328089795747253376814
606174543313264489248037013462642669263173424435742705177475650675
563413336005917831376373759203890204265171691865422448413609465986
362677543332217290972806772121812294501776642327167331091927523377
242450590808589275655643441154844388895321327028560540600643524034
011774394263831492694203667677312492334460461527922287117473732068
207379504077538070248751397369748722080794183627245792671586058756
843738256966015288450159363605799764879554666897963172764144582671
409839302605844437311832195273578242992380530460979253217595294376
466967178599565547975260104811160900192559877031603692890535464219
693617900985472078551257259753257687803418428239419301167647127802
001324490541706871940608748642509924900412437779902567236238752134
487546868018057002677165904571741675093585374663278466147170222912
775381648935814037542041316317966204626016830058358402780842508470
610285632146763492164415596565399512441115272252098855763180788086
283744439537336386628913943990459186935629799316913207431084912387
826967081737983802760073283523713057038353881201921780745570539213
125048219766934063942802345335096980545219196416496966420519223222
933252249809906809438298608239338686773954452673632194440159865904
066528670206510049409786713024508960506363114749789754318632737637
932022795300108771768440261821800385909060770293459786409329695112
338532614945655859677117544246194620867417898814347780270237891838
654750736725070123164595421042303682530154992729230497065006887445
529088936646551481938480563745544703197171864227209658706300498343
665718303094585252856298925461326079017237462336013820894764047217
671021078363530632839185289426309708352418426880666397245435194987
459495272368823511064759383705313614945233262990060613544202079008
007844359185142381095406246359288007491747232601428291506647356469
491490753130404119487461275842517254229933765619132283441361596884
512305097922908093477806100012024307933675460695671886784758902916
716281510479109848199687950537574761034383928929818347559135337283
428884922853939659501645942296849021635769846036566677068849790614
937895866238978513950301955252071159479162430380571339104412351279
771742589499718132089939724094576305043817654202377493729292366664
085826356304701889428471366217962807794758141064720396869005733588
378323839385156436769291095321263095302372341887763775951325585719
886841563511434654449213461836258200177391119635659736209174802895
107119119312161615049356614001989154067719147406045020084890078521
044898407155872491318142412374531473909585928549192619551275281540
455554894860530439518305516386529635114358554267895788433224703032
239846296940370036386670597551896228216684947215516799401023726052
761920617504560496637170762638459530053344438789944328543663014641
420751502676529987148414838592420468435150528589264835412959996419
063836222550061620298517908079995517161428927433221628069635121629
029650503454559800242920380661131224998757487778145433349578136558
008300458790545565523759643089947282941565846898062943112725975546
930218879127310353002168642276336610318905110863359639860709747374
195529341785078013653378687767911514738332525130023719102358758867
980393855297049983218303899853337353315103458044340257304227586826
097239834223150176408033273176226319675659897729718394229716522776
196734085734441374759147793179333989243599405813960322813465924785
587565505751594286116131767395528348150808518520715479514392667287
510574413867697189020877761195924593592908638396962005768650996293
038181454912807341809720403203633667664994439199362641452271450735
037059076093857524400009474822971362377215926308360221391588559094
614074069763012970865696906676244218618363552047279035331753093607

797787984708023902185958744878960745237490562837474189310268062804
817433813001982212777060921847008152523271459867234378543104978390
436493058607645357560259838281625409849639983181129718814386395426
544082800861930572917995688879881825724409230860777086263513136094
630976774099702847276682966685429084540520229190030343224718982049
938248060751638727945668940849736665162281336948828583395313505021
705361118175021010169609373728821746838926180687188721171220320673
364983128125457269276310564825879010685752080806339287513648175837
581096955969933848419910626922411365611711295479677781238623934934
140085470537845837828515123279873088409373572110045860365454494530
186810732937611086797828280343661333978053861486359437163500877711
931195598480218289926777976940913930849268923971610875162598136464
279519116303391796129190017609532216557349110374712094579004186028
992215511759156830362494716086505186322797429561365198303518971428
760223750716059990468522702848242025700962993827914781801540664169
179259696502306167496772478419474142009242977297138883251166552227
303389644473052704902414772756471540923768066416528226112216605519
035104953216953829995701741146510299848982516439056990939459868204
985525831287644568389843421093658943105114075558384927893699740950
138919882124799162098883924355873655545237536238906410726631365733
868871501437667657439282983207346131403949526170953084489658005655
846309523296318712451836616630427749852736202349067859155769362205
347242611125326389143025289376673739262860646099166425839998746474
341416395267773224693331340898922821352367160956282513492348592680
407355181536071965673950270691353576343437674431172490845537767032
666988414491148088848013249302584381770118785666357293539878114064
658836941728387365708433757510447991235973659724344557427183847336
205164098603931021959212112257203436510013963890649452967142056089
086176982883163882838252297076581896118954572982581073394540172774
978345406877641107780044074292966398079580266893129468908915006186
184189218530416433221694927821339211827719021675202080596726274946
300280538877794596218568307438429892564630240890633667606473897049
687362677347143193464378269527837602861465838927893362323616036869
658885994407170901438576500856237035707472881230042776474747037794
632000554372747365847240261839025081850203994131095039708124812210
776128324595639956407303784228294941790417991353653370609295358041
284490195677174363265587334302844014814990754651032818138782109072
143398374541509572180872332163931411848854048824761331564993540303
113131971438856668338021766683608295032360405951367759271551656796
802958597338036134406930781375730116130026579702426559178634319436
264662301868725879630575563660782899695363498145223886600730147718
791986416066143908057772551924487070829109767355499112006123175361
847813176543955729503854529236536694133485621787892615474045615045
230885311843897833507480699448020815830478029291395027421867886919
801765554681814454430741911022927219318644407497903172599397713621
809971117614689000137724070092348499633083203042973219675827894000
846652350711551118348103201448352947448851886324133039606763958576
623927274353864765533259261139160105897206949121604194384362769225
020408360183481182715855343925553745823628255237262533143596996463
666782559338210091759874444027185225129064251574535947961305271895
994888478243531722562754131095998504427747535263888711892649770717
055022010568232530711543895647583031225511628763968835143262728629
815240755887995962098043946596889329519044901057419141998149858790
000533489612069163111754682534858290076839537662641452052739360786
513805722415068971855827765389521513585658976407301488111133738692
458889098227602297339512441350751003872589482066478544539290551160
492546556830179223635263775546268409049478003726847161026495088262
069357484631643968978962700833763037430175619457389078848104243092

855236310298355174517454466065297670819947432059951652915960087156
521154612967354139573277516784434848645983391375848562505546017507
922098835877193386013948967514833763802139034152904283626453763745
808782815379047085445759676142103772361232961964022920228951469688
114470582893098035700150410369484170547286922751970446946972920349
519697662176641436203210987497172990814400037157392818915284083197
422943733677477825870921871722529840693055569352258367862538776990
371083298779795051691696299576070266248772561115321024522871797030
937380056335405929310890187400495751330564575546864588192534437227
170484110760458345052572429176844235610013945668245660428800047407
292619165754409533650005445833313333486658197274927600124232382251
718468930694085723246155423928138874220276616937979356634410450371
155982367577143124912796231411501645288804409423900517346456378036
293953277878016360441042759186420251677118235910812494784489548807
258551257454960799569180129713172054038424909608736362135131097528
620986224262418742435783767729126417918801376752003205633261892410
186165130348102440068568086061104811294274090093752748578585868409
229731577936688608619964429073615749053303451074679213921393573414
693782678405331319923544330346071951552057006610011693010611464556
489168050091450055613784940454369313485910618419330189545486385219
860080820040286332226857792865947499006936075105780234742015035317
737300836494989167289350909354212097520747272504366618800613349590
930611407110464599244759717542401996540730654084169735239250415635
5003902644002922275155191086294136723600026941207127811308763653161
522443351622669190123101713629501331698077009767031225923340995423
527648984420891092439027564816170040721739272566024295837155710671
685414187130035713102305447259377064542064373028381478419102186882
184665671383261282637806975309886082906633039669846839624674768851
145064913151861552462947924811159873110907977115298058809209285816
227706527567771953931120357319433459343473372951899415721472276190
367800430879590479992664242819620163009888371488450439801224462455
602660408616133199723284978761593171268140040450561896686909847082
394137085518132619963768897021241523137818733130015601121995657035
414106535356384524396556426727217434505317089708620347654758674128
146407197922805744695406849279599459045820901873176586616251787331
296935726248763018274805306560029462418101514313186902408749384112
421582150837307412833731003222668395769073506988176827548481773049
953913103184653278383865626717476001806278875804925400887840392798
564649645155278927345020015410031319050962710809628895237689828726
513914081945116719591666318188533731279822794780963841863308123249
343682732708847168484082306510680498401989966141848682192923712432
262932844248302361017983910042699040774479919083761021111239606725
071929979313651770673164504798623225519797029925665315101596604596
690150887068882982527286405989514250476556464386139713909302025719
458558252713927198113277588869554462920605202687675221367966827468
775874528760778634491382699563480082544144131825347204948014212654
329829678466860543779061338910206076538974678379909041982264282917
135698004347246669699301575114953715204374031918107954868943240622
909458623262452209667574495285660164657873688424654026560457697329
001295837874201711510057426597492533286825866257024583781152182201
277576078722787536254417678516818491979949497649100036934909550819
450205563811224964796766249650785802327123689446228669796319715390
249901099117672053296592010243274158366462851035194005414571907148
638824694469038224568838850078244103925016359715374849056945245605
312540379176033101653477500199864958058355366142071699741173310552
540420552110773185810458946104627355807094714668352878352224424395
195109596480193399728225441237291197533523339788200500320948307780
662833646063246671001800870666288977157613180394453085177859979679

1617562364245799131874799529518736756020672433607862783164465504711
3334255774562203297058370652084614814618032795565723112891379150611
0787823672417063157427908602758268048328204825305959448653553053355
5736089436683787788779088357733165815665640463336311789655775538677
4513596547437928824432776177665299775378844321226267587896126638333
0684384900580057761373094604324573314159787616555372263016164233533
4510023746353682989424782425580648076643361805237741563140378933711
2699900811546084081424058692844640874238912457751936646699463735911
5844119317795008584806528052045138617897232991096461177097629716988
8054741486404035888392795004056809668826825267833258753583516005055
7945853148483777029676183263606491366056471185080491635911181680577
3568625676757483627962595423144408426869444178084654590010983008322
4701273276732518629652810119875667425123718547191741964461099638144
3692252764876865242964332848802671048804488801559106447698291833644
4325638379834789224992424734734749255855729315186110345341373356722
2746257827671875512852296157193501863251721759999422779441251276944
9166596411764533113076783943587557015112683397880778230893276729211
9673906565016790988495989997183620183772466979164681588840040150833
2641339017024402863907008831066490683497676288008809713157726433411
6470525153647177306613927224056325710013972998990955937477305596366
3485600615984961253518310745042828059910113561527646137187323074055
4864438709510376239129317441392679964474732361821363311858580406999
3658377760655841495332832660287785469689430022926853101934301987377
0587173582180980066938912507662570847465950628991846834694991196200
5056288100623524340050240751212565976218356834552257668404916525155
7075841461441328952097009306872902271637056385906105921696945735133
1229699292583567531883445210953757017356326181664424591830719173255
9280537351848183098722945626217254044418986403975038451360611100622
1071808868929053885565380321231977664500797880892291390719718321555
3376607146881588861466593708021811848640949124415780158696473723900
9595858031173549396393423239812188385832226906227304369154796477322
9036203102315846228211866082858960816909409000618964421346173446822
5214338630608641076491303096303860615612269477567270566164198322666
1282955940541852670099389441814526699815121965396719051384313536555
0321313806824245173488947592503124192484175255740381823511390261633
5537093686468847101525986682006296660433267158847028467252827367511
3636915893498572151495769695739379312933338786858701558643847212199
0881311947133708733823275000562399237447717210347921689995870015044
6980589562365188542682939856667127230583317473946798938791798447577
2639669972565150933504944962393298941183809511522027385936199162088
9315593735213193801270298481882968245692466401589102452240833407355
2947237676601871908356625734394683547048362244546199371292199455211
6077052265379834751066676946325551156649491168070523052817308690888
2682380129412541814673058459343581273433407463471098101697337845111
3700036146661477797375667676221187825394236037065492372256647519277
0025082488886040622340981154511333422390177368411359915337237318466
7663405071568966819381035854807990739961345388882685756724350459188
9974006910447041116287865267920106161324719998448237152334997836377
5230143135132826955395290108649420581860439615905305825975400157344
7529974982723095387057721000539641886970487452897359156879270799444
1658104944268793902227820026173884246389592211392638749541141959433
3002708467142370681281377822984874389225801960673229557664622256077
2650083204373463689206974257310148877783281459700550621125297094399
5513482069706780920457890090055635993193030074671042570179184746799
9520164509853815101539696173545527780430626775794877109799136259366
6223493706483705981684191440900869283841758136960770262652637398422
1792751865585534001802494738842479507635936962516581598005490110799
7072695324488613743499388440836614685920902013874629297290938453955

689309155247032545649484834255843539275002683980891951243857147278
892288180047279791059416493716641756765094433746540972890144063281
301891438633928063344349424002602288104716999725533939570764107067
895059052416329022129176157072028133796306498598823224267102982642
645482279327154804587649921241321268182767230903475595793031158482
489483014173171934310466356199829342266084524197727430008947575190
644364250704011573813177948095995339269155798840054782895365239563
674165729648804634630573673711721580999020989445373325540664924455
565704797720791458123045061888066934773161154921352859808111096403
564201032065031387832981444308563872065793894070562327958687446085
284069806283901283199404031753698172910119302742164874460186196321
594468453807557098722129647584261058043710144144891074881337667213
835454142478713666653871820712848476170700280230771398620015232852
846749805171600941770084830607816307406741291585704585798091435416
092906134945970968892571056791005567529007475043799463382111921199
900912215396556317263329873593583866650018970210376810565539125811
274256503658921429101919356774007966612713823071408188284186493254
567005047890235799834629665205390345267229736797112229647576384279
533707030794156328931174663489962869105186047227268887787587979536
548113309718525774883625499507808962383116823946505116854708626136
402178204452762262185094687714584666765889994793710284570278582886
494557819210247088409805488404942892027586325135120327683691655093
337575687742311036161066838321580802564333464542717220249562180605
935860577836839825461822364498335419919081817549239621687105280495
142246375891201136159799843803455389874368637941643003051303788958
312792484549868399065860064078993352812785194098401671972972706993
221339071842095517824752068026846361653977165123457434030443246614
781771199610855372824309171126351950119153810332261700960781979229
460355260187876692362124863624885129035442839737923251389555064014
239130766546753811452440247068376528064142487208913451379638599944
935160867710746014327477238510284749466636334619417230160773629762
889772512830025808468772653015168202925087300134621992315653871990
410605507419303633901844423978744233849982606967605702053536845646
427272703489439236648459002459794947394860416671133571702812092268
052781568833531326433175902994653857485218471097204771824805672156
192313199662763782820670627977864382255808727403553887557637225829
990506735915414714947437264983978705766331150533421161217453408965
415215549774624788862911830352604036873282202507089353084352345808
150719569588924126052875718396496305507662860091116726175300728173
888458812373598537269299262642666002172976904093229166457800802861
573105013834059960521518020233746749329410957691399996766385217537
464885072146422768364860918319733236392159249039000696788812101129
746358373405258687854457022214620873685872796641453017626335415588
794059073212225394670737826546756081074649604180433957953872113306
464679928612294857139338563297616178508911558276611979023379998663
577047496379682239935095795450820555051118930347793570244303528304
283470241059046122468081137539970742874343512072417982710008293319
137141928877140989863705462711361421706031603887715873410756266034
626034693205757463632653061205961474109678643663281284892462172769
906044003564831372701718432611076286907062962876782483372521816784
952087018738888352668188068856155382102917938468812597592238717575
687377663652172791829359888912481290484999654764459655545951531923
019867342143962690524533746344986037179272054279681688929555879457
553413146588128331024557479280502008666957169395778015341439067707
468844437199722947314209624309846450531853965219060267110060566217
145056523961676291582141003930733389291862567033371447241709240794
482208195793496981155249255732540880883164819519948492518859797181
791650718864975353694319576366026242617229242548005605957217481535

5934092538283243334477794234508946594682954801561640088402355037323
349654987866217107668010625102744723405477738722823370632442234657
130998335356361790451296645359207727938793927009546601461050918027
326975551357136549094051709869143338343735386223956625316705081322
123467368781442761854788305850058107851555678807693973242122087306
618262009083050415060798786720780086387483147104679622180439475755
630990862442443828090707516360392136097396719349408198200518930846
341841851377586942138597002519235721035235978147565628370064989358
061942774783767367165686044012425353942546083747346222496082982724
724021875373415104438842714089303290396631705985272743575722491980
439640689369083307046069033634037611356692720080172060165258701662
092465653183217835903483184668496336231773544630393379348923795838
233801483524662070768884177564682572717136191483552894403611579624
682534709995778541481648466735735611338031920658221354967829629458
379489925909065715085858992403687772470956022520603041059454722357
343076199202003870342440222349094967180951194798118123176621613281
265741888792671780402385780055985292325615688246765163590483405880
044838458230241998417624203975028214420332378136469561291816090880
705226927447850235794371561428549610330999701394772146061745007882
475417006791781881337307355387867960101242192434173987328976322809
867622937453437289981172593008222324624375985400183726608738326471
207255449130643364499510019478254452554256119854446896338619233410
886119023663625200616717734072684448767087078633992885187857488689
069559520575608065535972362554866576806599730026961449979138639491
376433439511781865616972457501195552713987666331024199364961593673
423336765935189951082105085455865902404524395014958657097516880177
298008199222597252891615283264328713301912072026225055993021055200
593642720672067436580819591983894686241507538027516566228260425584
487236963423152737049647360124729374705823518946377728760858627139
523599906922325870359910709275360771787312754815094035127013817079
487040027946364336884277169240128264044475383002168060555973991115
327567430425079168966493653461066490303392645479826245075275297035
511702938954939260502611673280508063619113504150387225535480524950
307259220832129916769939385789605219190402265932968932015280538558
488326767365756858379942868554314884845987804319937107848408933741
977908003386369665963270004800753410733130286958286013592876613508
856941307268952706221194446570901350002850781700817329693606994478
080116508997746983832753354462231178900414244561256592361906713778
221883099012620503871386374611075471382433334260661119112499604311
974873003557846753855809319405365641438724087159307028002233620240
342092669248410365413924603252815139106025806900867924694784641513
774253049081133374859256590325210843787058369018030593385329700109
696000874250448141845892598569653455698082723712762554004837927076
410170208700067585244432577526457903618268036052623878996687562686
845758711349482617027872642077405327791783966059302468053761252878
362242163181476420476433345658692429156194617414792930326727453319
879627590510582556439064127960599605162941055835770035365632428567
139724330935998617848544097181817255447779140932095918405016499843
861280737887188167547887565056631963197673047058648946240459492697
664532851091987443373512156644888145132509782997998568283018302927
181265875799749152594214260663844934761823669436130100077834745045
443839405946382531641746962167963754039491521160083553404587300703
416744768853863537241759119191257302962875769986698306028450551254
255778130491965735370810975388980514498281958517209632887924975966
878585576268728363857714282335234665679589269485489195448742419522
285402758101327257258848460465495185162225272148589697272632895152
661007419195971783288365945597685705772628478559544883724075791628
836314849064779145534872657558501119422648699624391090095948421950

5011828545702189874103457183898179048636464908296777315083677699733
3551507417008122025805388524519536398345318761778123182923384516 14
9201894678720217480245281591901242255865169874725902155076249749 12
2673765945633076166021194348403239799144070248817343433029272571 09
2865738989424064956181090979765498511842477113390072880929901630 18
6941142126117034372249667476682598881833777489153001358002314602 42
6047205527579931989940964316114429852831611486989731748642308262 64
9341631684527801622286945217652487890699556099151096015879416910 38
8459563596685293612599124572928376935749499600063745405102933125 23
5371942115650133154753736280907142815773185118592763310014484781 15
7730515727741163632176299555971064374278716404082983071046305419 15
5993714815391612554781126437438903974521207357576777750742115050 82
9810085737523835183835753993320297598915782488050412070590464407 32
2768848308743534512264547062694097544451369757257089150573023242 57
3567272108516847067390111372101828058046032247916600738326914541 59
3198292432543374648604963396534224817293832547511140375938437780 55
8100267902359338479895865486078741941416884073043417349690424069 17
4289582911338815739432277101561962477635519024021712746862782472 19
7996762662900919176955643810538569264018591476166954319407769348 96
5559060313034157909445519756029662487545487909111753269937093712 63
8067225675146306074023344598314820578077855253816934364805356807 94
5204538688872214580520228137165269820116250616572973797480750029 72
3392190975012204947494170065939296729602873876719522255063086438 50
3602286418437662400917471903283390839953674746861310109327545085 37
0103248816456357548955860367991893611297876190835673731227482378 18
2701853106426309613472487143605493189037702613329120207411857020 39
6549233685908632729003478722237659894186318952339757526448262322 84
6781474167839417587877928413411223019880554837191966208599311296 97
8303388651675854462279134053844760839423555344903316330001247579 96
5276168526319453293095962731314672619266181983219456648004891272 40
4216573041363833042226648978515562645655321971144729732605821321 48
6152801009727680151040298965202063860686004598161428523749991208 52
0934729230797735030153390597764783428907474877815173481573626882 87
2884730960864188664530329476007533093585380277049260073288432941 19
5208648297113175937525344388958814255548385173295283601137791532 90
1133575981174759080829559047506576584568604989519869930506625060 17
0970783298760630468160095210972977875136018632054589557818005958 75
7171911723235091578713751539912551505260695947605933157635090917 97
7332083361368071945515640749533035718842256369317118343973251605 73
6503774732145350056359563826247493638224705836847521426072791995 52
5107455130424433833640549397003333713488002997859465754494276518 30
3412111970210299873361991177647930047649326491521909917772362558 05
2712725779928418622127220259472957836424156951838904261862931949 85
0239808827901822770867087071935398018357638280472176270261490249 18
4634025236129564512600179754496131220872848373883319385740201890 82
8176785029850526215633527508339394101455547212563763685464079094 64
7653816550805001796737374314099089474841691430065081182103990094 19
1714290554428743486917780828412716328334933373876018980519238236 37
3021976500702991998409539536408192939354484433786725257077729595 96
1387100715792147218370758041500544134986004929074996989379034881 02
0827925069300574236017467712639825044479879477551383688753888207 75
7212063531958650030083910654471490754927971155721846090155394573 32
5186389812858246877695980082741765554992556526378718474988706329 14
9439080307417260367589680254871837399996196829326612241217067713 39
7137880925201702623014717820800639162135982052973855055582095940 33
3264708915619555223566380626412574791346382537492599128801431261 44
3620117181006104722585841850028634156211568844185662028272766006 55
3624341653186172705470460182952332953648960573330745306473007739 45

8174055622180102965869545542962321362680851935845002587357305866665
1956174463718111344775636102931642292999771284847399247914997524 69
7574616765240133398871189935029199507259403541776788784275863173 38
620212314331223245499952102264641917059020637215636487044104269833
633331382169588483198120936936835919041149316234787276366275921545
684107024174052979256942981914981740639527144786905118423433719559
261231919375790621178580909320588479483630579561215601056518207521
648952936475049978364259687880476092599970186536111313604844 81043
431372673271493251764067795912827041809284099302148095745786634937
792271213755371254949836461321910547901195080548163778231755318805
404834474568234829552821306383035954647975531338603713165764078334
088593594573767196740862525180978181788036986011661388347129991537
711238341545287404899564690282603006885427634518962357355461815822
221407196786684310268265573811519493713161823492530436547791887277
303957729166760359890682984979275326445793020562500419821581783367
975832458201670334401637519436130793606687706059615507458187300740
588554185707771293765395461112355201773745267536502771236010262637
114085024937545199723881184972004852954076053757550486334985176039
343403658952960860734480553122955335688214567118057604758841942058
349633845421653770202262887320328142627192419113469807153506236406
048801061017613964306550666466714597747927512750131334659676463960
699440570311860560878122806328967816576537275062967283576263974828
384647295018917985604824919850079916092323997667196476783301263846
508088042831110985025546612968618556503500123610685297435664465619
849209211012663758311954624011266194893008382843865999999283333794
876598213558839333097596539435168747702542038052033733823178938782
825430477368592737723574788865668587360925686910563774468511315594
786736516484921786038920469205739213739659762934266179938759886105
571384739015869538001440033773942596352486926368960908705395262510
961272908873767982224107476784882990262592141720651354432719916459
983330333820509702367037918912977711390002179646455681701380894182
584629598768936359243937980370126043700019545375320947585656686261
869137769323655538553373664018114260401171263453205372512446880839
250455380642547662809345060391086151119488314246477393594536113462 6
325397903053106155154047570431835806988891168508827835754062604700
813348942775641988110461503391081966974360385607326708715608776658
858910608960720874715826970169056266871992681584833517410241095060
497613332210304683200931629481966641786641089259633540386292413015
247640415195327618247072352789772769577454314914572040541799531857
883749810850505715767111058158521670552201100240312147171579846458
543324890734109876109929564967615654471880624428493371942227474044
983798596475584133489410742608333615212077501929801512946567208421
155076388164598896617646436976032892432451053029825051224268070373
121280839351220225540841513202947999805751376864933655676167849947
133492695625773907848371824828315567929819728778686290363105606858
009907222402153876614713644801965614811245388627165423342887561979
792048557301929997500417588186220355084352693742241834775423575605
346725549561541898838178560292676908506131365952880391735556024568
797177231060321745760497595023225629419637906309379558104490958762
135916778658295393030657653092307043986757062576067142706385260554
759595253213047800632610710768083216210014579464097769268006913907
193727253192285262742895738950413768547745929603359227262526666835
217070318949628272456528458241425460630372804077747979885412946353
979992464746913355243372318304535384890808089315251813576848527285
891732859174645036561200688294705032047169041537686780019293050636
695778550885505423698901222980877912670610523562973580602220182943
158073555219093758657747362647369928888127978293339349986977352324
137599315546363119298207065372747860725899731206930627210401572394

384260875603932638706392902219030858909877722019855938537268814793
228829223698259046430933978816522998597111438879191681125563749831
316110931906115632552892612058651598514939761270556240876767140605
906275936789728632046558940753192715912951170184437557585352369782
060346030811140856162220429042890528709348719387536681994211967871
6034475116563217044404160535134139017313668946388738555313863682433
699759859706164570626704130459126437284989148356890455609093481011
580923180730184599840879909046157493109861431331591978406063568318
841950570759621032685084075395110460713677431506318655681175045684
291098593609486346869593672277580773060728837988142468100342685874
419533203422259222591131568718551298843839977181848177575276528687
274786799756095598144332697980232246925174800848043735402673868444
648250945683719869661983308898587835257932328100478498000016592407
290314660281505647241103452031576527657717145051080460305129759639
033690487822708390133104005385149373537497295161348972263979021198
896344486620188190295769295043464723057845265200580679906453900495
542748739603331115133434232393928153928575524189254275336899367076
736032707695340715397783176932998580029024738091222270247003014973
214830993493324188082111825695862329465185756368975416357468959866
026651728710637317821154407328308409582293717686280368564515915257
032902756903685712988312781187473459607417310097884731562838649486
193104350166181226630376959372676458853838094304945302303026801421
097550250389072148424600933987543991538384213775459724640986873792
660279416620470866328438766273660878272150035989277651707445477065
383961960283431028523840913387237856397953682578837058304894726634
813482131719088833963367241231536397295203799561405420265235573318
226053603015161076727016136677534720210899524060190190731071671157
213153131399108734604994855887930555732907486675692499177914777762
752572153315305919154375764020855624311494453725459568097025647576
424442309047407014493872009314855661267386418994254949313631047596
189330349094993072843240900986604296477641606362128947695172656741
692210412679197620262917558530596160588359815094381398881554647395
390022108597871859240596478027678892392428047732324168011508809942
907513006728614972737850416001553809727869101165381637602995600199
875677105287434179648634948759022843450810248452324285061945646492
828833802467453143600766539393253169069347153411102590915595098099
960777108192404340081740190904995224169459367084155126335044683742
354082912646538035494169538468719159478644821690719718827904537417
589786565396354364174964211383323912726608538295677462642204374861
375086965603814411544678174631824157801254897625802405672218165190
255256466551041784031399315527349701282746407837967734310395750011
676435012323921872173693956157256120962946586125817922599712293601
560483252932466059000746753828911358876966050230432754644157727204
135535343106923020990409588280284249254566092255047367866335359776
701147547793789512216395039174883700606920832143131056511403216591
497160545033152608756244303975120162704447566549744508291084491427
532865125788432014337191619507424345854267127681102600799697732731
091087404071388839859302056854770568128370032410609948808912037233
751569167712944767701057362851752692267386733249041105761883634334
373993174057361935369077705806991870011038755068258651233963419298
473309667875732032904837005690335362168372869158682248493164586413
099556128076135431583947979650364579844225293998032521346097286226
953626724707628997177963276334614112070415414830530440196754581623
598606346657273305740334246756825399885570038420395650977199541002
683762829751197071569287780588231902617101475800897373783464992100
430570761585953225073361087295702715074312297920313721103151205786
945818242017418320565151175338128457998173296130009722859113082820
909053314760119678185038367530347047000578748360997590909129630344

182765505119842942611742125017453108837615277210320916233088335710
208577216259509925298643641820689439656908564775124318290301835339
510911467513718534246305851770744343216131691304544562072955779149
889048547850294942518699230156420482367299678208543277081713993729
713647285516236910280943949049809571114798735326336108615449092136
210719578627182658984645459587009069249248820523435112868738626912
529335695565624401533344756716240947811826571155954756699368423562
499979227723332856784786245269498130382957671588368253903484616714
968014138599194055597917917858281975784812372478022962734271327380
701712131593454022544168614641620641854955622017580271717419329604
030724285575914037487524125583648684782653057902112930150460093009
791132893911020928422212628874397239879299987221712680244269570436
408269175123947288580976631735219034774020783010825008230686748165
992916214204378559690700839634317491570400704911133097023046876615
857483135080144475992852020727860406246909862458183710566318254920
666633928689416422316813978537417455898355023981413476275686616221
186367561134540185061230145050641464766200254793727370169115091057
005880583855287751553568346135550888143137449856363777369433473077
922369202328195126019883348531930841391296921034511566461558171845
160918653048971195380110248525749893158647233999267453725219148787
799788807562673750638723780564697643526861306774761161564030889810
722990061362029138553864683684245835443420724906526943131926363064
557919103281746224652305086811453922379034699935761819228384117831
112734266093171716054723027485870001047866059835368762042349093563
146793544370070867604441608093430388964169122938462935021661100210
761640546614532826133025098992955391927596299462782632632116565874
319551733594278724799548287227810793149777110353425543816635050218
200475598457194707642967827158772684836236111806592445159528291523
018180897167227176349652283750680731317414453350933010558621571973
367591051672048856745415728163217259397927018267765927879072697595
865244447986278487669539491461017760577603607110750866034557555712
962345406637758448773140658050218144414570121613889442942543012726
143996039751548809684175388778709977105315689605779553635967007806
998565011955361699581910918533374036619990661867745865365937828951
586192168358385372055171819669900290622524429719647760765792120834
997981483108425338006646056465462844105959758701053837837669513414
411711576580152919723932831823741907241827055621142924812595008621
934825451856553970125840647774590941610778984486679878798360359430
670508264698506509650714242879841665013303364759597132945835690587
596970583659840237526455951428415274309347600284805973744511548230
400857745381944142354918783809292297831844140223844361123221688505
624335418588432511544720643284962084563281194108270588318935428845
436505484535633008842668569356364289020276692308486633611829914298
726387988068299808612394976329510463591338269125251879466945089415
396493327345497299448983629947399175474416471971731779872683943602
401052166101498152655416254038545177952158400249587987974104952480
047535581645441160796496743747671842211835815737673704896816576186
466844739957457386389528495665189574478665977781950752258882987024
789009640653185204742376952389335501218478599660074089650383859514
701804072345776878385607580956164533921688489754259830599175376101
323206354325344240488600003090822619003730634184868861438763736494
178874012048260950512759863390509770242472529801758826392293870793
673252211167057926441409085437401485304590250371696374774586071914
054256943815611701443788844188830915922927192035841298716228668505
324603894356500230734167083751864595368025275824052092374467657335
127060160117034908068222327234121408469596673325161565758066590243
101303206411537511687407756787406035925878861719736349367711142654
304847081133303231866339855094943143974804840787647767832770534880

1596714101698443566978084548780518231995756407397883177027113564392420445203330076097643679699900409585495562013135848058753749472569340330909172832394183692193249151868723547739392127561179466401851180013807501027772171306420425326555361143239078820350945377075084348892301020693648517284976129383325793163280402402366224770735848850558619602148189507568896146498647108584644537329496552333726418838326212711782724069322657157078641755728961453382916448918652049552729526330028104982310985733943081602256698171115056421803074943611078136138968220487736518566702091978710942722765034706338508550084211709404050825699245756282826278137513327080529455232216084540576543785400717990812768836695374975228640671461534564901126938742671140362151382047758754942856572278533665848729086917495101023758749766072301695185736509057949181869154204951481895063313672323360017919244397594016416771983594510693427217293483713315270825228587814764495406616826606632817385906468170848098019563095401910023030383772107483227813901168208258238927793613956120621621339157864079040962777743062394588711681359324124433710944830874229948965727049696689190976787295678568374918266228075947073087639094291791846467289893503816657160323834130048221490735573101147560439107642307049971417179272224988936251185377184456536112435366803341583471099997812750459310729492016400404387368910848900002206589689495098835545433034480634690683626426926225260480503822296566585644546381725787202422393060316745016053977551655424603074325691453841406677000933481726253378578369549688018197142075830479025045449329434408065470696670920819668718095745182237903331168666010658854646162225136807558072817839904993820325403522221479127873573379240505817047934361116046575203509649920300943063385151557010396543615600425020917540836802510756962724054007061307391483997821549752696200677717461253751774740807704214694980724656692103138036559013914463193378524956076512895884703956836005240560377322664848897675986472222368704572600251314653302789490736683175428527930436416844913090148229779444145397767000504764545394419974425340090220649707950657786676256257904167879517193228216048427904222814574555552585011050511185320512824817044934085006511105859679661134805431579901002711637041462558845146953150161376530986346793513983064421721253914210484840180699555558933864698447097220729204416001744645744857898852191332549713302548209802199209468670551308850411232159894030606077640708862153022528396306106149844929747045128120643925095268393316301653540689292805651871572657874119402174780917279954187411811373735348232049240285444372854241447866735317203972840999210753385213768521899202754763751550880323820345141044903368786105511397455564453441335280589331495072415453650425368635876511464557763852861842225003735443386084194572025780836246705161354412193605212492654785579790112658159199332255421473361025220356400358279085755073052788354315946741793742649740740947948944779573166096230217323972884026016215508990745102462967183685916037890598163574392667278295029918179570280686365101245445154413181429654184524519788730520200288020433895520952126242506820736251646482968883150509597010002264372135348785826025335789842849926425984938269865559157455227722304478367004512926203259072844700707182646394299397105796504924027215130909020163225789293646620690791141890917095548585817099969398458241888623043463864685370946920190866442500142370490706054794401636362244842049461414540733407720561367537799471743464186961441635564294715919709591245729889392338150010412294395852881242903163818939118293640475674801320054837776422413083227337901680551345611878652637873908460298324844967776765267144609098427240922194420872905077724742271284919986275288409545361224426081223673026362416664636769565823405093478650114354522301721104318296746118127124772674755841834739182964689242

4390835898304107786122216466741392745808441093446709140768890811540
8042699046447661790370691318643164487293481162475314270947951218370
1189543080160613686742330865206856839261480478445664749457483232980
3711278348494575681848235738129672986025094456310021387076804904300
1108841043560659563291355136365953790577450863465841837937855021380
5507306606203236189202653437965542409138866780517648660235568680100
2444381998217408186830806326579344501366069588311635276590196371090
1221683021799431781781159756256933481181759016370453954880025438690
1950293948429633387880232454026868311592077147266096408147297425640
1352377071326558656729260935213135632697386334513923237949127274160
0440716533283727666360699207828988515818900740681788356003383955020
4910544219136949438402592897576804164798738875441907101007388250260
0025052937157120598821799751905251548135128926507035031295388797390
5196807146312979739398855224067710747813296611251424440942546205860
5605638648411769737650932223200581373898885989302233630809521934260
5228150675306773116834992003074978449533317392356287724988901104980
2913538099432346738706479293918382984736509174159934422418013609070
0218537683948237197255148813881635282508237808756177303718593310230
7690155181489566802645106695566763562703316375504282184693552607930
1286771716300815229705250139944041110995237587821689870722832415540
0437859493648816597106019417011177530819779600610206107580954184380
2263771744158930893440245480776358985983864600448191306329182121250
2200728063408905627313615628251425972911690969621167408247163145180
9174736006959669914230808783383786865901598670223214286915701414240
8070458972191054200479042072618389456591675766243374816523343101310
9777787506264814478962379685449183339325445226328238983995521435080
6472399882461823467833341203496969634652310297098007031272981130020
9874875884515562844310131560990894615878405840038361454306275028380
4345168367939943115519406723368803326183813019065159316862019183960
3643881182869704116494587694221136576981495173186043944768192239400
0670145512792825405653032464235241908378911520916520753450114775130
3761761316030346350015830432411983034504597311154802352914726755650
2853961549825173221870281189147558219251097518814749962701832012380
6646655447096270322119673520668256883487375964507251207969145168730
9639987295089292861505745093918352489864171151563371077207043719420
9897852585410651220208721985115201196820066851549509077569921619310
6805761225508410799564473572362115138442605911878523611115766746240
6167605894908847321882511881891653729413018475636508362290409687720
7075906307595173734465381235816720569986154493374413551158082859990
7972507000542569584482904215703296329695418372061125327781850782430
5323918726737975390106042189821333568001491762927635897397491510330
6102944854875541265945883082627308729741581359987850589708156429320
4159565205722438860158420781047504262811290442552635054829661343190
8347557885193222267186930364566727102649599400511663086637317274040
4545694973748748521103317754936462538061133447431080683263084662200
3937077310524427999513745019352661423522551418680551040050214387670
7859299011085925186749913131450008725837116693698249769940841616060
2428406308332897997161870505765196240492431659995151896649754750390
0011473989031896878326455784745372518045223597268776687624285075380
1661679248800082340903203480714652289022230806149657427044772212500
2661923714235626092912260182505837318119710390751753385771378077620
1317724528794791583171484322731473506837177881579852023035280059990
9869776669370082267088042043304271761036044360211957405318323977500
8253762435335992587448066952313140950826729742008271959187161696010
5340654578147571012432947034049890117240314562707007085891355513060
5947483050109267533105047676685100687279532443236896493872434914010
8868580217669706551588502561741520703150927265145873588577166907410
1895667629416813405784240677338866529843358282099209279600025605370

316119574865172971711404358368302333102692447556349630182678573511
105639749473357081758063298707668034213096682726128479506043615265
442170363554065832901954741126321617941436862387824468108851006087
982065719694731531688727655829254841006002628870847072641463698145
467602306906484800019508915292088347520029483301183570714748604600
323180366466301137834614810208010408241624643986285802753525405414
811787725784498244012153580883263111576793883443994167425526718127
068704857905001700188276611540259896645638226952840861257000003120
151341462146274358818811375215962355090961869348253038196808508496
757130802652210017544521504388244696353913545222948382275219397816
100630815713947347571643310028857201156174719192266771954369283128
266043960699254637219602914253777973983167443812080972188188312362
266033870753267894253855916918297728332731261550841748495123598915
798601931046302040883658123282833932828775274859787053647329515614
114298532461034302555313019496430116703792865637669569854796374437
404695144047524862747673802558967408496302725388581738320957777270
442659676450234624195887257359338615526808120477513640278605967148
993681237120118621234905481712924548154302380410365014875356745431
118006045004261307876822158851442673029620840482261369497426208176
099993500334461976884187903041595951539264111965464774820849603536
188945761220485718626461432327497191880858417216502492556122848670
444079452809182539144469876181366331943960646378224508161381778729
282783976485911046345562271722217817692297411538678621460572420158
898217549455474948636317672274364708980215462007325013023705721216
266625220053039613516788310130085680167987713860080874414496085961
030410411974853698311136710708247974741971708082430169166617707713
127633313638154531589133752541683984084786431775066750394884663677
721467921121853612236316721888038066106985937023790963186922402591
191463458461497417121925501992547479600484600633459818646080115937
447037316631953518908792056481072811877724020397440246021297391101
349926966489897822336465536512949732934154340689469433738182663778
605034749343327029083756180110549346901793394287399056637969763478
106955289619876461898507220863458747577535586844687233572491790476
548077510392373639618546675333495970891747050103139694380902363404
579903070724852963285143088878668807424981635856363393141947625230
661525205658963070371420915744678667376833515582244422637175552905
493953288236668961533263314935839281282245849325405559410719507137
997035637423400973161309864621393795308709471653612565080331578504
457300009414139460014745254414038169209933604115965838005063036825
456630806282500948802003418002145584175546348018765356776441151647
710438436690085370611690503253031468354371335818092924007680509581
888880313192299660498665119235533344271599513076908208526629677403
102594730225917768201325910777315857844773120758864509339877561872
662539383623575762515880562030923121386657807216261161812700375605
344622634949838625256665242292344365139697208237825995762610809984
937542273567512241092324479307242828029176235375338637087638735181
552748211124480024591246405111511149966446261984339005792546353949
622888924362325218640252481049059595540836502868935748905420009125
338674343134073422651959981448876264483185527327749412287856130622
582187812001162857352133808604365252012350790830150596324546828189
224759891328716943598514226757325815092498212489905184659072782376
396492321190420564384917255643187344162296200604471901611612786080
691597050723383179902400106211647477584390237574678913169570118226
462177028945711913641268587186863582493271746562706728075136743159
750756577475837640633804494482066835217833213332789677638365744674
620172883957236721109815401621327006816874023136619483325010446485
64646036412531741333237960756729373305212297457933352566168558920
043759625134203063834294306097158474095380197411549530010282165055

959259459194853348227327155444873521365344729423949559645304788053
179455862934189010777934902760221808499185141257165316513745087503
140146677425197647620461669311332604538789645165729084386151944311
401615142307022471639399010043790686410341623679074185064637682566
038955033477348967311334313629428543148876031247313354196709800084
526427401420976313695876225859100931112997379360013553352920748298
536720427612698476400667669866105345520728721873818067910581629074
870107673696521668734487874382771997327186492554248066842383302741
069609185500711535489241744407943370423182545606838670242052339330
580317306477885933229299655466216870571281806631581075969880379541
902867105158968218399861722645652372721592127269985616688430859683
960287171538526694147931732893545844953150218593008668911797136649
49241053953017401360785889154713408500397680364538111572086129563
947096455742708238731268749887309705900533731834616896934170930000
086168027800589567415228443663002296526507013856265684358886297585
892712289731225045019397539880195992958594667444885279234641037247
334135338390259480773955176406741476465801453303755125878391520600
273054598058280083415867508782021829802912417977315235385770640677
116684521336866501090644399184664729143841522843559577805241786922
134390262097035903035025270328397986765487111297164150657689153935
090940421630029212623423471285210839542166491175188768489016016350
794990872514594428409076951969961803771282792923306313946321509657
936648852867185365898542823240463873382817848153020920308831569726
734392558336432163206608988845807113627763999664957064813332430080
443070692281796296832861316394983415817887142621966549905140449994
905132275832902039733890285425751366407428377198389513758460356859
331967636542297879597967568283998310181525423666598572785888868064
851894597071620346737035168045678974108321020687769153105056687668
773293349200238935057443695445160234297945780603067189315767951908
958081128270486867856517949494253179898985455846351101662924150670
161176221975729255773222299579570269514273134125870360213259374764
294767723385539394960803494329630814590799338159431146102374364826
090527489260911499781759924252339697286952524166873150092382041212
854261361635324913662513786628744172873692777326685338999050914428
805931696176825772855927778554889122488088669629022220090710531986
727332035012560832761865468606900461217655114103453283127120443522
951001679479031335053425355678386919223431249052133279436125690468
033045406425931433485989352987882254953185742488103764137541484499
829522748902796950898149864690761644389575234356650649798259415250
324263255294411659694055989586650761215339929748641052808309887919
712372876169729073029530158633809543194018202669104693139303526636
283583219629341950220558215628115100827837021914223186157752894430
740125120698223625704135116212793447479373750708585344904025189467
769147420649139024731524047392237570356833125539744473636977591310
167248556425227049855871329918475843821185152491532108660870938947
746555890976815009091552453184371101679704394227200606593472786492
376559469584717164290257863271834360438706061526799319925178071960
601819978896189144132968153273553656553178278789877045484925656831
540484336866358934827911537849960146294330178535918922268713560211
563806688873602452428615177077111067128514397173946256684077707258
589195186572002830268782748806462486258045143333445413308616378682
332572962579538006735091060533965232557596824150482795196197494590
510082179623656701477056459027478980181006309518889621379037693653
372987268128208847887010630825541585042133410149582854277180694946
338138816824519034448050492243551000331414292089422576831348019510
419539564834283831689946997068936123952993364773605967379563016178
031842261826199208163486761966027586644711808760325300708745350853
575490894833166708013253482497118067652281580236070823339041428117

022941352536003306330261124551686492275338976533327508837308735465
914111897983419770812110908047137442356324199743619581423276740560
044467491569494557871493554792225417642982230757366515960393956787
295208307621299572905646333279790560873601966838068415216005340982
287176820543030494829640714377958967789178526513442090147965699695
860332176102839832232524209091874975695282502362444942356873501034
701874199053002938096986090876149456728711268068719599242400646532
771157004612346955067259630156672290905445568896694903638197937468
465866534067955971944629775631645824343862403793489804730057570983
951582161392144404188942268166553489541432820615539268199333813234
143139879087206556441176100519791030792115944641248229869540395866
978962963602248076632631118560938170907553225965817149254580950048
642819307237586533109347410268460883510176552329792792588642969057
722571390829119090719641708538459454433599189629618258137957661952
533777093959309375586959791505854695906008160034355707922057284184
858559961647715619063376850432936554547474297930822840340104214779
400494818065457292244834261048015204893325978936823575947758489390
796539861320097773887838900230664965067318652650568283958219625803
380702097089887141462158565442623752543139384253212757340745331911
629551711879136992703539172350814998662377944284188433457149292710
333226630993271591811777984273789750147894332684972051543072375606
399877296166872532347099071746405402407398765307649992827255557333
971022446852281974406356741544233989522404042548339769553714731599
039115199581609495985121037453659944243964558662189512073140201773
556781853195745001591386191064089978693283136483900961375710627234
780052282421184264275528316128586976015660464318335336103972337460
199915388931573028588269160920494884541300922625883777140487965516
015543593745110789847180884700960607789076220693684073784963360963
425095847082572563368126700642910298222799915761939412305010665619
324385291312270883071567471968202186272019484744691477509958737748
660296312621123936262684323153391719356913789891966066712770973432
280825198475061954062034493330703784267983799417718823847785730492
398625585661163352861527957134353145248103916383517055077877222976
239792084070887115866239919233193364955741099493754100667968801426
502073106663321903729688246980408070541863178851938047827141225654
179999425208472883282034768584897255257471819411411100417415667999
996419753284032409331190631921047134670233785151816822986613438461
795592228922727247929512697119023249639138044043995740500927120818
613254294374946808034952740287866386243934171088576574565098594766
948921845006405465630078576018633790396114271309657046386091763460
387568116961674247700175701209622415995297606038534885700148140313
700112802969454316372351125088021191385854262210568994899518301809
141719061592636934736495307154175906667880722820148829198820515570
776358329567219112203577042495168506188295308898891337742800926055
748231190883191031319392993345592313428229082449525800523923120354
684095918118037670041104124295206004167497605558227538402785572289
944290970792203734798808673500170223540288707487241568779150621465
248917332552477018448633360423791742749855343362819513765938627640
328174263624814720096570576172733932197137016249943760722325613278
742493777785892693303359640162133441364984027113913384274707577695
437786011756649108619427071829174412426544459813637859434402043228
658975463864348272914836757909061246208432343903919234433434967727
735561114213200143944432273203813690857297957363267447789438657748
903859180992598862969779258913747052857795461303205433036775220335
508550526418524683519492934683524328602941689945753283821030700597
142644539014090180299182333664744077884707202162306238560559758221
344837729629959883211943413369458344614783596937028326827141048481
452882905261664032814940818402437682798083149452046334013147931875

223737780641449565756210605303373736314667499714281990742397055859
815350366620904650584483582903706278821795170109549763960329104655
406069264586302126874027033337628709008636077571723127591619507653
913377632919582215602395743429344688712980846121802689710424341709
083309910985888883525408594227691776828812075617943969011907566634
524170061632008101418475332908113003093109758677073036318425452933
453097666152917523663236564742169042280616975156053330599250791768
250223646459995703377476108414750188599883026552040683225323910587
244894132149204201507636619728900040605927204249627607199929997651
568985047882085190980357331157415446555005241314901243989950767377
911479714212766615553657000299806435223585594633402915196557447737
257745255173684677241148228763726800196358448624260379864986575821
308051254867753671804496187001591044738793424304187854617870457854
366494428438503041164819266671849752526707365839930254006188659463
004425934986421887367466779140102899219351903419847325760225853194
848393382061146480703648997867086531405317348151432465185340056408
530192899076360160091407670768748649878661447241643842625492285981
679108129205218822915194474347041036192619822496886501832878812286
552614944872433559864067055348866764216076996015355082328241827071
561819631434310929628040525693801721006438745609358563665337540961
520993684410900642345559496789925865271737498298037176386441554083
399332473281309549009091169442676470996060513667034017441183036622
504899102028224104498005306393922465176432819632004447864310710645
181829249015547074663013665850277505079676669447092311169507428457
926919864654796897698574424712025026199362769049186893853796977482
413020560763043389224736757475383147134175467829749624477066540938
198182940533952786677289838848282991142392773632457160143733752630
480263249421654556576719767519347205464994425160098915085265375080
025107560543265537727234223071969679452722466159738660217416890391
227225471338259155322845251522669469728173031755253671085191135887
654254435790412982410354317442327643432713706542099632157063640609
687138452462456633526913012207892078038541203760206341195539453469
466949309162079581991165930757419826929877866650365908258531021071
701501844136752913848473908192235647086656219503198651985556903747
671094714087613531548718159302781883820781394000869999670451740058
902929472049512466807390951722430551693010480382781475446419377026
942493272433681252024601571534861044060759056332037417883714753521
439572777882746386184160872134325498236900483738218263840092510215
599762824924148323911002469278925362538480776998752416827751579814
453455921809123520162309235618726203561806371374370501246256812488
635116226947566896813619087391386116827810422466418488137749163775
823530717510933636515920783202850748781773294567957228802702925330
393035629609655090811123459904500640983146260011339766003729813388
131614498624607384004103873895233467701560476564767743753091353036
027730649485481818157985558458713627831537680464822152484180500243
604859204248195328836784036387899563193321631831778397529919375524
219659608965065537394044608982289650830886050908902496512647211910
969229403866059091378266635979448407832676362544382973826316123851
271358831895110725809941985723942638965905949827824178092350475995
807282287983383670661002041595376456908759360820905304646456054983
510903778477908765197460005749378268569622689236564736896640023761
421391404088530228530142292402293423918474607289182440158403161965
703700511650374832836121305179276792029495844961075787312193123627
924907087747049402772076686395128995958103791825552757370199035639
855128240294793513430470149853316341488272414708705113722107326378
167707957042443525424026587849103230994421850476571047629262215263
799117735029455404147197973618939164136467958250810525362210095673
087070599535110232822554068808184242461329055034112463682062595644

292917574019200970574675178378709497383462000351520235096582205132
349518812880974170138280072774927060738429578676545651223280696018
735927938422502982394526545661537689095003761204162565183010735370
039070291502047537142778943688059173203027118577899176666342571642
695371669593318314176864699203932928731478065454996105563585878580
355988938253256278427797527748695905829017843531703864196779140765
048129809438387688116335995347497834963258404256655648835230230971
526389610852632841399355173700557015792433145571339263506491269103
287457433680168470883210198318057258996356417499479991411764640878
309858738876012622439291525135127431631142409165957985442311940742
639141995737008193686324395428889189215907335571177725165886954494
464905156957324223604942910611398818787978145692300825681635089337
688536087849150976140767272201765263270063040429882985323604100024
040182990715058209534866786585491475231039176530439244445196651342
514858865935725306187893317329084163403552216474104154352613758218
181879127906528210805664458170081884621209532764188236193739371584
541654500461376347557269167252476102557802111982212191616769247994
681485102211083546869776047065079702326979179446640582545878412351
378391598786857658017471735758400554500216991566248934327757053162
343985746512112556697615957941655004309278395806436785620176109369
534322744203237277829212641072792733153880542657187195231461476085
124120711621453707052346098735285253526398555173759886215228325270
623317177105764683442071121848969716263292124906141666241887604178
683965335208134039931999745848516368676490886859104526807873062160
502149585919378227149265333228609685365050398614037995783932359268
091077890548555861088592428224225927744773651178182700198138853160
730568033657967627178457774291699979193696296290729972681030497096
970617503617848728049157145532340248970086518250571841390970899814
432108632743076295346483010602917603173983162988558076971443395677
290152947924948925730531036288092988571097742034339038942417749608
496785311587575244607210626352217999579448328249649817968808777035
604906974060975581511209516205013277091078039134611475100496986771
957804672823682217588508555121873788238435502397135356476753128488
751114558439441307561669080219404705402509256163887305799593571007
095421524240238973866144984302696436156975938350358000865252066344
823250934289128159468246881311076706480727153921338085490889321744
630597885811274425344881319621755074539046922922607786828636587515
668094475047862672273570769537148972648601362808015084422632659722
114711872171544581877426158697079388695592310355347744844271027727
918126541939125547604844318093436796646334042828332733741850629865
499460012090566860910949503520844183899163403069633435199713722340
451018393656283949057157411991738814206864491885648968163335519506
600092884333252480673558417133749617150550934263718940232530354259
938439418771874208814554354356164303489103148152057658869444782706
449109953352128432519104912469054321738051067941859880544012894251
232589909962312324053877398210144640584965597415865952320581449885
251037693065497489313506032936074481814998982011182749277815201132
404643038340009302231080547259597551216746706659229444385710758293
568651598011790199480453582471723450301763989149022144948902160198
684151758737919168266109838573845376528041890093375503234876758875
765835081680848980488994613463846758358275894500466480260224707959
607311234708701901229396384219925088768537111998543312937242948475
788361151740833584375331090665942701325803295439815269206810548042
155210247965114545433197115305740995493783836932001706564102399396
852034151317330925138608298396103448375643485470945637411060456166
683280263697605594107860053014854032125282532232725173232493557882
265939595083733400950598453008448615493760830772932369780539020694
898436522867928580781581080858064953263317305646816091785147125400

088072257937135985919602032117698516618138205726664487971456050564
764174273684189145067342456756416048290309818979175956744799704418
481543956047023378435681267617715798737487316524458821001641061928
767152951977309612579504013279951251230446071737653304434889758377
502200674146778016973228005456734499425372413845823677596399572285
545930783851914039504744136175891007414622681929769694988612865298
551788024993319663563824838294192474319235584267635073198580303015
343074861824378325227933579938356853781132755653864730024767430672
375844555706643322396705837897501940110984584530312039741608149528
633651224839511514265139521361994928047761456722848443128565961544
973138278595330767369601494158637070362175658670104303586961145791
714834458205482295971166547021136277282493540794629070601403720169
035778923993263032726072545060040364605028380929610076000676210935
821615488096827981804590876990755827971114967485871036597981779005
599204619921086218833393864367675453578236336989088161935642182109
559511009398375374775546586077865594330622484912789787545081355800
095536186322477894557821672858215655834857416920557822343615032535
519130694519600528949869404686558645288393239196124043995947790575
543519058225812702468257321602699353123762173162563897324757116285
960699970829394959814645468124291192894493216757893635877523658708
312626129768952214037121333371373636570097496111467954738940216254
866841463524981486568437129932566103690320984324524436374578928327
453254010137873546087085784915339133018487965021588810929903714350
114962119197243727036331890117992931009198972066058919499183852698
678005809392309173781954298508516846681299233425946670761777675588
620801261412614640886156063703867564612888143788618168840692105737
310071471275560282552384610494287319949838014192749437510069479060
959762757040742560527920403735132256437205320096902712617878841958
243923433165252466820942546627297934824209502732777029535981564982
473381806163938715477491975350493217917432066843409206201758084778
305188754961244239520118964907047660186063573332139879373467391490
808812351345513774071558682223545588457544686343337754031387130262
607146224011717060240106522549119864684309641572194492446028281732
525366703537230042424986606480531127501954356523225687382635156061
797817749036314750495732032582722820879015800370394722078471144085
353021626740506650512561669500573990832732506899521269752616060272
524728366524467699546935694759472575668558118942585377725768098397
685880649644185753871729087162366584295460006457283605313875813863
629441043134629953741827762718530615919342612177132010310021145256
576690287097455533109073858111289551403927166875224799849874991785
025892689021482459578259051864454825308670960541524639164867481996
956919637597196303980961058033546132789435981843508697452592000548
590030372961683071957622685435364173118174509579933164776907746402
740259052553880918629368604586739521133104685547484403817107250663
691014557314738282505357057566139391755260695186896492503446866474
914652615608550503791394202981994222199473543823178322303684713733
024748559429826380406512984891971277312697939942446836813979719308
945153130102282071760241132296391228061815709537618452022878633617
842610353107341759203978291654370239534309225910850108056559187725
277755480027001929461414415376722756825533214173720140747134788443
436316759161438722559433049497719612338422266160489643962420532677
970414308024116401196808910109206342903802792551569679532441619283
486641083828605441536996436593196913777787005936030482022913026514
592296134558029718272438419687672437084492636755070563340502683719
944935473265265632066274380836995826335167607082354952985615834331
195243922970039879106752683149442248758705971197501357168808077088
016385784327781815130277868311685891946114301089589218392897133594
139288856488545091637259398359742076715707460714975246059863989669

574623157776860487972014803576795648458982197028876161231947013209
559242144883555057627232344348426426011753223061822303565850804701
101189919325257172054996292664129773504285043702622897235852816267
563789630203898474355948061217387390668535438453039293129881938833
041183423778361478059757505840662254133629335780931947819663929742
350390848059320069789917678833968691319748258864747086279971313256
137172730816533406139462568550590727545864506864656527768255534297
214088338372788201028902932403132421020026106356642443696612083041
768693220104899345155973211746630090867120083557242052922510628503
029406692705805044006818192273514256346584354811095932073401274969
490002544720797360379164669703195033832848355167676058310365452708
576554980028239478223137188703965216420784140386320050168755928924
424891643210796200313711074626069359189558182399883659153109700423
581742946007359612474329057210929097629241041065662092350379244313
926890303062203407870584752136844349814006643996828177728832830680
829674748510726842285639503119239679399702278280832904039187942701
256403173198670548090381729010938267703276181873338233299287354251
791214674169684443841609957921734925475411516955036329294606721879
838177984888683627829099798430217204175362522299672743257163080326
267942700883466799312372277892804907269063435938633448273734946871
808806945088824068997261658713437518740712443535899935749505763910
550260234884831930109776287518455561427972842848760393872130490090
254184884269775140116269376139550458568990473003987622256956952852
270270070700223631278275647209189072366145338315064508660157166725
030442531345730761424825299347355082009481110740264270328796135455
899723876924388109759704444572797225595582148318579221168381920223
766601470535503329905663899611395020035590039531431485319997339561
100645962955582149616215804551632496152498462549133866615566130574
710730660649476125925134739867240429470527139458700571144617743592
489199997798539858915545801175707545841985707464441715735287088318
155664906711613720524842124067568833334632630939467440591539281243
468652741507636710833294679930796012132262362971922889061129439568
658906746885822588883989165018835533075233198157903553586855155782
065468218332159074291034746956756633924854152236453715003886217890
263431378530266227448817999987385332341525005050759944529160103849
242964737923144851996764003120426193110183900107455976932457439965
196822111570172250000780185200769092799527481957223522490092455102
100832943506047090382176234012352784838737727314319812353312167350
741624784195463253446152082891223780469229085093862807526773733648
916752751088671869074857315117987191127589737172122200697902686270
153977033376235391685730235327780805150085259817532955508078778866
728156509666916158391127216986993887591126886484854534528983845001
720075317880961273477440300452416750323930383670617071013055043805
871730675668335337453783036855999377590869513062184655285792359339
174191712054179699872561324532665773975697093217056219380046148285
749989375231643513474707365882098106057788654165147324898178700946
301385079255922260729715226203881943748439143105940959925843344656
576817396893261104598701003727543525116377441612272999941018619566
051421596941206355131448597195452860809748682548745244590362604731
380648393797344681866249700721554710601935002386483893437562276350
127925849417326436623720232785535941949304500111524937011476346341
575426409557473943069445635423620812122411763735769708677763593019
356383644402889363050783332280366747439432486570798950852508727418
326835271995157792652719876374997907620843894634721262036078308173
814280478785549782897862274724417700301632550133970537241768281532
351617690692199702556999620546424372653577547251024031299435538645
948314701949401560266849430318378369365546618665662547082586074894
839728251558916038553495064513847442211882756298620633135692134350

5354175325462294273857018514221604797918123913581857023363813544453
5711277117194321660466143101547419821554929047562109018957208O6062
349088029040678545667463724177248681190074206557848221929501065966
835352086790875855344900927132510735378131123286004105291883550482
825682124393180978579666414416419743846503597543167041838521459077
9433577314964845742148608548867452913145745893151848342050585427 21
1602752070105302881218204425718504079717735193826444151430340000 38
9650835476069521126143515144940969915151783325851724798947405242 06
1004598407363843511382982933537028551641532818468987804359217581 97
6011103718826011571521219899280357546083887409473752204063912336 28
9828066187319532355292040142200095154808807061007453865639725897 08
0303279855124057096752994877525034838119148447639606902399800858 87
5101161290060080769119438103026094948065984761969048059321785213 99

983182597002938195414927590811337332360588587778716100672583596232
604960016058991488934220473616132710075452300484394310989991637221
886232625722472307119791823049444351403357447663970836106986071445
700692763966397349202921834629764438186018937668805345127770384815
690854061403280361502803860949033534893230357925117393530415841133
265471290567398884435930822283033032221165929854191965597971848854
238871580891403693016171725700155706148369068127422955027934635226
450068693430774820746663687476147620022750181551796978266737414595
043870588723873389632912139573039946630543402891327746816875466950
216141246550370091265917983029038873484176139723433945569356600838
016094355613785537468920714544233776467196313846465263157010171323
583974874665442363027792854190450156664578818599794789712514811405
023776902617289793013080656571631212120791429070542150888983795453
659164355123341745987948092769417511490311746055224557854581355867
021530900770319556558995997468057416133383616416911400992334155643
868362258664428079403362670105226669361924674723713640905428985205
188351003692681879974656470525450682683936264069944223117912997333
641066781735915971628983274177288723020526098042487577710069881962
403729127162845583584784034049243648781833724320371618788149318366
321324242424201471879866012908295449020987399595428721390667769827
563089167942174016882358765397504203024489864188963690963162701205
576819699291549927751425437881294676650832503512671684664484445472
404101245280642178327322277604369161028807835887184371005180840179
580141083528163516360380534630763891947615018698673670605014755654
519125563485474406162027393835035627856152958894681701699940143323
110952872124482704720605460258500667040757911141368279069786865871
177920435611489299687198880325903495462586850786451560737217153995
339107054574208447004899811282899421602122209262449472745405610358
209264251267803981905452659443737519428132171370336125910575516989
928472946953424298072325629025888362684267844702983631329496605441
625386147488283479816732288109784876941323436718833482975132775552
098111835661299848568702173449715945581420516760136316810447498709
163649431566670016341247315263146646944702228602807118139928158887
516372142668321214150923172057318911173288259805252015609004155477
759524040891350094036519708487007496783327432335886946312687900985
023131720661411321086076048619570635662452304872049297016794578145
820090361928067821394589374337769312698768681171248164084910525380
842393336908946354092358023108172557634997996943645975444894856647
732804498867623578917302150269879645498427712336025239601367889026
391276316733486900994658881028631022374955359950171618779405954272
032568075099172304060405924475934755878192311507086038643640016697
693588444107736870284577037940928349414028221295864075270639353993
044472385084396885275777983552083175810709482686545514923467711645
118856722380760062998781844878270052720312938847998209719432022757
136352039888007560979354968507222173819096427575684664407843849762
359541643789860716673486049953642921576909269615170952825421086026
688812876213228288701239411121356084998485602261674350348830521151
995222130947223118824547392608085441215344210434543110428353361072
322446109504754903082384976233787723979857646707148507270115503350
791768894285532565557856891411105393768123007641727332335555556958
197951616787651611271588023817370581258433764454963932090336308884
238313464741325415758340853287016214784675273660353298142198999001
039965166398578162708358962481375811285205027468314346218654210028
735798453064197217331119032520073461929812872295178982451117703283
234759864039562706190854550735807916589710077764022903519770551651
463156954288414243755797570968942232887312501544659132356822348563
230881862148691752544420425031155171125209326672093524453853285759
307857205196311267715965633535956460663812156991761342710503579689

346925609775922911355755004495468093959419880769193752888650248971
124685916195119118057366233650749218367328395749066939668994863881
254658855888383033086427922354597161408639132801696867060967477934
970251369670949211851826806837103932976818279349090488099268529794
978557333715456812291190828899996496173672758296772254271826422328
664001327243273092429509230566221346977560274971311377496402160451
869335895994334517013147431671669925355352625191822960685511025521
066176939130589930470440130555394785866316843769182864723435324859
388779733700023743444052230578338504233697486700501600286637163548
072142572742363471659825920005995273502863429413906679266972379873
043735393795775874670438709507356712455449660309789611819455417024
559219300964059380552294276921735098819503385424390196223556566509
598118950849558347583267944137194334777064417430687607287323860319
093764674529189218392734056524491250586956517611562069812500393153
884581844064908193055138220680810239336308565359538328508151852860
249073808881939719741926645634161448426511541316956283525195911244
283826288101030847554548973690254035882364831424405950604333637217
231136979737662537789832914814676854754118971023646587793294524553
660846298717097667145215393593629565084168679388747451776846470197
056012062911196593927169428782001047384226912084203747363388386274
792663438170746008618165177012473800268910283248614546728946437703
394342046484241967025618791648972518386746222304165160001856431299
654117598208500563323952416320466755350013353729684917467646319413
499223744247224633022021859547406463788211882345939408996899586677
663701142952853127079355663237832561966782136657092206028310256539
135401190662142923938164112080696172160438099387993003279135193961
605459067259657242443886673098839494804050019958699540877610669138
906842799356469502459908786561048152626194880291622037728544043107
619152330967613456578986649276023103467080783909926275476450002311
159881515250166756373957401905770341261342041635904480839076537485
827775259666285431629883314207477826120950407760433388366358024308
924484034883541028706147339632834646578357966974592587401134634576
232160810423976222516895973476817428512737721348884312642986891670
696316238734200146948985214230208355107107105025571884627785644037
605341548737134057035304716047710677529320079908300857963350589136
486977471509376122562844835142793387526367457072220025676912748342
237943660613198626760944062105152371984859747379297406177243330777
353802543022189439576676950956672798124850084862642588484579677193
561466464626014964951463471490061886726013021674810746605411192668
918406378835311056304417080835780199922329564347430329597913588943
793800972704425821506927979988831446725329768967209243310967877870
437254704049693782685353327799678176291518671277541365726683693491
087292566065622815915263350446694975679229497645839604031247826096
808076324572917963135706380553018179506155893461920055250204212768
920472652351959084416370597622758052733539905727377292458984311346
620894693568462807708795934236143426183573972841216652601954384817
745024429687378704478184580845669859181675745936300712509929945590
215797971267979286814183617945293811474383459113049494906254577757
396574482504189366105015672239114063379044269327671783572823478402
429229040376747003971346834385546406427071026117530091308476127357
563889344495780143671978013898265342437760672048730565920693328169
737707720506732140005736755344980895540538688878671591124076024028
764936109146485632435139228289616920538474220896046608059038230996
591893342589079006223704080066997920297981944092771735027012733684
682086738310270794793553022082277521544609273562071517195538748966
819084680286066268052662617307395592893243276656082055892649228114
572078932587782368082793050500307417743535142587643209181854326694
069067600791908213420396368953094525633402213073020986458629768965

547248652624284611047366575090417717320523237414075658489932392708
68216794264326875694735191217476911157754079997199926682888507939
039340610310421329646825040770647705217690955724326859664717698638
291411537797697600025819272394469201049660042850854700148091808108
172665045679671866880646205847880930071167141907849713393914993995
255245452094946507843497198103614287781840332205706946395154769469
727677477064248646079392351956543663508307025207982465374274256996
945775646261198738629434532805415082762099066227743584448627037670
924884313967312656356805978534285819844609008250228150510636726914
188760397883197731862657293142180732905509353856244448880870515851
205561944137370328540547572214634071373693265521086932227094239075
429940899442544459068675741143225242616723435219127825854388455951
679782993283236427374574525445460529398968062635137335872148508088
202055186599580340814883297012537812350567930508188185685057312332
575555424196054273583194479764324992288226604355585233496066809055
029052163377847463519347497130223294939655104159878397401675166185
936051793389503924662052455112688373111207852572442457996232944501
683417135951402520951792646811568298203136188273964266233216764415
246954875581640843582125850442476706996938037585730039057901105154
147795571791693127290959982213641159815952014586136789206666635321
839445791129429493727464246482392154779756157336708957618405753220
985047485835708917663527278094953542744825251137393829123783351841
471827848818093776259467255433420690238375597658467444988572971001
533657025938386098378883705596616566122618812454638780740364377558
292593401364517385844624554076490296162202292447917789014243272492
456246105728329944276796783144819346705517570835029425673263352649
065141412102378610932967188631037171704617628931161672590290677122
398588365964149245530812072857084100660761685435166635303413828011
338196779122899741266552449513483389346361812822564990534115031791
411670938307677687742325698034291407998029191076113965307761804076
221944515194026040634703567993538832743785881520110804064908851752
700820562380205128642184248230026324320559979983469262326656447019
563573006795390572441503981642390821362351327177145861912103281123
572699330876625534408941512051799027314738681826266444752804067274
640857238015503894189125958937399265016877527437697415337481724220
377071286644907711626031544171194141083486068995295074447722033627
442668184711965636157137724246154560704796508783129001334349111362
929755836090601759494537968615068179085076075662127381001179182930
761186299116355745026020212756543609511385690948154244767226073400
610373342612736080448553121475788902375590577113174550094118597486
529627058856391738971595159889870141758696486541853248637794337805
069893455538805052331249498418875730464447331444598505524739865399
707346233819398008577304356954761698282658938100306024112186656859
802072533716561353350992188595601078815219559929848307371141617648
399503300378988247903454105325020549556935880161545989189368865721
247489636136718628188546447861792435817101125518513178717745043073
536450297615072923011083308025515349518692948497169009917303947697
333789565022956148778780483665828348275402301923036903858197885343
038285582730067215613042476796509973673898639630845953309944673660
052789535100775106235405180950620729591214778792662633854287925897
759586305806465044845262391335383426270504308670094670362204063397
672529913651878423065839667022625805621222107335411618502936356416
166557792377663958604946932445508059036179864427557412949830210469
698616449313701037027750848601539616658645128535453048155982963829
859815455625924865918632881763011014997372069201538698774186216557
820878850289708567829701926958276952394082579589346666668839183588
155490694368307035327632079349451093653994509720428367306703514419
631552887532148221893259671737078127140513347473860809636945635120

190184391605573384080516638291488624793513794037131979668758562594
829420746324161481962682888498009688756413177902657691055508025432
280312585899845828720832573588947631349260624962718322007318135424
395364377056481929539957001445543839108784491441936804710651634740
311703744824585051857881806866288441707935660426980031632363491203
029197537009960106661938962173187622670718263148522844172794334068
181031018384175349973496979013526046083898649384170852934692791583
455942477874147581862606722466248117722498568622989744043843921840
245603609191236989597824880644631955555593083281673460231204066700
724877475998063268452732025570156216876628405832688949305051939005
049504958701540034854277602462485884666673423859744545671611419843
038357063974266667038555609645239035702010736523283527692067722136
663585746080761599482575890261556442866496737256920804685117462670
246787668603228796511978576164426500255366220799720399986561469155
119965918926099875691957219827550950647597861562647423557864501138
970419935099764066765571208502958421155914947290752355349927410085
129491938559625940326382025249882249214444755882700290036795187052
357627644235584183330712046012462993991548419581355125514677093447
144330924763732150118612798381856025571631417442644210392318412486
156130470981480247338812569605196772694383214901046524099815011833
941450600842229131941609950099644961963307661716802799661459649084
857174082378057131294396610368772726979043490318967493232166572331
903721541461036471884246356801971257097712420455992771894016308075
557915318038863852263293491228689445871244071873985131098072996000
054029691390863266714179236497562971925021288399097084846804390717
631982983862589760312738181027549342610128244583510397246172600271
247264410283930603677754398403846237465571177660427479404471102532
275260708819152596238810359449121002592156755099903598490287366394
653336222785601987852448078120000922672556304311870218783254738688
044091883310482551503395062370353459115756948715844081222535466146
121336832914177138712079113256329969610586306388145503829307065076
425004095978377200913542843287311066940704199932530568316953318544
062180960834613197799338171659170654879552114439934636910391325853
497773805380142494093450362761658136895003095126105708412344562960
132807039487146758901016641151703939321469890302667266058467350596
475274805617807867953935510326849129867665654263127329885291927008
247087740022137431156586969076065899085477980877564865594130890270
456897729741955965501092219356932384978162258751764655242092557409
257176954688605190100031608012897289870528610854229739093968150775
009659717371460086115220926226085270829883643736243877981277451170
822368080610770774136633479557435335472506634409792898991840821815
020062629005813678154528485775952733595359748408724500538827410399
987019521262331698628280343884972691416958629503620272297488689849
003974147161674575114133460273449742355058780721866552587350641253
083245738803560851576626591008479072047704536889750719974356650630
663167587611347516441890509949530441171998514991673976622942694451
662140808774913553673453065182999775820146575308157940816750357256
313082689752768694913175166031419627412271620957829974512595073689
499764786513098304455391676187931636640409697787311715800412265552
886370914062581788469239036439876794389944195963322773315106241711
111175895820421382268247158558623159366153128943219165489282119597
622766581435967431904693189707095462549848023495501869231129366402
929099667008638784004289044208624836617790643020633059339203224343
651607943257024658684668977153432807721709879801181485515792816444
921354300152529961377236010772921085951314599524616594227164157476
323657025718806117063487629262732360083125256996543432189374507796
744529154278947127228947044648131474412422116659008100572172330443
870087373605331646830292870055572001906994319987064544655062428217

2711712459206812429481055050404705924105288357400656484547245607480
7562476347259620195541630808699130865678696787553970081279117686690
1949683813515098808520958276792948785481815843390389576480289850920
5724608625300614888628650306571986579365615795598257299189432894770
1618962056935467280544185635018462634426748571556088844337677677510
8111958796316841853639123374976612377125870557536771425535452801020
3619128824660846856736084934133311957993354042333577358896378053180
3909344428049227035216223087149443606730042311797968286390517195150
7505209765590273099670998902005130022633264738184520239976911295240
6061557293366996541826787561464474369388729088789425992271475632620
0666673290809469862929534311107624328164327360863086413386486466830
6833403411741724336137908604788056800459754328933272140608034447500
3284344114611719096701762539842822668646838817061002536499007431730
8470008614817616431964214609199373818877654827069979398415393897490
0946103080608952105623723373395529906485456547771113235115058351870
2397486970763522933435497256100301121589126783284926464529265711610
1514653003449614413040707869371417923311666247696408763548739901740
7753710201821142814214482462132048901366552314424413404287752981180
3566734855659369179625585315367510798067145279663745899421031188150
4745480752465185317021824996705820092817034714330564906110302966000
7788621864395862030912621953745931915501116913315595473394117208610
3535884052045859273604632198270224071542061403310961486299075908100
3313306591475749539436538701843065303834279040143059829881096866280
7939606842134010586681368770086255041066965536224307609748692066670
4406842755594708259403759545439328126461519786010940922100394662390
3810002488578082153053964123626303568044502330247943343213441880840
3146928161839236820186918939839333078257939151876598861585265883030
1305482064741992386116621691904597565625333631844676895075299258670
7730897811322055452689323411963774158070429791729618493376516693750
6215146488138417266217153236227108027841813774596097865572452165340
9267876088009188070751445179559189320746484076199051735585848891330
0328063507879705231316767693157737318795949072123726379925971534940
2241650491860959163929805153754153056010835414124426635088411708890
5426440977027422823212873781858481377393550974933555114062446643680
9420453552379302295569902568889247247648285698792777177043958436920
4724006222094132555494329232680626510065606711248779978803998822140
5863452959171666248165322874115532752641124896656236536271790517080
2015310026735395882470223528163997240153464122032025797780827313550
1205019368428155208185549975149151101699141271160844540090762083000
5141646188255296346203608737167901905825189468389540468266297174860
6800839302951260776692992406943522577743863181275967950694370015600
6250562785591434151241339403032771295325310711861748025772234948920
9252198097430895212231461957666207592355635972669076798666123329100
5952796101834310690770203222871625208361195649481175299713274973050
9783552852128578547844286181685257107399791644850737946301947948600
1093793836405400303508924994891380108931322703064366040921361522510
7503364759125529933623450874620625221161521345334640590731527324070
9559395600327487909738694260663614314509347957936425282076057673660
8224556127797885798509050746557599952332576801978516473222357344460
6124947799906429335103202924170618147695710507728019172716654227200
2802454806556829265624445710748443438092473558324059572792813700930
1794958428020067816670302348301074054742192686054019788027670617730
3116985490100532526580700391933221832551762219500495602329543188070
2487098922493307375904553488785189577342825125096765197185679965290
1017199510174647814302781333571695642231934075713767834608696712240
3812173079896938312170420491124145158622120573819892602813253361650
0633270961268112735445764503438627183739199389437969585611671266830
8339375985582646154279781331791205782912378998922762772561595125840

2754000144632044579106546866732414053365861918428042262582168827371032153821229001605389555745804814970795142882874275665707581482605482420221061203768834107343704461695313565847315846499523328897408613892603743654557103135730978703051579767418648833308333468306177619964953332343405916867838864524704127553143957940278842161375968491828232860066928911605076118159809805722967611642356090547827553099902283601182556875723878812585829342112120643535136234233354548000376373539228441337466447546489972715324870623432473939494074367849041727254265742675895182796020334362260618434065482929109694732775810631500580250568949213398370571061955381036992510061604500623195895685277633841453387092156878758032127460311284924887146975923896612165410078451665187599926607299020458345627963420439715652445650039332697584161527418689052810339622772868014570270031896278770775137289513749285389160134511814790912124554283511450747662061450207874055271983106491319508431939379405139356086244871206328233097256310656806715935871203992140966633225119104450832165354362199377758584328122723097176497270028253352023603346945160822872847275228184687773750722988339131876836902638244934888564346061470214101593355370833759261193543814375325836805068692651602131963859004249450260777932898292974931025747485191547582123684275563739778101515027771884673967343974182564271586530092136733880079123112661604189172284689063826787172246977341470030337709486294246783622917217912573978588957230493800358591236399689631216138583104648370796376626799297615668211984659341559339167444688620035568965184061896502099578794947503421345106468294189135762409949557718833764748449361489033733873640844876651285799060056918035580217574328223720982964054139849176861425411357801923284322356622012533756997103821037145053611352158087544325887517731498123415979007748415485246874718698284371642775679661218822589836358646123372708731616395878299381552734158028806222896032274479197315134195894883841952929056752913582847028899729046824217811588125445002757734897566106936993830600284424883040855689756491161569382878286204590171592066183555970557350218309269119605068711363792198916388264700303239855998258529737206759685021223259479609213701331543690047347580052669731636628087675468684315441200544518109639633177996327073327007842426159432871983671001853052211000499358589809347272782613245222554744663365234690260799520188298486579293564334105861920635765802134949712381542333263308182496330203863618060743007893628480494572747655596897690479630772584358960972355626885277176950957548546741563189365444345268252226873316585833671741045351860168973900370511403872160749256572866941446343428193422010787994447931528908070441678372085914038078719202046871489540429657782742327726300675482683925720474289569191676005205232153821140887324067972558836997229770397817477865544513393695280467309791987546440540501535598421490176493970899336823681797861826371377477618992421396475468152180235657008465062462125800933823937589398535255324737030726876131869326125773333729027491969501508404817998772837366525506402719361477732598808908149463942273075462113797425254478573065620616232758456633687160410545655582196322844425800161309229256116952170585617429297116993729879855268657367981622307685949173321863761507735171533780533639947253173790467038575527223738278135885645323766083898120229497517958499014168966345218786083583841189313847283257686487347462195353899780087542415058674978015601593113654055207095080352550048121231237718152107298003231017591837862540565962539948544710762023852340834150142189018389630276690864606288997315830500060541661052112618332456308874942376132111738323599102671544333398090301076751921560686091509929757948984709134048477603725331648663327399774574170787058858498903647825050060756527667766673018142798346299786311547247190463813082702695020

715524345837771328888401133228561232764247580549141453340043073513
682001671030489674079132204173293655886380819902402504247589799061
997394494240613938590020437450817126160362783912411472682090856905
268374225068910991937677220777687371267701529071296822615843757149
665346296154035289806984981990238158813249007282842031664545864518
677871817717727792832125269683229766412454967397152787968043476589
576126533852457391513438137845005187385915329634140536894844397225
508011960792690281162293670434371158371953865778600341946713096653
442535523561350392637433355902487780093167585566502026142451755202
310518037979241601868165327213490744741879263046379357019572546568
707696490256283113949083065981392587716575343290518298830744220931
539456267189136509327785275856141886915058431128180621164533834614
564998610279908878315999233208349703499009644828973619972608413030
501613834375735033502696791991003945764850313988998040534762079799
510355628009427119807714138625374689420067112929037940211050993128
817678635571212882205845259023298827844889728557676433765513209837
208453651972735662945407520786837748259937695085474585377854401518
668703212703251083788575535253274224674561655301752946970492860349
352376631937758153126911215712505456493662840461315754932343616114
386894155191795521160403279413870405973659682877235554936953672492
603352744989288822044886844365275158954689558858907183172928912923
457744284419272505276847550387027063282979975853882599387906789963
676634726367997091137000500451915150705020857447053203113428375303
964506837349474651525431616406958839656960477624810076981257623240
276563247145586781166535633573841332037563285771114579477361177589
109784495974871345499454050089749431237026691600227796215160164431
446321556746579869691343020917375379329537363102934825941848515313
457700649437390976420858957317742314576728829679067502992231525732
869833026341233526316349020649042970821006326488156767632425444687
039213337678948960012513626523547256517022255955699862842510886689
684710787260016733242215625124292721308055932622130721409368643549
968987874303526768849221231834492419076374715747446252159745764663
572427527952228915040642776786566115191933191817830567164653048138
101066673424591568641744576883906241920186541022526697061538909990
725499842854841956681924545197470930614227531512984453091827577151
361181673035809321460322584723528118255047060621542622432455144689
645726938231665552509598950410934253743085999797137004258858340304
497267109629969763233607776743734798788356730102864713845459287916
374901454066475193948993522123624743661317478304868846315160365922
435767627623446665395897964687905529239027020107572189191382148316
2685249049584867543293124182641346627228209365327772839766755726728
973193812934194305723962072329200718638674667030636460133111116425
468025122894305331125098538601201236070449699785210958598753293032
771622679823055107676926800022074188490301650050385344759710183016
737826819436124165696392522947410357431851765836560341232764339009
565118632607917338991262772072135161752222552418296124339628251823
286968625444118623812330640345331556016406957472320383651456635574
987344116859941616551824960425979839267816131483180902534507164666
442670262761185976491324768295272780570322383435150636721770663763
740249030465909628596027197972553780014182019981018139812595042348
662483440439211364872366629202063939628845314483748901026084036148
407312006741562291596696366940836032643341496371209854547525017736
696019714617846451555599416726373970858649598779532421583282184109
391640528356790706864210780346607571979891481554005420051073009627
962347272499701122177816567984491943322263341503385675308244677341
045503274285611574553874214000719284301774473142300983657607515512
777962810147220530668174203505967941050980466563136377825172470914
099255524710368126705138246752117200528494295219748862848985277878

356210600487812711440634990881645924451898010442935708329047220160
726966046198426077224783107171439093492897379507505647105380291618
749188699463530135729350187320668731150173153109129679486254979581
512168220757123189190913833835344710236597944808047123388274440350
534679995291335460941392728446513911908360762265798398156424638291
599904416284527681893532791356747403227351506890987754721815574998
488346694622271194343513957275609331877672157428578303301830422251
704963297161229683675274898329472315069749788741400219267006720656
772921310849357294076359289561828129001109784724328303846519743758
573685912309817836030314052823008130266313304139925339921794157647
985347081786361137720014085708386394377035291834974037418351162237
004017318826939326308750548756645290932656650302439445362272791708
003815785132529023651056809625891794240016387149612121694699254423
986747262060057131153878388338830780165378838775211593119449359569
491793940578848860623959444184972892872308495579260721132977121372
388696986360236829162225464710880621094479132399015406678160289346
942821550627212605417982917817382489199733829530168266790617780135
336504718863397842735335856232791853579779226627038024456968296862
549118748685305497857965989184862186237485563935321563048992834865
561541540649512210466103765481806025067654913403327386294169117762
638138347851183641056999660949202044895026294461684668551060662420
883145374012687794781398595777699039877073994170325653193556130005
281435994560612616083223589903248956595675275769853245744035607612
886079681857619771788765561985237527447223599272020602389167187908
147088670683027939897683780233375796837484716792042056118846144350
842383697378594825884978259521414316768984959213193894128750695961
491932711470358745336608149437546971429195290310193894356371835937
491483074230449340295962811166523899581106000938622216226552529766
106507452713589497334474072816739263486222629713471555329362444579
946508231979087690744585253703457090077440815341678638701480996741
240038378085234273977881746910805353305091194433138730408380430675
060306862695321245229016675038563185858593174377694941574108105727
494443840013991522952924016806674584246966055691076975969873109507
845182518576898000939428637121910166980788517105711446695070312737
069620047300356753682352058152491868239083974088092648527045816800
639153401349373525471509235270441619265721100423458480853223980930
819701215864173291305325898717158855168420606503405569968593715915
621939545955585570093477116811798359958427981955643563653093890509
419646418892434176612177117545737144294027293771776591831074430581
515315960948263506336557238614139208130754146107405127413481388906
875208965175472864434890201501872018366138417280798827295820189774
861263383603711094140868044146381899755144190511520140241876289786
882338665288749564740110724599055379921751556478198091849558767527
782808038226298180439415639795617256940909295185774478836515944787
206826785963694547637062382066962023966206659210812781832191274680
814530314217798673533684893808266818969129998351994223212726387715
975764285213215158837171464854288124231224684028390561577968199897
855625102710706283793994319073579797536228737199478452103831686685
214208220192667231558101173724423756091514893863436665265794260371
682892815806931590571523794802566191268708876475069508501113702578
802333818019030210029759755926818216359535070641885719005949744467
974174202521309472461919502772132372470257029616316814647621846436
446517995358777590480917246955673967945537349710322193694559627789
377919383406972537884155020629583874830961954204615469902226843474
617677113197374866000879354436073024336632808653684733506687074089
001847030676982147531337315428622151551318140954149797246706763436
976964583092867952120199414066540432666834408196869186229176544103
649208078572924233887550618098365912226537972884111201306910185760

304983295326942141884259428662146952768806320825719648671342246985
264194190222362411863391302841718447248227557233799697074820024375
803717921807342020805369357406187656641696077391209098134947021207
251972136996423442093054784650692374464904208887326302261563579196
063092369916027823649300034497471237794559512408582397099465702753
667598133047775050505366345747155165583727731007857817871530316132
768489253576078462114788603518040297656960584867175676366593087480
160999279507871789131042038494789432860847970515042833265245718864
231983999328563422686078834437453092728931460925442990607871117367
669598496330621775148848993377878678597852652805705486612173792135
521247023953256081906788528038324229680755447174377489501430231501
469612254948953383627569448693046741980229225550650874297727580760
951068798271091938371422909682687285963219428367272424774439090600
368048527845438548199558287433441890955230992659295884828977719675
054392057716689385523977360925820906934305789867423572953120514850
903846524931400689961737317358162222944554161493578714775062703761
924980363844001609136117137295576618089263864679402793656703853057
799129885739447837576390926794433365054967707422859638087218703995
827147580004402224042140033035903609605480047188473046782868077409
898322252624531680320340844351093743194993802990812417921108954239
270965425821958485866799241157884478152195574983222583356742267989
600980320093548651085494676767134053103434998643497580002152868358
357213659782084357326046612605704644092005206437488086840419995854
086974773160175053902530649036204494584764408820400538605715251822
177935180194147116600865329482810600219159446927834603798292688186
777848837827131481606681284808747904302342003771308964647817855994
618375106206884413586284506303464419139428937623547427775867690146
782289070060926832522503246399533375667289976602542465979519632609
027426151574818652781929779836811013313396516257933184194070269649
889513869239612612753695920602296900874208347208408331884158268380
193833589732243351364122443211749794047668241678096352035664154332
541509645019779105414609437498159904457928380288801335624818140726
114232759728948241418870259574549342547227469899768771623160993228
850420280708381008140918873526333183584207407484465733978384298053
471060023742199872117626833349092090738653379590749280892830301072
075504724508511833346763047598206617899980044627448033701965550213
204413964236745069537087816973799693790616378482011697962707212703
584804794885806583089632312886734029638482411287659521853624112569
697491990574782803262998612317247930503236377058456987857745316103
866706755584406824089105118184290258032985140961573315387563114385
477921529836638382158713588240820127783840973623264758443526302816
647560799932214839271563212499908370989309463295598599287284335212
524274334943790238249494457851649361270326423390945448086200283535
262617529818355252978804650281353991128471612811534144603897031654
677395258765383844457461103515616418092733462541422179033107147203
105992949538959584368857734894952259821038315964206232730714837166
917989674445418418903725112728353005929827393747375710992776523563
703606473487247848396842037423097589988743878765428415935659735883
450609361299244925874676915428045981328158258729991103007806315924
817220522132060107714923366010031827100667272664889495509423368979
354810557964237715449541371774079951775014666954655741008015579341
795983013187154617138382203332872631369978080937562816985753529253
902365681143586553982842832417000516419900517643835120057569334304
218029315236854114240598680573897377172090328164862383954980500843
602353585825546188559424426129289214341478982670941767604522251349
298729974353338206276224063310048837745273811887225818199822194282
936766660000403799148700185686745544123195735187123793059951482159
548677010540478202585390833356406182622252080286486668097631561071

376418909023606039541245535703806675356765247266803675176738455646
966935960226342580015557208962384036477132142966921934724207987296
298616757967460829597127485706790346703915786585811127382574325190
397829954457674305752992830286341862425450224962419791639827349043
594113958984043489575783324648221652497253318119305558561405031050
765485899155255426528862875288955457736787420297703784684756366424
947670848543073541328403616349134710744683298589809511102012425448
846430712271748865869643672237512574076638075779685938518232158037
901388513245670422527853876610135195682865233946040200356733860252
055134753079007468945261436163812466020943396881829985725346543552
854046361041312149937692163026148315182346942096279115494171946607
206655284400443565753266414389342772209055751842369120803473798867
079692283986937508881614607383824642000815393674001886257307369534
997308367252810149430436456349752135453195195003507648237036184538
497563616339744294309886387198988081880867474958317602229846725019
591837178700154647194377440245879644193433052737786174502452497071
499070005187269292834587178630917484387855063975477813979761471029
748052589306922166622252353734490113539862660281419264762937097680
131872041406668762554595422292493849462711775501758620213788767600
298051574112378095519278181590820663636540356868332445566200951604
633752256882558545829200193063815338736565179457437025887562647321
077322764662315226993795825381625074119359925754347032075189639279
292162309129902590445512172093189661799346949541502186833770152207
591130088868902385799152826398678246546088746278526226814247331885
885724166512619590003292244047284089619602649237730727930328698350
719950917336222069042662113793573787896339821927111179243751868381
757621347292273048411090528931273975665464401599108920563595395506
226849034817783401638880747758591060473586645607299400942000631204
356230811649814551496555130058546117355240521671556660413334758759
879204455921756775632837672276901154164921122464223603954033684550
113426542474489895459967920364424296652482735068799649501574046214
825111674016381288237054926766797280057463290619456179973094448 72
374670630628346193769263728437102506294302398387471804112779445151
821086400015584757912846401287399509776297708262263458825052078183
457605053081571276816461601267456151310391071769738455787322413300
300055347195116690125811352080156303730469080930979273536585649135
747113509044127590764902991938820082621739395928612333657297066464
102705878385513189346579626859330479560260115450359677101400579933
368890040220753848251399308637163433660079237124064576176500364106
122054356886881774062530570060230189829110915340711775171244237036
436371589022011623171026356501302439912154042701273039166043485289
217176780054435379602681447698747940557159937783563996621006692741
927146810896204073611163472025898624647440819612040336875208970108
806335428443692521801742512119678569911058334944999168309449469847
078063675466677678253837230405284892911730548029893106132822852430
139744212784010822979922563749918616190953950922923524038726563349
624474469034805751356594650462503096250111859963630240365418782445
707402458948806050741683907150580324241837558626796044894031184207
156184266389930059683519608809915500540819116094261561779964945557
389362335095602169384530294074153542201700885059341080215377441689
697655239000700113109469280003444356063607661310302728738927422665
249899098159012376515704327731921850284488111933201103571057194443
871218352322554867726440866734045441353674039901046417928811413277
329570523323399878009160267002892904670034550632113551822596454563
655802704621531470603214767803873454420398877573153641972943746586
782763362311198646746083171624959380516317910160217431600363721351
355065556811627671648322879623900371433163480958689243847116904830
789651005911049650159928314383120189325251667689558973105180207091

561282127947857682315030996548701378014203423508621889445113091741
552012125037797657263051175884455791816612431914793499879371889746
676777827243329227024826454802849998567554945269468703275037839400
366514426856820813090209490578996221008140773669655662797895875993
816037392940818983260231197906051459780384494121855073472344404641
363331714829781976698669655140051818454197633105563504488497134223
603391300589797173467823734723292305173885050046360256819980627282
581124555915860150184390904098641809717100754618847739349112735711
271075330950790361979461708733446648052417888060677311064558841428
743120553686450754131237892050164182455985291702855298234917568151
981749535650404537358800409736931002101619740994088572336813989068
523058021522578307985844449884900267221549288886129250288528135271
737803182076280866581987021339186121133602461873626491285983857042
460547885994420824018091973627117515404746563411804862886439875110
526018600763208664032080058809812466828727691582888514535559929721
451343188177166455645026663362751571422612127028290235870314678624
273023359989513383310690803679122897592232090053533983610528084879
743470505105124297994696958773290081207079728796535839232426576733
921443804703617065295956729932344168693092018662571582035045922274
601133491784768678310636302367243553709325626949823072618631310910
501643206126742460867916703779309406696071354477720412401713871525
414787133745660229142745368281009292055889007950848372326787186595
562128376549304312274644597738111563966740927499199030967831570443
792739641666751097892640931174682418788465392879439142807191372281
945062111996049420141675675141552265693285969399005410111647767529
256494404287958357100368450907034580190874999930927342332379066474
107462898117101040277883382145098316061371850584279038953949613459
869455343321733883804422922186848247101171485158347106099757869761
968160124373302306844692710557893261660012959934985974917184503344
610562408400109524903112915131020735366066991425097441671089180442
792638502557662206256643470568888120913431296547816198453967515482
108102441606244493185873512142860108581558715194193976552610624780
925408142475964662701919437855071869834968769265751713501764020035
993835301783027817671022024492886556546201055956741577115904728583
016542256142005482685137191627689825272660007703368359267689271174
661458864432562954417051216860837357165976102782388486067014463296
368213637303317464871763201427880067424934856844572688678255255509
250061546975828854921081222247668229027751168223695025439873245618
612099967380501457521453467701080259152981604212231163287602645784
892088144425417823517877294636849168637871033559880293528797513166
009650345021350087861481652756934254915758254478587897790042101592
801135480971581549325386490211513898577566392705820047833081031935
861720959285030983719779563846649873345549013365660629589933126670
354255179585895342556852221670572063731668209322415546565287062082
026853326008665800583966090695049703022545349369418434799181485403
175216153188936016989829712382727329618815135404187049273485262656
664081364863788716802997434199218404526700361558020387500409637218
865537661056462525859676231120914555806149237446224865590525941467
834123013364881208645131781450546417941645672385775090452177054997
583323609161824686637311995974256373924319368360663346878883664893
997708709923975176942932704315716340505835198994772125986124659567
580313640200779332879786511301194767901228493345593727454467773069
942456260202388754930902233573983039664285659923462394343075435576
614858518612844661731439799759776844709297927738276470935627949450
937574975809402297195543701438592212160580810042397438533045434671
191438712266270914012615384462773661088651827155664020489973871853
842797408717803985878574872168926362934079370551601837140508771496
281607873833623355597883713608096663152189322875105227403710184125

482971285689541641949279438506394548386171545286329870074344746461
465034144602561936493892557193423209623857284093622072055176469825
304006432287560380697731469996601018610184090834745280892809833912
909149258303651173029967654739251518450277244844953768047638864019
063487296774799021248561273166399844273618623088551731823996788171
581832063096996485147295737236946479442548250144837278643035426699
644315398152771686798446857777731767242149930635976518135953927680
687103230458025191560364641845527228861482514597409299719945291059
983347241041854202720851360543073574876227384079200167634661510906
147191081330087692439890505428382858717459600200884576448251903137
554808601794034109441898837265231940718313705379983523443759548981
321534240842874824428098988804719710545292339984765517177514410963
503314438415742836080790134130163961579445590873662789091442759845
229763054393408666782643140163757170561881345065363728887368457730
018975435386415363938173762901822963330494418919406597305753851213
398627564624984703279184151114912113525010468511900896117079021888
918806248825384228364119065587480883812073123231413442333531444336
096562719210824764039272060888862628525885199283013330589057652728
295714261949791649958943631773247495809598414916399608724055940589
740951851845370108423911078235447953897722079752261759973799318017
660258416783458521545313578584209699130699520991878609886124440106
074119863744715309935103342861637568094850359275704744265896795661
933828768847466738762703577987555965494014662899892099869716485407
230339888393676110133037840451130783799704331160533262199544257703
071039684397527969197308128025112622360077754000513085974983046454
049513097048034261383540913445405641341014621937160565528044484008
804530396494929738268650227452822994845774673433786755028009975605
100915288666465879026257768957124187931583948729738877148353842481
293119168316060135430299784836863527731202903029710778302774738958
134651942756160667428436070204002387686104592077696567626787819706
560612033973047229654813734461913219885892321867439123224152577419
290782257091414018156957284573833622918850794868329493305335931935
720916763645955813679923869635567492986511324827139460731628550124
132311737264877398296514923426741322472886328460210413669666442677
281041495943027672387634286066448079048426771915985645126086187040
257274427745143079017361515617731515750059883996401418804973069975
506691012924075303749581557846276831148373516100826421056868786356
840858920119268252437039035251766690092384082646752617092602697104
070471481531020573979976815791829812892353041464919875936156322124
516827461722779681573302532557352230229683398277994160348264985693
826397360590562321392948550742764853294267105896994589264214411960
008453533311450406865373131957148434854150415172347068715966588934
687947761605065252053255188779427620006779291742862951480363937155
624921492192899450678409720543460019562984744096748624653637113020
873814175483338166165615185111911346847323655382485319878581818145
010538694131580428941053108502625828157123111145551238854904453479
867002570776217413802918927623452389391402805293096864556020870747
502963056856668723977499859113562083485942647022385403313966555122
940520677229821077169887490683123218656678892534843739289398243039
270631046016785592875306017870222133068112991425648726649716803285
494390895401159821493770170327676209298763615294761022963864003909
946651742860527160651172140132509592705592948397361299817981025671
385331771066750331317827873251215013278377486502070331355062275581
304810800294605171798864186469383014272229157943503979917780164905
282771302956245709102784944459005025001264756232514016120398203255
027526969519670742351684211910982090147345534524738516054502034488
652611948457946739103249460175460659491334735648784812681880187073
525918380839036790727219871365126911287379537715995274134266740529

860582672777608419974697064196590299595629560556000221763788281809
646584242944311604341015403241618371124118334133690860407381821867
859296600601526097920430269051432225681436574696554200716104926071
055162136298793005559121326652543344723751548317961256407867774243
070700876622029181406550213601916638438599988612327515290352987034
953210752896906114040165980218828037680534871490208308719178047753
136085841410659675196043240179858915353244342336299100339036772618
991404668102761485787215430327575243593205031171651703430242737608
232710098962149506384969100290257741671365850448982075513534469441
941851991214566815068435730758765412713166542356681222737222333875
877673936228746034106368156518664932281342304242040017305391395804
503405968044825751340555490464163357843816058868602279917915156776
991848385745819789813620129705387867266068895188507220074426102970
737128356942669779338208780912705267402281903448878106828049595910
794308881004695618358720934323233044096976123771968962982119916878
709833961134526201769594003458673833978234147321913824997499140658
967734474340283580315374798489967619249699851822401768193052100224
551085786038469056876636412890897515543665065616506192218185586063
952563520434789459161679812323605749683748234389055596433504292754
772607193219830825380715538852177309242994131441902635580211053579
886653626415101464607119855982928954907551481369440936071764942629
103403817182161439604176985281732820882103690612597704683140598765
898142685317003106627425740828091023311681597595865485617816146064
344765193028717343009218001005873954834544037627646013824276340532
946558088847737466836256169083430972700699748178242457419426260777
097989142290035008433211923977359095594574681566469478110101036963
569468678903093375711027620866070878210655553779260881641337529391
559615391062381538131481317662760323198880497921677961104910238832
275063964710076965247441460982262594476729758448101388084101452159
329887353851807306981009460126167868930860243784986072082802669244
510981539169597360182132879440792230675841298484903656303436908701
425831419899105413985226930754669501999027720119934380998096571948
285919876724145591715959557500060243914734649999094962280732089018
531774166215707333892838863916441375939741779799619064527740965797
692825365348782886469722536557545252280316884710392694299440177441
505654108392481853809722462655146890300020782127549450527915436981
754966618751347831918657412558355397407737334160156114452815017161
751179996399406119110086304704795713409531582791149697550614252596
618790194047452875733438892990800297698778930869873399027324722936
187651932972809463921588010581209173303560696088255232179700576000
415904488179392298445358037974607129470760820065151683365645124128
112940020791146082742431095203360028505785103178129690111967320860
994900367426065788332367599890317467841882737621128226150437357826
128239235832602350621502538812050380876107577923411020066388359646
169318157504286066212124025308127579700257872538449057874024076775
176118282802205700768033173143733222497208953222317699148309229185
252467490518771658719283391451272224391076880381467647768256051991
624289946664158685700335897100581727461170013131727201526453957506
701723887331443852719496997537245850451851121245323760092430472399
543989332763258474199660212612529805661849768230504120572683027889
590129847903701012363477732672039081071163930328926896985898027604
285309812579195732408053145359995068028164763767861620499087220505
717926326447013802103274475785095981537692794373539955990692011086
845727615873747414978132199221009794636168368837698006801932672463
563313936198022844660290825749708876116126193917988989141472036055
993690883893058053593693391145031666583767906825338101549463368505
270216052865898969422570963534549240879532449834501523023103683349
308340823516829151896416671575047629019534676550504543318915726570

514987763841490791267283803179053794039065513432425793133041324948
076088104697312495453454578562643292457539754436311066043652894034
438429341310299218563861969039536229361901016399352853501057299327
718394468786490277192411969477667967432169166174018371906560463900
076521196114835072075559291017853787705695420746007253475463298759
180083020271502977497891528398945332554071951666575323092649513942
114255404511537786456966234680050010557665686222565597532000694853
643862230379848569368223874903195490049166578339743669860918339199
872371947258845288725401284645056630547236271099264278570245829223
730422001039892514376074181197679980049611584889031365744048147277
693497933519690791241286804950501774453583056740426732857897572640
251681129144017289388939060078622033980666196507858085348249079437
151059318692320640496738656353128130407910722221357665482187805198
585300198832071946026351214279937006940708565595872468136554341671
216007026774829236204014529850560212244185483378259554164191001106
984416061119361341572843855737682243702736802105490498596516582972
944555191824151604065511839707202720208464020439307298630013905543
486080572720871181258779384498490437052921037497010016639981519494
762949998642849373675253631752188331308710888079788392417704627889
360773769147013802057889504947811588756399045026857550561741605589
946250346009210210935213094767593435082242287365273888374232113471
060109204939561731748853780227314662884160388678815342375391560037
740786683286939848348080670719236001585719202923111341735102217455
941199598354445613756191796311070401804744803809438397548267445519
775059366593295007869513983479298733887810177945608175447381355918
082998124982315003735066265433776452183166172959235665505036298871
193560120416793837252007715931419035192724580169449393893968861290
001191170558851515798078321975863643962234115591247845187082904022
020705526888567677675720843301962157900852947127982339707670466783
431019043137939095674184931794875599199055140961968939225573319387
182240165404389424297616591282596064556576789626950067545766105749
703494720985496417221922641518102798911059033065391546659670220214
954542925225680119973223318629930128897726005488830518019073656178
487244896155732164825745475381614346708401825711363753394201684005
114429600303082324276272440249343956105593933073782790939544010805
851085381144126655161542809528681170509607828910789971952998934216
779462002016998984965144055336949093144156637478982789278074171170
977983171522522769101762906375367829868692728058988150048230697907
349216189955367079070334793754336049453072079648770163350386612477
167988940461720890124337095817160070941224936215496495754923913389
052137928481325600654070872192952041174511465783621081106242854180
781661949418458010948482260635786400953180380553175259088246744194
408371697512638377222189990351660818503784010369641914891107162792
024978840785035770140561634787422640000635581746895774598161717765
424735821336343905574633670041826313143611418160332966762967600167
994205533403640351816660549908972163789101933149352978816209395419
682065819064283642662413237059039256804645463665882027057632649182
915871363604687363845054497488839362556344690258479973397243782686
679200489425440222386948917200466558257328802332499435398108946466
293862106782615852789957371136482549194966699900465148330478673621
389610739799157349933726567917382050679489033578517034801568487119
057331503073236481575437192770782678884988301848646539821183228847
745990682339746215612585382662372283196986025204337862773557515550
720101605978712174650697369997748850582368618239740596282389906171
845816823966993940423403802715214934164580665060942551663306049310
716719733083603311809122267282616536491778154547133361395136935789
707903812910081720867497056696396275052837274397916287648645576810
769790438777885368984373003601431294866492623107727490370595621425

875142932668782847880787628478186245956781686625830268203644597885
0982950892525944172113535585941142399515351241488610058114813371 44
7620574893722416922190639131378281162017878760864388860506587083 24
0869863946519451168883795277463535977800599642251188127560160179 15
9022475213976910679863209283384060086102184671398118661205103771 79
6785864715889119197808206511049872092732936744466455522783331556 12
7984651988348361976080158313179067455124100208677523822065546145 59
3974897869216323215553119290602588527663367002810850040367760202 46
2557785265266977034006959215776156476425963474335647160218551276 75
2648922167599801547259118353017790110214847022673250795852527548 42
3162615892967491280149800575414928943724074644381116109689127925 53
3486650439477764701668970466249702173347336807947732108619344342 26
4216085801303502463711108941668102650367375214032824342933691937 37
2637891689833875137555791026545295231372878571956727250352327250 11
4908852401112212315223953566814175636082796889420199323245274911 50
0056806619067100730562113125640182950499334281783611200441387083 04
5411777990828298523910316521755322173908386337724070260851601865 09
7547228451197539120397627596019905383829494982268416069423707468 52
8511859666876879722986460275718450299124692064899469489774830505 01
3519745922277894280494588893626617557558501668491138034540655338 40
4509254779564836853141322067280529532217757679973297500007720903 02
5851044324639934067451094331243587323598628587936132286240082781 50
7656081553948158074626359271910622864529121954899127388993476898 40
6306935015305808395651394402432325066622429876592396826941031130 83
4151196755536137839854221179219411449561916538849185979570764326 73
6974593593810668775110459390561587596349661795677581631290731439 52
0021171624160236387809632990133247037859386552914051894854020217 47
7434941180746937803653261313994620894555749060397697094955008026 49
6879083392220773063033152719944794899781981828956639787262359965 05
3845084022616071288706919179553483412729155634507839290955496217 63
7809414476039267620299120979785261012616158712707535586788607013 32
2937414800980534901978765117235013926032028283193813753046174386 18
5487073152287896043801626021519321727812501015366095539593948266 29
7850096472147696304142092856083675536971457674465825137792689300 34
9818767309536656154094018181213814515718934852114137632397475912 49
3597045511811135126263852182268414222905761672336221741638596959 42
8555841526603258173569687347871528253854686617083171567897986920 79
6685793852038673279363131109701750909153639715774785466923898418 80
0085984984931159137283608134143739359840877268138815763164529904 00
3317006143551587132104849086040863099554582932498512694150896588 96
6201964410303356985757879719137187474794198902398557644542753175 91
2782182067919400959794488980216551994749107670219496596100713430 68
3605884398062502933339291805043787495845783955975219184993991566 56
8420764440157702637349736079804389437323371035779462949595697528 64
2416907667162597431170280130433527213920989591016293150314406167 60
3304487131088893032925209532460424387158071374113333496752189467 84
2043520120051017155888101407279033709013906082962325736543490225 15
8571597343839643254968282425392777124223574763651474626863042160 03
6737390572809741518026332536477880629778365031696247887663049465 89
0413981453683496483767637972403013154653988084173969361425867179 38
1914048143126221184901047710700206513634019865582459549151893608 86
0207754337442587939235037833850250116772705272060991938026117950 15
9381871004394547864261178425146172560272380476328699796611311614 71
7459878855420378960304851193694719210877495085538628995850377779 90
4479879768191744941429000980359750244314457216387987325933347484 33
0457394081255124793772083829886046552487144520681203144328720218 24
9171333241238941303220359557278051440495605813651409861600790510 07
4644557432653939453916473024455409044935918995009300701806172333 71

679820223173261954865526065376596240693939127964089260841611488033
064649940540746459731482403965686343215931299439370778216002709558
712592639380626530906372271590302144540827890353670167098152389832
704238400163481012749869965938331877195079369730835694367288565061
102509453520470419059542468201989827961069973226213662816736312298
905624737776292375576101165400655938523727391506690645767946392058
971652286497743450228414035088808309344618168366673715725141638260
562684009201088413783889207601230008640272331058740377923680777236
337609996334549142295140263407406950003571920163554103905240352907
273269823891464585498060712197168339517746845727327057830016504343
852267328906604188841138250834136137996198101697052736772471979593
261177622344539819532047244073394552129375484996462128287798947592
635564711248098447886354857684404007964540865343117844698666996315
507153553467533182789421749052954084700236515593719130070765320610
164624284605754459136274080249442643024742038723113681403501164916
738803397962812882370862631477737109509252116696677284000566965235
533123572734471225058493342100065438046715335152491823178461651025
808818016446049994058848908523540861518389404360719340671292367260
694480645999780777249220902903862440744586970142059022198880684609
651517094823060009646570143644076680663727968756940713515678279906
490790632772090445245032485757928070822520326239683354851586069314
597838528361694563361863149568957512520542758340843376543877357558
113323322445874169130446233328853040341681853276507962953325671968
030466262222693929242338176147406217694381301816446836250602887868
263884862284407686498705054382292580658487040403556257325674952011
143193754775407709196207953718148825061663069254831888871623685251
554848108075745353475665069108998902579006747116536104463548486258
453296011166055248123665813348443402303383876694730853114682295290
092852033970729724784595032639730470969287727556674107879212706769
691471916296467784842643755418575698510816587182715147495503615650
037132073805452127386073713493283299506794838104667216961316674556
498386410665538519571147797989780405313153130469535595601250122307
301351228235903089741315318724606576765069273120754053562280539695
667094045543310016992009340160301510967007087033089628658695481117
116447222429564592624702284383736316827618263814545273819011571508
952201669555895255462206792074276777692308115226475110682443391341
650025240406933025859894563392703641944075397812008218213585045547
352157480438705096537744614781134687165655588835197279213185045506
835539430760503690093629623878364086670129443989385444418785088158
837508762900011444690128881295585567752375216598684934324220643331
265915748872953995338622517538068215345051124474409469110451163239
958515057551231258294012367477151579026785466343783299768437518167
132466395464302078876838451413313112004383627209472896677974394888
903403933393477149165560987844062612358122351295492562595858319163
624484491123953657658710507880739670881097669121051336720210884909
249834814108085147197931198325601491340711816926537717669488632567
738508113099293924279731126967745834906089590146797112197545328687
949100384969406070056456723771053491890644506528029557447570185785
935333025343731414420530358189472502565974199223900855033384792966
237076723346362903759950087543075025796397415020398849590375857682
910017344100301639017484856330642201175201778857984274579591250260
727814703573118803108254072233705618403981464308667013264139910735
002441887725563513180201251858081489754097369730814873054088717373
474428409192916434244021024496426392873573982403810584200373458695
310703279798502293094662680690179272417870980625238297549267427174
010931339084400603177150398839717565171566425066140863519754573459
747328546035257708163790805387315806922805330698661071761704723189
417223854132675676864108506936197728508808999120593229478701723659

957911254740490230421735611643954893538440386619667832273836309911
100528583707824962506145518825693851635763993030755907074091779176
896009094216626863994593098716651875276280612167765599179102906097
798876029113129385895535018018282822842512717674142327943772490834
468421570946790104913429397381565935133360706191251839663489878904
947087264413445808102413965253897144390891777522524117802201688749
824301623732901654238958880298757500628310445539487277012493083152
494979747126764811041792369032564979086214759140723385699856848993
207228126831503709899193130760222768091775960194196631360653375426
514541707897265642169499127767201935651871297423897420077422706008
183314686892660294098085839553452981326433742948397137157826634893
888175852859964321524684920221705042364386297153170378612025782854
723968550109472648686527339361327053170918496084286797306300436165
421346267661010170035987579790699862232054880264185324862925109616
879659807695389765453614545744554001652239142481489297293814279062
558859701223872834890240573855246423443911993450272065771715210499
127908992116992426409704094162072318039496941688985426561530328072
246825542458111142700957323271901559885378957557116192459631233900
138923872721527861242038168148964678214166675876691828545852443941
373067714640373433094041364476929357832575675472246049237725453066
312261405501756381159994319702788365614699745356186625199217747587
896680220466677625977438338995660390403628298614827021386190536066
366845791514514912966241491896900808153987865583853781157034266034
430482255013197866047676271115191413296063961296795675148556053596
642717648733877548421668073267934468273745356610801508605743399198
621529578787611185592447235271316900900727602292778572040739492840
810280038898566540215556333756222914589826405817184880903521959232
298455919169463929579675300915498710901410398873834792493628931057
971150462061769010546893013669125649607645519105336273179156006459
648274765480572318894713984109860130286486656162666295762500981783
944574352039379491631861623245084104361645553981702333968280754081
606767892350510276470520409956971481930783215993225562257913369017
793709375425041782576570705962239705424120671641874246415575661781
751832110091846264871776509119033457230778731788048493776544253945
247149424091479337073513487876314576985100249674982967257183895783
784649478639854402312145464070231609321036055594619547608318410781
549758552449473221438932052337349758294772936978542447331921658533
831755522494658487593974612031368176924912879005517840370751610615
086328433445673849566589150349424052007897413832212149246717980852
846342868204470275783698828657304473701798754988339182164436320438
360275261130900446100374779902794907612459938112405161919960596513
900779096342935831190343056243567157340950561636287482782058761548
998813622840063195111952017808096749067049765894282031932459132425
596171141643166944161801552406618863311739950687964377815538097222
929745986867436434377244602250082170131493699181402454209157676839
550131681810740342830411268652549868032645793231845029509774520138
980553581941410191319848338679855548199401716615848836118148504918
646756391772863305837466512519099517627862182217783739216042843812
365855035987768316798876917667864037696003396728064045734525975201
932854039038432784751855614753102263637335938463979994511977345685
665446742838958191103508750244754207501175472655793430406416448164
000185489617235736987650020914631244006805066561821132029336859567
547226664660246868542008039260740566298299662282788667330645065503
288416293882956258875540969468070706581219805085789240566782073019
132006706036421683649165256313537762548308959484205360987229555827
524593150094334190090781546711225727107985212227375561583261030239
205316792788614118329822645975576534045423461049029572239587533119
579619502289460503083569740319848247937503897398279538992068971891

296270970268160179994882368515441024906345037933046385059805006893
688509215960924934546170186966470225326193881930168212264843687779
523961813687773501783987601428797208483664107732876428869253587146
978397261888103384503337118151711484715753572829111377136313197782
120245684609697774921963796847374969109456442146235274675272612853
018007895735430327535505890027607241710824277977227327359006266638
666960135223025608509729963153757824337925071621720744063331379638
751714439266238114553939004388678518424717587537903066366609326888
319312103232072351409070336054165750822090603372016681138850314684
644519169504365588661521259506938284344581528708712282931407275559
336996812109903515910164212560711075765634430635117056731674352895
819475495216114251931100258904134528900750775831818122670748616937
051137474051447945461979530174760061067934534837739405521359299881
834654586798258758604317340405546011823364935533063590832243916668
061210292859293099627572450312748943909642963320873077467150077733
008339343158859637012443376957769454826077160976708615481666794238
910350609046146044130396871368948867998350878040680643816217724063
479178119162006295777701399370934394432172497221823195212537941326
027533674568558608844105908511230270606553796894861190333431182933
910876196185654145709689387436957061234280197733557389624076816315
844335848770733607207064012636724168412550983009513819576886151246
486601910441900040538733356712015287826261145314440019490501156417
180146235530033460802176758915614799503714673327458150272811272118
264669225554441318839859509334196239859455611849476747865322071492
014140435873483891207105258163644906920398813879272899285398846067
946999733862878432225100374328066659264199306084693616756774847179
955538224978574655672505567489493096000388111650259900059937401738
666047062621238852848170109467101387683522002537004909446671047557
900086274869986075801005598973977527485320741834661939937899976107
539930251144261568920485519723078407582278483831235864781682863472
397050703377015510803721686394150717589120252352003093644538161000
890881305020391693411591082327549299699784135448332296718754241822
465520037962279043106977024167654829394976164049500283098389394260
224304616904843558047477224038717866934915392885786302298924314368
417304703015701090230606750370244720033264134872856010032197236565
201590949293414826212299982317332073064879601203797276473155636303
760929383734234682091833203420880375831996892409927493635290735649
847239275179648356460381131807445271846223458597944972284318052740
625000578442004830052382387510848554266486618405878804641206810359
198983960987271311506410818454904555799276094354218400671764535486
151052824756829626859818060293772829879244252943870854120731025294
049832789179127749003152175521488252603471416018195384541767118062
521836875819415407036768156157661817204779986923314640336138033465
204018426158039026418253618572246844860612887368699927202741626806
376662112069290346196954581136434474159871401892116604662265826615
905420697639435931236620455287560342165003473601194342256149140320
157941711851715427563965172568645384670954524837130594898582559745
277564378372093903737606448757805380896666613991839630554346351531
548185886779262912725363426288985256854464698144974618924149586366
367198140065068588860860224267337988127687969406497029915452452721
325754281953249173115066208586652077490952965100753404049227356548
282957025690629358881690414651069717772420955446130258543817863048
508060589906373809054306950261384242227053753545985909932669673321
651519481725345327473336027447258527245394785787049054847586331157
183663323591323475882593406415210390728719363267963759284733131612
339781549856507745957426301925013613442181778657326845949803925741
969699998764598249567094095595490645143192997532969902929018113346
849189397316733740473761021534979028013172233791279986391471010573

645808824964037793669144260225224329182203596947965229632415046259
3037636643284086561602312161099027177979404824423743772421754532 74
369030749262617258880652233261410603381653209323202669910870847586
819856399049857501176199636905969925410436875329181907200415759826
234546672701573697113335704140320937934512660607079906558687961615
799849341095409032124365443108731615863757273748174501786655737939
848669229117599204342247600648597600549782806294187391474966456601
976892636165982896565574458040991426890947249706735220470116191536
009452736325306664402010023201873227819761486866348989132734701444
820324293117841009152833330376911197051252511890297082942974883981
371499778052781649343705604326005352698106918986588689816108899269
920434547815535740465293822554757923965125781698498673421821853124
073431152960821411209199994061601015821912737301650176958118619036
689779275690467857101810593937314388119291474944356522189626028632
586636519017453659212186387681077742091583646909091651827398075310
306649980624484927747561884529732947271391489972684077858977868656
048723305752422857172473443666741818123270841591791478616819780032
875242194648011931593793515239417409041909841257809909038894077942
046727049153450002486042745530730683647222075893082199445234721452
184282562092914376814387802139693639978602212632210982207735714412
941264065376526428543482970693655116806728306148155350067799273428
746717408366660205372922048484087025230125857179145696657952396359
686270645903720726805879439813400667670141176581252233481048386867
717405879736896155996217846549730739340954660431458601540495615776
456167344721264274687461408302063879359804284966224722325504660952
317681724586362611284833874076507582889567745895887361095197420723
212623335561519338247176021818683895300679750212076904388381283562
581450125007119027156514434627064814950590196996139040560790673726
072411292447199477028384835318633298176199947312833144915968777504
290327977034761938062955123840138422910035767692969859590544398289
266660878010344059670559052076683702101595219513945447731187410723
527945608443549466760792882681935676466658916136214042478564279268
156254485063166852683275246560027477652412794270534193482805462670
281599245391248739375580940125919778346533655735625937668087699752
574602702166964925299837753819693846254708518861510475226475136489
188335738189169712195832681004195765377021192118272566508896682467
504866699659885042041191615332089885672380926018142811762344795582
942880858136988607372754974912130687437421943014866766259691695195
368856911749382319697559557940217938873722515159971405447289708395
510365486662819650368486846610392745568414363590177744038756512080
771456364877728443833156357249683675631481039438968092119282337414
507618630565777737794145333025782078879337135523281930667781034744
878814533022767115982463014677391318064699017145323181957296401713
829934458665281042390292044042050301085037228897072266732041640758
383521162554729354209770671865262076294672043633643273505663204112
521287225894149976280468914855507597361465051176412579302836974532
036046506156923811972132510561806134521343817681732762841418102164
413417024917558436568114547977751958280662844249750379174772362042
042450573630609111548402426995643360035301436665975118280328039534
210540491910305673142107541302357934877234239073959389300436891328
148546882197053482680640613344760357465909065646098009717176995752
043755635452168504422439082780834807215680031213805137447557386633
580661289825695253557232663073951954063697946913927391950929709929
134880148676072714978516827026905071076789657653044046336262688872
262742931202875173849755421431504998907456461215695542535701520147
462658735882915448693671682109726387703669298762703332692676405112
356591787736324770461161187528378640880382801363490414508513182955
873803365715923755404374036600943126624937447350183694088350123180

570255108941846936668830380623604361689986818150462814543993708439
467237952819530328860609963154780541105397983173910481917987933763
099182400716369535925678358669990852568283461799920448492158286825
542660666948065905588375476747789006303076397732011916264419312313
733282236418119343830505865855449829986899114668131171194218916017
937360257596321853210486874992047347029942678712761333423766834282
256575650157489720280343180320624484957230973900571509314538918434
494382839737345157998051562591643226270141862062369447593021410508
502812036049109939053684780560216627046368552572741329060422899563
510252284751907030825327384995555330449578033090259275316352218098
898826291159803371125701721767669045456806492230515747468915571710
175672403541893506112888730240431443198695865218667607330385490360
277460963545019525296534070301597032409851150252930588656719011250
832847149680648943813007837186239244681790216217356912288723948021
648464737751768189421222071035655596507979484499008271935528147914
340403713871720817609031988564587461081099105936917743794712879368
950324774186485806481967995614643670824870899368395131507203056530
300788685982036072066991673761641475665428771935359104452116916769
281639636456297834073706478827406183405435707741216138320287378790
378585893274553614956446125505055478266874544550908868894692718598
894942344950748382185018434130323620046680700191750459262840838505
364312676869803402681158070981034589860413084173550995694415179917
543233480633073261339139979788000382109132766014549611157042858028
160675162338135386305242956383309503201928781641324922300476117953
582495605914530004246447880621302468978655969262925763574028799401
356921167553904002699664556025682972369504959099602717097381666168
678004832729299059428102968161574696306060610106226717021253966747
951389381374853895351757832945136426006936137777440005669930174020
113667731787704469450601292260749691106157620763789334504137336511
956003290783523596465326574749743528672111629807567585108385016069
989693586715225964630570091390876287416492541708169096847309548860
233298288800101652962808976987723196907421027009348880934455512188
188336519784318535596067476350722161178728735639465655434276140685
594124259121417078116303080101925876219938098958943050939682518277
130330334926648853295618795266446319063493896492797477963058182377
606580354022796691081809322672514261428768508550234036395970562141
251513762046722444289799785545413190137205600294567063403824299178
075125724484463577152589347223368452680005049057940765926118340462
764699835321989331271173271051129387746272008131726320867124724783
103695325057116684669339199938383416530133092477294293584707438826
342400701321713209728274947961163566782615071566282502125206276389
751566585134060455290109261126381662242366899271064904188627001442
112873592393998250056580064325060750945893585007218072932230824610
825818587467133406733443268051547565276112290094215465561831034126
870172286541622690757446663740257850581983903372668539128342511388
977610370155470596978428438121104166749642361936898406356138762279
595452151468928813282394396366129450138781676590929250897532471669
123683482751546078272804451824345375965504925680648532309992814514
753455092755527796279414245574405255218825323955625085721179963530
195675811774436762550973197511556514845137285424074904838081995588
091516117939219104261909284857816139051482314744553101516159178414
599947122390516596944103972729574115833974593906205007758070959676
589892496143734348781563774420837499914618345134117857213565765100
288216534378838906972299886294622686851956288323205705378942178959
367844899728380822512958573742956531487043040321954330164722045881
397905745288020747285881031140858798747211863286489844734053114604
400480011189647421657199931158890372059003146641812617920911940887
850066778010999185461909348926691850911899853281758015614963442527

274202132308326262537829753747808496486205747377298059504902145550
108969348064510974333005997985553203313182691751915919500655848843
655165633523507949744148699554593468266676174984193192323919858493
142907033972490741043353155071618577128445270455615148720821787901
075809945990781903407684845590803485256121124463883238877600772564
059505857614506172929101763421062016322763133570869841611333843351
915955219934239104565565973100823169947997845631959834114305637058
884135857232439459993716084515443224733325747432690293211134055360
526090724168837533543614128702342378252708953823576585165964173281
100423670224794265894895420024627797793098934507602136241713703106
513275975961348992427004704717253332642277426234756632022517984249
524982127655951139456814127007662315485158257359633538267179226699
363339180668550948028966397016335803063577792061512929958681816023
327826828756138695348983385807840486775650291623281022321262862370
364711672590911162207449944470337154671719355796034064957218399132
431571758689056357820119356227777634216236724756676876172206101521
338942884427554638039142982934097063768466511699684549774924842162
345498790190059012230711024880588049920820267341521334526194822718
040452465922884429554190815449214580890457049392729832168834134299
536825867464108367284683313287432198123007451303144400768357402446
278097701300214218712351188443907814286457148671303162743814053388
576038852946905077691124396402844275392116011246848558859087111204
331369833551298317704475439527351180945626273650721342386754878162
350966398758989078105843337220397544204986189921453439457001076699
302333404507062355822832197939121071633904478457406495968373683599
961027055981093432754571822658191627376408326491944633925414125704
727893001218140995028817766321849854530856667900703762657705838273
174956120917523247601272848854422298986799882662839508678945771438
815809675505801148163295101341784549495324847435024616682604908605
434986260707695220684576930888101993638860205690810166450518721815
005743472746924004566280135244242904323796847683264995978599541876
796098882406497426652295844069729776191462648978315102874006697923
620332060404453547944198199894752531957170520855316177791641077276
461392157117740299135555015167097966196524062222914160997227029865
408714690791932911101746040120652081190334793350740933967335438106
677644251621091064097827740393472409226971399864193240183367625787
951661669211485708440347311098577186041438065703058114089652279903
370706792777717324019606366905990239660061747596602743647723341713
211256406957304300738718969760826253778407616890456503696412101726
055110506318058783071771045716789172093155510051312624885074971257
088277608184629735156660641381318577569232194221616981981833861591
091112129640683476454149874892596769391552088999743483482510977171
733477484904241570447657365745775288703137087391907218250577299317
720421259661778909462781073748939672753336694977597757614013390964
005994959912477424058226022767434791404365977500711749068727626934
563752876279153861033480986929574289849008704137552160375946787643
984362695913728997237720073145336673352699683662926085657058390388
235938311896147636133170436652976443607494016496971739566002324847
531278261351162745169349859149728425780115663540112574883834495782
054756513486752535339309492987778566824738322471363412781566382459
050230733983253608300387302483963995418402866298087668996005436067
463747817597385932001097038400943290848252148607855800720302839262
481484210735676894365084782917239431353773078338286204525607937143
479890247754480001573891165778949114366003679354363932067762630211
052152101359215469454499705888762836579334060613239110233812347891
165133960648232734302761158534325707822596745669263994450654928199
905402788150706299036213505045231732501367062439410618076676137866
141456378576604420749242292697703498450126514921671769633105167672

678488372954900567865723978442763113473249771989060076187591408960
730665821513844913456155557115108451321597382911001114287389599461
623938505836032323442082881450433915073780818631937207838031136417
583734875197650793352053542610648396468002283180323476626782438970
343828285676740993880122455841828250616588718419177397134842495575
355361542835106244832821141075660967969951048252279421587069315186
868228906599054454289767683407842846866351695073592900594465251718
651841204544327116374524591249405103177497432716433047861042520357
940327121038480844643633301371529014988427523779498345747998752815
119651594344029887214917065555918493963736202353463688821813143720
813493658980418852618146166856463897428391505955837039471238321734
527348213615696128326308516503821529565084208247108348556368415289
277977777563665982862156502212507461167590321165420965414701229428
385457567214173899297998005246418168473348180217325219882119503518
467058280842927115925999701537509747900795093033188056558010139808
122984565468161871538579928128610376600684408308498397279763700416
603065246148266042831177932893558742055934518813264760502991798338
271637395986023588785134609267323195158872972924667709763509894677
014028229224590936493192519317428596941523665646599511192546858864
800103777931630738794443787115163435808683855098036167341177467955
250541569632555175659300110987103438333592007520317718713211694297
373666504816162281397436919436021979331891137147757928460485105745
428328748179328722787109615896826041519103216035886779474792592988
509994990492164849713854412553391673798326983742448741274547096206
337139047404836079415752936336390448179541411173493620260485120123
053605543688879386291448078791005255598932825277335435924706739997
269227399277565339725669671524096773073517612992214202555065314295
490874261705335850333177746025891528937886543076661397186947435020
469696687505676637825001336654434120149780395334094843058804080871
386953158989175443230557614844599297128725620764700238088330825578
637544806735453859876380858476365069526736280986119900402679811302
046101019445980359274353057449296242273773395520169158005332066975
513019731133703912561191330543297941699192948293905572679579528177
269687932911425777320500214760199698152202061524517942389845818526
827978979744054165648056210083302860547301031605032014574051888761
984535029699992646579565001904482782417386095401791037025463814362
445250887029226639233664043519678003566545443642503625079529648921
390656484140182736971450214526431646621003738099504185588748963082
465740733426300253099497815591421287519705271001157101716377498833
787956568653934426611954407741443992487423206042266159771478006548
964334962358396221135312572898201355984815657020457482109173737866
280253930704465543688974749065847794940959812244787432218660153009
734548024696172671294778795194415134401730118832367448720447806236
637003524258617656838084857368856902370922908821222720834170089791
292565435419407826899305573151916990118070501895885964740481390462
609707341954494227067754033537102964836062032755617310215914346844
155390956590974654992791537633294735996020089802640794682925361277
898320585360585618611894514061132224271286111668672502570336348863
158571739711603288212386637491874566260429531898520879176927985320
596870827320607720490875624976239850639187378806361073721159075733
629897056657468837735159852306207834856672673994501972457061604170
286561431266850797557168950806738619613357613077933856652942611789
955761282203962786163036697657292746317600522624881300262015934469
599332301304443908514144069612949095143511324043728180378030527016
147459666973182339616557550910094477201123130169927082110437284835
364658022798435317648760439520807362259586407873458191531059455825
240310753772157432145713447781843098447499918919885723488153921904
520156617192555429987533454002381109748520270053711471238979747010

1585475386268028132317028620129038658514423644864928655235817137 20
293880175294101022520285691187186079645010876529842532971631174418
650752018769292746421061313176203085067906658825606161624512329833
385602122519961320728581640702090623127183448482230078940409243916
327452408745667813673557003975514278073920034353313212822873286895
420618818832914189042392958293492930594813919419210154303243567447
699243068489549520239545645503065047097125895308641001156968732728
057534628882092894998037694276715237246907452768749411737611248907
019198792964232474948371863913292204033404762728529048057020058877
226359767881747157982142176417664349005485153222335130502004742660
842602758111430811587735785368141365683667133917403160705650379085
284322678216464359301519207099123433844476197489701363751895168498
630633471243935719934533251192434024867226850967122444228095486209
670642071460389235934010684400475369638649751359735833109378326001
909251574431920376122937708905574543628477384533513756498116412336
892295228886685199915916299617867208191837173473070068228127018606
502753029833901466999574794461070267161116027871706500234454852655
318046152798030135889431096643822247543977162304676463531802819964
493756623711511605197875870834292146749800015297141091672570579693
615487561571782358311177101359012535395568712745799720175926065461
900593796089784619027221814507235879548427149913315039620305124110
916504419669755825132181861783569427554061455972705352382673571102
318081972085394860182205482689866360286956681834866852454461440840
695218263328048760444691900826696762964549075457223692332744166491
319556486439945889933877587009880543318639985540493230677615918285
928743896057804640984208974055068329611397239222226979036469776787
551730396664474157472658465478065963956489535819557003579716689122
694699271512844864772273981174181488663319289946594706008921131898
942967719657048618527686134236881500004172380028297670052779227655
408485543334861688984973871867886189873232380042400963864067984351
716251126972592465867872110705380153194957716494850629815798946941
714282042164165586659907286198493849175480269584619642294779314981
223836415385570380897890076139010323497179696325471965649122745582
635413234142436435745947492979278569607763591484728012121820571237
229125443324556605340748495181446769058959806952003492300124986619
376210850051236442547826435733821329660966973165353542562473080902
881776113373972062983643050540861940622183850244985475668721260067
633974373153257838354874824409780973933614873102023904533809474159
776645603137681106298921409016612327003900505022947613518859124106
470656031298014608889949278623547812337075637352432127180061053085
517170340536033073763018711366935321769842826017611218600635848965
341436067091419977924640972114274495469891463555482864340110401472
230084740058971939425556775578440399365701263770092330401772015709
714022618972549024996396256689084858977504157130429271592893380146
276281780424512433461156729170872181169866958713126106655810971551
555696334819844224937727899849001691334065013922558374525364458711
315377496428451540053640421859769093297900720083629620246732239658
837413175290586626269446735210442603791931521103560615613271779583
324238941011378308624546295140958171894165381882609858136255070281
472074410103228385697701212667932146472801159682437710164058829 20
381222982282550564885020009031599084096698014250159959742561022026
318361725571114913921443611018533845568286070315766448605768250919
462158506950828494085301806644991207142867598986688412790646539483
571531979162968219164287626912567216947228774367226907463108534195
440611336084871630083220781537154815435464583702594850361674707073
027584996723132809601629361233574085051675867047032285987247398086
473267940394913937913084973632414139029439284576638351984218676346
643018086896069214338319604221009472098439766652282254436830422205

470143256511942687039719929342480639118311471596792882765901606584
811613722944199433263769016822243435592607990882034002343509905859
139297715760494727077028309575842707091369770437135759020267227121
355344973304305067410370544077345958430922769374840395638204885926
470438636211199354225500002561144970850527050091628929604984739830
597708931412041983770187000638580784426177361278758099551595038466
620748481572501821235408254337982027525680745741779553025894681945
776460653749932699328882053951518474085147443635682109242501710525
863495345791590287152212995365959158076973734068649381356148346862
593974252934937239229911260953527890147415209461916937523396079180
058881837850668857882217408930223767078926490559017835733029049861
047566240884046301744209164607927659240335005213697505366658033405
013128071242798970006273729152590701666746437245667874325600195554
242094453363343939195676804590871330983447962129663258116376546648
089007112474028151564343463108144532733971543233454492686193074483
735329034242902270632344509081553795123775716104927121798185353585
099415538718219449427086114969262082228311054505260176469442149847
969162493833508643899797943725725850349473321123642015645445958323
210258673382120827201102361718132916281347693613362316300055518541
699451237030874717693475306380949148828231811460148473591765019683
057147047139716805417120760854152779061484081543527705471113866193
551918255549673768753756559018915892076743526148852937632107873123
875720648408237375303288464023488292875867457517411964259554732547
129988784413376971744782895148060629750159810410965179248737254241
586060709263434511221805151576805039523207983907038445590802489767
512428111868311223535944953623328051564284509116382532846827690377
989405609730496598216774794290605229064271154090759630490750045786
694806442407914160424989736396223835534265688248924903094013532275
982922676180213994468018996032067580342939794795005811235633986972
790236701977628984073319861429708994553409037260576822344748869201
029764887194618758629342131709327277769165187100249899666585508381
133567896174811392400806920441462566538294522339155160459482487027
752402656030802416084063358310499159313085394742690732347208841191
820248470757329115072124544689852685531159985111793938108020977347
381749339998889738565369940387595253362174823947154783480058946039
366591889289962175210471630466038444412373450910382932483894560012
983649341732042243216564275828626964629870549437086474634277118529
382480439358216019860700621711965918325918075744936556603190574210
330697537073223014044293913607299742314821862057127972408432297422
253064784702228772898891720445413641683018620592669478106500157727
303468399829551105996427519834420909942982394136155832653884068529
837501961002674327960832267660898243739923045838193599445520364710
959082518991662915931963986386099844252455919444237409807650556117
505789614643591992556426759631196277837512874653796523866525681695
700326964287850720184716605737922725209523210990761127024194913962
807481696514943204319306489969675235237780133601715355794152722674
404383547747834615417136108071971047308860237450312138900813256243
172049768868022829255024334939599178274676959411554430985036164313
163944257325967461417580663424492506040232202802946987375182931270
655413778298861958481093502663645207509319615250820150239512810696
188302083787791753142473780066613661071255613809568754909763022481
825473369577744250136333465052729624195150307001629823433990910006
155502494673712884321972353399452938067223419621701616343292479375
744591466577156266828511079209801382360277908524908614061323820470
296033614212396789169499234232171528883297993911294665253847268640
531873197932267770276017871515711271319022168364169453290451952046
150335534734469787141522447087707084561412083149801106667165207465
553671878728737469049871627624680530857583522804191995607327665917

569577300287920706287306356228290710931722541244102899656219439303
393597931272982490188505998207530280581826873453626207698842883892
896355177269977552708928071198383271264164981358505660929746681941
433220376360160317023864540103804193375688745593512383982760565299
379694631115736236765803515756436802079790980697358928950333631027
509478478135700064703167653179843748938593199284467970505014658422
277826960675919777431422848983462296380957522453292343592235130441
203459096101274485891405058274767759110361971874811262596027245866
765571472754939412055513362289169042638208357399520615723946451744
498991297021106570959449855647567105391013640465590616591177906243
645957393460718577711706111845170015454508099885004059315587509512
061655456314620073873944332743915654082222655166711498136135073739
954893391748086374196648093278171002639550259140477751934720526936
117215529192894891128512312563105277097234938677089309885624797358
932759808463423218516249853050362731645550860024480112879487089021
875287345392941316146620881482680861416201591554912204198602598488
609910010089355219860042743405731012142734029475943567269776285427
772767597954067832154999870802605838132869028183862100061003376423
791980019442370442063331998932146516974334576991282231826114090708
986144154081991473747433681644982432526608166696697336196953321277
769129772635798430150971081585627795241014031219725399500985483700
699157263817493342319841708678485963309129366977383562887078408002
392235782310361229231334313870871375607264795530687856767876140867
978538841839750850468350928414471968343566924539145396972670386570
317296241838979235453687070629105358409586252881729281692471046395
913765433977510330386186905416278540679671885645231462534683464300
203066362430077280418391505048399774639065235270047668220337015691
585237701399054126383476484663841179107634163945096265761345248340
913898753793488871084408225150247944719876888399200357379260736576
854930155343026843848388931402721966820387276849040650786414983954
838623991443271003548414285714663675814108685756849749642492058856
984374594686574480184934228027958235637756438826823262418776221622
607090451984593267734773501828543606939352416589601174507376114064
068959882929944645381868606647472888991909822960178929780473579124
796321869153687036559529444334995425160580908304927359408810125128
045910650504766496267582224133933158027094209234354824137545730590
871565675676701092095054671117837732104759766979436357024999172477
640990996184223422593896684699154418877209465300703443718311572870
573206739875957821407940736334236084963832333591790227712682630327
694877532004680184757705394343007951196667752439615916630827808395
905383229511272338207550744153078897776286771662518810911875351973
300986377174786188154764116022239030319559678981537333332582983600
451889734131385796009297774588061424010459150147820679739436362919
935582276023675103478275564866271218825552853178253586010351082258
145026112047470924017186025646900684617317679905734901100727287689
261945275883358758221947384320834578633052807557454938289523900598
456827291413464323488171485846067830594826014535968762159670812495
532305763781564934456525782552293824962657511707494988668765441038
270533740898921040368677365604542858451695031402232363375702641796
577852081754489246557099240813236655786985264535388801118891932862
519259222135566768155760927630615575930662647392608983278347680214
605557131593915751341973623814379449788885811963343728292321966320
335780126113077010857215989820280124527014194405510821109126282616
707080627427106208073756237473911790188063039151918982517186661375
757275971038981146281320941182432120115782881787555919083128416589
810129599397245828288503470905302829222517897243132948789737432150
734138953199236450940330089444177994978550611469561529485655311222
946235263060515601499246416469416535817179065975346477474751894490

338863769454910133847537957012434353283214492982757320649460057035
879741372847308556850024140578069949444209656454542067040671269177
034205589354592147513994658656379532449893948072963453595989773250
352242536697552026259661902239113744647015156377494681734403794532
885953949267776387559086479724780886800681723558531314356329754317
660439253838540575689974298509517127782488540660920326559828127019
571356428139254066130983872519138828743230385070066019921570688871
565313698645866717928365735525658627188144014431714367937481059691
370932121680624247162372966171539343995336805414569867938971784889
101598603095412935298746169109192523809742944551488558318499498594
795902426366425548655563314934689356150341488374884631294653005659
807467697736019455981528630627612626766355773597675811384216123733
145970872986047138417401248888918797133273636262511311334676537629
299840890377895200008539399763584744281979857678072104896345990778
015426697174567542617238402203277336476397551754916653384472733685
352496691562976924834362650474619882335945593854238873901364177046
945395798118752712159776844251179958071694546686174982003891413675
742529519923536302864099584773808066759416971558083354262399667913
719181197456509501421574144502465594282308668548345475504175328090
492439697577338340692003659626982380632105842116831153608063960003
029834869862501418951961597709853098934159069182644746212429836075
434644624346418375891269938235380143849573643323589088034003650356
294509895717318211938753606040337502573311825257046693447027575665
724602024343580517617980430500157661220685910711916447836787755287
555765149553864629003147784335242018223228186288983604995567100947
130736251175046568288749334511080043705700857207322750831967368410
921087264603086269870121760440904028069794911183964366052184314923
073516315889044454805679783225559628577325030639073862370333133937
948649073559546851796504296661825531052645982451735375632502837394
355101805927205309010514290924335273127869001515130558740539553595
264903028131275892668785026838027753980878419695424447075982652771
476368013445122704646965861601405000598135542660045553041256453856
489931603128055964697097277176477513623793186953564285143044563012
761042826494036797480293301901344399860928405868810026888328778606
907005752229163788459542951127123641629041724925928703351812177724
572063474444140710457987011683486538940860879346428858140532372205
203338827824916065507514284988950267304733868941466577151917067007
154628493341305459532617825762474557786052890705568120939213636020
794840019045348227175019919985035172181982915553739405244748816084
011428682985421981541739946151944675665399110862570266172891572116
167086128078644225968780654055240840769809262297989089743886487188
124121528586210714417131468273941512454023152718464160210458750969
483759431807362021929374001190274750271765673435942473670661803986
776730560640185899053575123002306608370871168691475791336384086232
538434926718606613904668433787965167900709509607700445453556313624
051358161617384399700872078005727973747669733000195181571665144821
563406218186569555695230599732096135279604360849164645440098534029
608616745334380968998239436938249495509471695416706412839424517141
260191624738270866976931180696097101557258147853194625746145350397
626055465125435021452414343298249241381217713203403237186715206273
592816337441031547104639631117708345350154482594576086659775717391
457660958775366724984051724570082595821245485219616437893131098824
817003842233206328850043254208492159442373470693012469333391888763
956241425406832442961396568624031641284030587825646523428183365665
189585503699094325953094250608082468414255314370373906651098967653
980873587499377033458953019495195170217522645207320360275463941311
371161162228990045708028475403614063814770890413618963981467936090
582948205418580676537456845215201141451358474004249171418349791085

2675578692364608405102964056854716291147960516605129860116421892358470677447836979163436922030219888963849015241726483510873673134583953442150224626155336633614834786432335613805300749667620842875753074484767612212952046402684256157402198984963409036109218476043128882969266380818247741624321491805174576051652767148595672360585448148544021329075323119337897054213766925989414624437580625161532179973469637179645547335354924900140560743663106474176679985725698630252839944434637993051824259841257983586495906278906953651854959181602825231129648862454662474149878023489619904934728196665830714757725320158683554707783672825756239924355463937745447797338296029223953910136392484245799089520465639804512178911186836846111736749565952373215883192224769664295949694007368505028403776890626580850024671729589763991528855287127946920792122067201320528093964522632270868221231475800660317858618410693450455257909777395661801233418741794136221578605007833903459125252454048575436327708936373481376250658388020484570153291728775365851028430430373809464582794463170347696134486828805493874742078360720918196695607797807865955740709604430297860930907972073074960701081558685015948097534353052729341161714831747339661005175217002301479901086903452297704877598405728629894181021529690074555659724334836185037771505508603301115053176164169618772366138127227871098651734520385737873021661272225806239456342389511827106389993828193946808908917142686787488703236974236982543558883246084582028402348362623588364349326648017559046034282151721956396349530430084841662178271514494595409011794488525950494726556911945792036793654037611386749376191352883897654886121318115303047160619686704364428843498822552331296875029163545865426866088946046929370596495128448974048567800358527040399356260489828221525557199699352579454526174074327085989113001429067140022594327469021898299517955344274871811164211742934346618581259577501754135341180155914001252399483939017661752161192300632039269350307440800556485321736481168158330203170589764678232920238182476764490923997157484669006626848707926979745436105026659791718725654581872259956718471895396896356398273911694540082867722083973564852019605960672645551934292523068186375946771657471639851037580102664513149058946532011702593902980926721553261881121687059584164729322719691537323315514987881303473988948962542717046310852002030893497607474809695231438144485952336287596393157034764290005251909087525316574079244929463176141128160500604332367814921702447181040900025235729074509400875419094485013234277377902820376877759883889102242894658630718857836325840114004029582015157277750552204976717418065229681281445359630774683991974361507755608490148304881526622616887549680346283304068496724884583144896108984111641853472467904954298423368792950285053562273808693036290643496106389027342398164443712989675246221349980717909832538537518245143182298170149804714744052082067717348293075742446071778472524594618574890493050965097953905422530692123607017038379108571469830225772485251738459145607910558853704706629305268611514962570167775660509871522189311993190860804095893272714652003159911804363740649554498522211631107924025308412085874327508302573604673559050242876200960582178254070725358819424274822906126115650670990690000964622866691935026133569804484990306069770879179642034494706647343583130498593239705958907652120593897697617999546099025575012925295051756463328193778481798272892162688397915039028415489284840501018329343016939308597691882076098327288892113551698234456444733325307296239857923564576768444655740788184753280032062040912485037907903369696799857569854811754811838668849282624893373134636562096236436017604756288482557468798352316689203275812083119267273870776283087919441640602074628031822157640294565833974760879869175255503170496291961917121507212452773313637547286304990037502459348599

600321151449928406621582574367422744755010639122242188903912068857
149902812503322293010196259879383127482079514574663690869011102131
053057387506102876258248047297829759703788665270217441124608373700
727640915037133336149717400905160213542870186599060553712590929896
988757268780006791586909108457407802739901018725834025027067523492
790845564584723383879369483932121937056631027358110963094423462935
733587439546101715097484176032594835362175167124900482878786934431
786340777895613431476530447271015873083591865442275335060945004542
709438295952345006179508154991222606770536954034708723167037735800
385888201853606077407859203091001307366861533205143094832971286108
366025245559269732660010329761411191743742767827897475103029546503
081040604842126629274922587131958043783255838142797282061046716445
453966782750663376119561547180811410663728904450860711216506603398
923855553767532053879934685050349218586536215611625607737850783368
139484509250569703460543116890143456562307724317804512844149902118
799309048288989666196447742952614868975745732046817013139309051170
561296813362465657670327529978842563672610468451395578761745542614
079499278851594193234557306458553637676662779045651946875235905070
702902642359376892174112583357143985547271796933471669904524573857
657346363234020958011223544764441723301996887594841115885919388026
520824126254157759239535571390099406192578857624383439670825359850
867717452030647712597168716292719811087226407167316203119950574953
533507855790580552280567687094003588621450841939451102129664180301
025071900414351802625839184169633428710839244701121728427303277470
134379841173301244691377597488172808378086328358480604109242208657
677287522099632400804299449293049868849898458249983713858916691314
115948053797704200159706893471118315733890104746479878081565219264
411241753662668216817707694323814663364194867908638258471341439078
678526625420255079875005983442086433532034033854071697004858954238
194164632023644992186969351976251487589536447516344494064161989416
711341044350148248437987463916000978580071488654135135723460466234
792972728314241559208002510346789545427521942413257040263069769465
401613548546879857144294868030391018441086389041448112375443712853
308239937328366819623130295691856958566274113770338858536646227471
931672503361104073315657007652071242407975699950151716821900645117
887028746352292980881877100729033972992256642113056013757759771901
399412363267280845389400319096154214993192613364112255536011836627
327838526740198754781876353935733949284710295825287103809975654397
325671294875582247836268074527390349037453906581151941957264558587
882696188599474918395265496354475713650412286059311783277470431717
021755542733811316446122057779146073657791463076230156987779427994
708000666933390808663128520372580428713945527569344186438283216307
542493576743406689842924817540762456348435859978947995073584089721
127260109801859131872698582043602154493537342282099832151279967547
715108672556888219897690679432319918500345646597546894209085865186
885415650053017704347774479438672703930952508071748114388066769440
408803370027622892294039495464568694673656276512157444272755618547
272970923160771008330327612046440019501088255436661183840175064330
798789601849572564092270264536383848782826443778467646788945218613
735355436563776064766781708984505435511469123142741416483679764597
496100751751595807391647993195111269366016485848293907331879739169
087881956186743588313735155390613140986275515212954448771045808977
219105827633989474849102783391699522543776814394074186682375671244
233235148234658676499645194524763308705364406871414568326066397694
548019309437100867957512398911906085980795618977028617046714020263
900407552116967903967972007171335597714677918457136111494079667124
629229993314776342165412277835748258627534990067921119780603078857
495469732841964644872481549238845041687488440326562774709529606774

811952785925148107028490709150186522875342941836314061123708587326
294024339098198386808979186012746208189395020988748831959202092020
419914311024328861840438672146984472180588274776118855314334547759
499157081121547243048811098267530850187927122360672654247225549511
677834995137607049303136759892216457674176156088948829950931142765
681879504457390726038660155812138169555771358420435493478953642023
389746495492766853536201317528657055058809440977166826187785035656
932488370061916868813257698988921537701642941547703528005611948422
472985187487774953546599864731283766810231684783864208035715066104
376080275900992417626841020731910411686475234925060364563867772961
804953661056181453874745364735629557600768283850026539033822042359
255398293284193944942050008998872489180621128704903913002948556514
749543445752448228715834065454230746784942749309634700151432631241
612982110976577978086462089636434720880591553642322648312645150216
051965026584720667061301204933869699220607212055074846983132504456
790361979375114510561099405972270610245531643418423159313539053072
773643156367264580132267637726686186334792960994124327001774495398
230432040025449854464125821814920560149218878884850042818418295383
774717036791912893763087010427207210527934076159095560569028788415
435937041294487067737642712638215283791146308614599688138515495896
934947775300910908956450628879874949987918977330055395549969672231
130329962237357438567780028847289642133583266974725834606152803712
627432217243252933925759249244741154505859760314253954019027327179
534824534471181832675337725688313193570020831617831857934695550625
098741480850738372620144835846400353369127055621195890629893555627
791783990885764956240379714308839097111026422589746293176689672234
040127892499944003014646792202038304216198807717346647351646810982
056584456771849874997429162956952777441709563128459610269014542233
395364432479089882752945116320992753074993793818983147567944412459
596372625788487798245921701280055758027161475792168773028767724142
783904590739127392942678843857719239680522994034053347073573334518
367251554265826396199993098367307950372448686461149373049576129415
707070662032891811072389155275383366381708043033055670727526167744
194630606087015556574452308746558396124050301480579106145816309013
148988618821079382747513047641248682780160190849678442189011101839
255967801588844050853939768387360141912309606008688848409587590939
798875457125098902772115401440192622172796546564989599214375691142
902020411115792487312650807559597284727869968278916268278694911524
767458519228110865267700981927943533791355350051468985793823713882
735357271717893830142216485717141029006997282353232884846219281128
940817079740244219054436930380174929970320843401108733211145368423
599993209089515669085964915227766722963969422424234188318035210991
164028064348473544379832000036280819097685584925611752392977416582
041844810908951268364708462474117396127148810193294558673819432508
612653588373685599202590781539608212879073060653335449059883474701
016808696373177373258291394020149923292096927067831675968147669667
520807748268071111678492935846198418626172110925322160685253881591
855988062776872164381835160495538527936421090313103607816243891471
254331653700492954357313119180428419650321615780904252013312485605
320360859144817671705497669073927648951405521520609254132916570249
181716644372036661368578767332511082859038192154476652862252463592
191750130342843933195491229727926976395317486223207878920268445083
520412496126094785976476405051344616457799579741920939413873112767
240579405410462075597015741827181915656118320966587774081467691697
748376641838608175254785968515246948077528179062939927065252312930
894866450147904547107615155399799638954573549956164209646047474598
537724051945204244695155110576014942214459850785628980052001501442
172360303944283424448708887381117569548458688101588473050820293605

143013701045069902681581989459515045374857234879807161323689988928
620499341347784459648262388689344956413068869396801624022569609725
905836903591447830464096918458265475815349450077651607581956641240
074336117286666057806409790685068438390865501366034171566121774136
535246662924038527316315842924751071820737619974257005266362873424
852769709124146326043911646825719384474976527412791288332764753400
458797875672197285080251587765490565589220471496205252104012016698
764453817493876153962176209981866956434937752040786704550275749542
082834382652727990664040463085556015793541580183887088771405230057
777479101336075834637081603741403358166217105237795477803108287893
113898944795861169392281377248209766223153741655518707243003784468
387344461018587649662483023535529068562088936705012914503374712977
082985920552405187831056216521322461228800347547325593257117509161
765941664823949729133523705438862724084837055281700296298090586508
047949546245822401357141584900673308445738818119674451429115214342
793926996556225719864391960677530383746866722217035568908425034832
947667841503678368198974756263607605617395949590453787288708801196
541878924765307820255412342152755546537527848511642193002104006960
154442855007174370354007033593565053986517857070065820998041957449
512358764478124861041475565904500553778745425732766313738825020172
648969616129101048127932637456731347387116638770998454206702700296
011172263762727267452101811865591052586145338819701289911963847350
290174000706806314623013080539754577602872474099097506917882619283
197164721284958737918035495590854500617988132119821142982583753056
350978991235940544860179024862607671948351844234905871907533729443
395924091853528029572010383942096233427756208747723170117527568724
101224530281538795845096348579839104519213186349569030391256411390
596412540194362929494919213530717153448409684207106422822898118640
267635071607969350470210023187810985613567910659306600789776255319
789825006631515629833544391644492580570078010616280321022019570475
798656581168093324230005606648967369487624261724101199075962069434
685940406164109057115534545376809232712872353999074435919539839737
211013349491656927142993028020314774560505446618457532305901707861
564430381970179149567653940459435606066050701739389313213462585038
107319503867448355601949182280516773057685026884325495890895608141
995075256518935540226366100848161462038654464771071218795163069833
620214074612432738560733007417290853413714676466208233265300757784
578012755078726278301618250870084281877453320787977894296485859758
192842049964829620427354073385310054699395412546194734721703995270
227035779385851296836644067889837465656361354447806668384669765176
614999618543989623502371767110274089091939958314514687236128713849
724206908095044223678551028762868042518816358402616298518072115283
322375809709057453569178401938160024396543257825045445196940348840
924340857899982771915123030947380554030823155608186071615834339556
172810637331106060152649641481568404319462356043630174317509207713
049088685604727385517309538084750144865176049756773607833154472292
534335963845630215217104987385925310203978958143336638415592992550
894460278070179622745210555067119131632626527993669635989238300609
698160016708813443002039117719163070163778003830037112641824146014
987041714805662603384977517560384954919157914179295368495970628632
971745221494526436400040116851275873879434866688375722889961342993
866402364058944824529124282016580047816694184780636604784838176185
651558401746037289782158565908314893065117791985723171647647241893
043153199908815499713774207210118331968619684944051847134805103762
448875818172772334427215708740008524939194933981030831999522885426
263085181455141049674896425768172031457741976055401166514371933763
721881865065248544503999376609226777707479399801422580866214987191
247013874698956765809816342407951357037334868399460740014838188091

091227850498742256394710285890361789248694551999049171162317092974
081951721636250623714208252611907131791876380037382099894155167362
903105494029053725379895773700088178658870490439209102611278111129
355194227781921470074363737351900832947336873223965494763299282753
183518126240071189203456588554680950302630425192198797773744326372
609289111090052198687553722810530557641476148246398586371897727977
619373087670426497044115114128900621261138853060373672295958161170
213950300741417661128483328860167367167320358804701580247848646398
079995767647079233106445662603373073615899226178752674260135360072
952785114473129927914524506233402909639717592321979580111914669928
396066090546200798237452122450360169104115632219532972695445551518
284094539550786740409371853236603877962805143126766274036439823983
188176059785281346639469560555811845893980705011357516820680694894
385529135088285447348281517609715423859522132730861322041292330776
565586927909570047843039556819940159642233595945502281056543779954
708624485590800370695015608019307214648972673163938925538159958617
022059139730270900638588414953461627642604428373891251918478198500
254982630358510063410344376334073346990312703558308011243548158661
164679904704099547923812878971867801098152049788060504766682036629
672509369396073136693374720367243003189666204997506525201754713578
657346438364676379268501958461510696765363902447489954321997231906
116932962287789461226566830643518956163899574507722109451279918853
244493764877890405442242334709795872652176937776370796040732789702
455829538696164126324657549210448122380893363807649499671963486155
406090914159497678087746191227708286844605325727180192324631999466
767892603035979578118279000471394092171939987407600099970695816344
792336051061664600778755939545785813561911797348472427564395444690
018537030388994721998308058834058367204730105933716458537773337382
618819978607406745090629225548899083443584470718683462839079294708
011696863948511850811643813460281234771266500937086434980810611925
116998390691124112788492250107404670010024987554980352405636737156
440483483522461021967504033422680901960919183676975391844888981030
769313603684649075185192089980796748495206425281503988219929450163
122444192907905821755002124641564387801147363534860323181769769925
688623422436511614137835848603457291845645973101458014423391034366
190912117514143224004338147146495702803681747815733992552787675813
633597536055953938401768676743047462011227916421387901627178293633
202573540649829431595005547141144066372802259064990772972153184835
396210592075094818702230994825467297018483782461121232263919435007
317776200669540599603740376544106287192417866624208821464827827943
811361974467588435956400543384035329212785957488140007374970832504
832785755627877386652839778888430937242195945555354368165329371988
636343681790751801961273509345804109446551725884968026121015346697
273811614985607135933184212517820869764413662803131959266299800800
499938017991534491839141860014917652009555057429439030632354051291
327228528953318386128009002420185920683012455768851599860366708821
440361799497576930101581684048963695057071941618192298699854618110
664316242154343885744834338880719947667423092554142522046461326333
021925412332655422517900396237001187722488012189973986745402327831
011155813888762532752346656497928456091175839397247695692295816479
170577534606301700752743140171314093470826207580556365138365779777
856686672314338997158540512838175395172886726792433519324279446404
274845572204271370383384282433585631425510375691018147458356414678
953450868562901848676091677061998800659230534436395717282508884259
966392897124775740130935543924733240791820455538176637235332220935
125401324815902989026429742592787894547500654994692121246662066260
821434932002080552240572239843830449363282819228454889328958740225
793208207774992126360859118902964660983895888100292388204924622971

3322929703775199313610098035267052448685322637447804638432564630l0
0081448629121994571564479009944608429368284796527446127653332448881
103324202517473862223449069723675537880339959666403072143753602331
036965733231523772298744269056689617796282321898718909625100096673
816079948561699112561646645110175597163799499487451735865867708404
716844747708499097699794470710722164628013946275459233625336185844
576023868690373404023429979586621889714158804575375650785042610212
069743697096921440941134689942630874378569318126994043871459489599
835002482339043529602141043479871030683534297708298332077518071528
480882833701459951573669234089522074675311090200040877667734520830
410725541593900525760346091208140284177420377130700842437158672936
059348066492560890600621400735246220346694340437762973714172956577
384435940054753577833647871738588319957253806398099602645405327205
628731511229781571608629573746845665423600829004305765331541271689
897462285133851076706642751110612635113161609242434665697007093299
521780947571129105148114698468163620994912119157375909346546661760
859252499642964904995300849587607819636004710267394007407320843624
420034614494703242395176785324245348099377528028052592404865762846
714121867299740770308393074261740145003221049726207151701671849128
134389819559697665219201908137000367278208254808444077054889497735
290074093964115215928130985243276068247595225330802824831409114550
349648055883363143637880869268509840227543561095303877707012120002
898032517901049232507788502590832634143548516877220099829477199602
305243885580448738331603586172269203006710187874260694178604070699
902507500493233626929932140946580996465314285894029505075993837424
671389269904330889696893171221522509329615283223140401522472006962
251931218769483286742002917366443568066358210533280417672615156230
212428885543250193477471628043834193928479334861222057352401287750
089411533192309765082818111896355024958467106845292644845557427712
134742858861286553169290497678456625964182472669277834400266072794
741444083706645758512376709200048312194034837292085600229027797730
864854147461858811157024028731490423374710220512254210599660703538
395064823345926097124425018477808097717267392473194016550396078670
123047395765332806585083484125260088946584673119157291745742241779
493354979891900782062130861080386551622375812464835540650724329292
911545092667131859296769309032438050050470579802957471634654618685
966633481647375637582530295286292373436789494660108835291361314666
383280711983717491455000642982081727450617511533164317850686055995
804144705051451344346613543491323777336900047757585040469935495286
508212310688552096189971243934341116809879539624817085293385576090
027022794974124179740475717835891513010194831142088683249433148178
023376509533242995528594436834355197273185178049465583509919430937
022568193180246844883186770873093472780380591552502312040642236094
709885301607583705436778374146441160534217600459326489012510109436
888394937501080782355178495090823589954072647462043742888105083964
558842665486927650484032831218209192252549114726640636220307934550
660398838572486005108528078987509229541520536859292619877916892215
922052205519853201479261471085918843186865741159637899311216099897
611097963356544490273435909832894786788397496610903105796567898848
146337793780972063390584010251514800188040123088613129755420721536
964927058014552750216146780869136607498122516216343548510063344349
103534205339346945249747695508626569362762126109157268918512773037
638397957159366930679492986483866338445448631276085510051818945811
041464708454015362914582274572901534105798816935405528318673603825
088352304739202146070349331910672726512771799141383722670503004288
951549134802923632392882422079577308657735443007871499407960630325
769589926239205966013855541803419669893243670285104942836217902424
447773819256545997264421416458801833242657385618786789598523634784

2353680905992711999559785401448359660621563295163890730042756825 40
019235888320300191134975232861300651097876929455311396689555834764
370807033156924647705668317087358183948045388753075171478337119507
687976407728846486649791823184502315381055175873407189625387985376
214371724368207104688142052492393655087044891355416556266667131541
921763666664454613419706588440480395862840116136033685481345505093
590314165725257605525869878703051193190755363634544025154523395823
365871603816085282185007141035499360846627840750612368387644621458
919217791425930064973124185463655995675129585020308227841032613715
113519839061241596463339823900878973879933716728872035678948696127
846918029884000770240461416843570964611623794845800243691534462319
297027637045810546686186489200648185788447046137629428206142107034
803630844111678006148150239136901396657580309396590441591251209695
297358127309790325832927479399692824383149206259029330928601033239
174038383427457113513984577478320244883860219680767163316534986730
347454013999215982211167111512544258537609167343276999040058449743
475905564206307694693472835650649910777679589265079832348108401822
448911707496651040618759184748576972103674326815148420195697220747
344822087928699608362935876316538904783900487427479351515284197270
786143219658284170693904968157725682805012202075109236346551769315
157232381050180225855175182478223413643178816520685066139422626534
469728935978057557926078321667388980661251923880001695343252262005
288995610861328799507595735547495524742430832870191803056477082736
701434453937593763155017509351851587985050694639052319582925230975
140740525459563140074366313653185988575773788784190261411868954456
504216033706478625262724708543417597795006926490269511202750263095
436740580164721315926794537943694975261018446608580007831271913160
212350913829704258702336416046448461284709186343151986536546609026
761822474718012253559968132352238667955973692580689597530371264802
448204581370182034328690863716598337757108583301036874346577411062
181431765563396210063858316746748091887170773765355898662202949987
382744425547924116346546794060365024746024561895259093499667359512
271273205240111113918523027067614277230922294728810133192963339978
185503182934432632206469801012951704557043006325015625043150836576
283267412300204950639717367841889100514252530524968862567387384777
966286621649736240288369309617354373373136677583583570179447145747
081249069802297768156882572257089498908991206605540252060801322450
482512081375674376619867964264129860594311283000540888188123313347
297473121267444431186759432091066818417810265573353262138773747375
534578279041511593132185182858877744177229662046913866020934969425
605364506621333173259619876825885942987942670938011410541539939189
608363619248741879169306463578448072156583993120379401183244802015
567141428598637278598469707404755436182348158796011413662352454806
720345614756939780122895658521622561696712983690085390043834510362
995911887655548585010382420007282573831915399075270712724127201395
819955356637355128909069762510703048920279452591556500485530466782
494374123417108451112727160221094193145540157999752575970623571196
509207796535145582849694641247127262752026385688988076835163458821
474438221218629646612627082674226350571950473923863507541211664830
262009712767100489826716132451910352783620701285444467011130523252
269301508703063384519741892706340692454588091376803729575334680677
935046864787458770737621925305287481361985113857578454292910766542
928340713435022508828188929152445277839874721900813143807204302072
454679317587784666266568465288615076884031223212187332960724426849
433913948234400487947318100156723452617702576708867907794884357597
613518177223303246999116657596635615488804049732012975600952659882
349602233294960423551178727855292408028587766780633702288000221810
335470733819373826226757192925933563709540615727780572441483111640

428020011737810453773569712267028220634931269054549816718499502811
568901079688029001125658917905559234547229213785287232821812125034
518205954809677227766071310177860343882957331820642358723699341009
810617234963824686830091332565344923468406806939017473532015044406
113834755190428877540607758191617811541300399257403786443591301907
846113155981228743338330985378397280207272868923202989439733948198
177571392474916946466667896123429109370338793251233773971388025498
350706646550164356596853145826507561070572470299837409048601724376
419814227043148037384529368743600536391267265076156807813142004122
411959494039297701634281240787208085216663064592305670320709816172
252902696023063081292602279781774357161381029192980622509729023421
402721191693803271329832008372850667961628159235828668657609990441
599158720394183682247309036694969071774570121777144672683511194579
923576437894693565354208606297301046730719822766077439302309468861
548281095152021597052550236156478355794196881755560913857785219222
596477699410230570038366747623550697882318965569824146502867863189
211312240606180938604883264517308401695014208215732606429222886911
152502549936021800510419326096907384748832391402415585332601152850
704306609322444248252414417460744488445341855282414037622464301160
849294866458299855205426715174054544202062807034332941069337272642
970668910815358484014909456938246216847992970706873787740628928325
451342260408837187219903835552674722094123126765963381557250244846
112695927469752381449321640444689895162240069283709586273806888336
291637240041875958645520463746275695830507984538153471523066411007
256923629349276393671091313512704030545769699668455358471455918192
837712462583521412445812027496607847718105699457043360508168509589
453746307951839500347172519484435994948544685268129735901906906535
989033569560310064479682631204573191011544496555112268417325152277
386303081359758217229059766137627641766163476909125070161999553759
643211557534396621688271084036751192999600088624632199987541809436
005308741339626929982076296680154880905235587186807616985560604341
753925240496799964651760002692691655169875265250677395085130408053
884450609260109643688108942026856159073899850990825015494639182209
700648455366366899685892286382159711076717976789750115428087230391
288788699618678930719828675499197432627093410002685103259296326881
852414895791244327648721801452982185749771429294366689378364382229
658591114179405184942073570645283259884591225939492744455714667765
151145692903139525375804633758579641581163621872276615189824122053
513224224882561677424596765412540331784498838411137607350077200856
972776264873652783389163614249642106308834930890332084877942864404
972226828618599466893437948513348559058282069646123946497574122362
831397733819087455803316751727223866473603363229422165312776358477
306315342973727749231497394273391681398751716501781032613174550637
765770978869597675742214937163528845687419756069536003933733202065
164936970814922958343311631037274090986625747050514702272309629622
876768936937738712390204651672955925396375704229682701372159784961
803623480433790639703585582422108823529872394968853577050451828950
991937634747320351938281114420925467393367822925849653220080015263
180291408646888248451312773062679808155954764828504172711392640315
538504058354882187206324982256830837811447496727888333200287176700
343696901126333771406814924856099222370955185473844571790541768739
279171785165931986828875641818677687684101914918079399611289070751
588545524699476508217675677211646636427681998522410096521305046508
340727574484966197616146084059060741022144497622366799448483777754
612007723490483468047995536374920022287112718513560661682291232392
180055827814185815990440624052625463677109244383173398476328514706
535000797831849158240117595659005350270640384087071233412549043005
892552683369109471018856806309748638940766073009576591462156505019

7607344889921706745959901008710843618344332778765368258772308223344
4345432927526450350827510368852787696779247529054351634847177830600
0434230680251041692709840429423261549283137612187925615980554961799
3488223404322283765653188612575026407804515295419719419547797740615
5462426767143364705108681554032166445251623107122601230893710475
5068250860324046390867144369077324413439849284146788284714793329962
1527265676834010400353802720252754184352253722834489706581156085710
5993366677451985660472200841601908600007880595268182669131384173
418199055901058235929020135405146103729259840892444057996292612098
298196317512145353321039055651854357550155063302303939832174241638
876581418283754957382481357953537641564860019910209763533920754849
348388692816112409042860516889724156259375795831898950072924596046
798855441909311233298527184462335677735993334804074703720532803470
697637002715728202307305769614148719664204255727504919503663230046
513954181407251089307094439783121107332766875928037765071725136087
557193764856367448558888257887661339184493021191882292709019500146
842343636992753199546115671386857045074414321633904078029992349058
144656520449623351543572010554182060440262989131818118356521480138
655484650393917442276899832095994734532614851533809088184406737269
357842931940850818005411125012034574453033313973804469488527709899
805696000519141141422794776296903922415244615981368125575139849403
015890891283903969068237159676228265437559056160300204572745615279
459651918250071334871565451017527723448508700166716220881347145595
773312518768056485291054073928022211200328627810564024398003807019
056977396529787790988003162006689840372155196243342979928100956086
160201491088191150979379290036944991206217653774823719553245806361
501300980865044242529347835698514942884633840196508628261926818181
331453522710221617868856397961804255727094019690419527822189723711
576046001639909088872571825104688428346189131812029696413348931760
054804610495092798975176311147402264219675764519848872453240032533
025182483077491232525668847561695423934889778461915757944227708558
205785410061634879826139855509192493376344196938647024154343282328
276845684142699438372354025409393730738046343438282071965531403267
158470169414833139149967410908125309984316312073108505016906329319
101821105395585567039824196291695207657199927230717637308136423894
014823262654705509038419616639574583687476267352525581199071918362
373584368718343059092217995449969222330034287082269330565446768367
767558779608375718328106825559568543168045747689684479201244439748
747005737572457408749217827564247332585933827183601185506372711682
381424624589045907602969214280818057785601886552690999279221547127
089592401794765078445144146455171727245484769416076624783260657354
138944619885837567498476780536983929576326602264723992041365216237
363614666403231551854151548111858108443398551504367348070980163062
524751019715046695459749141410113086616816368604210338807456519949
324586116048711164862799838024812539418990136377273111338342667785
325923245333448537596647162083385374122635553089374439019515415756
799424532380334083072168419947899681242688846165970608333973371771
443649867987671879725126150631972885540631915126103864962031374005
154413457210449044670519451569227393667324976857391603105431148168
922251592576687809534620488181913512012841625814721027809659799919
441603443841823262314480816732189123799465974694473719947344754614
472906985885420101625230641968059723722842337324511406540283755263
039707842698045973210194934570025250555959469814542210702836906765
113380082719704304519247809251178562729103526279169742580684026273
075841902146284409178984425616298673909100537002978855069858231909
288554409934577175078784925479171378543226314655666153587021169160
431720984265232313966065488930853830196834019241368671420697276336
719758147787236143301726125552055830024756665571711557695597207311

136616476492124100074325367211171819026986473496581301013671137322
293076821469823309586260175527216725842477594432158344832516677179
538137449644406567381383266457517449057480046505684021118589827064
600254984222932072749822069747698062260826601109618485569352118066
229299403801572610103842829608898746065630467985022929902092919324
617716061603848014225088691237342485864417312671847466345121490808
553212758118947482517859401758447229142593819966479033908751036666
615416468654700720220225459753480984235013648485749478855474592133
750963767821654279141354746700628127674422229911882799813572690737
854690911015568104297173057788424763853740267974152370946246394346
051216392451482105079760326859866094008732341564235356676663753122
763480101077045489051032405795659667413083115792797480966954347260
724741069201533920909334582777447339616500935752471124170750635032
088677174121934951466676387126373728461160408770630158376001115336
492121902033180685003246663792217379792680466363761955836204719574
558817255112000804199114613633955520113003942391597535667411367022
325519019341764557314694822022252295483332977455605137307742517709
774446598076075945466065931031273487155532643890833837027738220743
145689445864371754121066049337745424904700149039594657459437712378
972800584293962105526750395663214923767298140663500612023607935950
725002611882298817024409323060665400972298243353765243779941591851
493390417225014699742533537805043621410935772354900881869073902695
140166972148362616723323851117638972737557228116899199803995729374
603221728192845340933258441169630406238300354268874290211824298564
512457952073479846273461951045524256137362994330149839372911108705
299695191835336505348442428480463104765220834208593651730965844961
302858336548195435981867562202941613843211632576859825629672018289
067811241868687845973133871404187297007119198677012931062930969498
993548139218759288048398451387407586430276561571473351835440735062
553123436649600531091488130323844626520435136290262659333068120511
588851043585699456499388695707061119235727571102941969289941876554
368842569280638614351303106384443343133961969797335615232426664170
663902403623655935749442510383568249385430663695656283813497578319
090242770499094451411112412302060434223288925974914382315759079844
235177845411287242594935333098571097875538683981754825212175181 03
082181765051555634524299484539045775626744657855175914891622511780
705328811704597405975986458300800561032233253843007509811343101204
508331904228654685877994401229656165638908159592239403439222600101
972217657362171163599025757529000338660227492594219355961294755185
136993932496927866350652388267689411676389089823146190959683386123
118586714957572705756863997454271130365918183847178081808417520100
655662130476326752494668205997463936880649990764134258089308204090
236323835178306322176172064336320110403440994091584051468783262604
775680407126154842603468338802680940447930891937342390363864402549
244811573907631680266467996790175567187064136332402887050874571658
713959164292536144025978402908713437744417589566558113073762968893
475271737113137790003100827293871224879869141242800845027251225463
527219920187624235080278447967843370236807361439928590481111125419
311013509593127276611248889546891945355636218793299748845867834814
486269804703990091628952883689113746167315617024100451577570016037
783703395725392613540532501146574192248012182431698530353639459885
750411326222400541097051949162925743792819168762049267568477748603
451383969467990943530558615004279444831120630905934432470009375367
100560449265560347274778079078363950451876244839269798731353528434
846388813323043979277480220152961923554860004734273095078678062530
767364333228241961324270565577945226606569501618926256269482380056
950336491504711624285796896829089690583637582782838928955203632239
309604204622878106376581117827427625323405055645853432873936828810

555823020155443402566605611991608331245276376749383219523349563178
625842213416657482628877447179338703290836250399594515911132550505
060040551933106785402214013928930774710317833410559482918371307692
456979522064140227958467058688577578468725289470075085185004530687
570783974666384507360195357370737853567003625855820667372433386238
350663573235272550298747371571049578276193935635016759283674230853
838573512761288261732009487808731297810994013720875321879621767507
234310420409830054307545430893475609999670530062600893958753980300
478168171271950939341910683317924294515954385112109091722673218321
181622795705954478225361268295095486221723123631665072572186345317
410723976503826472612065862723390028195090885740960057687874591353
731461515897681028944673460860109973678031561291557189237969413783
512316274075169456949086805441787597920036554692634446181773732271
670034442667760460949248120587970646584973528807924153156393243441
257891779357259017863758256938063425044305458827958137410756022875
844478109654276517670622237069724197918021522914548339562562284607
838662926681060526376677358438248733782586428850121233292472070960
759606827560580289356980680090424779414480522461408019298274453591
426130067315399742203980804453750119539726194484844951991140281906
600326280269709544871657792318799155265031123235536396866845302430
159619734922623522743230536042233756064177773162385607180504055918
235089414216126043893732003497532633969317683963974083408761489660
534676500201801809501790152475738159051446684042332046251958596479
602895315590775472041875168042210488273979524827374967425882212290
841842673273540506297473956251860978458070132276611517332515928012
500661030784565522793390661195546769846706931144543416538587299991
177255340758362673072059819231864158196833440775617358760115854106
288590251485970663025662727818819343204435440594264174728744463849
708875389243654826954256770519550050304857396719259369183132249952
382903951907875007477419288341283393151436054565549927400340005147
528601176491368819754058351813010642819185427723979888911556544206
132952148340397465595374693176797126059326227357889369439528140371
554981256229183602897098844835199959092724761429273847611342739427
076465965860996751230503243760925283745354475985587192797451354560
409284463123838891929763872245094869466433164585861170878840725956
634464887728389814480697593346348920920847479336641147691694830437
595998302984485104669711676118031575670430748683191350151086626814
811080662676444881876373411910463014864339513331694386486719125305
119771222260512927206628882836514602219447081969546319782481806230
642959193438031910707567289113034166693906837665143733400982917691
778335023511377237807008013449375124805050073219738123851625063208
104966695365173928688581397749077190782452979419561688697223167521
045066713791920865389367499863148664101700444576299589453219559866
395809179418510560086861372835205544642033275428459604284332904254
398613235909889616104911040370538129550774681638755768131629919025
081570271907649077578436021697722790417283215248311154673779867534
863300970984071885291772936383789686704544938022017157424305990922
776633024297441704500745899447515007657427829025938963776349353159
478320022542432672518423005068820208254972129214056337255815811271
047415701853893178293987877127982748865671504632246643855553484887
868766413556127610485824205891865197234353363957236099480816817397
403119030930451000439618069123447708555149247296678508952198610901
655248983577004961920373861655837363132652345982453199510591605837
900039799695177706979524695229836760743149900854856414332722003498
903384042853124211234021004981624291858924222434957536080826030676
240154695788064729619266845275111600959053785483163671245484867788
201725205463985586500358235002021508516423663500787760715198561452
562649515910555074772785379815406327168195111754102288929837822254

5336756651902512168230169181983942598999759411769587521509279463766
1963360871925094446859022136218571040722049966386358712990530555
2702841046772620212744667454521545772370823644453357064522514975678
7051719480050080256782460781818548758389225888164176204903611290433
1281674832076693485228577606793484645865766909520661008787906430166
8167533916211520568108446789415912337414636821138833757732614027466
2466645150989210440638180830560804013701008907417193766295844421699
1227908932831982677233321279200768091661026838723843245442068679755
6039482673658206734515504267630881815855803931916173275442955764366
5162015166446685575937259409711518783692173299938415788276602267099
2529147461823418663672193112269842360868545204188312801997803348788
7565882710587023709613027479913234822581376961217046227422496101677
3375478801063408551486622869956915271626335017898033982736448774288
2315381482900134325678883228760716511011595871871450105783476297522
8874339274581827686000452775717724788020989656438529423881738799911
8747129758741165413323915565108908775257686286616807192109034326500
3014635427492044749312465201473231975770361204501174793986282152533
5497202671790895051950859097956215389121805648789967857306884996399
0327781322940152073050520209607654688325251752641013550651450298022
1343533658755591616836749428944121480486599822561119879720866930211
2849950166479523817064956427351552584684628920014188138574351067088
0680393400649398027820408450155974311129777968023582204399718918277
4081952024523016175994797082805860032889288674106247132869094694666
8439042012057741066994621572385110915692375927855868449397736068800
0192293491471758016316525474727285404111782500315404941649532114744
5075496654802310185518447420493368214986786738789249575147069024666
2390473966302006615781093579204636277135039469784343591741426437788
0311902195475226920895479688782548564570713556669850232754612398822
3027868901317573219171678493016365013895529131590117422489607374944
6020294851279855924507737935690813338697470374157396558258857374133
4903582781434074625542355164396890460779583866499664944507475657966
9935149351359732001330337208116628916765098694807294403299176129077
2301114046589113824272726329685176094284187939802605239565406645933
3007896574157669708671920929452539315527437352828004823457509144855
3354240491820583021173669376049738422721591348355204042576169928066
4285471401936855614110276582808570403423258758656946500920230849833
0826784327277486927795504066111004359764768678653849550272255885422
2498613657363173961480998936084740971764954715433406237073265869755
2764592133742971412420705112256449499079144192444832839379138042066
3623800297002820623931807561922648539739493308325197087313845811988
5701710024913652522719868408318404784693642902511129275176699398866
2034387891751726757221744214538576110028348743219052433329399280944
8839061529406411018793753941134303171916852635531673529853639867766
1635066119682247234864034096810385850460672960147613107402400742655
3402436803792106844615341970808088122076807110643890588634215785288
2582287743675470140831003113842985349352824935850403623459239266888
3114480775467105910694065472373465877894192487323643702402024017511
7597046829540255079677309844431798635413464595390227657432035188433
1115597546352330452355055292850636311524081176784645471413279813400
6592746732083545282276634305953054734309381750377872317646489096499
1044255879694041170527766297023256952463671775845878822028460530533
0546618172209655098183967544401193567027827210833556064466575228099
8058628703330757873821082112921021038961652312284879203280376653877
2019582051856182501442409628366098463322528411015741736148823414600
2873774984914984590462988903284925608395739914059102412068455762488
0345904723595368839274619006353006025286844345466005785745687250022
8879740781269950143596964947641493185049625552169444528557452948077
2324330277365557456104296608835697425307361113031082380003158538733

628688492109174918033905482850546278641000131694719989488942095308
644650267961007150484392620633117118608612081871573273455137001418
676869219670488590103624233151677601727174223305049530615852479196
288967594442134623565193122194284407143097895505598588624420173628
260735051163846357111878468347158834906233425883436142747938295483
412634174168826028887355478166532383215407683590968120548845481718
926920620367096536056408987592845081574274786219413671699432294586
933049535372296799780048719102034782473949179717197672625388495281
730513600892270524308556487450412160335515149310396418638089265951
903435019795036622993710706109803283472869345415135967181506297663
744309949323695704953495914193527271514187376586945122363671079380
115242166244941198004465572125975358046399910239327977083871847534
799854360306617746854816743025350911414225363563383883543544686001
108638480214792763158479351071062272212328900030400855510346076806
651955216865671891813348506806937700390687013762540552466849767101
445993496184224689804170186023510196499013377865083234368694437821
639202188508599658131112658894829177348973611017473924599639788237
708464359325646405544663545645062781650789100006035789584714117881
140014704556579246847933898590443560951939559830484119070859683908
269696463010331291954054835663347075482559716224095724560789952275
137431729204329442145717570211196649273295045892435115422498928418
293096801627909990143910006516066465476572330384646243951138306777
012416199103093992894039811606167420760338291759306566044008716224
229486412092768005484026354604602128643129686176048676854587332459
049044581544689760012917675937178287781574634474974431747224571417
824959332658959901232631654318097855782577535504957177981990246125
777284944635352521703343393134364513830425898151477362367919941816
883285991871572172287651994703142482487875964116310081912766602885
664731096116466676711893676347212909630086923962342070886293386312
556128734065346790974199382881663850602787328004850544918201993378
711308294933902544408454452831107906717557815800938675360038603557
680639810642357510997331840280685077099666201399383021570574904394
911543830905615830011301410991395832903258695837676197074489191132
631216409818434725600876621115969513338904625890504021039716887529
763411565301637614017241741275415677573385156334096892443014061797
497537174425664734934545792469679930110261943376364486675375610876
916130436137483304794412259526124151489816998076810184818957800383
257633878043531185697199517408404042921573207178938770895931557022
742728265816149740801332063433840086890238893918333142004515961400
898611215629243641694725431356170181179200559592854391833343694519
194514317154135007420063905060716765819058242162028976968440905524
544700128188685814354954542055668983878624483207521217410948736474
109157860409910258555863940130915517560027976586538407568236397358
347233648255335205247722960881930540821053281311304880926255044062
395575903919443171415265275408089529865726307163407322439503799871
488151262446063128138524107414359794085766578525169438992746556218
058869206623250449370292128851274592702137674834292777741271892215
540626833008286009017921875382948629150162454072477788669988900709
805056925069858183739013507639436541872329303118365816863336447793
290070785745106113991480911099712792943849391367015842418969109386
238027257645216678140223613229046809772487782686418812287799343297
670716387056951199018963230924589999021797571313451742593603251369
020883958608546750477732292906284648172031950728149118009595051258
134475715705546784844362377691481917998405290667715479291174266933
488585670881394734484862143811115954754498528040574225069514647200
842462447229932157922646721788145206482083027693611921738523678567
409627910852342295609063266671048028819226371390907376844480931844
498969929310603687009530872724102621367887069726985697340022803635

0475523688004955869735903902069193128307071061791355676742158772575
5982219129431864574547720513289458782737577521030711942554517528851
8363344593580055240089312099188257065548663923144808623744145953053
5900306580952924404261767525420677103355368495524654643577010178973
9641631303867495239610828903257724489918622996519842327827499595893
3408310312932676610272410807379546281880763426986176170331009346805
0830651834771328705425499623260325011619282730212993493413979963423
6151264850634734832759136317868247289444932146606184796505730406715
8748284151914741684169089722956160670072819776610831141061869274357
7335535646272541437940981346383228624336413347897889091264153187309
4060531724773810353708266941065444062266129376623363259061383819761
3194013039898558209482095391860248199098966486271356649875701497953
3400676447858682049107627096977570549150879619769194413901594125683
3267942639579018278254556896996803223178158977822565761387167701322
1480211552727673111734165311892203845147369902316477647593880601607
7553748338232854582595062910239360016544735394298287668207371219278
5299907369744081134237202013142340450525931697277559058565700313206
2246547908665758345126654568263055461931475471873912792397211846929
1778376200632624668145632249687765602801045500696828152865754259822
3483400926471012832843064302569765264469413502706214583191104917935
1941434930177034870263334601687102918360837412532758776315402230390
5628877684472328030214298729494647493950314649180413351420239388150
2487593737159283832660035406428953541698506199223530382921861048695
1825526902557498893197784720619919805017972262247637181445979641377
1384620798209083958821187048015563185208134305168523741584217478144
5801156305831176787708977094256915360787809113628435482402282839456
6580419522013031197722796595983884093635835590118574270448266505638
4384216253604983408543890402854304926899306613530295624400202826734
4367287192620794029735061796925410129175376266082539682218062164181
1246217311896733474309422088767060630546716996314182155902924351371
8436435063226209312068014316916384978101227107150216792472056263468
8706739088756753944244827083825087882653565581974416635778492417631
1881483621644122223236354993894299078409216509961123532512011031423
3383550654938890927596110536939808302386103713047566762605558309278
8494357851978563905347432674505604909407708591886510655453008198264
4452528174087746547899161511634875393067419302334275836504964156865
3538834492970269883021283850750117307225319474121886030606608665655
4771424490261810915095583074276082948581103520110703303058709257956
1235338922157247424785671676788358973767617721175130586934335536767
4903674373881704440543698738593926649447153503815259632505530020499
0676462445852260521393121962997057825503270457798044858956070209900
2153446695370684284521782144523866710469408107506167317478569718970
9427878871605283450429022124398343390694767646413145818070481842111
6581860366937640989433649381426799919717981523351084157064761650277
6045386329995224430338938448698694879649254150996947664654689769211
6486142392356827531850965408813353323603150184543091811589795300966
0882380182295483646650730834615875373909467531125542610804096592755
2714562722552735012176578243220128221736845401883409112563696058677
4173544188303029104229540931213916325166527162812140200393485246299
2677025335567801321211000746875104927292150677332824634054330514644
1101694580152392810648716511937484962847145205922860221643092270733
2911314850551462608765491036968970857811251399477489383288426598055
6121218316115303041915518697722069640705170655830745429556802055866
0647919856113720832021397337158971801009341952992408631804186229966
9441590014844534898620679645053077361183991361144007305930420574966
7863953731729127783584821562914800308429891763640342582197758590999
8861542291506488185489391946492442442707346065366282411043806874633
4642445248921727008002698896840097704990687906189943490599879123299

9393168654297787340536374108604116821223280321443018450796681914202371152463948220177093142729884554336272986473983606761973552064654414860620658273116315057177242088765562487222682926660203714851121462441496499951520297356963468957934911848613873235673727236286722956930702227282618936242091446834342646800266077199502216509365191242991298909496734886916099755708415385632669799928723106696812003873504357001390292512455612525900332219730742628557709051926829142078160159206846851894960268032416450232179784549350036868531120074399878675353188044734785139543177396060055361114406353642161812602126386573094690593255906397219492038056287678828743091909615406869152123189362789249870124538829074308381607486273896787745378236370946788911603417540455089169754059227394049266623912040646855819111208987613022144456972568625452950130411217199809106691154157468748584959986619908398378171263310681533641332040836168589505925150168276847524016347344155357829189499213859109112248318187172194868838657130404829477742444060109969015638352378276129095967481510722582918132998287427054987359677484220856206752067159942180911885102146438815360796234541509213403430061299786868257960293849765918712706805152707141861960573903188851282433872683766410207671757126610927458223352290512994852828161359254699066916018502759401681624498230386088013824249883069963917623093961348545994517800671078225519324205087390126795497844015698988750791231652774721289479153173128457969061288370019751895109166908506798567605165873074799841445684924921279790288124241008840884778373159193613204548263035674749277565413855998730321590540762951436378852229866981851496708348605274465264498176375321102923062590368635856799489149248808960412651107338909663443593384412495832698268242760102098965945460477365239871180175186513673393394494426767754232119108230942372896868022034743959324862376943741086660282017476556319495108722588920221524980324583927172427958667737838065801661372929777118446650250115258124073070963018040694074965568499308726304218300157041201379224567873194025821310945461093699749222618583746519732322036812782167978548254038535799586852096711956323580355674470587232686279282060364871793666055944117539018089837790280843442247968708856595271612788363404327608000580450948161376241757342033947798630322367382842571940605835474378389044641540657909999318560812430846353396799172288126378879916003383378858845547198231679388933628377732064114661702595420850885180512900843163071504331075395455419907964650902316442883447406871971893546673564945681235430496129888453760929770893199421463048220766023539824321576162548761284254121061611331336488224541324489754535662653491424082249134020661750072112694306124966341332187855468029459124917217464103818671362151457164950732198489695727687268836431105360442715715428913668157127442833213339763343000508127395671874826350462103931432431997549195809096136562570024320166580709518873058991978706793682952440485342023865275884507762927871463422193015005638045725131759401228561135543685420108182371586901339410613178329297920410991327454105471307174533004723383956546187163445703401855604718138157808981594703684942578682192636363447742822186059642474579472170150025817333302273204738657321534694893877232700555694600647506204148733161156862285269074168809349901746912760692719893850556484002433703265597529368602387426960159164509565088854902089848498876250095069667635938123169779034511780554066734922879806476973399138920735680864052470563221867382478507164461143098095494880924737318007196605892696476743801970268224103288656111365849274866963126807376841336743444843549156947581728533594401006332275230578399387530325507216780079595410679816105128701235325189048159356172170323986252992391411785715560131667449541431362322513430909381171389724401951230821032789265836285024029590494049294153277680

642359797838724580593951390567955604890224296007343177928261847519
339555645937150468756199757974316901535721440668758086865545248500
482735713085317312441357923209935819400847803553026661789990340016
450047094910138334017722946299265642334547881046056477140301707861
814478111616247962553239244068009690117909228513527314795503645016
130130038280678845335633911351731410242678439770712448559939264307
744563271909032088393518523660330523699761313173348345268257728496
057439167155395158529563330081941842265634997617320668390993072216
558028540545869711890122196602406694608294227814321543243657610175
020591296018436712618332914534588474962392709765816939404028638746
776848598592213820703486498305225048439168577534548195511374947189
521246181415239902153365851133525354141116564403339910148171603055
960643734286803239100314070941113262326323998396995376192271369735
001483985838849714481681517149745907959017744927744511130627284201
316358437641792093329243167440055461231142916162639760706635603860
065608371404383030041343474639895484594511269703337758329055336412
225359275249734553483337232586257096338433420359664089728564431789
587613518100942754520374008880107278848188959516723126211891250019
208737338613365013734348864042522520017704620726688200704465618473
896823556471471078268263004521490432410553635545255918421354196865
113739788666309750081425643198474037759145878959060984574260788578
632023144025764605246372483920243154704271119003189042040333817000
986422864341807477777798344255598930892290697457018720204681829416
752491348559960619800989484474891662876041980060259700127365693936
297540932085945466756234080461501354582155086320722660389340137673
057625340655516981527778559929988241946426651676877611917362227020
922783360525077048070759071803436335707563828365968139953907607270
681813656575919866837510546115218083781191964755409670958249560178
282456727368563121850209804703624641761986827177484782224634903278
108854631415173718143297928832562499371156297157373901158363108704
486025103004969469142583869370651203770466308242164894433580005968
687302148524928795382422861000736420364967914869424254773064472810
425508729193419606670525645064096087900244040642473114135660990065
146788809327913849384648065461017890562764563556445267879731766008
564598590457594504529363273229140340624093438516314025260021020853
250028031418098375233896395830762373673342548118934277189269303398
284120364951771760100346751920815833829363212820663131089145602014
822523045528829442917400514389131182798098198484322902983869628251
487394458203910940653280188754077209490747861179157700171903879128
063762366174401440452070229245232045405762806965793085020398121837
840206720250120266752955313083494353471936341772734063602625796031
365119785548566937284640420468489277157780434586776100852896073693
144133464873773525015924521197659754590876950206056175781935910774
036258357653600808937653281370843694390227229865322218288437400138
825811162971553457567403214986097554286886579874369009497050979860
937702783572233883314539804939892101714335826189674003122527997303
364571061607284968264026682347704558301545855748271713724358470994
861372658713025494024495738558899660535370903389251145405558124569
294137888271651990004376107967257280599874820479895678559388584994
834696519493089781499727763473305857071790270935682275763063930497
022966339552876337991307858593142078113351114320121026019873042167
062601435758411797707904580838088498088166626185358835592420063053
024643462899230820307080649410730415675977100775239855868675945731
744767094556842689038531128494988018144774566505096148989915176299
241642878000474138508045203295305391840976899463199695591278676949
319592733662054309181205566924621527407866514323526592070708678795
586416860452775357502074876714333770601191294031585743107677777952
135902613080828983248839483209499884568307672417592994303402094399

3227082754835738850741991713694004987985861942344627960841444735566
5203792829531701633511815302931272302543562910554586395777780221116
5886661126933574072944361455749056372007128254481135578340290160488
5176052432969813550274714705263542935264813662388695848981951679044
7612474744680084772588713945527367108878475084256882598396368306667
6476645133082342995384063714939655126025964126916639553294222162777
9760787495529174856884218248637463247477832449298323544025715676077
9286742595284943389896764343657548230757547840335036965376873654988
0223987801192035440491288268359419539718436472554090531421055666322
0732046388483827683792610550038057395379402151364136624967493537322
4104404348623823362492049535442857905306545277265072203465929044322
0220171632423583137835125210957641527412446577626167543609470974333
5640076904143622180682993551510913855657373411948903218456220443877
7152700482110127612081407824526498863610383265084808525295149522633
5542646067184454304265338266686100665577169517144295655590542368199
3393871753203864115522428847408796387265599650354531601787284299599
0624897569431465725329799565644275381025956667255876113030863545955
0868484208170230903776010731371062342933780745475082378560549479877
6902139056655858928600919904560260320637827290761553970383110180088
4490112148119277796748391027288205755978205350883461500219034837655
7646311056840142504210637833165097909347259499426617045207232691011
7186806893159895008062399758694838970524161223017172894039046699844
9427213392956812616100465090284562126757394143927950319586502350488
1104716856357835404264857212754026388128719462092038132546481161700
3135867671064365876605516551331133170227182321568773621958482168566
4652846069706619054395401406510630973336513811963331659490303921644
2708535422804979802671491189563642517489134412142636155478089214522
8367082216940259871126321143885299391696304804817892962988201123800
7490130529424929480161143533023900806706572137816797198568613029033
0129939944512498469010019891936059827916973051475943464960288332899
6966081505634505660937812923613349058578055094564210353090736019588
4463712165073198201564242201326845668774183233102473192186851564344
1203271703057306607851753850970691717079172528551174362787130160099
5220892024240503057564021537273695926679974781070727937239123557777
0934682847560107630127913119953917628186159430382077839824326173199
6631333620637934967687508952402364246923190454167386235836048283744
3927886654775948590289204020193959377065673211949099104335285517988
7140350203076055782019148388288094649648208424176699245675831226244
7807039055765314126326024292243620371953291855471809159644318568522
0578823501030910761280604457044251479975896088802812599786238774355
4965990492967322084497244345824350368978036518490995121422940156699
1745341683830903528477964306760861159976367872049550579563651669388
3452102120571246718902363583790833911908020689959689699018812232188
5525286934857365188863016045294102817973608068954952403606648894466
8348535737117060799430547192164875943131412697595251661025229095755
3755095093371854490007290767612634676529166464558037153306020553477
4162055566838087233101145670608219713601991166960117726535124144055
1093620360100175840533446898756534900244758018499028511290560362811
5437279676288312381657743751766245640457837049648569090428184674144
3410766075498411465742153343796282523773935177587703994255213181699
0173990186164214135439277973347087659736948171010331818637689272833
7636602301920591979295917914822441639403180414779002828571251776444
8410593156446753633092415797021262648130428083893377067239822865433
4173173648142456296618079313695325091128754694980155031799451669122
2841384464630874102798782095587734617666779332006361614129983611233
8785269844967622494946016222419848188284417597250896504323883882677
7621153869449072231408003864096674795565960336586550083450157466811
0037154981215455917708285526905878274626801895484098548064776732255

930833646432666789519813230343847805542571189332448803371027660806
642619768000401457681926141234214210908378826034880398715896746918
681275950354190406896727813951321988421183256109487473527648664367
133593683737190716713615344289207252730570778056160659161544235891
078464655473695634397073722178185912301094436923139522030101136740
734570595261330293674379321204061599708906812035078623541278054168
265823537425938569664357627109735408652303333957492497719953466625
694281212119266748886652563151697066072400219396266842825154475614
963579333658452377240996873579532275919009797415517213348453335786
814228739938519020936782740215599914204564464383816000999065053718
814849381608655035722706417743866297516789666554999878895721790262
309084544806465185693092556964531722410894516454267967618197288329
584139351338445960416728545739914150804959446613534398450142761805
422096598486710994408250815132392521360695106267337367922332214259
952302229364090476645961545055948420488131144131720464692670497597
490599351169204390276051574466773968708032478040634377784167250219
888494354098282116000727729150507598693656847220169410461894445826
185511600415494510628158872485140345190055563466615244737496076611
357787483740038862938848861019502812807817927450349584057529284529
838909157649132473101056333147813464026504626291567537790921372478
289700319632596891251330215246561205435837622686092820307774168700
459043526358174946367245517897849317506753904640416033638472405464
980750039300245766107146606057194951091402482327352669122149601607
089722072205462881003873076229689062152629711142892734633921437857
583816799570965129751212882470762293756572134890623618601418995950
002939343301174633003329729078340263825278379605300004735592754684
871892997206561365337515374779219624955179692200855731479445742882
259242287677732128859806537046540246199387296499359435632302131108
482424950180067571893986118972621824307783178334458570361181609413
976344651627256582886168782130134255890738184057342227527909440150
796335069630683158584259597583441339316667997304805147104205162135
621754090487773302273969806564959009456956985365843208356206159345
292542418929161730522209793524657122706640054135392126209537416070
259881312679566674617093237174052362963196089365298444250743022804
976641640382829257137163603061762596724995717615369585248664493172
010960853457234236254503854441441271638476726283333081895855936476
006163524985906328874450325511377681813053346646699501547749324209
856865935049010621141299141773099804599788653998555997208865272973
882165087748001986686031630561230114449331935784076334183313859772
732345270212652657729626488462044050323775092702644091599212652486
267716599659132457154139254001538116996614014497922059852865463119
881458741918733755185509581187101969241766429242389375494516315947
724531101984145080087615562644078821720935112593426184468303521073
794000418382893605854407065172644916885787285452650728104911722412
941522346848448989734965331556939326855402116655944907515310397083
246234459570196856432675680385445193586873351496819597696008201253
799008400105463352336418912796054468763570371065141356837155124483
618491925094994141446246321784596766719116487767444895994644315839
584871818846627420278441899928803275124496669648679345894132986023
303482928876260637136445807371340101726992400314099962898759328239
973248787138226525474190348822177498195455707963780042780145879194
411890770714358011030266245429362515054346165151986079342385623906
645515459086899700987275783385647691033468638899428963619169533138
310635144431946929978952150427343027450548912822404656751683738409
173741484373181971188226411967029514001048449736868836048926288540
745371246015784688794778131708392027701850083959940135078751064535
614615484503534678749015340275140901834645675419760454833086921693
902489806750922992294071550692377787826669912301589909380813372850

5552990599347167842350786739058036553895201811147715527516138372665
5668705503251456831582959065357006080657269902272143379149237524222
1958255515527390476641515242308413093279355619405005324441453950611
0949163270387153037015281008875408093329479098659178396540897411911
9871437341136512716438240524415842887697571497711414714279508295888
7029927924683321337051526756439423113502628776890344646636321844455
9217157587924113199632987541312018325222678696789964132934113176366
6538896832051191636223996373640065062421869198223064419813515321977
3198591015636256986218174854708888378220216171014912432492165323866
5576908527472547859682981249480686066444493519183037483665508175544
2257335268514038987865030070402899334381972301961473408648283476122
6073019822268614411798984367558389159008469991314054138319391816566
4308843497882991517174297486490963838967343065171217360275453757833
4311352172150182695929149322787473742572457213602566263841389526266
2793021300099661963003232522013138218844822215385253127676763048555
1870068314684039926818548765384056384831921002472223191661009134395
0767855513837048214284915101698975339078975632339921778903880476333
6813748465168922635716230718406415663249241086692396760121601081444
5609232133742914578448806124786377388264102086180249513057338836944
1585087823197098151586711709517388028679580151067880449339024806899
0990529195328446696828825455292078708090501661485367533081336907000
4801338828585461654064133202506938355963174243658840647261575760099
9347841140840629982366482357485543533590505361262742820018784805299
5304476986322636627829632741637011531118234081786739876610728127322
5778513921138076815418944404176329463049006186478075989126428325722
9987352871612774183368051756379419524402321288854911774150653111688
1836226989531900495922925083762608050033174333856378486749582231055
8631889407398076144969201791751393353298858853433644997913001657122
8680999951557636883579690344998472342604194318599122046582749564411
3763677702161143127001434771612016464832132927118257132879105841355
7861931189374595323631023912708890139129091665271923774586864170366
4801203295328751612012917060959270907773561674019391174412447124600
1417849679728249366145899072550082434997089096809636416891569620899
8451925626719343047171456304432399815568869354337262302614980035288
3716651359121693178382309796485222062854188473486939359438432529988
7537651192492335099196668931068393430992917742911260879728304331666
3875840237022011217239456114473365412763340270584541778577485248633
1649999170485476948432053120929273998661075263131976433765380295222
1416374236023722185067791138872580576777554374253574423899796335811
9714032277935613974470711946114165176151512388236279056488635894722
6860573344797283092570943913779516563058538904168168987692580836500
6882500936119261078911242709881222693468531985170663717420468096377
6655728936417132493864433405288735279025508689950937615120464984500
9308482094646064177940775927273518750614934528181767517108450236522
0442367768151326743193251095192005876749184930277695596540981225399
6357711694671126060236069439457213648076464990166378437484109735733
0098749733872155726959760331137128831583803062490323833048619521144
9826235866733363594360815330962043523180699058672531667967198977577
3967198505633203916276929612784504325093027849365575704663665005044
2353807000210433790543654526769156321162307081538667932875280399188
1022287966754927414138146006565485087779489944785505088949148052888
2658768844456627293908196144006839830805240372569506411438993318111
6637701630751930445002156616091239778765007387433986121377676316377
9949916035800294253941509361182877925648901997063611511833437732288
7805137817006854618939770780027545047057465744096115186501688721677
8158080161854864108089863222334099124749225808111853269987957362033
0363601202486339705294671240192398688862699835431092004562279169988
4416988321201809559455053488532617542549536385150631189625309217666

529165824315900458349693970687658654243281945647647853735525153068
989109796668878100256983906871131921425419886641928666875453772443
176144635415665762871405535364287851801766219647126689962431948273
100939741710425905524374968733303659687214601889996692802582305000
250494743195788736177439811819412948004602950542736866923100793833
552779750038359156208164728629951618141511824304864955870476420387
157706452758723677080818059040842352377577575400884687756111665813
925119356731909402096142890110964899571503972071590504247857829641
913981864645698069003883646798367981012376946322888360915854430104
942614876035037990344177685999567599330502253234765254688995525806
289317811721823163795087784593437287864151446387303443730098248049
249554003322343437805888464426565167111725408902425165680743457602
957148128224094784605585432107534563821848048375625891575170601371
468196421689717760549530199246953023901996148262601706284818796357
991239697001594441468677531856458312725471743944500821629828304937
569597521339743912031065212616962292811787214991497537254721293068
703850875650615027522642033730412161623496397880994352708041669332
272183593224279111657363092546649671249929614399075000097635710205
091352172102674878381800459683310699995590778255464891283674339451
582478152805746103415113435638105663770354879809403265266548458248
684582906755643586324591807534607758016958399758064881377043434130
105968843929917931741747428671251433132551775956673912061135467364
831151979354208615472228327585604017733891732111418623652027644917
630825994309391671301603555506639664006376991774482383984045272776
417201122912290611855951275066506498354602961029657475437590695555
075101859350758837894692340808844242104044351784510184494697766022
432572757633721382667328318485104191372257279900302301951988145702
121716572276518919027375580323980856028541791086963303805028305825
415520792215467550998816607126379666906266962228804105219437555359
934786322393330880742944031636339297431845742947964530484812667242
960554778937241659254754257272948183035852407989706013833901921881
647311557850526432810671078304253827862550735751441780943794515208
769644180392945053371069580028806009592615542404295384939223669282
518654578715415505437681721619494162439802366970176458516822418482
349498561226122052594069468684335582880004236042671649205198300304
006390821604948418223179378001878971473265413916596941466285446072
011663385275508319000328193491650079157574254157264221073192131424
033453260766000540883242243039536428517010190719596899622216857242
058270080448845866160085246854711766440337454171697257316643571299
349388718199291759466318132864866184797194493997567376889688942187
412505181286522654368902847895239453189075978183784293738692711233
245224027048550113680713014991275390637656776195040824729457795161
472517833405829363143893747277449678965136481140700231327461989829
246746688558984335554557604277573762760912058048480271999849553952
672342626971751222462169690127800810984444255359151750836095039154
280956032294024501253444800135907132943742644076571567194141395791
922713654100901617029910319986570525840925799843414159079094047612
707383047817895510947309066257504993635142278626507467665960409187
273722547794729752121567356857260978856646457541013819301847821233
651569977226361516999711623081473538687445595345401386655999956253
624683462963168340979755045640501027726108378785182034937053327921
389434083704172860535162743180971964185158133463861786405808528993
261626747920282290077980614873787741173358302761312079602560784881
890468622896278439020499837036853688102771127764916480789399444390
409250759048332890872832414244933523646308167981840710198476936630
553895402873674490337398474907585950356060720035878450430168811021
442649884729717744959410584520038230125316607870885990663037128041
215289078551534221312154711394784386313780256937275762215857679289

1521263000669716993847263443082846306827831953212479757976403014368143734615264691989502103421817625936597845326676025066744884671246096686617300970662524501769227885205690673590084316041245928474805668946978182767794755884701037881345716318817494428998929871672786857254665536773728311244461767304087523506505439172831961983050563809001407118907712213292090837662204930496794578667884181003586373834270913535280939425518198079349785464480249642736866843355216708089658368204954333674108689934436229704144434396109886127019621236168294238935804471970209738919920823023231464235056710649911360357731956388471918197698807100580670387057250153019061535855590146412669669192362905950385486873376121913721744271446155552674522825740005803470748350308148551071539938916838373110927502058170195123131177677851844877768726804213939286034213238995818513277666936559818064557155854038012159297126776864384285371888091790995730806801022541165164298547985978012005303253222575249974103543108838019843220023575674082733060839664255593659517583051615349713443826367990287717942890826604259749491147707142297025251125860603900529602402545826248325755757561216131279581281215685384085591627805709293724661243672058886815767907693035051789575639340031112592979725357775442005699664022021383473566037691695441318906191606144682518131601766098616772320663497456046509728826595127539727333686941755084872178893886406183984600371686896850918522983446577551641562981490543467626842114452483994131230385258051848680195708892261883252235536436873645834791469035678722598255759755960216814522299491973792689788065727749960206183123619125984229997445917931919070044699554058436069326731670892612617013398426718889342124987556990243059505953676654027533075503094906893359337655573217538335664890410728780373174267309618140745156207212598314724574830121106609479787962949043813324270611655269733179812220467342712122664138192914732789436609182787888276414614697642220502911444841844138184923763527714914690697433608081450429276576158754217052493940928386373294735778423424077954882095312623534027550350571028903943133681481995153566109244774270469991167237898955163904637498396603242741993113944290390576059074155553325065548215179292254764254508718962213113516699330454312000074718298006506387389892625648905439739686679432127054939232744427995717336359106333484418514695342981280896868740832375408026260594329862056291817544122229001840210059258435570500116263341389111647224103293543067992468631553900279513923299722276621299513099409795053020739055958119151243330404078852497109253724174743013883031797018441085704513576815129153624429492503752616110118373210046518961467826972444261780434649844070818194648857015566472912494001832315747489212272150548567617331055173286755555513727525722807015844443069091168420794485271927516752388469452014058436541244190068829957459005435743080561559465242288193127203292340924903397654714651811131459251905725804935151124366891654022600627554580176117435281431489499916146718935238144336846404276729538716752608133950987596207785727789249855982834823289177208117777338346633424188492279198052968309263756731847097048722337076247583698147177421148043213630941487254781492630874667847895245556100534989078888984592118410223597827373165212801974854134198697705439538874973901457412211904805390085525475177691827060709796771265972488441968233810582599435298238267236317342426715578296460105068310046137927489065603076363259810279366112357062254609303845922309569944746489959435280359572812207359002148467487609628497018798980716170871860113170396984354371096843517664924795544202742247063771600035752294276137432881027737424376338465481823242545858652299370190888474776740026800100967319726684955864544676707987877175135398088398320732770178046249932786188807671330925433892842895473399804678267914598196746901983068398

922634392903571857330959662853884503112265863257014951784436813918
535839204296433758389492384812217565502103554067105827726887575137
843597979044491452691790592703508814671877816814014900991554621690
142569780350359587247391497616190334804564991698043894828487160573
309708072050466548034875571233312222486247330163998671379512788679
864381025542560425357927516241316245495529731023645919930113496142
952218531698295710406851480382213988837696390758142551957119935917
111875508775962547737751359233870322994013917636580370678440085956
246876399514014714572246854340128078585643043939470699712197594064
592144290107129319140574265334713416412866451075856458812395114011
779550807321636781016037343376015731556349255659393736716561935500
458810732233559302448256969965558388305341318667616899808566682827
713235687068122625484629821031317607718012390587255347242047415200
161766602180588246194966487460645638789963150712442915388404232450
756032140477624258036526092051914829101027157745924142628710445597
292699956501128606688546274875718766506696977960282304138110846930
878716848357909254627803494426425458612045997199608003166303479589
928945632553125425344317399853694598058360286745185081053313047647
528537628745709777767541307714243002325347404093030694218291168164
390391655747003216588110006242071852475797469805276517097274515302
509461865993728504011681495778142596361240147809683786888511251471
276223179153314870448712057937765503040166429701507673885504773832
888178731212460074527612354176665768817010114942899257349101235646
676396258065112713396498422824502730566937089237358164609535611643
437505650299631516797453409382353289997025627180216562436255117986
972162498323095658719682960254668065000046716222402396653824185505
73065814460635905595496419820113969652844393015739310520628308914
921806342871553537005900350470864609635410978841060965660343653544
490617007078995831805614533906504770527431566417609721517919489283
364812866046083530718819480534421773042360408411915761644613091367
593152863992339638705407205479884795798861699621806442015353531790
044765255822727670645936350572878042757348558987682966892335724288
086806246324897918958416944579002959286322888293828009160324606353
202382231247377367874061794090104138153305761028300884886494159225
575438094606302586267698917318461563936799577053825149341530483493
122434806333316884026997670244732749061897363345433278280820774402
667097781782078312085726344560947085548521426584891018495735031866
421748229856734063285256420887466425340533950450231027544934290191
600084415039849520215325600163927669366477809584126560429064525680
617095585204187128148134743445153937464754963442205389261099549442
891463675389578760558424841902583118172885021588583788068989305945
215392813746540887775361004235101493108460765432909460867969100188
403841622500908888374112448306461237752331765454201486843335315258
075266734685821776462554798771580037807371524124840869256907049289
006667811402797916365374333951451614111072264561762822599124788490
992848729888705298083065245993551737408241133677579727233568268033
781163575499834766699082383781455439162155128563855768188044803432
132102939421624081354802623088222419123119256612052550161349899775
372113033318398096362166247186330045413600338330530579386079021129
320328871749951452720450623958005426893173481835408084873470938873
886190102136217565025959113514421270210116480930930374941672915936
245687860034660224003395352251424491516060429976479424234983779611
349866591027178292993124652842563039824406078979869734206039517007
531875786306161264714500100320811594169604357882471847656444135133
850918620897857462180539472705749147588858463426651824146838798580
804824882080550201928877634902053551585624001893464332426863663411
740303122342371725194337451401469092871472905890150615238956228461
520314617026175667585862095154776828356254506431626437458076071417

857800275876080483325967588788531809595965814816008065212981791958
439859252951844584692724664770760915168517463856471876221491932156
230101271310528445074810700265024464178587243567799221303996521838
279141848265281625104614721163047907822420234842176235064391415298
230055436257014763699588784501440513057481801186730872375965246520
464350934313039666558562939251568103816946666203136394399173448967
139829815627411988262723510952512218217047506862533992675377978466
809995420421499113435407010220569268199940425166589339284985656673
473325794934373118520489614803989074911035031394683340777866936873
547549110776112694702987821125647656814915666919095529367320559577
279295129820907151577300917884779633743002145803603144778906200771
554904764805424270513167766893532669437359097224008315940237583883
147635421404408604212995770165367296599020483630577798545770670281
905871864830613825275278600758790702435874381211840974392908362239
891253893167318426595596595484958814557352731191074691798283457437
678588414439809369945323260657259969758824219293587914543693491043
904226378176755732249873147569570134160414988729796068385741483909
738944823408130109565830165946280719178447982633284555363597451218
726033253578179240687001068616506202782368106342928741450813730609
548908924744506622773308385268109020908132431315118495335969689890
391031708643714328426824906481266624069267042133671604705742655313
824243422085609793500650141268388679333024186546223074720253207178
938050317199178734911226776218997084782360811160079801956068213562
664092459514059419198886596052780459618987988978124604450752043911
951087425762535033742853443599668025487721129385619101220742965112
088842954685544392519090409345969976232251366844939593914310582200
549776165119323633557844773870072751670887701833608973105333061674
009407487608485728705025403965220624984387807914212329203806188310
481723210930017201914851255372112309151571901612713740653683546403
459090175169190773763122126257226586645496449591237496183719395515
196650457314903486981404538174573697589822751137745630786723562169
766825239245298159046756218528584558914530148222658405359526390985
393717661971015878387327823837558472442882536372621081866574074402
013077213982940343245984550348898469160893504606046029720752430522
250508848409813445599990758681315475222046561457662331404526326965
352792923797929373929190374869671964630718060724784747396550517097
475096606260234290376468444505822472220213238638855714513234749820
349966040662117777297860644341467366211106480533161430705465164 82
946603376435620929127032409021043510275954039706547299792721089618
396731508470303622049840208056686992252465953583737496013314179003
537005246456058694776746889730944136910107442020272238575142052254
708190896349914219443174041123748517288954308018457409103199946112
805564334422622895793405173650295313360283143297024936562201188073
837965968669385630403655424493757197421024937405701936945138482569
860019532151625689714018351165254960063601103120281995349670461609
746208291773657299785645713069651650016222777885273834072598355967 3
970824046315259176738042297431785283156494449545036956401109369855
817985115027211915917638004829658130789859470397312065378020322760
344162973296980120590668246901430294939952501589890477105080253835
157158428051781526426400657458402791703655628341155199917788499516
885789808814050968676482560815758716892137852614348240198670085959
491834379968727493803924399001240892926764545234221922075784137853
342487883353547493246859780197430738916781429610504444966285797198
684931704497491550675521279111615838057069681965725948152986672133
352580867678999596495159606109888930622886966132631217557575864832
627968571141533502647214079502359859585276482031363986556281374476
129381484774020225044508591218250956247790738896549452650203707851
005311569656220298499374750861361904397629959903131190080431975245

809400009145582174545266258052740399813169325700182768421722318051
406820050230929661772701854460037043301432345251646866456105217206
929060367202733353961577082848882372881358894045344902269945387687
846572485781928755820170263348795417825355455575490682500699797395
059504613420534309269819057255312303387133029128503192281356963960
128385345521159435691409774601581987774123819889586672711142729583
108270898639204621803453794556243397185624971271409579259619230781
884045355529797774221068893673388554858810722367687848593822515403
544099482252905928348478013601350091515811453292144235396298755483
068015588531659665633944781862223936580697312612851200242204741143
375961776991063339146375805203581547030622952772170351482123853049
326570584461131965622545238528606444933091816747127236972720295002
626694938676067390723574413268607147813063279625225213583451461753
197073528090113543146777394534710240060895178155583075721182150799
500558837744547319261292538304998174304023070223890981607615311099
288865287256021794988663396420618209213160431768011778154296636735
078724191834058059780194136413801628579298183208684244469747609594
675465935139271920270860666700964469126425789697600503752819096615
375661855458062643522949216579083498437925743197158770646868200181
823204868998256456334050138496655764029708344806187866968931216351
339668783136235117749794199305482289866190400647154359595792275442
777794396672633729746627797753573196084347249181190210119294392590
380260264841748444782005168568430346614412500612254411855360366968
299480657213953513340788692453270591291498280174112107188413426878
788829800210711931841547690632321330356647042801998341625726105167
041311684938677002775094988441085136931695644486075931708354676736
901777389429731545511459227701110360843055771824121223403292822987
443986446401919560923000143949934530604425799693849177239781614945
113120420486863791675253063490066523958044028984353925557848458072
200332029250346597448132614017337334841522087264985836723648805643
312830469305304873539059684897769410662489968164655101825562769089
233065437474773251574823464207618269372020011128849083740841566637
879049177157916261744725335692110279631363639619333830316909605856
347865158364104095218542189253938453651900094568218823512196785349
129074727334576190879527700714534296428857778919797005177373318942
564746778705951416709501512543632545858505909277772235744136906107
059254179657940736448940133684621259740377694362926710786480691656
941449476496275547975269975061123929065905556029980618277579232119
869045159059424907676014494433021447538110788616839417362682473795
362048578667366194340183753995078873570769569736334890609662341520
330327366441684091559726750606818691954289729554967800742088808731
999842293318016422639183011407959704912671956726619387623534230677
837450373992155604973161965453791841362376013666098734374056156461
634598523847828523319730791370198250905853269294286401288966155623
665336680867967626902193385870094706204085027017894505168178682770
319342784307016451931313911485790961696844160662092837320833387867
641488391352989258481845308669975884128896586702428755687731235900
349616499576082923775226893655570763541340826557724889024357548539
752579091134201798302611534745174893942282388277104497423443592282
036621472973991367403671012159709430824875344769801066976990314194
078502080100063845162203542748953285695525801669871401279094554658
446853172976638859223272280239229572551621704395377986809188708511
955501483450065354205895881728190715946327770613634760904731651841
77320017762749668619298300484784222516625268124106031714365194567
283488928109589044695107654103618988534832669434021847931347638061
335551520236021763656182711315453253152483185016002550353002350998
118745684013978413245041292489951063561883988605939985186066266983
743068215608935364080372210569221706210654029033468957152390066799

698439819719944948847363799265627137914408554512627737680336924879
096474511063094304810474408259752902764930190996182867206680083812
477082804253485451549448267335177099158651397207444535596290620297
896514822799643822846241004949253809663171584947464968773242941714
860117757925464809222939256348473448497344768767897255186768445780
419301043588384787449847191575466125277421065198340368876821770985
647989749664179637585327608894833993789803869359050038859150041822
476926213916322211511707329740757299950592161419534179545395648258
069575581914101054740858366976388974854435670380887776225342372523
668586252868607011120737664441770347592390220540292118336359207682
874681916357344362122584685518491173782814989331732943286878667341
277094195061406784309559634661183009377235593155008408188204299011
125362549515865879877793320160602302539963958208885785246406838930
603148815511881851063392801380688294775533868576870062873818717550
962023016789082957729937039481235532251177306514137747970534389379
645194776233680444566103772824237746406531747191228550875257012485
553034958425477551119231041741260896041764530473844861849598768824
455494974223707962742522613785956150815270717355225140609247146628
770765759232800006362366178185182014661299689732045067019387912233
902801967928485764215175360503242804953741260170275740303053422716
418639495786000064599523927669172889510347832507317813674423737276
438574252177536186049961577845164056212512007571126869254391270548
041741306290852654801964879811114373415755475499917082236619650715
279722050896985205136490535547278448297207107814574514568460861115
729565963175793886474842463316376564944811616192160462873702904040
975367288613066251380909350984914309152013685940349903629793136440
331259011869648801208786661412089289781050701755926315932894759333
535558539615357374864732778846929005148375626964569271383010871929
842282561144132628796930855435148219592948067080592226824590669598
704980565202263218860004581338482133838010714011937050319998655891
249460661314089799465045029166977232883060195184978556532435522347
947617679257654458205266051679944760722705502604025380693054988610
650921746556588887301788838412895999596591593227930457380841437898
235779781221663915400107412133609571689636670057484589520547926161
961736661796689247300318163307768429123981774002938069046482005059
305672109704707235857627655971528668574058099115356058690572447224
208349859427076514578043398793416795768137963620833903950832934495
580595363760485462231136251679236438135424774841948043589332145988
194213605792941674122615999836108550167244026493529026929476241342
582563872303197435078616064617695101218541063220308171661124148867
644033887297576584439522022196100737434541485089168713374426783595
270561315212526207386933218305935658930621030492920953553814549511
601214641984397939037189643986934878415890922090939070427578219059
357094307672370243890053453120967003508961922242988160876864329829
397148824960412446513280821124892241883314447492688036342391829666
716628224156781839675243796659674581169914928136901450227978013597
693138653945547206845777717459138536178479266953710369508963772279
061281236547915708886907667689081937493406103684106738600541100262
787008747059471065864514391969805597069505565050151233936665890571
733133644764213070656757319919039388118938253075210882859516147506
809468839245740011135470274786982168621274321497665188300319603334
562235534421417368117005957663493676223290691848803237345192434912
465665329718238417396919865871333134120710517073683417241234472371
867249415108427049615549503795501528738224860538460676720392875868
626261698438228056015875786683092512230401599897538489228360095980
752159490258074717157735374806690050015349853590369767229710437159
210984693912049054262463396085508249182328658439340262938268563715
259623894744717833699966180201154788249913323652215956653404857011

232582770818862150130715779346002743951689275243551823962408391501
234739246686510022276735154153398174438062936818843187021953946745
788068387330450266993482047409308509529400887069518186325483548249
662607066502499564681941064704071227311004215441855491231634073401
961809074987236703389974993439243991658806512836679056416957365216
050282244885217573611331742947356357748308478330984929574305730604
504128402971148973655233370252933328593415448831374005810726242464
775155356118977342742942596840194068133338141610749091640443078052
777297700938276873668269280836283467725910032841281289357876118865
330379943915710991731308768414829814731674389241507081233304663866
652688517152287734958086507090211027130801148807052510861641816152
556748171047862194001056128001346471000489600816181363398613143759
537835734463470097380223970667333178847121742166237978339505084945
840564804300591120184173005022419629811376432555086259936672979212
123968336262543307920197457555379857786033399361139731479735858804
674826631905550317147510740826575455384526005243911716394798545438
546404774452744423208201158058940110410945383309204755983130127803
405876733811345178470423962088493582933994762948927492630761519594
758086352305003906352697550897371963214320279758088695852977316219
835944256689466634986556641828527840530710394603837055319530705781
433206165483720876373054215104981963982316223946155540162448192274
889889915481816161014129111422332742480710512027849723849044026429
680769803440316010136598808564229607540695695571335080053565951888
414562653198365459981493547035333965788049476127320900485531135908
697471453536890157189698415775481177794107604190191456527288840405
188279508490082645360132429152288889379751999559985968288936089112
710910309973067570621865972967346398430619284295504292105466916091
541828035178323684155218186556796340711124306438551541562489751763
977188126209840873609829923836373030275059418770626263573784813688
683682933396988927744468696966294996896602769160036986059689047184
171600019718412362651997930127874191392722798698022724595229401524
322084048175398124008257637136067030334477654114042743699620541251
450482700210515174118908825492609774721462055366779007552008799892
323465359252612737727695456712154449995014845268543259740875744450
235595031758880946786706242795049681223173819531934699556151004209
215360832603215306918572722599298600395392547343180646477064441544
096308598332098942811738979506827495524870662827328053647924741072
354611945944265379787498697959643221449501435206166327360833877895
746269008896094162137344263820026765753391034189247610563598881700
835396449558521922407698130525217319501323741964534289761658135407
331302630302854780224851925520783232374548326796328907125627475246
122929296414094248502905947415575992751242508506996634735376429407
383918207419091625416097284459162561447272170590829385767671304543
843359908261608628467196328751602860804035347208536219374949413665
519915085368923735127485074294814451965416938229179315309180378204
728722389455877264858456583583688835417610564721255643864015185687
695779882751742224347111155262343697211707633450466532724766334237
821195879117615783397228747084512798865992451832791641445982802144
372701894626680357923333751748064104993185218845506821183608568975
632511813875046094241955744326397198431078927752472356672288395527
355236066225987885985396328772844546836949236760648441227353682921
913245547040744216668206746126567079643012005535159904741708546163
733620270386595227380642312621874062689090399816710861502195826500
644977817357318505215771516084763131429710068248249139162492892556
126384767386218233345228302857013815543747650578465690588394825313
419981396295736250191985710580846679236491105929088055068338217718
370944062699938269197068244705320057945408351861003661161560945082
423986504199873162383835746664545218873590261219345316048583392126

663772506208519054623623733732811425816643842498897985966795417592
003691300453703719627536068718301376481212741056148244879598635108
500548734902984477529757534939665530715055154410390938653741666521
591833549973825668932645268620823596214023963409712242682687002533
955826932243805998324269084530478141991498931107101571694749555763
521945874576862963018389905824201278786755796934723185030744610603
483914598794977948711391354629025486282224974389447438682661643606
831812488598723268791076616230538008602921583381443284532240746235
541879988817472381285359683828950062022524646357316108266360364314
856355316050499154144130887215414433174525373210651396119733069487
813913096873318613666961939402572004993080999953482194276558781132
352187781245718342397646806973069793406081383018907785379227621548
466408823126429816421239417456971356661539825555435294981722390145
222359192574194314642182664776888667725021712329415228978446162910
566285420071453883416781489134566744506929129063191356184691533158
558135076487541321859455745770156486652616746620858010700235568168
758105959676998901985472706417531288487494139070866420808062769445
013196701970335518100417192425136442744852197815370357770961797803
655471501006418180502754073583631210075848690420360453063743034388
761523828983557372852602790109658113583990082025106415006848860377
851451703993626938322618882301899591271000879075416628748322394452
285023918486791381569205686354321704163358637035324353038603138245
178894425200804853014804232640065209962960096641776937613082080687
020130883472099991664558057470297265064248590310071846989531069017
432283784757153675098497043483482059931223224751985485354554519808
422814507464169325174171166032932667762278190834897227510030808975
252050302466493512646127848908741183038587799856966390634505200221
239345266865799204423861484757242890105114328883814583700148678228
333016407276114036941362115737169985605841735445608033688890692524
353381053971593150452592094012886826761957851131323839763615662128
576482640972356689220650459488317985864101056438186988942899276314
816131141197839485143896402016161447028222175648273420064615301617
015673045186184377052127062573422587150628959854886176205229616886
565215837784247149479866487707067324817990842497441413030772781221
727570393898531076626569482761976332874465960455935018021232313616
829469105165367996131496561881423079790028197020753072041377449667
453062511078456579246380038273856860224589540614393614994048484286
969806483262108464380743336558398688089988471514295701014512054966
842896674866101866876512973139628321441026834165860359911438931807
625644344609274750282537324722439635823144186618983533732369168086
950292204814362372048123472392174822684291066611784943531672592385
041053779311049081572958008218904109965374052294046201984820594719
565468430076822037328399061467920788031306210807428878267456522279
510397530185492450108066714356522034098520971712751588390486131129
466673396409924349264716231223460568160044054572146286566256168928
699746838216339043317628637080958285081909697417621207405508511001
815330208171813671768543487272089172606743181038687549909642874280
410652857444783139948749789244343537320188375097795346044005281197
852692754424896325741629879428825506076395165108387117664673766387
526975088379398903288357402112295635432087437414162494910515768227
117417711932232945391974092136590860000476202432818881161163644928
715559908299814543584037170956530527567900610385822005025774224292
569773732296609385467336929449681543260568582340850739091504592315
081322676781063632505958627455148922828565406945222105635580286224
167640557695260322183356239637398808014246118755054609555094122720
020016673290789780007096384828312446295596545022120743326436571869
713451446896888922951080200162568079951218413160983309702178276860
244871443361314459232060147349748148691320774245973643394920073088

574820672241184792682405330459869275458970721315458415404772322220
839208036324127217631162891881643394036869317135582680006351732097
450524378305263342982051585729293729065144082252093140038334428600
943717769650829294111897120873707840935527547594667607700739582996
325838861067374507926180433067251405352116133767896036538579850322
184508372345725893974482449203287338602799204201279950628458617692
934934748645046491968635338391449569329353499139922453664188100631
030710950568773445423096458954361418630876241494447419866698347713
405300957797872079291462389626390884639299690639310163833638321319
539379304280498487596279495977933648358480037841610186331741498133
643427387980302577970218308865036418106221571029282021587181445626
643551912892390746449491042735969276652311469566584458181144763773
752350128593126592576075055650198433567754320917506901135878671619
549365520291390943771733201558080722733319100177931651968154228088
370576507598837597021754117738087137985338962896830262981628055301
107557758978534823854812982810501496288588718232218048882601827461
644879029172841840002936746970665260086282843883088133563358024351
057763528593351544438010102449942174781896553188470873781552236440
714542829548321311895375408182160748659797776227910230823364843617
233660291719339926167882868980057891191156961286113730404222996244
445645228811797471536635791461504943812179699911719553392915467985
888569082819110314718381129967865651453059679813190800422182709005
693044807483008345642515023609363752556383193517427034362926840234
776413899039043362351851350263930095966444898776041743786038172342
060790714371194447539522843551677888570909340590984262800755500248
725830650557511259353896315171826065846001289326829742161791308116
878212721039217579698337007055600479265997432364952544755986234844
740409617147566288275325091737591546032508096011443270411987315969
680079689360407597750180374094171469981885046628982630503406281730
282319799125530918362807799251133065557772589580549721937547685450
346607218411557053096747424723286992072949541768648905189668750773
621842979151157585159066981543346997356951876553230061572819957408
798433268786548387703704838867969634471044881036662552958628343438
480462678122147642516601976422702036294508798790923068997762622023
363411771182015399050173071493996115548403715228268577998385109384
004528263675761260563984391352940873945574277648499241414685824291
385791775623295402016824786676002102151382666411013004217800623443
217919523686177696138805006592509070252900155749948752601372319426
962837691739012328002602992780683106302734901011003140670779004579
276982793136849451630895091829048302965001908928336498837214396180
793208742328768068649099204449507359860528957211699519040408338984
083563306643854128890071475438665670708501846953790032571643627157
135734722510592958651109840684568971565825455725633355594576577747
618020156837852364031497853809831566253185809425785105813904615465
248072719832909577295805530088357643935465714579135927674664325448
384545582730913986167177799594349945503174771436597966834564542345
782349530220337939230896227344286671746679865568253732514537743009
223721202753169385665977610782359801886307507560408367712741871458
966983457027538487036030425842802127788310713511327727774992046483
037340486427902258367600773900836561591221966284269036366602985432
353631799451470339639496138687167177630565460918856551844344516890
334624584682912414317535865749891247595560896040292155393977446428
877279516223061246477930882654235748010717809152774016548710468265
535703098981310831043094866753941511631676658281403700866865547643
833977042757125044749221422969080622787608544404858813995712747561
301902637515073878311885144100537103141831634743367511749232053176
825839150342354505860226305868702779243229691617545953440457447399
711712119207789915812180624709441550694727351401234550204629067783

378176214191890146908807079818100673485939679726693487696523832201
910820873136965799813776062143345608391307991994916188426151766201
151633013365240268650603921725403434552867518082580104629058208364
681107351833729751961456122525371356771188784251994023543962242477
517373345353389150726288232132196100844063151547998599521588884711
599783751001062597243954442905647837242827112768861308729717667450
387784470605049817926326301121793285779630213417290584506938423127
85744709828199036893332322524565878486499097175032022167285214998
827754658306559015958435161855520548978267361357962795749330522011
191610842080236996138900439932835066345181640768389987922413230641
588672500479862191487276091383655534567175784547455676041291332244
609551483125353611287145210743043635547898213697720092793013726170
489082803939099983557408289800561303263280487840702588019085387730
318818712730746136642050910874961241901769134499707745752836339783
231561103564821247090359536816103938413756883377157827938294135462
391627057605602271779835321108182513441990267728610496870350607337
208935530864008142659916508722359726946248604836665891130395850751
047449472699392645264605522665189249764530807213109352096231576084
883113826036479166824680084142235887774104611556932270788793268743
612837957576853818407467782098467762736724469111891654655430484797
104215239779289206763896635896383566418058944214745396226231753265
579725268146631176978012993711098245340522927093300399629513714438
319513505731788056663961042122577872528013252838483308299728818250
749885183147176842056425852484751295545343386763129354644077734050
007219968380140522695947091991189551884053700772316581952105304731
149144913758587914656238871946479845265284802689647131727151501040
126023071212228792246888113632874334667237820558111794202721647922
565370422448776329697012927691315004252022598108009997988559023568
904329023147853873872402094744838539417783679432332561309381772050
173430979624532495103390555419373115567810960057360469040879350621
298748824052849743939646946584677743623702801414300304401661790116
579760269790511369309091941300404399250566495624246838020340508948
029000263762200578640552156227401553880280034689559175431276218613
147605255689989509498932383472879082539984234639757912004701170765
647978008566264746119214932018152685676334858437821473311767753820
642489458096582004134726957162370383720779356597620052278022518225
296320032536927653198445965838103755079283425278582591745643500626
084344163112970195537547485185666661090821301768897917608118674529
452988157107661286021403190196538623956291513139154058784966307201
942185802070548054644775476955678720896015971790736172414061141977
276502529013859928135313797092560361206849838882151922518132179980
933359782131751070483806021942235771089945917470518247086038195757
880028161556161166585331628472637285890244233722087246293327028353
174928410044347263041799008694169287372227838080288266378013920532
928677292804236565912564514894549289320084006096841831783905934902
376205000224339124261918283291801084770695741558673641192801283496
458206833115754626233916641813906198852245734368306773983610104642
316464133135532352273752664453382030040955103219288976104028788257
165434018178388741015541294894921097507774609559771524786912881124
482928425719746882048856549095615768512861059352678026561439383358
592178867356600596530098536546206425434637910629888573898318354369
679219264775780379760991519977631569730191138816967770383136174316
445378545700731936052197001517354100766869601305437275881607049987
789365017422246617438193269192862429301061984254163460485330613122
444410053811904217052950210203949284993280229187520880003182408337
953638642237831826693545467637857036064039922133069977838159195259
555588878191552733115500131708794901667727284263034494974713565876
728143942654920526300619080005910944956218545217579084841829846693

841949558812074700106037683563441033205450016151657240720125298604
958894707972183425970164384759848658280980869054903677261462021539
863629416377179304762721831365968096850029180311410797043113811864
184914158697584986602245464927651310287275862938670400213000595178
163586440778748117806522568506530713507342458944602683462083458031
339214535422338754448630386070872785027777775086776299202224027107
432459134004028928720902658654473562108425271922286631314180112202
868765811959272712835132421508816450191208996690219737367720181554
670989399273542199116273165262450694992002848523663471619210135317
944601819327396072124887398157503934618170208223027956393354316765
552788502935163273459472657951040114997344823774206587573034636025
051615613927268982066048321085542322084072024003091375158254174604
210574559615339198458900273971574375380224264155677787593079348042
453601445500804634412405440897265939966330079979725921292231094194
707838420418307596625539432445609635895414225661367379692854237137
647495263375569771626021992267349139427236091784676196587205759703
367639965915756363993425058788943766830142891641757385033888100786
002186250388008817542820476784272595671960484060571210079656164926
916996939208557744994249775621141413332432379515093640966413408 08
447528614157971242508505925805081064620512457221688482019793441153
229915524820485989751301007559884796958676495248802794232312419807
388735906666496491511396292448871057045643419978174371093169216647
620690940566563479122208766735316201439579444576216638684660165500
533947931580877471076476445478396109992723489002851457979744344660
440511176045586177008433876053148008853673570211565036104548799284
037532175914820188299399708652690645538159173954184083082629694214
229603619265688038545999145315531953051939183455018588454934955788
237465098560821298424007951804176372673129537115995329871379480968
186645546885144362583503666244085255859306244147002018821220464219
259172345933989619257901631775292386555197656249237162846568538934
472706908824411028132584191077575505481596675431195699439784151633
240688940704392660811215618619025303220713906467697732683681506611
237692800248968355757137231128842582768928782310956781189966969774
094893487241466149739727949412661076369402958236283034824223717633
199718432399903981284939398586827244646054071699259408451818357188
910943512641768469147790922528378375323956019474534909055101642338
078115996634482620714158723813542032404931757575337079350969461348
285274651377146834205626236321971729619991708666383043815049988726
067172676572483899667394934781864059973119900529660035329941393264
852632809300822108367705019712870766990024781300851305272966844060
610164378230719136307049422049383419600953509993987135158792521973
942806151356564313408161568884901747824857836606800403926759962908
630937903111506727671941876882462830751887950689739054897988939998
836266317622380542165500973438436075892142420468068102248730738778
094787723527390164557430678984175586097805980115965586660818087835
319300271259737913358957897334008763443118861486976837881121510877
126677572310183325111391985166650796809644853255663841758311669493
885921614166745675555382378604424455712633396677214622446741586901
295620545652768104736368260978986496300568279073769198631560129161
425693064781006989197020226538674162603049633997127366767957428955
566314014881184615445820075931678835668267089919455698580240906776
542744450798568453549054758781082742772021979660038202099786595196
994492933543169491649170554412944820929676092514799032258890049539
549957229930180621792621124071101622095785527048886053819284236085
295701406576742213483133260263421770543730953570108907807302213549
826362852887826558691568563466259473132585195659138468924462445834
402277049670665349938723547520909770648817090001106391255718740682
470471367225709217122286721119172532204691459692215612297524374555

0688205617369549406662733252604137044629086544615104425600763291 79
486145106922588794437481577891250885911134172233031567497381920863
972206513520158280086982468765373753233446669783773281011145261959
958866650108216881597594956660290352758332149372864358745996764765
258208605552447339121171297976729814037989097286506976492032209927
924040206629297956083333483709734371103831364074116484760050698520
156744722778358999608425578842724735306117051602021864568180148423
771285876616591199011868814095160940245806826199051129611212754574
119275346382293994753499107485956141079594010471612965889159165679
925544442250779692987057697058479143040118254545356111724273371399
999432672127719323193391300068902626785230042044775981367284743790
128671709651764782559460090760126770386665955450974046848589127133
239909729337983586535080972670948531616454530790871573529955075169
242502752012548206339883390344782848948625326384370394044505434363
120240495681948503862902856933719155477929628988453250576597682076
434462946898145244334205580449946585823750536595705362244038184299
359354415068135070920577444979990516676905380209621766365606835781
587320379231026760528625950776545290579527210420413852461568605765
628218747553890252057850800740693372942987737463057925699377504026
856615866168040761542216193889794638536338311259582441879709719549
522407479595395194229768582513900769548365478993386356880618290567
934076519758024674217910250332216964377600441282077990490323308123
176112379972572146928331218471752129580119166422739351443766983751
998453064578736640777380699652918703123194595004164514120225826972
469814614881846289049872728361923812720419779161557131344799687575
703393540193254612893602565440312289217822034095434438836935460408
954458024790180847629703419796230216029451611247691650186005981164
172743826673072895297840924401656957765725555729576130242533547909
506761981919701424151665935744603959673618532551061007924434665329
441818070121476460301248629639975333472474598343390086851604672402
252161362633437520040663234254993084214185882609820943615743240845
647108254431018830907726258570251121046551644620072039153746473932
152920633797970985170747730380605362838981511969546064420171139295
668853118832806264334317017170205170264852813184125163439247307171
335549506051586713611010580504697835880611507229261275769395214080
302982839704314172657091329508291125343176943080754686551329222427
649904174047481341076368194957397746437968651830444656683983184841
948244176059863821383782353137304522859498310101762249439405390186
494271323242724894320227208505266704016110654929802726886299503201
407835500681783266124429473379347087040369339474448836401463014307
665488869199951906540631166476781940497301003751985705416725276470
230859199227399842341493349983909786403439076922427293376689266049
349441694715697155470599042174219258825753425929995659864267684514
106123846878806544579177175040277628236063300794375840743669481319
018301570912676662079893317001720205395490686409451497740977410943
734521094285968471727023406450671007142874586355868678236996339079
944880743760883533682031211373244515710404186429258794496377751457
723511758660881749387826753877641303779519060504064763026806474269
068794144744826935195393809701784967319464528914389222386328010121
834314118098075047970243899193572725705270605470472814746474462082
224540747141694065206969516760010559177013648971322784201700335664
320555114622179331323222171193273734777157788658376969907911711317
283537401935719863182444704761544818457702523441248455096812811666
497090604322747183366809811678365157004680187681709568893241844073
623106025662747574796976374720906354840294917347274873081201950527
096375836074625454793529542341712726819813399026419025763373611656
973855087441302411046998364322210012677286821809498907623686892633
844175188562628321296599412137517969890520924751998789466845120578

3735845043148908445688161384015880396987292009854086296947132259863231317127321942891413549432335912293724230966015461649969855796276327555457798445440322304090493465934666330885736959602328575018026850212000712714207655565772640798302072919480651293602177611360939113593935308121773628431894417396213554536050024613878796067604080531693002509344182571342161361444011915228953065300777905397200339662894179465964177798355925342228777465640003439352647735178351593305571994715981212503801755954757774595152071390843361001153790490150789070567088184457411450883051229970020996961130971218937285330835942880990492700746796012809697182928394128198960521323361070521443176014995019958953589718336907828313863423685795679656341929304976981520997452887831214597368460756747663606003968791743542138503489532629582054474876924133036611832868911277831754602912791295567600741873322554290824475967304300804589663453378198753699486335053772244515901054165665887069898901375388802432758515141185845435365298749157271886535640826832722511014700909898627167722415287768986226770369839699597828165579408882537183764537402218188411874481338287947196445493757002072346962533601592218202808179726049128292420726712980024237600224648500879889885723158842214694614749102789155465212305942486102726047126981324149381499017673574896094118268050477173013164589468234540907505186166101541070179554175975982804229386271555107777996745912246616384747714601117896485867721918610441753073190603997309812718219106724424419481471152783430392065368122142465502269302065675881276475434385573474263281549277056266006654671184876520726733565473166966217706983364583582683020776633777864748958731255219478599052629324698436382468573872328427778983992573759790403828529778739768466380962417547759148309642991552814516580372824423195752092772658269323059752461245056435575591405340142976750824433474662439858343761487938996414440251411300246886937195215783044869344384073455908669094644813823535320421925347916889980143917862323760175521459465427445917974760636166524018620618884755864873805830893796002947147554901679495904281561842872515852939829836320669197995673894788001995879803482831259925329759910502073507362660254243105132862940349554176399109476329448542904448102689152595895214573201226639910332168000686350486200735703485896106179027766071816770681793663180453823791912595619843885760951802894321579652120565761109398991549688403137754939354085695344990800901270384017262618018204667379599468295436971942325792206474709758952510700203774171942638934649675715427250404693871883572775634448769445950849863887761683550588497002868572692805421291795858131914228380387137282755286830645433314868809215169723787601375527981104596698829177796241097070913703788393045064501245988678589578863709104821652981152058332278081779915608263843346554197603150488841919860848406264900399587816932942706196229745312713653269444151463625697342752416087344026979787900214636269626201203775338836775496915720824154639242413505757494323179537955463238524199308940605113410985187805588409273559116716167018711815535058236609856919392270006468228835899448657522671480046316567521942019661830703452163928231825112778342832895414247217260081014787580302122947515344037127233216708657243418108047795784144265189977886011402027123294823762338268920964111163011032217548508094335350434077628341593003000533913418044642352624003807395109513701115850953473248223743803508935289352165877809760032571212835419531225508204126987603541890077136511086047181941080884311107425363917138988135975319323346515798647750468457586989391963118824114415430357040008264012677795384110666509640790498752217172264156490434959626706563289904578376011368513262468346021348455756462607773521883602166221683273267524660090778680934843387919815646612082484867805064429695846021029304537246334876025996224 27

0099370735871074599684633237610502937874080790673626883143222240026
342541834946497494337876425107862940494355970889509680133762402481
909558113491329791361379976702061469804350149070673315063787624020
662390702718327904802851482956061154740695997256194929668302102119
305025062268263880896540629845561979338912841975881135820072574356
168576772366593657751853637407687010082486727325827055947358759499
152718354765991563039137857167298544040275171738826587384991774630
988127769334111333640702276667861050716885045092417768179812507691
095090914411583370303122408506723054581245437271259392013793712989
504976889641046583485074819454011857702359172469012966511482150074
342299282812227997873756699200712962845547283485924965768203078846
795064702194730980149497744309949779104146628500906670090421960298
663311030110011132782301805889845558966393460875372851907436002284
230389621517161956418065627000999956013489692855739326265725163640
020407998471412336038886746834087295761469762659715075739705145216
740388083854201531984940935620834941808448216518439071864548579354
119886526224032719177493852757822503822693597054005494545632486688
166937021367054984886527552679637592542953115273943389962168015529
068835137032902484582581507127636005483568596542941065170419630389
669909871302275853459041651175097486133027113604353170371718416809
873141819585031564870772149478854628003926277518456650430912603414
221842304210133140285691502890354177509096542281408332982473259563
282470188681318906977341224009824572047781021244257867941962179708
245494715165738807912130559425579829365910185929521458891989736410
574890894887746130638684259775642325268634634396779838391211928481
559046325726844298069038018489373878662677601466755693021431752909
926805769995789731762891660092351933832885941822434444837337458570
622675049768273613929212565903885590939178962936286792195698567220
771145167687115170363840099018030189287795668529739177054160961453
069937591596227833917112798101298430027748909358748945398117353381
576846139508418563804583298672849362869287801275472398663892413528
204505780353885364847097327544925680094275596516029103457751245135
941932152689509014544595241696113698064708110231533338827666229870
284100724886605287603754043021857842964223163531335034068040278444
147520082689003786354784156536368956731168839504335456317801016615
510364384488614982713956079572913905790086466129824415228134778644
226453349015863717448862610877742837337586277208196830696383180588
110789389572837677830118699970089433656062457189838150176746551248
089349447700083734530619482002243872523604954757117394662913618252
446057626009488669025658132931135067443779323202503802054350185299
498077810525998530448875507249312550651003885719082485478389932660
286033739356873644557467569660119191601438807752987664394513579476
071447098889327766053074116311530139110492328219311058809736704743
234405890882856400267975943534642742107841490615409296240833879108
156578990949881571269023662004328021528958961577522206062145798828
404918233836573512543126936803798726868475523692007777213811796492
400361590234577003494115340683355738248739131353919147581585276254
133758998420361887955138073173462244771235853672790530083551436917
470851610091475448224060922455757610398609663567882894550033360433
372084655672516489462327278693098950945586309830114378782588321229
906713291819397652202572455840081402413093213342095068969419077870
202615357580218210512329081352831950915725992555006719879687514630
234571315295363312886696129887510461508593563383915070262240450567
951168869460511094662767237607237505288455533235047477489980158288
045753005046091690215964523830382629210630322585173215675280891358
488354854871241265327424716575220157935604338198464883776605527026
552678470835601024356860883266117880977031360613779093609113087234
077209618102390157853292035471271969105674794704414643312131439560

967516626112894440503663881934028642048503807286098791982980487313
349900484552194065734654155537801466230578392118511432796651242618
604478370665694246510969746211106625572671764171963200006067946154
444738300958784936312325235285189985719809160006814191918616838901
518124804643471901284000707041173800540248415993671028492407559303
96348724030137535199115751180444162615222008808978968333245220004
404297312612251617655694246030207535958932402085289249243527073965
651388572918316494763448810446032143908764832655167298762199973683
709458549393433833258846205940157298446429786277862823329069044923
276593292449912404613383396901524758560101968276123720343055108979
231752867773878201326684509880718026820392202804849215743424256804
673069717712187345608571520356706217008389369827536191719737107940
739990603683952061279228549713860022565446739856276967564477699256
300949570927013119192982495577576375085942369144906834763454604394
437131867956302588382681792897579073867577438197352081312680685284
194436531551097133568125748283469790178901431827752618088331363997
360282959901000051972437701525586481910612361767641145832369347955
064737525034060992789723071950827784970011960313162475551008728852
173812918560876774785619606389351240925078580628668215537123624648
969325920348921913067134717109977033736289595978350953252359827128
964919871104481561301082918581273929221101792694864281968328624692
921084643895996928816550769582289873372386157832942848807562193230
957406308380891462836413811692922908323367569040678765357616396175
426664593802436019747199540348365085688712885529242935186799465568
445132086630207489953169878887983908989545654675923206058192261778
837661222533547338637096772959302399118055662280926495004498775277
334625217332638938949491465403821243218073615845361140460215552597
536672022391988105028468107377043772329312159753622750515723876452
943634838791352898878790582155011110423358451831022761133433580478
971414977152515778984829893616449182897931779032646722874941867545
326918364087982826661910595314252866309267070173240595070622738667
057928733882718495187976068532280614808818646593287994277974612452
954095267124969044104613107390919211239694068351844696993047168661
742405051922297675298529668486734836811625766352554575224403184392
246233255616522514104235923273201888336360890136050472633749620582
370618484689529986526746636302195871613693678672483535610994037381
399698900440515388959039103282794572815113975877627474453184293053
661363795169817274605208854646923204175911435001350395075348489615
692495090020755605575438417029014607818186992492393911943824110025
705182138823009803545858781164004553031127717926661474377483736623
746020207353840348230968767789362305616789380673178566313716353870
471587401728905272491252082716893043739822965883776322658705827681
347353299478638582774381654779360985613156779341800020147580424559
377378303603956313491357634013503034840739927578659534391275516020
753086523653852745037888597124866716500398774192653741450111604950
710018649301535827573069553026842287584834032104779305348522095490
792573563977027573732045507991015818436798097731303516449897806847
700924124658901717949986390152345242314464073314623970454745260504
301874212994382125706449150735469297093206380290377591188187390157
910382794684926286064935577057927535699984474878454484558005063460
310194327718272203125080977502995191976880246589639811415337135068
436100113109962982510923400768862681738142858204141106078957011495
068943086279652602887953539761168458073043529965627122092196855252
288491697344907527823409037934366431756882408319294978354314731449
399148449444634289657179655332850400946759399635949907338642665621
874810726324787243040629049467920253848591539802660863028206837106
819258636756161674883003149343012810529959988806188629972368964165
204568060779510100917746573081454691925813273129673025592058716565

880420339131539744159172871948757014262221471927891106602750761289
442732242913669946659270657251041936310238598175490798699438924388
900893934634121382813621947180798111450300020433901579204393125539
951922260908899971256309233027142912501440398187050042025960878087
081358686649017724447369521944670349065022384096930518259399680394
210385832160164007694778919242121489543593744009993796437285613036
289431167437089467447379716761820864159316835618424004845427076218
560664395978802142164316651900960728174606413768465552889186181960
348825852074845556619089693189055115991626908725698821763884637459
550647377739141580667407665009778341493484216184403838831093760153
938893631063154871345972529048370368834150168607515857990254115319
535607077038149712274469609689409530526009808174927009219332674213
887448974859582609816278112393479338277056197406663789713662110111
506206417832730909438642104434100156848794624469675999352470493084
992705731112482397592335989864528277041548277629085165037960815057
835098230275874215779597790045920608880043548743473529828147036766
578453926047834167045941769174894680825377283621606685686911351945
238338908918911109127985145874140765028525906720911115279925914212
843554397575899852207175909946241446928463268626340215826602498292
115869480107657666054916190877864527586671942368344343143419381233
500212897771314250005292249716731077710017168511888229988920847294
675210622424553471607991208322047262682159688664508167350961643933
992447751146236967030823020942646253674913470340742458766524088261
910336251980464113711612273934979644756701454581288427010677196263
293691784822862791205618498280909007323886154644578857828584097096
047744112659161889517766291662527168721718762516513631708979617646
484309698655020383274990369013956616772453347773594284105079107689
335238793554981878467812308125958197651326354256394023461702890360
708166424177501440151789871339407195406803684014377753823023274168
651273314467179277067541525937370934213197597040931481491994889872
286782267469651931566305291459571361839749552474801943392794936563
511497990843542657131020197144345952011778759458037507874625180499
505221398981478459503317862578489997751009183675879921922826055038
028507810017854415807312470071381244813199018918287915172974806315
354184027249731986676050304698921400122077849186541670628894614373
987362169714665740339540354657042071325868663336279283212156148810
545073264464398983800241706849219912974800942850816694356492957834
344123652616984823031940948633410216606988284623109833870141892807
820737483205430749541642896324813950945589933704491826186642654150
819005827072358841898280998019151035177063881643966427934704377364
802695785368103679866531939037687765826608503687181035728366643365
057717227866672879309080997221922188813671309348050105257264157381
340641178162104806787143023891668115663107287605369457537784780650
585029952691170323330371671960112352344407475268128928355868286840
263257160569745001944449517018066181081906441054552466219974605510
837665828858129814451526749038022695678115007030523761609761607516
474358393341040779805577229347759913433136721597866105507342278371
167761831994859302758572613970586584709868667953396094629188678055
717113687861007855007438818571064126920509669914928942274974254510
850292688489395447482286306749939427340324868374491455647358303787
886059847569183700454233012866275857927095106789690533359734293614
200328824671488045835314413863079762659740489308711076885123230786
079342451220171545580184169216407608957713287564519943138023272075
005128755637620339753300605391520811588010542944317855589339824635
645831046924158286611788490100463414076094998214465414603928375102
473505894407349196495403702722453457220124463687003138483398423091
832402490157951865933785992829470159857959196859838685981944905441
298097484199553689636996354717206181813585525926232995399169375917

092428613664218558467667720623054441488582625370532082454374482290
302780270657510380017108817832818651459865583258719554645852534197
577697821772923612071333641240281634970014373150088552712917589196
082897388980202176082104877545001333613191713197620856414914813796
406630406540354290848751446093045428797888157247969800565660799594
388364820283160338946679044511365530731423327605787108207926760439
535354664225367818502682922884743863930395837400973858701426510863
446204705175847605499045727257503150850585856819746842929041706716
614133188504384698079735601777104811768366410779396794362026848191
177314824089976925551288263145278012643813913756963948911084647998
499767790629954544951573178700804071248028333711170264272301544239
136020661853406307113082815207497537193146840097106225037195921638
658242822894083649272628245596051552523505912078414670760567587367
336189411174276167915553017199436756847928532673226578045593297864
425666944433892545689917122537729840428963254728255533679890350772
231031642222559368662240293289707900774962130957134962928964929387
875975644766633100100120853804913657780486947710046538421970875553
324956543022798404918623196790625317699314735845280277782058867692
232477965323935598599179926338256860793129715306595539487832777388
807136981497464050662517514314106466975480788825062108036930301495
236024766871701778304594493982135466681201891555895109323779106639
743217171528610129007333518011331114135668468007910399622453150596
207162070402855157026143358103007802778165023775172009678562401690
788151274926741016063023195786733309667419533263179154869008772125
173072357898092522530225632265419023399141038030993435384580270680
334442716519277258234253690592492756444995993189337302024156133921
728688211168862565852709987290601656571088073894875836169521706209
563268246090399618378897872018226870237853568344181001214934617230
676752863599011280889100896473779245979568825007398502380775095912
981555306692489535737276413238566846781778140576387723487604032512
946764713594366594134553106314069585626346336897310651638074355343
126100690967453765014405198118349235318871940799399909553892895779
875047727780327084660936154885596579969702595623280284617474416482
632048724128298949478102988228377461856185823233466718586883495818
421919438832220412925662182136162779449004102238014024216582366043
639132312295443465694982722206790823288070241513735241623122747757
303256124704268544338532247012797778599783518199543021487594778160
761885270838202084834997471275528202579694699665538193959379828961
377844300795301854003696616611576286812079579716153560662027357626
724712099348262911458725856610030202616546006848143871460837279792
596145993239211017039733769873495439047451665419547377441161880916
700728524973472353480092459473691441023228343634384103720771001346
205794664067075309824085550357688699700784814367551040154533652214
918883832021327917374952250859104094126462615872664616191769631733
1416633744493848885148595135867901870079581736475850407096563444530
063108651340154568645460985779376822846423033101732799271214469555
313966505481727640197265790621953881325350963250947445989891087859
016969225819860487325161631487225332086811525038778390309210963973
140870146326277487361999251603690351640181322863841015778913834548
208695394911416541921224410372588235373528329662254040539599551254
188046955347016927965818084221691146779495770903181471995224200489
058855937464416153490934682109527381906924934012585401621298388823
606711299047278538251093221267600863567887299111060647443854063130
702691579329114716835748930860734176203484242255797432510010038643
688160552466827732801481669787349633209963417237792378830351660548
716717928740011191447262456712470024976224582240273977070270235032
377124169131491308448027264009944972595720923593023069927300052249
073651419777811827203052590605053664793101848708283976243597654102

454719021296462440721878685429130719911560221343598109261278099244
929883532142115168804430524223133517203668759109206121817157215013
230491503852431276016026780710277905987836302849099513323332565542
428323312697082604828410911646293553079701347159992856426889889700
767442334648965004511482489448843811905203162023956125155080114293
455938402258904452354916067705752641775197360904402044833678818915
689702778936604499831675503334609974345390667968123798331363984458
622049182698598018506280836505817585632828672397021647037926115754
368783456640465906078885859361572607337647947362839418949283576050
483364494011349865491208210048132550683756281970256869699549187621
976397204502790044667563951193761315600645448648552507497994208500
289544449953357450468366227668720824831641359948030706016118223091
561752595284900289952934287376173510267424188159371599489096979222
577214401390912722461788838743608051967515303147911414335732073658
590493042773379844712919544464543044009597518309741823376186337811
529128015178663600901647697454495895732314679554993893375139495643
626014549592646737347216021885313265446860088537207722134527510310
595262530711102355378856916499591169220838887707805173543839856786
701509637808868647575766982532354044245428400882687477770328538261
997625425819929342059121797780827787051185845230897298563876865112
750727634100359941466012227948957495592036099460378048483855259599
108171236282744204017849802110317627877887503036302263616097666758
010603955547997874569981579733423399742444758845313933453664591755
258134755046344267161094890817996895922670464402169176805100590718
447352631235416442486477743878776517385347897501402520406932991135
325561481360435329683129289912953561529040275913176773412777046365
308522132575486307933547882996383406999371515422494380882406473326
312335046138821594795169175925450984809791108923311377895396640746
083457300976511706075241436288346609180038490635692685329640055165
359978579130606640474557190848662504146276335720442508766033207641
200276837147202583957757254830817635228170657759415327083266255391
096897305850456225936898498975622702158265265280620025184416489819
196909558212078989726717646133800839566487722019320463671881723954
704930209279866104118469570486847004963864125953067376660389421776
189387542375224018745815972284425229079773722925510180886739908398
854921449138635625388637891615918884240512998193651713692591695779
199884949414977115194315755826307059948575863534749639756855970386
267805400720089745025270519397969812529688311916459045209756305283
373094860238329627213225690073767533911168294719812770574262437522
137582503200873637532046450005738917934659235577083622041452850139
079464067246673601827537985447814076921256085694481054166195675264
750745239025451705310940662636682474575734607040652757535777432010
239133411381357750332256114390097609946952139817702841461088413608
565918393299393135808195270706927092760772171777909876385463446024
051690499497747577482873009339789406414736945719850482990513484286
707099150933044579663919535589147801094434509827017367724097904948
059288384657526908214068409367522488842466125605269509780101260577
282287359937984997704573176117586941984674742904864012319967446222
686363326007641107029348897236012621498459684160318742453158435205
489185904535694196446063337988493153116954758361115749766774070315
448057897817050457319225881549431143902579345049989550037270423618
264568041589970013697709364618431829666069073135476364512034680880
448544639479881054680984967013179549428668138827658444650585179771
236814267458547557138229072663460316438137501465429194535993436082
062827907253188657517973424574661225027443019092242962776936653158
716809444242786249840749466556352680450276843578211362734069435616
425153792322466645823710793214590444611109221070397604565101012869
760593556579799723039393868396179918986917991593869470863242416010

161030988737854395677314829723489659476714272134128400437621066020
0550566202333951957558645128302417714282371577693287679784522757 10
4237281724684454616224472703666186405467249250144671204565478357 26
9214470538798054274436506654919003697852300703720061418372571130 91
1168102172286721258959485746004353295033114695796564900624462269 53
9125112528680378263752083462010919392052994067353165017583782632 76
4100489944648907195082147841020836669964415554899731185444595312 32
7881988435193646690756191744363874898626362765030272068609251880 97
2360884793801625295039225521028318591195209521603087970922306318 24
3049051361251785266783098964840762618711211938564523325880156358 45
6632568153659741400635166538527833027993327618187316429284343663 51
6156632552808774054766967000188148312992649497560617449945560484 05
6516920660629441907471164740575561955183453874064046466344652333 20
3510377844767588566666090172875209822447115645045567243110919573 46
6626779195035111191248491406455543525772549656639267852219176238 54
7538197108319832284839469222949537374931725775542580964794985891 02
6863594535761355146603751391496845122967455478424717793060749999 24
8715039173711331059841824004577425759178667121950517428961196738 98
8890457931260778363161297825694113684507888434449786640449589578 17
7977537633175038686569214328456590763877035085454922881774592134 64
4790364096719378848001565990852627617509773940164374064232153788 34
1300502620171319759124864587923006850025338135489151319984710933 97
9884365446048272891549710760373174451260971717062154915230935580 78
4562839217995093664990440960915699421493871124291466312054691322 38
6063352687404641869764975134600318428982574751202584459831039820 14
0609484687076916183830862387891061468241972832005261503851106819 90
5835176956323656969414236261015215538172503693919882029271368544 40
1062943672645120333442448082952850778650223588668479872923363345 26
7582654613647644880992776331655021300744945298954339617526611749 01
6912130058109554244912267385285122343836959839780483975246451012 05
8826742830639996089076557344363448014904882983571898164096451011 92
8985398760882296922643542082445684123687523325897783852438454227 59
2056760926079584672793866397640133375298174103800839713669875017 92
5188890050961627253029063851224481562947348667180792167574395023 35
4187971463703413595070688796031015016464474223923286729237172565 38
4290147065906886729406948425427159052053409339014321081313854582 59
7043485809314855063394187054375482019170226882317510901329413617 18
7700580911334579616422030125980220431073829668649070375044538684 42
8440879094580713838962095449207599615536655713068440469527129948 78
3097134507882757248448998973497039622465110498777004179371263198 66
5504248264504271322916123093246164135330391676894514835856927021 66
0319065689993035272966942540932985850471428540838671088927344310 87
3634570026911192432496377298229400944020752024662066447383917204 42
5754834014539408035462734099909640690720756229073746841311985865 78
7988559142521470803517849673589369335350075446723246131252582687 04
6375634396463905947907039289612597648667056907181584602993604285 66
4165237827113760774562109031798086571731999343128179691294296204 55
6952012433154460835957656507832446721125850077609968907142990621 46
3722501837031998516922005081391020537898391562299250064687356797 95
4066278295022474592665617686886293211625656050084542945590329173 72
0098208588173537468783182064470226861276497609063433941566490264 26
2194495999726278798874206865377484001240271202527473344361668130 22
7204754587027046409864346757364149445560401804690256490853251672 71
6709512790052393421702743032886141323309616964755602018386215997 87
2360962122757042109968737000712257994295186963004129541887796287 24
0932784617980486479076998905777338860558382491142283163748692878 53
8148143146224283984962337855773508605110105092612932309949247418 92
6751316188186207532574038684806964904698279991221611386656638203 26

0191359684025156492479064439833300318078952369616518405614103384347993761781821004743519090706548064032056911716643220992154712404616942471043152222051048853663827047208352220722817923077243786214629860668300394431840318971195938758807198115048397750862492845205376609935703511384695978429595440648575150506208497122812336063954148045231830375903923041931293580470253223963911512793759360151408705351460629899519407457553548868619822693246955382102194720212488490442636553953053943533004050613359968320166698794772079525866914331899092118652260584960881496268365467234984048143810943198574036837746637093658063733929458794664451682611483334598089481323014234497363000817700302901541674017957443616201842207605357765423162845642764409375568971553787286959872245740725586288916275422740013939248909372055545616078424153956188399905582479740297074147881435727079149221043557745460934900573768159682819680197715906457966057549425418144532992479819966571196455188565565681215133490980465803768476182660137371756837274130617046443808292439165371329638261653072310606823338899995102553073274412094269941379201101046632087497154105874458261159959068772409428697875946269429880547786077645800522940757030840638516043605931255565855331231165546386554103007269934477311816907866280119553224809956171278815563935190125607711288469473226363577830259656423269738474469674793817191834984412010284235192195947941188864520779602313430632171743540692488623758813507950130195421256853896066931254279329444504604143997511059306830758986663120897091786738144310626732857291352473357373341399649816225605641974178798441560213301230296004214891147848575264386251814296191368983822274941558639578740823780903834140879297644511888802337200988640122361741764305063703810769278341189017294013294623856393085315322442227688185717288938851686500759048441570973663653939411381414330070841798311723439743212898269308828179084546083522761688392367067018193779063875186889826789859261224877072553707746809091738121955681542467817582498635908457752822108733709471005344704316264532650987541870482604085049432894496711511556404503759922183153150621894176807974004026780591637359492305802189105616245901301913073423092201187748905417634752347872050957508301245800976089449020142283215170817863829715178754102327793778540726836395180372272739907246132811667262023853629580447687448945589355612941667877115144459521507280112452897838988924398057926113395117163372724763220356134137665549360910760775428863941537509112835509538910175699273481058020524474988606569414068805981571455349610211640412992071191573822396496879006157717959575116755908481929690435593444902893696486190086611848364084454709229880820186964350102416589280672893461892128839980588675472338226628746748982760072139691790819941807236451438298943017355303225114789118467993569437692565453511408824626441787817540585204627520911945517150715322322900317837863929972645795041362243073887474295884203865379630088782849749101536714044872706052239832746544345293565280769604772215030240603299608201442874066463090243695582201751481902127695919485480650025159662766721156265827038707214581147446979436985067657688235035063279085526027524578452139311897121959560222778010521705631239634446112700212586723573709009024674069492576669653047973714276265705359574487908761992997975491547095674568662666933178160269499245637861334504012864826825645467814425734313848600668267976727082780868964032762594167884057145941148046291648812852001026105619845278543167673430194180028739280946151948185468663109907951504488133650125461221413542791228391303694726258978002733168003031221980792227233930233396990249323813630178121360113136831038867733900122525241037628839200114687473978301968151623448458441708471154056306712215025240060095668450209965442357785547880065844530633545865 19748

517271104686923708210374238344516214463591642683264697674851191611
783934195142162634345728069393696716440345231117981331367472558103
023300335647091931311841549327154187214539550089621519955776480953
224728170568462835256462754305762000017214990289645138438331171165
858417764510618582508210472454698908552605715433473640776605980218
446223023035764928698353547722866911672550929264234953591129778086
706764009141760472511018422954289469724271931395782511177137364661
288610993859615446366855566406324240965511527124487408138633958403
290683016637505159378894470032446794442050062323805678075861405161
794915675878485475379803613320458867201313746842227773933830101592
787382664035207938573727331878722116006978868491056887673735468207
179344205169186912073390602304035953144024848275524988496686390561
518129135491333068919805095831954745243476885587738310414344539933
978264379056007932577903268772389335970408929063798623591326882769
120482353226853311130949276614545789111470718167829879548739779664
939334049995804451114426378780550061812019428565801151160496597514
709360848244784071510165688191515476308537089917774950031546779199
405543023845556843295871228070339303655080520359026902225743269417
733783302077850881645997749984355147030418993109278863628555954986
664521514608322432702939865354711714611209786446464432561800235200
048641692809012519555879677770712014158540324292727965139982142625
427852383618248974400837646571991833956603365094970785232889745881
493347730994863973831820193244687919192275981928705919005907540673
571852348118683464347785054157828224490798584087005861205284471633
587772330438082709137396889505684555352326182211102373127136881420
583983854747049000536093865761777730487830785597217538818617272005
256836873008672176915441262877549503239222116487221786152262091124
259237746705501612558235461544208744584214964776025595727402918471
645315888525882788428685588949650842703942989935442747557848840925
342436759646126543810920255629982051541480193747004803579667745874
100884131811872582385785448488816682771330320509148049902706338669
469099351248792271005092774614149529146261051764859906929923817599
024416187949702356571809514425854995765179296210567446002214133673
754807986035969594685698337977267285287592506044418464357782403623
776670298728323706045274425550681518095558886835891475330457011692
173081904136821961979244460426499343848452732374619113711082446433
501694801550253284184628733492266134568944139002470663355470788141
605485679668656432669813031783621646465882083005036445481292288496
446164101250237576828218945511845805957320909394620648677509380243
791289601800827940474817422063327914712842095137010561943271762928
685790909493218055568979066286289154737548673198693738466419585618
899770827990016924649425190347377703988630149201118352837232791996
507771558163406176196984072223186782701235403499438429168556505151
743837735392032256115992975687965574856371399849841889818723863447
747735515013535079191081808269895360125247825470432140977846932329
438014725512584376086099814602199698631548473576292080996702231230
779999766892614937094813131176126725029020251125017695385831757933
248237475871601959893096899542945715238027789223568504876418241391
023269149165574444845124608305145787417507387176744173551101307645
537897887522221852058613301075912720128415816099012918291185666715
739299809291799149161000466033329225776086756566635965341818542256
059884318442721810942318109063106059677332784039505960669772102777
361411827206434298538442465877284718517883633752819325425830054996
146148373504141918616198629106706387911951762050556410548148530782
364372016539996520950423890411674976436029024341956762244685142089
456568032327777818280402353171727161613847452643425617030040388071
688888421475795728132416306939771904869321017748493439522088977977
460641321606591235428730663498564951384299151119375415682688046403

```
4074003191648752422812899084960491088752481897662954439463753621983060853026629767762297282370884106403067983957045507986425562413295697069031260693727227049738584906354811946653533660264315355456127620022454365014092870701038450249422996824698948193110638058489638349668423154689585739417810047802743102434361706393732266714140476450553206852545277727133799598971912933510953352183762378144828212389833183922695403629441944477939338629478208565391602768654742216021974541625034794865733087486963621460507966572115585682647125640198323687221801627370274085461233153148746531939362613438727849840982678998619691220266975459012033474871715272034237848532019977394108939918323993534360838319448350407170160500197194079556929169441248268460290554602480556637492567690235856549630563054990947383386820022532727510147653820157189689176438617603846691471270502090101667931435388981799261389495820568431525427173339845849677842195542284969377538214198753983628041513853270951507067783176184926867492451878878256523880787559339874189923941064660842841595176800209189674460456234768417462843614905240996146091329907825077671729948737993004970609521902915918788156550294869249948263886396823849560868500579992081259169809576250063252274297757223532446463129919160295278283878086374379484878160079866918449449520338909118199684001436019370933054722190471786161995211092911279170019766720202163966918422241349535264054150343478493730094810750009923037091538820155082003301200760403674004750282381217235331054698371010096575548811661428174197142241111465396494088106871353167996748974279372263513581038998825451605536725102136416929003210731223430072399556914225246430126273566681782285901690339952558864708517542843979342327492533998925840392320798359932521574358425230374366613899386320008006457475088070937998462747096657080943692993610700273453815684801439818002264979616549839242472149538551664906133886994794487640706256601605517178911310515789812484067441540438643218080496035776369365065075024967546596535171500859975076400045595426370119626833504239694093247325407321746536577121897863354556824170391037818242656724415781843849453825620349781174947104658950823214082047820539992217083096379247191435705268927378829630172045984163967659793992468451202167315577594061085011084015014939584813243143264831706383522933898357328629625006453965323234090166345534976145397775434545510180022729878166610572423124306235039912669272559398387044682244056902175272089059731403171949993937576065170443081784358468902322640906702558256315652710399198787449960056696531169420178903331930791287640450024529260777573554483085149912160462604079663570042929414152107851793951248929311310872340368754933321199716941558224225323452699165148427080749649824320910870913027192207360528239889033377648244024821643674489283893271787246301295213777584065676650342254844795273438292962635217069248295722337237260521214867559012437510688636168620684810753252551908087008239375667993000525640041056868732134577420110043021274796404626772079602886807545332844611639636702961676361061209564091590392267597725612770823369101797932402760094779050493905949903550976232855245692014923380389555114536945379896424390775315438661079617254935797164480344612666235380414555736764262514459057192580222293064033049431773991107745994805184843416903012471052840011453011701592641760310046687984340067636613575415938107394902338459599785664900633100192589037617965927489021173088186545124915610084564921917339841849364007892425340052885127409782607281844993623344396777834164303286170746555744709588710661228597984383289888277860899498259344570625520846693362073645613299517534649909660709934312563597490296567184680351887876443719273432284967575348743806058683938732087107123411960330893060235219350237964753015141593728621182295259067018575855904869810336131061953704410772086023300
```

066943559822989972003894205071241309633012473989889865016134460416
3697641299185513985641334802440109038204209805098188163707656602535
422885206425047489586808991794668611719325033248230241059805584766
380455213789323057235020097155747602593772076776087468148213452253
163020878882398535566840846201887763338893823940059693823475558119
660440536601708515543140928633570921594481160175329658341333471773
027110597090517811589017086602990160512479450702430123230670262179
701141510682002268139997507258321303561667949126100542012864532298
006726890009482097075854102198848852954596019747306361328429698553
852265238161308896659145091248868131259535362960576603197504295041
188439397247053605789479862831714003968480764211909414275681202732
454233195931119523950562906226110099643989483816464487458668307548
577853287408199375727485219741371809429677774117222393641356033211
909334407556787838113045199845148628980006084838694206218527192801
877804248668080299512897034732944631709460038595125453386835579689
058465172300670448889684061086304061213515520387421392844962022257
546585820866986406049865542588590814553099484349384273384217864505
139854273974290958570085614625618349527002281417325367653979469127
529747013170063835415965446342449683526350594853447447210780561078
108296494264788100259793187756392390432917853276342037522975657527
434082950845479470152452608993138857831239117512692255667572885133
404397696254039311749337139944952935680106037969445956859752498772
673480790732676182452335521216214968023449292542886551457337565576
594555709239533428142462903172781540399834155641983771801898211247
608559555189995062073007140345208155033298149750702442677264360338
737539731484313740709266544922952042319900734594639311996535056807
332981486584110919944394627232845367711284847362246063313602859105
963523719387163459869636443906854053223193152413546932487576730463
381703029447983522602051814944458504961203269092337527162355133526
234320721943009358815033935989744933526957874572783140396703969100
170734149325310220632630169252370180120244226884929098195551171956
120838155014485836571665102690866487173238190148609924699131546082
001992705047305688761418932981083102352648281081024854502208757221
283441343794849997279202583543417204425984693274091417821439492801
799745659873698287428268267484421213715468232751128534165237031653
070432582833721123713760969593993754953622322221974659619332529074
042487602513819524269739101756371975343004479617825043115331506758
256273534347625253914251527570478784376788524187196634624199270080
257610839274976226365490018653206454995155802908398513272627321967
284783025385221904792786893895387803686993188466031043633524373271
546998988111864436701140284262026150473882358997472814933432570654
746370224518872890612550302737919026403965774176068989769834566464
705204716359214483070995843064717275076337180207145974456525141885
050371637738189029696852844092581931744100555760898502923271016008
982572238173945436985296547694901873840464656437307131959011407613
174282203883313602970852614512349073071476245340502454237636666855
757401206040598869556301144154431416969860740322078860031327905539
178696741635552402507676530856322427378471497460377840646093468129
918719028927597630701598408877817451926901476910300302349794585110
001808866062162868011109151161040983273088089954337551187183173786
558776487358854490366879074169182538313306362338205820154885449827
883821742437580549238159729640619631058215167091903263187309338138
501130913327709303425112210972155056104913870504262198052602476116
075059710379436647715293534917186125066116367383304995648787793656
979112931958782777740601075333724327900097324072560703888008711373
096596344570960411750894447911916217455169709648447620461741281545
361284226015513015895258628069570639244435478023905168613385498619
266567622760358234985569192248906901164598660961567955415492157581

283540920253931708073781465078832035266513457070655368569928112426
567084480177864614974045492118431227621845224410884715075701908834
950224375698850494542410572662460945832095962572872030994776540107
398558069966198019534500506514501054924018861089134173060759238439
461246569861605609094541772907364009391321956768364333299619997965
424348026569406836986706175874131676505060271358825744337072164588
195226133970545205234412809231730650519899545028585383522873787286
982917275807824209826106060901509252110908989964389297862943014111
400676287749920781723794746209168998389618948630773060274910267038
839433524742434212367121770246101160240611185716870508244049162389
434350470250813649155155104327250747941024737478192265205933551362
553018121964249924882129926017740801037198842125474472160296950027
742685077521758669179938013625842241739856076699165432757061230452
867280707631894705895440618842131571380033984874086809414461845854
230344951448521053991248932455486659305335584578277144237743385339
208241277632165967538326650643063880695569156202622259469414290079
987698344209146999897956832667090414139806863332515652569687878992
257432796139643702654314463933379900081985753079788176133743609483
928302233803279732038653646242498055114022469226478931592944918040
382983649034888638697564414855608560537177228737148228236864278113
657203947496906937239915610036828075141178473782562212775995916775
814038532986888513655232313938431742258535628070191544007763016347
647781261324380248421865669855274007641051190109545289838256348407
045580809052214769722042873822020644511165580202158137220466347663
335175617990500897780885600932081454176443903235241939731547218920
920202474270405857913543792600976807636298756614782644338926121213
456594456801042227616524183764018673453391488079001363603528432174
780401683146726188067936493046865873646311483282698049202278762554
540178509177497728294675692935451666098641948145836444789096038304
582853698956080665666190360310045304720024226393881572068674690061
929873082248490016816348921255433754447580388736158658859248597558
742783859992954170991722511534025422229692234366177781929653313496
747757220978430193818445059850750805649483189679220583434147890510
257617490997582001234724410285079412318437601471421378295110218735
899391708168680559881335469913794537831377114135491971243465810931
127833266217592227589369934770498435251921073517573702005457345130
587313221438462087602775184053489371323766290711205526949053003888
228042048082108519287610767728145489279440322723628412479431926441
924307968137038294820058697420150132353198720519920353877314215882
211485974318238790989199325393415037876899596958043272517776898661
258893954420139171306418862951066526896062414520844803403474113314
880043138647317158446815754836531670512601746640760728095967213272
942245361042667928094697735836383498228114766916959695573277028279
120997926086381701765421015111581109268328748595064626236299259249
694378182229169234325485361604152514206369252147745980941988926814
776443905376111917463026074170414492241949800170623866816946607989
247516971850009428744446624100586380355863065063609572709797349307
096488907606301907923346170197456656248712884986738267854626894512
094622905482754233025173213282785316517586934054111845715104834632
832008101152525413119367954561261216103197427832103879548253917431
409877065257006037671968383047869291003267483442066840667351508858
609166297657227799692600386827334964187583321180809168618517134591
156850893149404481996107250233789677989918872582686705377574351246
508137986281348350664313246627092452365469835174070426513698824143
308835526319454754253248458840939937846318673381336610310058114645
515187730501413081566601806113226835296397114624010498314846460439
520061637354258469826052125453859150536462014165930615241377433037
246441039759850015689210279093786786031851767240469599157234052900

381676072424770169781521486151947462705461422112569127225381590502
039583051468585003602420054909455026826185095875426210973991322095
029548958289174232981343154069257570588015736545351789274152712894
131431826947690258885478659919689883599904388542274846947311875197
488771215019159190888581326376998121590808969182335059079714874613
336803970635003695553942259073453693326389696162384254104794629483
793746381324612408253069026914650215171965524256788471272297526679
202803841296615750218468110886939399252687943950326728700875818861
049300859750196928095204823757138945438844241621756626373518033643
277401734125942745582026754402788121409286880412030002270631808259
318676648149044725799446704594238281114878611771247129940234353193
476389778948446256041745478020529553081502542980157090392382147214
574805502696844438096038016443726195300440399081842658748795326360
174773439634741333029275581820008464886098183291707862124370345940
428150160414770581856441322231887793921639889612736992400225160535
128293723655737319319389834175384397083090358533308571836931136503
700819056545043298422099381490045445400448618221405506052871683134
142627896441695333980296879517536667847550967256739077347181693399
759001189891113962465206160718856491192664269401606959061610443780
149866699828433246525760882571010899195911118083503036507974281230
709395198402548016944626205923636351071990148156774400012313072541
025605601593168405328169973390707153720880901326541540840848694648
513376227482849916127474705322255057918337197829980217375914243447
148663438084599101392554944659667423730119121569104847330698050817
129727313806629229678493165707003108305567889791232981303751031746
783401120813530914660733675118762187223247896837038279501239544495
396758853738446641347202470015885201761312154814372133479265672244
691795625863300306994583628910381264895233888076384381880921180739
792768314123086880946917176552671971341129027158146752944276252132
950154301153369038922138410133788327539359202090519420939389794128
938076595308702735507730422191143004325668462407228903402171151273
168905339467851873822784851582247048412773926828056517260376445844
006828466737354482592496916214239033889318117011389131501922285410
738181452292592185148575252476183848077583829866667556762888310086
015263589358635712742177728951544583129347098008471782896727341290
370760715970897838993427926255738188956319405072752087325999456545
608586855358263133708493406413934913749179077218228531160094982703
667927892358788431608491838953362361576576833422289592702393915386
811958152996066452081886184389697200189356785489494221651236101718
473760460603829616442733117304025869985215372164775363206607206123
292932396240780047428067808124542992795093505143976021192911303780
217039508295099069944393911955003407215741480177592299719328271630
397133938003492679133416508911394642479661320947250898195723750491
133129166984273711489586628649336133970303624716301283210070841520
262768996306818969526666944051675113293786905003412004284173942954
144584447541246771850871030194976373064645661863494065661595559022
203881357136176823477846310988547480314160751831305440342811270350
719599014203058814923214884129356944529643170313190357793773919016
569125771780698512180115203637847182328949534446551462678468202630
396663019906922610623240862574936674402658139719248013316060412804
309403011781839533845697347778755496505226719892039806465088098765
959904026835458290840488743590121024857071905695585182299648163245
701570374833507162561778784026024807954364314277409752046296007705
952321593783926560584763183164539460869129139029707529324575283112
206316530779455997093588019101795478468222029813794967339008709934
835236592521531747809149296359576803641645315741984082949704240390
235340265922135259853080332431785857740605690039517496624783114615
470747101524109270990190694605559239683056148077265373998499618880

2045261369572230890736822583697253467329304349079623158386126344
4240863141034997403655086921605004628097939425957370775224212775 59
6279285841773136930903645943638449398233929185489553676473560878 98
9971977807038662092746318519850851926852624538258702495738050109 93
8163238708202285644740218903503702051586824571125520231530878090 16
1943705387176816448293944911865897681228582282863058898610296052 83
2544386045241598879043704773773713685021353938226539490234217108 89
7837100517498175970206868257027259712399904777313320890674211212 00
8218398677787056562942469382004237813491306663028758752092564773 27
3167463696647462570612003467156409034789631481868213459806127296 82
5654557674985919728673797538106742173858019486939329232978545561 00
7900054725330516708185495508295733164530389667280573878280582588 33
8674395672132016122364271902399903185069780948472980377051720009 13
0562696720528431664964904631103134009037815217492434067144662452 62
4788444797032670809204796602152536229777984130352918249166775473 33
8610975771752089257006270953984192767246810212714644651636182903 86
7855736355070011836724154289540477483432843483747564304527445068 08
4429432880032635348132660476017214226940034962856397025725628371 88
2800895476023866630654974704534984376640385989464581448053195091 99
2594514982336136539044123167407129663261870424198840786560346889 44
0980735651117190884162131337038328475271580140233374087460550901 97
3370836047200902016509576637603786372188320038639008631870025211 59
4327839328479264705620690613940364883094552023943727600115564487 67
8447540835616039984885137729230343235300979396783369830091277799 79
4971704628531410043534933822674849658177523531271960159061728284 6
2137140103053343920270345130194910703446174565771792191324143736 49
6939690489657328257566913276453108344568715944990050920224047579 94
2148514139245457253260782716471305699581372348962272410151358146 33
9359857391762405734462715784143189580687674488008034901047315958 19
0724146417291159828969702593777767500673203833675999208981411198 98
5757705456900880667351053470372132934890554554972053530105573246 96
6105380660995007027547522626763831652725279154833145361939167195 51
0302515194171781239124482761114532218866777176734174064523789930 15
0371042110232238847769373142553479838888837413246016948494522990 51
0710895587932162056322085156530074079505592494459743510349190441 13
3791566366617724617723425057713516044266303431268508796541039734 73
9274529051405512410302983625893362358342678655320477807539090909 46
0140438067643829114783029646518215386189201400711494551862692991 32
4737572992206115252478291665457569566383251147867252560975782740 64
4380460707154246177387337680719306797191303107259747170951488737 47
4695034915202425718743866194207982872883105710281579364027146345 32
7984734941390242082297386601437354856090802957134692265331182640 67
9652544349899969780862934703855361570010379699864618068028932857 29
7252901428290197040501117093960401799400772790730059574064535923 91
6663881144597641874269200937829705225640556982994851451162539665 86
7422363083935081487782114697145156264218397232451972563939261864 81
6182977438532410643492525416862643522704313723804662598556860369 39
2975077940069921092726870253264588061666922557296352244204858671 81
2045093427166631890519262450149084600688052235094443465827402258 29
0512950304979961401660772556448746146270978688973256721019292300 98
2454765438008643740010975723666092413723186800774476268629452639 17
2489702676745679273486954263296293307799383060695174258956537533 03
3198251374669746258716171967671157859591293894641900519594231162 55
4265589036040426117249989093064050953199964610719970516938281588 42
4916149236396001113845325917165402764954766172956590312791649517 36
0294213628187264592677678276896029664972247633742345885325543235 73
1917632165397243501468576239165650433876800210156944358236086348 45
7350102531746380709120581568187968385839451042367958767056686080 26

594829523255942029210268875291154369222894717898363306284089773039
313699219114714816289438323424291014432554651237764299212082763929
737715940641397405209230530964078416316554355424023706082178182299
215828215654017676697661208991448060059529906543762363612026305988
951007723575565165921971451678367435512908451113629555953087586708
377800191996181655683100455702282789191613024036183516412231627090
454293979674128235084330945220216062668426891971808149654830769221
468092724377218327397092955067524792981311566988231593310969899391
225434479357745606611269046429656407405419288226478547979797445592
299821353002931553127176172218631970898223531161069406848815755289
481620820918166724813128908104623769907013229353284450081408941518
931109879654072146182757480558580243538161513918772004445850657984
792025456944114779663992297905320277130234997864403442182496163201
891811804326478311151594681114816472645477617634978713086688756952
976260303166684121463430262440794686978285987418395031713942900135
590877225577053738582054889531696018068632325879151070588932716859
422071560763890785976077655084303731907717669314552391351862236311
427116085445804084750002479987582300587088265491462207872672680636
374537598067416479448481497389238754728459343875279286766443272564
795561569831372462510454288850073348951302504367500924192903435436
010856692082942618503883972921380359209785263348133849959272530132
582108608715627994119122426533013518546830147588361727164882181498
350287788557539659788906106832228618619529827640257722566057247446
559340325286581601438651853736161141630755729703799944665114114054
079427147537781111425513397283496115287533038864432816081165190097
196055850403199345652798222234280729918171305432277487592302825294
802655057174086199252370629681498124204263776859881953959968475068
012031703913507600700194920848368879638514240583538606896803775442
070642716519419088448177490953805258104482473913499622829643783561
309374571147615093589594579265351844458244073484489100939557560229
105606244845612560043821227900342790703931871075238085638921136403
935835401058207371156598072563030772823585173136193707794908570998
474013366850020841298191122359596968222596454588321433935711948347
789268345889740076030693945402135727476634284866657596679093779764
676816301584881677064603897065832759236308140929955039458378138514
377201135323628926420377834841213595082140727120895337331687881000
034208405761803890377556602679235794264582504634285826405824664704
136419947470546611833543879107633145242000537808999550347417398247
970896323065778806615087882093271595756544842616883205894028796721
171980537283624065611890799913802883209434331124691268141432182067
023539066525496563617615132401567956891035488079558258253280000374
072431650591530590694165524402644222655346570827097143842841856265
032262749319629589024754165345761282409353540627014400709114820954
833364938657662856625027302154425979845382948191301499938168390326
408029823488774147168249587848181800555206691015613702532736823984
640258918801203376500920647729115868497705912814253936463325614938
138098819347295892191223730295843415750510217738760027425700671307
213271558502718326316567322974165569938789693238288866660475346398
736332850561625487738543568830057262497407546851550544779206649515
963229258022932661722962213907725474952264621797546086820993904542
065712223201937656293829780886180306195284931320849673872332603947
486973079385678500759409394786742549882024204154706671982406807377
080366075125464173710459356950619561033855527322098109391227546654
430715285653966082482186099201307482570769885348946915431971656972
247661616176670651988734448966245862862515222538429015608740899543
421769517541033533634037347503819645696162086050486414145849222445
318556939210460917094993512309706812433674499298196274387393132097
040166953757317336392406620673366066435460951047803390531981705875

771238273780252473499031335004611778877274760720342573148159707117
634540909184231751982744277637794025829492137246161424412299249358
946143400880938914467003203465218983727289742397437971531983072961
242850269656158846639448405567776686058195053148337097686851718630
667649597890678887068315052510880215627001700423292565257755357147
488071703303840646594213132225602881837518818002778199301674099864
410627199825274556959680616423014905837129420328352608681346582068
661120881999425608719239598657559906884794479895728471897115760112
663523321187199746658400358021813404365355789510224096323064467036
239649691027401415384026186040025210407010782659915044971893946376
538974233959444780941259644679388105954017706171034931790601028584
817942869277680251606346981864876158623370152516023637181787999034
379595511508651454025879726423200572504444194331712013746825419070
853107215208512693984662801771110264244563807915882495667434928755
342215336739800701841459689064069363816415346937335804134862168236
281248551962820737251711644710048433926771290470954498217712459973
537949895925018192667009919231981513968720392407813173328822740618
348993689159625882779434181259782237468233565569661617070377394245
553860213043349364007531953398491086996333561330849820046220523794
212611273864697734352984061412029335747698542837985073142302960860
064583902032668329710664748592802807062228941198468523711846288178
252337801817573627386563385765251145897691425173865797681334553312
596108921679675992162004777773660173969815700518930556320934768057
520823924709307505648653540147096925863324475352400235795142080886
099352369049792716495297330731217627022775828058433099277819938043
921726811176593651677463485868115239136038172399380436191370870417
832458368707326879275915124213279306924936806725671640937958115437
410084474318079847981845622953378315920943705859879306743149584212
809177146937159988393383659676333285508452144871734987298280228722
459721110033706788519570863646932674715906123201811286192207037816
689825406153183076538439839566907198048513952994033311865280881232
170777351327009709343772864506905524832018864054459121311179044127
994901780460651193462138351820079194171186947790208647877508811872
244776343972876005334911972357654068682019368086771886415436808009
906851236046326960994085099039694836217157071869815680859943192755
078361763106352286244358297577723971617124439000785272578744254553
882651665801545049441516401692449890426834573456261734020571401179
382531553966917865085328616022779776182844821286729462937149110911
635104493201078007237074496349256912189049313573617672737075794898
819870814803294560802701424574027992891569507497718776325901218558
321168332456383246354264136630474420695339068746180487426957308252
892854977557044655307253726535449091655058544905009080736081330077
728805917621134078127022071577217991846919996476476550010097766017
279646966552244526699337699312900316835211790528327287495447512981
340250629138109549668572838779529050442889661515542282376017449137
351386273975389837428783645708577787917772282941837862509262813945
141402838181071249937085703496006797685633696864767208107940134332
689922920321079715285432230936878389824978469977558977758416212889
666118309718939561805589888734788223858629836061482819706388537663
870236997190568879142001500589327815766795541265615324077751183701
666268023336345078784136697950895864028584925040484933796171180328
045570796932170830887117625919959435644139714952826220987117939305
641225493818743814308084727553083891726934629489967863754936115462
433363099267699468701922308814839034814606660954452470388376120831
651420100763183375893493999620082480099860462830624324904927573357
191805826053249355127411073586030225305769820499460021459863975785
058321391016158208938102536640432838562215605048187456596545074877
137045502581458868787094158414236369582539050044102606727943451061

502477228062235096633157361251426679434140746652063534546583922261
146323557839399370970262019162213473885624539830201655471462084762
972652574642687233863623153135535568166360519035718952446642375866
198041144802521990130259589349990701834644312706805990043256138711
210450689055750679076762563050384262622513729065225654942654827321
349984841605395004718249856560184731449074269196457452658113570265
107162387733468833725899778643672591741155701655292484206315218737
915952464483195251598063394603742186735024198039034291728820585693
526786658158201195876069825239649292348914679443084786574974508366
962329607901893079624458748437251749229859571678125574842331673035
806137323872079009336336925742457891953867586676113412582471603070
894316874964912571672763444303055435879439672798391605502135148333
240544829591240121878313403045929441621292750499845016709464849534
409152471837782557600293979425014893421463386758834589638702611272
977948184530344423147131244078498214846735862732653628625501039736
030179463212553543423298346504287829926979525076211766041627496983
635949960324349579121030004621920146211722288584413301742909151997
456174122142548151012748826300946974835123007217022380251636265424
573166829154744421810027776127607297892368258611620666702210658425
698166382179841203878410264487735566199629191877992434897623591813
120793421262858085245471431809776763721364584043359927672555158766
872926818986466457737181567137271273270691744607683702302787924243
821403830439878125470062137965560074412906471083531304202892912152
146345225675356683968136278189995449676285459172951332462312686271
207307031686740866015957099166315864652238874562344964515990749792
099459034313921494067984830272254572430514353045490785504685756559
850314186308483486501057512449287567182899127645724607259255296433
846454729452076411844381790283425846409298456812175616938935965975
740429295571529150768297078020239789169692521995691674357951072811
013584487803476120458651798666327827480150636490227523192057452153
557288024819586565693666305469970629511442206125550456869148032744
860281726828102742488640261601893418136540881702751903632798220382
703820898351245577903536165344698442851334548386435254810831284998
328941817291612083907139068486878921381010367965044352512042221465
614364722014989420021438344201240970146623634385827269296108625255
251189212907148360456679559516865330531054510197832165741762682855
934691871492472425479123271529093087674353283875056316259536391996
859258022570941304541646785723973762668711162282093474137383953097
453856228395401248478081748766221827151570135695466014514527686148
821945134110598019590863768978510290474547665743821518113451025024
651282130788257311518251357320827342206955041620563142444929775785
418104799619444293639466973981359366911184515777799264350643544477
890786688566763655567510133020392064109944674869723800189018577123
739333851891151761529179033570357835979595544489785949895424664715
432770670827265189437837948064033422143377240478678694063066207205
650277370025852374393455794943717575948222394848213090905392311698
664096483735068307724944504687929063370538796371011704409037520385
264029625703004417508984780077854740069098315941092887358718953394
735828847351202477751441528641433301523760202571654663931351516958
028866473153834042344370579637648669804291749897294330983715121568
619296541976790875435900658851911949101426075596946536884456188099
014507149283559365332865878073446563488103298867967164678135738438
860393567548126731638346326081522267743361034256279904458071024372
908605563941984409751355348193689894438585629536549986258860485713
492088747953260910977030346501294040228602836133422350547868311753
104804378870682882815000408270466690072446076608132834861647163816
967844605155176165371188763515235927858975553158127353916830280196
887220255186609054347841455916346645871317346752404232051378466514

548485210827433728001348672450682567941253261976165988765239668887
392524079984935281412709665420506976947910909196918431017573132250
706433908790786086732900306398353516515980007405308268960241703702
326706976447029760260469815761395292209643118412199081244329745349
697140355250428613898420598735576265543534721231099641807557394304
984758358977867534082777525594534690720294929013861369117193813173
601646476625497435511923723190337566403995542447783944298351828774
246412327916622487261166153119556515318379303744830710564919086376
924643039253332818232102651629843824798894081615315260981783582054
204757574239190790661089061726333635275358836728525323566999568627
018308121674052801800025536899293369386788116744077729916542788044
678413562009362975545691518076713312963755314816579909072931041379
628475994177907248909988399465812988705098836726884172624560065468
114480637174295084587982931253382289570642635558951957479210047487
800990674713490817711659702787400484855846184436218804559755361397
818771100160012097380658520602274673984321980195069095331623045898
291761625860113602182893530594673628712855570420487403580738017522
416010536449207270031358736274465470777935266484464080671832023727
942014344723474168049821435321906618542992546902783902394693675658
550471520114175000886374437528098633553566630531447427801085599461
612399029562865316383085174797943117702616621107506672591136795657
312610790687425271321020893420430686442656219088980102687881677586
333919879360681779680015207386458111864332223002760660979237284918
816522192627682090188547803894435603204243307256873460617370232452
680436617589619974446116911030486059055319970563600863393574676825
493273026102929726522199970137847456683369278196032684120538725039
677338741009430233106594985975756289440887494502324471045141157592
838543190436560997944177869456505908673727940501810358913300780225
183670471294785839325894520337371154096525172614324582136510949286
496372790675667757029078810824521987372794038199950249285273634074
361722349146013133741882615777539449981758244493738170620495051672
294242853747166776178806443475674224096592080380341627847256942682
902292521252384858533734791367159246949973608350100908415999161378
048415807766179309191594718856909961023256006367965097758829543573
818629851803285928477041372436648951461450501920694469100554517531
628065330522640076777089331089867475923631142492119647379838595425
577854479230575068063861269020901325063079395192221338609185950651
259496621115675247703172613236327036342371720466923617527296437171
794845104623856042582227382057466941639979217811594135596464692984
830670920142577974238009352953076421311879630325003384984642860363
407249831285559398096274868244319578185903888755009025913675504375
891472026058362137766642009090107059305338719095934833833029991281
661449330234883242862780945037445941996227719259121297396187159202
084731553469808229179455741106929562277074646829225064076988440475
901917347741466498926352361347170216506656059047328036496824398368
514816737296969861572310728805030865542054653459983217996813769385
218793864713741529934848299188089577576066975496074257348997204999
445924747765506558813098857791532212534825426618429008335815330042
553324053214212483604361281922172957838444800154600298950501182389
646309785607091078801026493793765650947187932258338844608895546152
946266400196083891130912856890749524410992955918508708629877492462
935098430541631892065189010221083687385076860449558367008844971994
147118076441320231950290439872981974058817957555924943246941547994
050095786346491078935958277278660074156011277589271569746691856720
880461585956897392923464608651825973480987627803273578312282423971
491807934995218964891498748911954466018464859793933432798169521734
810473007464831253068075519706380791066795589876645300045068524334
584450141943807605732159724289332940953577690289281327309503733441

374448424049652672649123074576028003390297467260071906965178930568
460857048624192192189552950120649938297904522189071154499699379144
340897775117026140825840144415357391257526878211204779567643328875
396972624473187903295250147526864259374561435487996402355502556241
286564188871149563905477942768587250411279911978525278635555326054
907754163728187879421667567485785614162304336382407650378801560198
809577238048798808776868188531550715521356754582486210745365289042
299172215641243296548596040476034010896079300019701881603401870668
767349301168067625375834101944939599597517992945290138196724876429
435303494038404548902069081145170358019381915900539925385499042811
644320959810429725600989398297814280181586790336160128834089182426
560769657275476319967224533077566356514988924033280178529096715912
155922079660592005166471511308401574719857331559508149313274438609
677728968456286694798136503135660944529386858762164723841947266752
648279780364616646165460093843200963866510587938358408749636141970
634373244074406175963950405430230842045311689261869054774551230814
292867131454787249367226271401948058072089560729540266035730001659
184622869442970735359279779135141545723636680561351033735941605798
693509445930764592536435012949183407465682210680243295447211988604
208897044877259785222935514414359586661710840576191296480249689572
963361908106473429291580124923341595072790860874734729777928310221
170360078554576950931364786905913019289750813682069374766244097973
906085819570369479562173390922423568787195448887076554041753864894
947001250532659549065911585793127048165934568764771061383451657286
356567308144810722413625202977151230115216366436175554153777313531
260736738451161060841513583749649991446718312384781726612783229101
190230569342678897476884530592788790534903105077614255429962938754
841751963997912067148771056699673222538913932234015644585015038358
971663177969650337608726334162566515216857077375304022479440398754
569309976118475950363021128888392344959267003790422257102806512980
545469553211495375827664971867066319707916922605079089218874076177
663472692934300002854445172960164718901564120699430998616936685189
833401054866295948994656903536055415702937086950368322581323917400
113357891228386438186621427639112016762850917015801323940797165867
875199335922606774097310151174226890239632200130165011170089640856
609159641996020206039985951675993361646087251610537383060830138547
011469178633538023410741772497712969498238933474609781466633088906
239419319707976848862203944896652185530855371967667509635988051779
747261793032691283182674862057809265256529034280190882705901405466
374700138330258893616017150154888689359105694404497217202113924564
847498885836600119303093340504248190948084678987600382766921817190
867696601829782035599207189778042923618366306679457260518896053823
472875932823011951586555180178283133565830986137316525935030805823
962559082865729213865472195779312243359147323752403786908253602164
629481320488457398705136724638246505998731146037622534977822103010
145429875113822448213673526737210704666777974242250838584648872949
096005218614774771519966024655226069621270620854168787239515997826
861207922328864955994712943920009967608462614452966881819111809448
899195588147137993148152932958251607601071166249515565937202893034
513965776120215825001792716582114749398982521641313983316292159116
787863114903503708046729113467566457367760316704471187228697777493
720498411552534228368936469948659928163890293333295967050233310631
864547159461989211746960440747930112114166497492276966387934136055
436280135652188591691916012650170347349219857791215599655450788459
028002419792836146886166968729406732657944855141210293316476780504
320302389291620949699409462681126884776194192988872830204532548355
595645610497507526105244255809386273420635892776828442281295814647
347367073622559728294372637748776839928637632345393663445058464032

220274973415024875765991021519544839141489452822383268148398051997
076559268898315447157695118315551061873006768568040571230783243356
862781303169868434085520815414852556772088289519403587858372024544
781686346084119703605994692042050223895050999054746225247328128667
550756059266570238196798544369738430363475513530101422313185966598
355017290912266356068396272443084046523628652842323814234990867660
915808115299856731882700013109382157619132965931457997811998234263
059141198338941256260215214745561859783940816914555513000175131020
838255631736162154590351291061800153799212994811409282642152270031
879995958336372414326471243780519752445258629866091397653631205034
855196870142616427373944255387041040934011786902848317324446696438
392741321758809800049498861502455683932136997226039513159990952783
701454801275952792565706687603394301212911978505936574394130654178
468202190033810503607149529696827193408249954082421616396553900931
007144638876203134913407756275562058777480798439458119495188200713
205259403344213400124368874611015102666890106725161058423245264855
139823924004357219566830736578634636284713947718760514239870777535
371198854467657293463584698847810339146678478547087315150429087424
592394613261089291950371011825492318420721043794200626722449362643
509595503375838171951054431168732796056753298291613125754356825245
646500812280522636814611597532119917066036435974480828856219322673
936865606254293822490061995607753330652464844307273487208879767292
696814797485326374608211517122721743446121372624336324011843291889
863711234758307389741059168181881668955953718239958310915895586515
510793911051537159282391972723851893459502417779055151515726497570
872428767944097314530204095907691738750096132648370745595341535133
134490003875280310133785644191147423502245236200886553420535485956
209777634859173787806212255440225925273848307765179996373823009096
197593801747525783079615632336266463730838957384671116709275064415
747632824210968186670214207763268375526077611108988944964673277534
390149108961636184144351402764581222896050603815546531573231035915
735922758911349256900935607147977688700731954102283427174875749070
918716304762388723409696302534078247465097250027224145260335082791
705095244089375733331231982030215416350786778265509321713781712313
716114212318124408063309815360743763950265425574723877774795160370
760254863489482815303352021941346466963751432715280802910028162934
418264108275919524951817369371136515145376975746303550396881557703
938983487154988401323876915333088608396152038792659834262724317749
276862696354131068465624484349311650896687484469347103405348229548
440424944548029015008712091167917658606527872481257977534747880316
689003510874585681745497070497359957113398345543688948216100537152
614530056399124244539962580313280228578155567533705179614335935483
126071990025851110866754290799917035370060643683886576034328421346
749363284798134599509524459413666885886365358016564396724558897521
380576361590214842158335086871769121384576004437560818745484730537
879160685430938408101949720610599381353773087430936080254374618360
436914874112722209890114767287794789539517337789411265620467480077
129380534584076556161636714032813645067389621785209078922246439167
986043804019848760595357572978480805364654179647434163208018815226
299727917536184190105725391023526100666128579386128482872115114433
121748164404005618360186728632793253969282324260140007259899509705
126468119851380702881169297470365138827816180181143146872793323314
543151025048027376973590692969718888934545315353695151898759688924
675788779434750697095948389187091999856782139078432637031657987840
807613470059542315330631356291972347631112370126374371698836456993
918020402360170654847410448271684991511973761915708006875431889672
294915351919561931247877010488364900343071220216932716448737890748
697168890556697893495574826859945388159342379901066924553808660356

930934748516271997000837266625946091636911918668340876039816053457
1873044883787844599456410661946492827902987144851382966227706977710
1867972627483623450552498684334621758253519948935838926400082160422
5785815010148688691944139135668696883144598621199233497225849337411
0553246237223178411540422579197837762605724976861180888568657979800
0450074365599616849105084972307353455998115616755131668419573344755
1329229644291365157996632553834794507661032896848698762817246534188
1038300169434521758808549607478490075673039704749799412435126184211
3715027756166827369026168815088921349350732182693228066051823157633
0541607230367138987483779334050158419807105831531091345171439567188
8012503059886950631165440619618064708073612376753683950228243987522
8605105113518141919737956946936386812745316528106350383468283573844
4055142293480079936682108044936068621646006766344830319224958931555
9540458169497241368057496365679330791963671525698071861874731197455
9621434447874538755676792302136148597286303389418237450498917697400
0714288423976680628317290119085740325033854522235403375989440089799
3296037412054603543841820076325880936286978935955808509497565067999
5350334583706800572396726813294621407540131282863688230745377375499
6644876706623705867452856052628768437103120859783070774298894233311
9665993370672470968952524985445820981439492120793934365568025694555
9226089370437968088305921735499028081872394235008316672586298989188
8652170704858091843945174164560090225973841145776221030576886909266
0019619975636498357231553711648007804190340734995830844145512294288
1776021521049358131823966276787157371499828414080368819714227388300
2087450157398585239725106689569962349628354927273450826891202714755
2570427050611184594647182853205454272334515940869862411990632707466
1826679560117012752583508647388492046027857128502347846753390313188
7862966495520706455076895843839186767906678569477562130037760802455
1808273452521432055160633150403699415486061306759533659716800235922
1608947814046818533147106095468336916218480655870713410551936174511
0371015992161361995097086501377805338975939883669378739548227896833
3361381628700251093980230769216401666959917739312248390826447912800
9985780640532434091371862188532304910289011371610830868087486723811
1585974218156537092967446551849292875004065158071920282805299224444
1627354322382564952517424671577482689612161852563998936569445055833
5103281856641319976266974391111677809487179369657369037614319223833
4766554637308885177708844968323805818661049089021478787690731157122
6141234536496390084269944708025514624680875023203989773654607133044
3284170537344139038932348425031816883026913873884588479420355798911
6511772879206893386316827004321470084246757852941660469640375384111
9123764327438684183406337690865633424691994128446600486512177804322
7689855184022775180987901106967645819095323132112878909014976869466
9812633598854195455671757126766788371557631267027615259777699256166
4372103010849931303543718989924700939575282429872969224107111180099
6726415730726186239271371578280611414300201711142648258488927207222
5721220327713009982949992065164892245518836614215959589128237524833
6062172044495902485756809969155862344381651671463163310048739229322
2622194319536546576778120984486254203960830112776745283134067622944
3688413542209394960718259832600135575309969096916373496655974503733
8055417879293820300756984307669543903118727067442208400259867930922
4143662905227305487332037499318170389925641616744964935692665215344
8150771057177730318828452217536385509090287600520764445585217234666
9265970493470604553275629606790606632310267244205955949617383552200
5881466766722615253909909223734700140656139750063356944875096877155
2084832351897942123225929201006950720089427540980857268094505906411
5482184309235205988084931561998371348630863160817753099343135682611
1939113131975531178789183155992277502484615967066466405284880921199
2853256995495732701336628910201852959715102098731818463944280052699

519090433002235567601977870530906642648447231165417685422211916748
623508214055524163362856193729156026563037485196337983124937125125
846685449441793989395036130563585381465349742945202428280473039319
639196656867950978121194503715184948395534618570760753296976206042
126445050572723736239756574400005188506438255472818396964755953980
263000973297590967668112501920350862913964308563802687805424226912
067084666956677938084288797590663333851918316580733312886410779699
802773881216321646181972297993823279225034392320715570655636931529
218829355461902365071690769166585341141620278688145206333435182444
586927795980466279701274348819999836714161593004038549093477123216
230853924966881367722657236650480074286645066723197281356544204314
442205442795569289248165106790636054314227622982051060394683907359
874274419025274298058005737842467721405075868932757823896493302953
931675436558263682933422786679969086201880895596168898194833665683
085048883617646031216687630865949198367526097189379850864296154278
013157388422626909720754930123834769332599468506448850358448438659
834930060179435497954684711880581531834838854670090003623901656750
909851974382608917629705175162644632104682240045354860639954363499
876179329543924509327532211671851255361710720256583335435269680085
114896326771841394897101579682237123237779981704531349779534409755
378224041468783103118732043028771398412667428430830099637565151994
256408235324995905280936608017708154802977468046987301844281722489
133366907642573498314953015491797186038684886416413668203152784150
730160382876090478550704679705102972376240049732679654044375743461
492630923299395310213857334039465464313803932847546016682894570398
520289897056199050058566331681025424796122497994161923808081718695
617683355593082034329171118611940661424593023416858928325402281122
375144878383804375333860052459837715219808574847409115965605101261
021357390877587448522307072786751026934059525840044387691660888998
376929711576754644468668682258216315938415334021845430200445567878
616535387790068479648161154614774256766434666786165714321395605805
106852492930203486311187697906757373061308658049805399624983088516
297448323420918709324865566316859988821807634263361803803309370806
856552116308357042659878493962774257427221268652608755377034324279
721316247186562181502127210015338143527640446743840817921398524717
656064532716663053443606587885020021620083222433975474388465690808
482297610959890936151291814324694190177542972016826029260693628677
593944130399807004856247227074616381708027260932449104071616943112
721693245961346699250726493583327369223637207752705679531859869893
932974519234065803202897787347160231747227460805571629448861637690
049880287681783446200622032710191351233577036490080845554425576826
710914815596736553858259438221951358015637711971679367020622245686
348546905987780346589745658447852408819268830922777054604946355615
841409745355423947767342753050083936054265338583429240886791409368
144232858790092230529152799915905009065192474414170910047708499889
030338563394194410486439219020225662877398462669712962868737572216
188171278212356334904715499470758868040594632498061324505338954523
862725524564400813036863468726841379219379578507749890278243158382
732350331096708993301570664195240164048025986195829466611465708789
699312666194868191195168899785713826088972016502211515000045916759
183141379528429240162630759069281025915047690687227211554583699847
244222110127830084214948985427598928757962681408284246202734481156
377615885856666062870759798453898588853973591506784666774407355889
621176490263887730463122881500824148640352512607007505904268551545
873081994483614251750096919881214717769429055846364755781593888066
239542018937490840322751020634892328309341028237894088989531725707
278146698392546761505090113385627347482282653535901008952817868923
851305483370801216375706186876378595480214881006720711402705172446

818076076012994222575783785152623729804437548974460375910029399148
776753477242411230998381469118795725444744960420094875863210496756
226171098065703754579778452875550670681333011940370283684631830050
668075306247064752243618574382697783983354212993579342251352034923
550310322632422449618848671977535580316521471061995841040622119083
596690789796338081213639892843731074315823093529694423351893330134
370824326438532789908261497650024662233601347971746464208079836954
651332945377557662272524462050785169967201989999340101333507207580
771040382655836481700018825204873862694727977686819841244971301436
744461773836037845058867731041552138029551148294138196811165301623
559891014775948075941177157011650869218541147100498530766154450326
362434342050527856128683711788698624228453711227804753731921404895
699108618357580954983844456601308474652765120152251640460086388254
089210102461583536189885561567954555943415393774502910066121558706
401665298168145491504870910453636023369626790074204524510787476711
108581603883350490730198454596575431151627225013288264132732720045
864750400359753884115085871236676733053671651766723592347410822055
662073897145896736124428601318448099009966194185512659140312448268
215050509682117223862123115265230071316586542736092478521373501526
308736450420970868697527750651953873468375231671703179386470783338
125470305674216067595718124481724154900677955395033949743440651101
402668832339813840729952577942686050980385710038847224848237875870
249233921727160672323783759668280655877905336621109097334341997978
443348526532435072253360398719460987064301678895409084338318327380
095549056808509279132189616199663626200962269637110459230585985793
321394571812184970469239746847119409031628654826727816023346641245
867553153722069865707588845615920039276376761595539143811410641071
280366418273848570213166476675524075009491137683189196875945945767
797550505435913958847686279204416073899438660597048755736032076189
399290784732570121893863512434504025611153110615981604106293472125
903381033962210769101359206418442727572563624499218841929692845048
865571680814766789660936346427193755563009580265716674060696704507
005597645239753093566926721347565632231052170979726788201175673384
420258585856309958277223767012426195014021412415170170625748239199
375731539805651844747814978850715687141423536244332730212268108547
082779756822570093257014058836963664043602801865735583944918479033
626350155432400879444552885841494511564094270922406588405815702746
990628262912354038024579975749327018239144762628671972800674151064
615784260870892100884337577739685600881081369285756508018435930996
339224874822734697948078406477677577435081064813113854120266818014
621696063486386935182283330213466133693279168595030799246911478332
513082076691015178579716958660185792729967194005523669049880576522
883405403829572329495666610618163109789226399407301157002457628374
773576308183798161638119079736031587212198313819620344976981620642
398507522832773373258332437288216059788610987355191377855881403729
865083817511632667454759408345296967092628169980844889010443639929
417133550491721853044413612755372740438019661670623338297380240490
629825860951393502749589875052807206731837864730248913057905481562
736693420315336593480354522123759323198928884374803732410786208605
622462175566914066496560325627015246939470098514711600994089128351
947568274832967227217668299349444534067907365525417174886583901039
319287413336870559291380027727314775486977554119840138896045288554
164615529596730625328830411855501188829841586911577081853736377506
071335054326871353825913285097958561423027436039576496067859801089
379556543087594553873213235007603007730107917896408379918870861963
208679051158891374126204838541157848822039592359433270452459141147
350780545504033581903384706481014248689197256381168631933216497629
814849539646083874849543969458515257951809116266545236733517450163

608333529739655892210921156911978316729184425792575755004030749046
664227090664322428513245440807605030997258302179025792182169082377
943883480865654516580322492664139624733960511524759583935636607443
829936677311897124381434507144263490668336746267965144875760421649
004657804566810897623735246630448651394648231966040726712639274053
714806002028814119479141742109645063130559424100563987780307683154
549550715730058201479251595904602466115178393678560161253240627524
204371192506137964850891981909587770580992490842085600103886023943
155706409262296585461940599098696476507408909037102041073773228330
001943441313189898291146076879347947563792607660871483258647930931
942606503765031220789605973721194264580743339322946456217152992869
877572374421745243510593701522448697613048297775612559901751454759
543095729786727400721774104428762419527057513081889666990390251341
804618791396391751999610688039579457814086994355792939886140071141
724989460512023152862732692324098027034403935721351903458402887798
823381422660989331849667478892669887427451477269584954658077358949
663204319684227293905402342069936593465517594644019356968088757365
135655273782755845600317812578547257973901689044629670212624861217
876626477548370653350285918705939390177804647175942432362408204797
958379349852045596799025405159404945477441760839577973686737690585
564791827948871367856297647036197192772736875817422061934212158392
214716939705250724783165836869092120660602977814422914515406119505
865265141288187110649187969794316047996512884740365408399967083236
314679272132449362698570740704713058434826329318845440510586619403
755873250257315665275392902152362207415301446575930722750888326706
370582148843196156531041890179125548457874634053818750561404423146
119784513097056545369126825579444878042588295007696823218986262381
111072368744992142469150404040031332186682305915435954967189013559
031469691373622407761443103122648603764791939267717493540753416257
102558871122830098045539403337048732823588397650909521672656474725
802054809063989279095949756542290618460679476258129147809703755742
924808981654174485509672708892033514269360692215766563468441714251
418841300734634211770913388497281568269755648308409133263367172477
250081903833257398187374366036429341681541608528746458725565350762
115073088506880345696823291535406069272424136126383496243025222734
822076674328244625195343816866329833335123189264153753902689802092
306902469188086616534259713703199646563655178418522520774003775501
336093586141637044909219989129808172359620295384773165945159325457
512762182658826965023083274877952126416176015483903845869845831937
117209368199083288932591601683152378984175095542145657354244770307
986890738854236551194035529997686151218503691185811806196552576296
458247439549463884952305229390431920834700408595906247758692673900
383856751959635718838147734081913671101305078535558976019724131868
873517693888960920970811996086393237611436761070356756751954509856
677260928307830333384947896302610290498277851677349656630179240458
141888901686110371492187075536854421284230029436184629978447099023
892090870282586775997932900240687404128958781800155126238506698352
076101525810292220691850589879780761031752744058602314927111485381
252502212065908659017820258780104224742644030508149340088935536994
215541242794024288330163556008454806114251973600079468367674392891
368037545225852503564337492304061188134789864950179120395213927258
935188503227479728304555377830648563922152548181723320806672527665
964316205418059448070937337627385191779318699473024590811653170846
477848979352443357203806146987009232700653873512378118935558807382
761431387104773213306585242921769520098652215583227076240478674720
185383578343770223504250814245712843756571479689310363418089373299
722019185677528387336013394417726381562202849015960447422841069146
815777966019357848536075667691643346140295482150176278079402653275

401698834354341953169825972572703237672327104388502145755116078107
849036727341375685054751283331828168180687923483942357902830465325
709099698933929319568594221510427531613778589133026238399572492462
565209238098216310022009938517838786291284754647499738084609884915
717838740446198137448390687340591284238313992268355061730953776007
733441551971134477801136367129304953999001983705760561472107745833
441235752258798197320154370849321291768820404507449491093051786970
567117701141965616954874695699554579466490245988058182052267828055
440063055171620109170645496657728091231282730371179344888819275752
509942568057204571560030883512548354531821670031202098881756656024
815643339856121033521803122203872454617649277197607561639899925558
844824712539754441995752875533816075238289074957943408478409819050
499547223491767808998973555428169119866029105054819004663413715557
369930816878792785736669646282662826784498376781127049916168005880
869983507642972740292518890639492218318736923256039915873045117744
833426791251685385329353340557406954661639399223125662373328913082
446605159607568186413772904955157885328899061541234378136169948046
390831109473541619189442527956102391550363062024648582096751952056
686309608898274241602664868431018535792010934148995913294012970080
979209338728524506836770635227193756121070552995770056852165473956
309340145995070906849439995261099503701149114858356584035694439244
018137587295066820507129554209918508765071118127238305255094270970
180836733246047964391637119624816712878168808667228632754357219976
027958550212499604293420723785566103352134288354032472088407536227
477076722657032216145985308480701432711332327955896270335331133019
138930987426335720748101442606041221949987395209820431409400117396
015001163746493739333742500935967983549598081681749426411617589002
974453790246451001157325681153660550492182290718208490667306837347
413540876864688036281053463660636396370508400603225944423680684070
109041479140807437243253754204529454923205488540944727773308677289
572844835199306240623336014894657010295372769319239800791374246128
988062094042510718216870035418271782469358852896936838712339508180
711265203231606942139435044164221180458659728470198747058770491745
236140621664718268422765043098722130253292080624410135651901924297
683194184224795323048872227619998130593434354096340873414940098360
113799290104049021651980016965345105093201186528895001349855481579
764869199753554001996239218303715570495661114074906989061468803162
745650430929296856492049391426632560049095467246245060386702779065
977825588642987245795155182788954929379136186433549495607479606299
394332898956071018500741297402790275983298534453665473738254430506
492187558490547253663137453707765892998875453181707580339014469761
261208012192364849601319145375873842088703277363104544410317520421
681702024924246854339384818323972011733672714375914035732497421907
662839518726209487736422890355550709956806448138539121394944076998
176571221767587769774137476930080385309241470259267309724342514738
979433308220709198444296349368273455599927565430849214500589594985
838897219490804800211031010774694575030279867204560296682902433004
901958656561523385066010860852470512592510723689039144260448041910
688569171156055467655775413133784673435728191355792152125244163426
728793514579872623606847687942449245432959375932256803824124308040
441517032330354680593025545980840181419388391309913137803951658668
856405344250459768630684647038529304228125371288812406383719196825
131550640458658212220270334452515002455569718520449427126617557097
907652201631409924345624965823463274199966965919096303150772162295
973794133044906912354662899976787063964427543970530720101567866765
146256209664985206977071028331992535522210179071542554910668909890
157143522523208824935483264058254433228993388181433246077620211927
635355605540181246640118064490748656792493045753030540635899858103

643050669178836044633760072521059307210192292241895322382915890934
128228750510980146316239573671434576541180542227401565044111311050
586337680869378330384195969453861337328924716025322293697313224937
997292800599267556724797579095349634141700203866341961453441828590
549528053409997763087934339975978910568604133901260650786125608232
043804545448631332510663723910133243023185466526509293911805432574
169027595407190841762886773529998642546058514480703245585088002374
921985388998257635690469402036938827446681840139984177397803802254
291492591957492773178379574501072916189699932883137541980767264918
001306438990549637448406914582846426124204961678749190028707996979
188534126248108795055420743526441794719404034479651091027244817919
032055597758773842727381310581436032811962348249687706680871902988
723417289527936418706406948463980108956431535233422900314798101668
431369479196147206097308580136150705516651333914433244858694690120
492477325571823058188574716991463603187793301384759759861120961707
162675773157297613346857048140979691548600125124206029878855353376
478465112312928998520040610540065834250345163468563030940509789836
252773934123544691012936261701989971395671039397745310096305490105
448365702167199187220346357563638244111617093788893854939355612500
904793637171542240806103438118860330575561248673326845606941752793
440949702599774350146701995027107914478321097845715562188832741071
097653063416812979334593467427567072441346943145162167047337673582
685317196054281712858870830159316048841492190324363058050330721966
018280900940432717917990576993235443881050324067491860691578406289
873447376709234225782244945434828081265677173212580402386928936112
556530820450653066340561490103696865856206381088416211250724374687
218924209263026533476485100648824018753110775238799051914751301701
155512593650950277663865604759932677726955347806327049303948934897
959809117789256537443265439374227850627165326171004913012764765858
878130048084071184414269029062542006789764961699662037240749990183
839249623080167971334236069975708749062665937334634933117472389156
734441286767762850073286742893474298435416914069489814464185413445
247285102226600079613809607527010407727596892661516744436606657917
119518927091206931157006078461310486009590279729514654677233831975
300392998202306775086147937831034092325166793058858094449717802012
406075320584269045332099732793580656207789144551244404825526930353
303513359014814445164701717409678054134220952991809060291260715683
392766168926744561155320928000933552341934762481168750783337505214
486412300469359127245516840949343564359202084008663972887452644764
168122243197900574037675204113145935690829486365028866513866718709
840191265208719382146104962917716056112413262298472918197350192326
469347606735917920473460195021468502042227254990605003905271739830
882393469613295460582355961688596144385517732556825720040864066715
726142874215865629365346667650305399437264337771175524863334654686
617471029474257074711452408406935745933058106647910587257708703941
215958349720801434732021667320029592177831146547941567632358090159
344983934360311394701960236806436471015526548330332290324948488740
174871625554178432345983583131736856741194821648828321983039293782
089006668641656356329990025891242536746598742757842445313505681163
336650379813616103342876913997790939565375874699178205295126606543
587480249531054620790828692382531734870934885092202989974921677075
930466511581133383047832465845377999596422451105520528225985513579
954331407804687382883091817168865047464734200601615944581759276487
831751006154057153340802777001733934869159725448358499570311690890
502347900418269611277438910111368249836511243522173294127706038130
263418165235751483500779868261068935781083578681115816638025428639
454882447431521714465318821226560337168643885527949083722967271505
859983902007370435204519621300668261863897112457539798316748358028

660902437533659703795530174286017098228525434662822605029782281922
967974950706846947014111471827123771794543954247545582317637072002
093952480305502486152919425838074644561247566303293621119406438535
126173363837578519909303377895635070998487264756328815771858778297
353705484562184061665163805211633553595615713655488304023083904849
905346402275363505322131262857984748871208797423919712980651571562
251453573762296496995785161894725860193048018878841407706427789821
115503893404172990784288779139603190909475642774628234645049618558
957186727089305050991750825906016230356085410026150659958294094188
223171176685610343109409015195560359419762952715191446546570114627
356476034166407335530107840661217068804877676582960344592623864758
557477341228559099455126197261503356980467429465446524107479989467
997846489274548144629270461024277249451728542720251707513725879735
089028835651237307514021621311702640482513319750428220989513845528
136268841773267008825254317243579889892752698716039884633307640274
102072542860753914632056334190051780169548164179493173488781224447
251861194100883513137555490494181672864244172188026388165627539857
333600411059599433600445109382525788027664814425790955484257632566
676861865912705148389804415975502020223084423164817145782010230876
136894006217159186369664756680115058939506917948617938811069135739
111929119476457163842439850676760927015601387625473877555130821614
917863311075676996932639836360199843056398867930350363110146212592
618232432920230504873973555103880618396303383920224450218778063418
013902925080016547655990603908806917718524407509635151958193085485
349436375269314283472601286321556955893475903752173339569860535581
813340404683458712039407449236354697080135396702968920564153270576
178507436941042162002813859740994458039484371712237808591610625472
912894185014337332011394192377699272849879216795704857208482621178
953745099590160573191451033015921950477998616399735136343018127076
636196256421829613557147414196825197784512923995180948027615779051
505299624564676859410800319655247777844310184875368377693048120859
493475149575363519083664510383481178383040200872495432943598018399
096116144252080810246154834377215900747465469707895682559178102153
564440601396893159844515933212019827378778074605279848063188533935
925532640568047587139273617127439049444206400176046596009726741995
011180194421994703076386808201891521069608033731147927545046918070
866330683047177127699388843497520361508386403092367707966596240746
653032058855795435358985947775420846585446621311741732136381937611
174526719845377107365956594981659688759535272565530522586777874361
969955452700888850431275909414330236429519830928170463636710577004
082355626345787874785234482399846943780739800388210355197146779367
439484397950422615555306393729577597612139082829477616090698661599
524434740720825487274741637905412032043763264976757883944911594852
617550814823643520144900684490375525495045287112775902440268289660
239913812266687287169439142423356907167219748529854906502866938531
390027800622281054659491949657677340871738526222585319584765741013
650016883548356236992354401223596936006051229704848086706559828336
254616249888405808056838747680592416721489925466769707042797594707
443992401921713587689294557714824440483700282760938444366726557959
205333286363821183436202774646087176456018236920499752142614111949
509141365939939598884968732539054561689863096296277455693159627111
291389068753371428581683265582291531673412889027734335549344788683
553410612823002184662365260252030829905573599629412128403615848769
828447672166506050843093323577916341259867252410741162855560887417
648349820714209069639040582853918262162289982686959759493805904885
753681523517451496466142696587956201997664381005061504180068707658
470453477147005963307233577907943767064211961192058242544441864130
889629668960333915001324327960992277835339589184662575993194526690

242146365986846158650593407148400860403033855263822463815891581183
633596643738185621040582013281656985403167355638163019680564587348
039675160571644904016838278201603100326068032668396046855898129134
031175368012912557689000970360499259145265139775772983468530585536
936351824757233378044007504755143509075612721952284629606722106216
074612377151537118688504003714786281788426461390580536475028946907
239289094722636256621257205691977369329031393413587569782287912428
335072502728595632347802504078961201978921641323874369299169139774
347271497800996496729789539148727048958122750145899044623890586964
294927230354129335323876189211564588764429713638978164132213843945
580346265579131440291412501168851998922870799882033327458850878739
620195842849169998809625666397846140216095059729972870961243304576
253129268156432918037383948191514649529198853619766896498777534700
409893333797271594905193918030312440938121636064272059749937430095
796162204706746117408573410974428749024072224071920084911858181518
124276338523114088091933869905247375517969791533483698607788473417
923759000206964547789804654420961655824545657572601098292794621201
603586459098001214611081297486526766493775485550163800936391440387
470440680741730711149120395595564763786368725212586641996518155272
682610249104716189727921996372881405772954371894830012920612558250
088095864823435031158427250447144179924088583160443635426313119988
381503447473273977326572582918374248682532213362019148473697626755
507600478474750713026331527914424648458310542617927325595978995021
636498056801672170239863642215138491367894696651895996369818952892
920910915814558041583029638779178693541218300409986888887076505606
757845234883714489299580313972269250026344239337293778361219989460
046080519291815736507140605213243665711748651865109586655317669933
181738303448325237239280960676905236851464558272384358920906669573
835462780112429104142056474580713944479048166588098158783472998391
031027522874694740469677382116151097247127560918182160321327115448
287990220915809954467179102398577577600759370662369931528510617800
162228001306895034828243805988974280780978633732375367387515639962
500202688917156087205681980381321592713346498607978324698826325052
172467732321585052767727690807395180206332392022289351307434265978
605937025106926387895048939556321921166611355155598132690575754094
401663689426009267552040653336553951459594430336472986972522461302
873983497304830196186945556575297910677872775472113472308106665122
026618370236590083531181275297824104741768120054732854088244838854
668374142336505912599422868792294835077262714575470462006165094003
489129260399554319578326832004035426871828068254965253831583532577
307988741429846387393058843241116758545328754899971955023003383521
326423565271107017507937488068307856033254146019433209677063749357
415395330037478839909900702531462965980415264558977993948764754107
248509319276032948979171741362137841981035068496164039387135610981
878533506494822506753456264515252977403298927537561691817485375550
733716370480511310820927684935994530695581210082285314541817055339
623762767685236462658936773733428035587857812808211157430619791553
712435643547688811631808683393775827893152246419954930016978447909
000797664761987833614645661921975754528302389984112801986210384988
301577437087384108280801447372876668190323709674289419709340243364
458161318074772282133775375992468949488568872590487141814602376469
599508013866043470594351749860090523183122013945918488907530401736
869961254394667213996723140303493622862701101830211066751111569744
130936944850884308639209469638005567006340478765610370824098048678
842658505599647762752933451721794819545507384938113304238594644463
901683723440199071880860774745846502332455205724897116515037354612
483953355037071663354695583359220890033148110931050356252415751554
607393244446202438951629450718397676169870974697327731850083632859

062863381325773471767970860082863657847710142436557087371372940575
360685199619901423261535191218781832403826601040993227680387025182
826899050139287494337547628268055926443806446358529156983797510240
859940571555962016906118060638530479462781011636883711150185564208
324098816256980545241961108050107591342574231162743886126499208689
264393552121508479061673596495341792033572993192298700945731199911
697842268853665105393723073414833627765946108202750720135484799053
771977521102080214881391072844348389583374523960791312644616573885
318211704659936653431264959034724197008910572073105140310031420016
078368342775492638478125557268114790797901786907065870634749514416
252532134659135416115937735427112748784426401032091386953545141751
045683594010162267754683709086779176383299513414680468895693528680
453620097557985880107544175928524296410275443941749831975845436916
715453758318798583064671534276462601661707365201502412509413289171
747243577279364230528420491538431367186886237867006886699026954982
422348265355688667764379757582173536817241785261396212923528146510
190330402029598086319943328122202989858917413312941254825530968687
233116292184678213100262026568569686333898603114906825151840653582
620284920369110801300451065828997688939862230200298730202666823959
834337214834359411418680094410242394805971295162152859580318258362
458840738919247171307562713626974288333595200543374022971689775651
438500239796312208322968868544151807687575048509919864160038519290
649018781843282607380365794153750889224733309128902329783915701654
709899025909633775625832771152197699012720654276736343144359633866
983789906914273142987712102809813540389905181965902575287171101772
553598109188971805969066534622525599610871060290385068261037365951
903659809459038756802348958120983781845663284751012262558117615391
139727878696566364760387833095845869521297413602123039262307275831
620171532709809176029470213889754474404764535418138440232395192710
500836541126144987477629576646131529273040826246467017087921767316
215590235210339715859547058024228382702797149401860222887247744951
501920484063908977847063936837638424702769184371401132639953490553
916092843649937862708149230848515856910453657203421411183827241925
996098440307151328839084613953670714121052722050610253405101940294
074975957452717492953907938586063863227169758830913157754808342730
845003458209437567851176238291813322850072395652673288180902382192
834149414495655428426022137905886102004188339197317863254722606967
863498146897954811292456491956275748589910851167660235201086703572
062410419111398965080563101776254467899402821164892062993099395041
626919363285250565907122368264291345975000114381266244639619402922
612493139664600821783860242226340290988260707141310134022518229251
811450745324961179827809809090405986688873946543453374152928352732
068452037422867061801875774419308457568459008304866895218185054620
583640072765206482316024479229457650350271610240236048276091892925
914186544310797306158572168975813014599779416671685835670145627974
813776287791201997077337600915488505485437349191072444887826850797
672742474988775037169509964568506621052359813315597357709655906404
999570137621979292143842319021934015133733714638856997560257526096
919920416796982308783513389340972127413617967133318021610655335147
840122718050005605899625441087429177105963861488871216534202742021
940010898234916321433410966455236456415744254761628061499486226281
979471209953326569288357570768742314825654762139665761587018860883
087352063421381805508095387106264331097921834012391015587323449789
928640434008566433244035520634294570835086745978222019072043491820
981652741547556192053287163770669883912653893258830090785933097325
279803007139032546111667906126220914849586424631374604742928512122
584090588471531943843113310747680446329529101441178853360841472418
307882287955388926542866644843467401260175278300532377950471739461

989498412658617883899732766773092597723637251124093693571530993445
334363159572110004778061319562566494190266100292052756670249815648
374796640972093861428742821806717729444668642296989806010450055271
820474193533036594764842861974188173599121091811051783171735572336
204876797734979795164258297228610893435015799839631133567144207775
122452215944588812353931831789842776790776195747512520272576345924
105999269154185950946053770947153664423368160345377494478203803147
994524854190241582254730780105109221383043888730097415958976243928
516827241735402495335256497883617447651981462148737973733502013899
631749840480314174733112535768108772820544027530157949921224822818
831585990321764218085761179589830507631045793941516754013599164596
088966112035636072409926071387687035353083602313716182758794943707
880262354513499947100575161658408314018141609641484855569557304840
323932205248542084091772149915796670505394094970913094260358442410
735665967515059412976505726814953177565470672315031304636084548358
457214462467208837762651946049230729108575517180870401192629859967
437399667039842997856292449157836794560501938232289199784202291438
461928771033981179532791964008706484999927364161019298282836441987
022831823536960133729526964003143205504271571656300347801719246420
651854607568110387948042645886919236548593033626064402769482209740
683542342439780194853171920260633603021898499877395705143192427941
574283714669171775653622153838039556125883362532556198988813839413
151905940783614415697879733902202666436676056612603417723852733817
170074654328762267357799173442064014595759856058119852043609907487
862010633095050398949713531747581834943611833358525756392124646558
514617733143009987470829349366305014653167457492149127422582208884
946092094232114334628251716078318242748223680631197587626810722779
638741191448120760796135398449987832458778085584707914035804032279
332157013895936581773539678475775385919860590770257149851997929188
620717554066504414367406195975690246107524513634966072493582493815
286236865926413923632758445954235165302660337023066455584086230656
244569711087919783006102976488461105742426529547417648662520787040
049090179046710359849647006034864761711029493672651497009872703284
799059993478928185130602369007493095737937181386951682139546812959
146498623414918326207550263876824895095674867632026469345517551029
281824983911964679091823935241871555252286326831894208769977596787
361174983485889930089824631185447842241011310191145821330652805811
241230053589649036369265243691936406940486516075632836894857192461
337719895892533652652570482026720647698022098371415108748082727121
455265654004946322613711755652255785578543862048439727451281124698
930395385132755720873858613633284515498099912162217608194229832953
752884308497481526598950959603170767549866453741376304678326072883
851651589828190598366244240984123976754338199564138877339025561910
404340709254058733122719515004390733257007402291089271063985702642
339450723016625621780326505250808879203903983023905630409308301813
017261457073083950018428619529012573812442180643661159699702227693
367937704896765160022948925518417169030129907212012965013335062700
714227663549741111999219819664698709566640066532421003947145178129
100001780324540645368945014739497490056690622425714606805692549462
264794670488663628935046253209784701286810903059627837913196010909
078160372575988890915668049431931958905969736237831810429437253396
100728725746329776748022624482511578553027500586014154190875372211
315288767244349548893937126811823576507975737559186226095475879390
068550537922635207130175199884858141373912082390955291049480886320
773452653449560697377315653885478357543068230985809033063451846343
524211935900991772519327329122989298239984803314307134208898676864
918317664827645516485097831831275719666859409654673991686667380311
428772560547672156667644589756821784995803697938800350918275358548

373510238035096603225525565991415554441736919449621569243311265081
247949877523397160098964043204516324156612432501455034316605675360
644354019814710729774780115502323050776586429235572979795505513976
023219507014587792644147392121187155759311788108567349467436775790
869700486860076104855396740093966826692529948537691346709983406583
106232213642074997103676648809063665818289088678365447656052399611
687466435038854549657939336678299942212390575467578961132002146388
875142770428485161410379085362672854329928261900912400426930018423
089741947233718827707653645996344376750730597244890946843733502536
860175083172039515236001787907322728885243637033300444409278129059
345368663141470104659341883474689282629988236301306013766926988217
798851721245414573378488230382467191665951105174632431279031560874
148860708155483110213254013356868540558834310188708893876139373250
234088079659382014804830316448112317620154024345025897217767005259
876857529110799488761703346812320199323113219287434184661259987018
174656117914611868926837025201652991198988874948829242061696496543
089442346341753064626206632041270524790465222259474852629882180166
510377391520956925717676051391512907908330630891313846707678071360
829899189944905399843274940243889710601762751648654324350417468217
404772053579072978819030064762179565605159378531746997543678504299
622806859383605835065216371814375812035946389801353857890087538637
799944252751397164285764558538815095998654259961111212635252183537
375408938382994071476719479556565333810335609209165135879604317564
521490021087374521940701660790742117146389209287184760160902492319
110422671510290601789567464238340951983591142408642645711070748530
076249802206736383779844598841477515071622932192031026050055150907
697894319437834821122313171976968730832874683832939868019319165370
266382003482464988882800995308021917638041975946273043423705049816
862663146331381992449951350409336852132648622166261430456380155416
702997567018107991459837143013400320349765295216438577834202480497
460481356556278767001411676453276570915946987857471095170775617589
719547014691405289876238634466607521691840515292037064341671434458
101488124590410883667693696301612214043030796233418792780707414554
309612195098803307323271225143074674379294908470001118157872176047
256284368744402999903490723523364779561482607275430475073383579416
952085411858141421163366331884361393046086404438120305008737474074
303519812587955651210154379618540181768351639553142978892109793350
644218922063827926017080859661513409231014455095980500497093334182
603462822266136524578624368933828748180808311663214088601896279333
796917967023892600395108849232222624879146995246944822132220716228
187633754117440717644082563597774910049844113158664565521693479469
938534589527648029861584022640999942100043342064493941644651586082
274972790568046591058023199814041816664689710703815899178259905244
379416476766531363703816495568807841719706669088818711189296355409
708944935083808672087408738589167828057846463873013356329005608175
565705186898351828853855818941876184643188554188353220558655149196
084013505109130429643867372670176920946256840482169559422438162836
317605490729939838290187707137864821959627958273728438493021076517
011141209712718951367781133634522511943256406092909203989203031142
869311029961628971574165135312265097656638725415021881894576960633
826540252017462748433137865936683535892728894413722271223237303189
976271218756359030552405933440680406716588549910892233951031852280
400316307779313938878812426373994576617350578045486470971336561226
910545268032335170946578223513263471197754156648001216476189153839
445438270741357110988027382524358192945270638724302898388786237397
269948101909956476339872677974381882407864696372061345750204043865
140481454084863722948089187495333684538332918569261160013609052698
074850778808097199220790549384644912998116044510512482015768134230

369758459793135250764991726718978359204624413558353968020439011298
808208487927059939845208151455527716045554509166391086146598101094
364855299583415894050113221759189182274078858545057370754171980793
576571347642256640078552027123596498418147809185247540517829859835
871945090092645620322145679360032009803658914036592480297059704238
934014178494089834058894208281375410845327194765940157849180879884
127867128834697304445346330011340784244697467610052163252314696074
617972352275188891136610847282504473338769880899788249617457143265
389593198919380945373562006977956600732920737598787739533401224262
824638117604665529549327760151654443398797796575964213036484953802
973362973405409536566027156662095624204018972541002690308873068859
675832363484860800313674933788046988108179243487055585861260443351
113415506834721028038863079884248647959934426910709807053082895065
139289872456094740899115049915932660761263981350418642126839879243
828106390190244271673507646240245768175241297734377047211534086168
041782949967650685806251274752995065595324988186611187221699214720
955606547552197614550491099906975684236752153392973559712252757150
876656596645027191717820529388510936944721032791299729978949595372
179654148220468484710797133152924225658106596490768857512128315157
570089156883907751592339497055571554396120342875806175188670398308
678334081013481683943703392193419742431633468771675540102879059518
554697024410748369099885315922357683605018587567855736374585771484
106340133489759087774905833455397705795352135901682664773827250855
655781354887635988320027857706316422404683951616571696563311771164
541224971808621652553084508026356189132604359629200964032384354637
212951594753702934135578205609103465031482793614106566034544208285
371600231136681319091964102873049208500417437038337446281046462094
277696378558093427578759878418333403996601935420267148826128194886
255395043815153360888198352817494735425296130520588989474529789819
276536230214649271640863202923565929941917524547761440843060223793
185676064830394341621875362704147497613963842986391528708311459385
176684853692245247913397018567966189810070204722123318045419230799
439221508991833972212946648542669182478057987878265388133877917479
992986271645433393042460911284741410076110542008971258536672836314
860898634346456934102417486756764886499932016760769139511745616303
273744980446090780906403046763494443155886989737215023060224087689
628089967772008295400972862196936979990856286378189206873431243425
191257166586084885331322342618432605583673517357559462474494240918
913520207424891718440223182667020736467686101862473648492758014735
888129615711645307777309918790610298886287149302046792275251671037
080716394391237431679286682193444622476572604070545998596828789594
818122960996644984189543550512697462222284055821601781563848932415
629429410235472447440652982759565085230803988104176753109539450829
566866700980596803972387830710888730991670839909866670302161465717
224784085226233338425720816810073396534603214984320697266393091865
149254801370103838705478495805692390809071470146803194411882916774
100108676071463670346097016587747938619865572514916032126199719973
803490164842267544912596739312397990074831055385068661830482906443
355681392530449017556754977224586553701311488545214557527650034001
289474274223755834032167742658602941502854059595734178734907098015
908582653022046578069213686344182383358550580440690789048769469523
016824226895303019503849045740947723785841308094244812638676254526
179071856678494915944757525890432985971556253916870664050033869114
702527528774632307639477366220502124317111976697554070733311267595
581143076643508377661383937418821198728140243019592577233992497745
653599173737048234552569017468386181605906850252368717229255820454
717814319918580749491682119101061410175466753076202891546321342918
722601569145323392446783536092923925956317992477364265588541429930

289457142976436732322262923602401555030564320283705186440270320700
941330893074078971459341135466306263658728571889770055691796392094
089540494967577669166831282615198053868579516388745693396126973669
872220449857426520785733934500552182495973648387278103946120544515
637979612030291659476574699341543271014074745772892654422996600802
191430751632012114712233628868911003141982697620811610237200462099
132116432607069198868028640972266780902380740359354214499157461979
683557148136771420102843682700410344318799421436138119770538705702
515776750087453539287747201965450490621594472377056510619675999908
569487775939149115942015050991367741964053191223539274975510275226
212593290315929202063227431563163988355989476949127802825984508358
367998620353352020685460559216786552835764981566953231585885723872
988882219155944803787090891648567299072137386053604371214396169103
856951761602847570707412208855744548038615549299960111090089529305
615092834665028803983155291889086590281766493385503602113010042614
046121856202729086358517057052077500603308295180906193350336573369
268872311459864004662237348473629802877988102147101924585493748777
453115962897925405501780747491964778406746552790393195565813896692
543928611681270286078016492471757947690040713838418710229217335189
894076408089714318830892216393659687537987014204003784913012750100
361893552864648042380140726687789499470242525139568329366720126727
746887603228486942873013499735546344984108290399024614311248528848
255524681487627399427149890898964065884653827774882015498940055948
650851084658197861933024860833800725503537057526726162627120895748
385707810716790396321406114798575892731652066513874141839901415240
806942716415312484146575073671621014372856615067280484820945901214
115397057048462215390455053205451408649083481693367506628520708504
476168704764247062925198421823405671193175977385071213843566161200
541291487091099968133185503456755250273948056094553333242616500497
427369923689595571203234581644450618398094463681201084189262133146
656721599470819817686659148832682318546016554172883453416704493091
663748465689767634231201898326438391034187584136241967457994649202
221979834593056563692756849359776710931030414113073125395642486638
501455500757943604266544947470225968985102663374383018153260704636
104120350698291007740247523365758424349259806781961067661254989366
947457932038348011891804623993440204860547400539729198870648908353
273846254259781523770165393409066396161418136993626227242206373381
984306775264803874177190613456070869512882942134188943261411559837
419843096506180799248248599557473975865979178350016251247911768205
661124568789795467228944116120724622182150361118719603867594046340
815340520931954899452801363923920455820705023281591771107908638599
432662526833708351622186279069635134610001892728789722396733421122
488552537949623348050174564571416968863601005387174928821497469289
625347403249065911079477469955016629027142984650883917957439011915
442316633387279050548931573371400843033387711793984550288105152253
878558588527678672465468225260139414212638002515110525362020285088
336811671179131453518274582690793621433828736367147855025406183150
742638171351310767393576500651872257966213558484525199814004650496
644293694462643253534227048108735843865153165747836934943817561843
938910192099339207935917302351336134333617409378894332436367662102
057520640498600339476261177306597900717338435086119046672830919191
405487618249035409603611171758738428295310712978874130067815729007
187202852534737368305268388208851900652888992067114141756148218048
590301612699363022004245730365450630834445212718140481106462655021
833491808728134317000593894546477780717800755411594479566368752313
028096856384976646741642397940380978024006822393043975148776185510
146807492444313049368424027979663806970107218594446946675695263158
838285262613400278056513954164726797847201873928734317431956342714

686128687031868026805130778331133364970514243458619433993760383134
891953616522198571734006026268164233315262753256152699866044674282
100016307871335675641760570610365397244034349964075523914459700042
488278070090182478520476973060681827286895011123040202596546463916
882653440624513894380086858263099263707383047836303898086010994899
412575125614015344638442370874909562441301959987563891046520966754
587766008659039521526930724947593463765524999573981368704682383578
222135022751562771743922399554134549014307806588887145132813370761
485025768523236382933147428059668809646209984224762074394269002794
291723758974789327985624247296590853215947205332369490434027966266
307402731316432230471242896578160810904602256804488197247067993494
893743915075505173557882736746630113365128062806763873894435107340
477854284494581032402153026889267092892734321622288665308079172552
536648253192224860467190401188149796691897238390489921449906378342
247258297448757138716393766038353195822125838995005317567009552936
485078884042900036232460798510809447041187766965698527002242365421
484082307424965912899096508885363087254327321514159891816287567811
307051625685105581512671359344832178026783508960472580054261710332
895188363891032447371674832059178733650962829745596943462409255652
816656642813369025930758740440023467313737677792486726102625840368
808169386094183043542160512328994311377533910651173174257919038774
427555774666030406620099040630426051492029870431846013273895090998
152703064336944690410044571202235451171011328756403959370242331710
298393490082072739036495979673246070117441657434325499611780691764
675964746879791515572781516247306058334526364851289816778469808818
991132100393955511186968360232676578194608392777588773560940755982
917754280861145433013950045524655124291004911372885966068671895355
711890373330064908975683351650049482437502013368515728499636967464
259149536037394115496098234431435109320221809709359780329549759598
895081104350136062164200304054253525182009155876233217544217588085
941929940166160003634391015340094039861381614185296591895827468622
176004007540224052349144874115414450603504256362329696036597208236
492559421476520771374574795122002325330757727354406667254606385566
002002468570446003727540392329608743253281392448927596263699974608
198030761215869443681254346476005823451709865886875789643460227054
800708379004133051417219265941576156879115019134029748585051714860
817315609739898187117889639975438593851481271228565920278693528607
609610014500468628214330810028800342379908031603885040608297629418
230827838086035227249810236770590604646347730952402490251187179864
243391902530458957320390858507871952255017770376521626642185281981
740507340026663725152809340520811671011269698677937225985693349519
432693201259024230765182777135271884472532778020551144835864447823
011547118441835229325114932572698861749122603284020727778843300201
824351288952626434850401801176692189400301384623039255957312898153
724381695307731589478556460254890123359844526030584211078366417704
984380422727756181463614970822052978940468419642105195952976344279
449380087623752745873654043686032392568120396815397806203184411751
734063549646449468864312900565992397103980260552719134441217649315
767012502328215868291339917094347218601990614994727041937223244811
365777364784334202259996962798552988234835813451982181425675924349
886313315764355498522016187470094484862457290141545591894888707730
437495867207924838385743401098250062896166079971094418369987478443
956767929238886241602443690271546527600224939349036905471674482965
770830739242100152832723379609356923990338824465601298007919176430
314202194237399396437444250881398720311047330446839944062988196979
371975773532541936499970332980309505730194490517681341165244535932
990515291198614709570353745265578742451856888960135130446546702707
588099460903301835695366013279171879444954101560343692286480222247

044767586960903220968422563613405634836829717434394913450350154562
712113070691281968263867332213184044441497703738450944461754830545
368993606820580388987724741195238929242163746784562498542798503144
932995331585543002766715402629626516695809146078810174714306991744
199865847329040165535665857626308050241495588477533489852364672238
934163656532479436451005902522586321364641258499846796161843552340
352324721110521226636091573602713021329448208976614103780709193655
802622181784957122075851190422878000874592867736276332300969043780
313708952520766671757271829986143936555118371669223725419466798082
166668111039566043933750372807554514848068166043674678943264045371
156658637505315120812713275492053068222000525692985014308858791838
338588827226166775683455460042038732166503756308540835999973834420
318792535151098838338539003290965874054873988529729683799722936601
292312307160205509733930936050345903955144350530779986167924716144
327074762450851301978973869927099332578952464554750676366826464527
152552254333880535483627391626239252966766458754894673447577273356
013838273729005393896656592230598571048482774398049720583821115538
200989209661369468931771991114747170373374826981059627061291313996
060882187721485255788982496057151197409955071399286692015456583834
310142603080858688493271922984158950926435718314092471047051845128
758699884109287359028743120393437627985164110324412262926311001109
691495544503094533576921409803315676548064212577277675625253662101
808506368182957928716083982340214720353625982063645520085231280580
032671686683448151104637370484997348399072102721190358008843242221
164334445080022597795281797172269973237438645179469844576480639489
491833438525180428786932632752902447890475937940428598452749922277
972100023891121548938382391382872989931731194761739061150447827928
769110237647550252257173219481814737063013088417889819598162999541
083390244410692706737595956997119535930938496110286574076506367694
490893018558649870372897272343345722492789153260922324770228772629
642491769808030278236217239379885400503625715548875361008901145686
498282437678150512482820550492067614725271465218966300496885795997
677522593974060305110289858039626218819712821705192632230895174681
586477249400663476252399854173196026161036924195715977601971694902
399328727439746588043656593649688016852863977515522475999764941859
502680405006409698435113073797110441197918005746465493078021521252
981008731406046947356590646892418148391263600007362471055648198258
938088745764536277429937681358765419179735722961270008929684713696
493683678963525182303891310399263375859652579616496449908909552435
508658902553027859907755325901273060023553112413722883395464048657
778331615768298615178650924137474237208870130880543952259278853023
943092165956490984077060959426129628247967788111335332629528747975
409878835566787900429195451576744148678404482363922335095660072754
793914016971072318582441279892338820023779406397575365725162501335
163672644359159774750611925713016230090937345100474527618016380709
677370094376805966714229413589600824755383245974803932060796044905
017692070585123672619845895683093796806254340250957462165951887975
505779654919550494928671233251337556738716057356380028942990248851
218801240568679236189247556048248749553282638731464641642059885385
147743343317259129731711974000426498722243810614211032749924136371
337547432406296672518156579138643702562024303964790489005044298526
244657566236218820854094942368505732727377622836552938642131946178
526062604999062547968847458530441305937394727793077535078193557627
344106921558940727573628596944966388909215851327061017106149797620
538570852812095752763294985766777194759352152421676877868173437055
674237402436509635179971533020571431114640135864028290245151732610
767169202252500633762431074161787476243110180290133180972231123824
004466527025579134333864823384782408364150914263032146655473661759

625616966594331206659851276704614504355650567632319272380345140253
542128096185364065860659568650090054298405004609354853062062677047
658456432303555796213970401284145071551329589154551669286582783894
033915299223882332902538885726058492433074205048077496581896610609
181058545419793248020379655682803999261459692054638058771364903148
774404809112742816548241917457211102449742316156169247547908473075
166326609819523795676463876788253431508822081795667477147068016351
059647568318898324971204609208556997133757414465046934783022432710
038421476879322142485713565646283401032424128263276542081608944807
016915495419078899085838997387070670154166653384195835071697145193
419203744574382051040777729732736083932416374562858922413376538636
749550495430566377084345083651770046466463815328674448226290496018
468605036883440776084482397002567762132357213772691392393095925237
942205667698370439260789034826737347545283328576599177610125695553
501926205517993980215710312414311453023069858987010303589421288523
151506444142065284953493622024421560328509445445462874140740184508
573337343507763059426122501925255325129918634214765821403830797952
738737610527302639241822426415421509064600988318441525643072600146
861460116194913024036693824750171418942259202080670774549157595384
542378138860870217866424786028682455382570607007852827332226510563
344566490874361582295226450690960831695617260526525349150207041380
219034005701788311831237419981786872388251010597475120234906541684
015733501431783733524819386198287179971086117048195607925864281956
197702496700421100095380047388039200472454678730906292796860054268
202283888668402908313352076886505277918656290128921312403151147840
465000757126177971158769600362591788995845532035287764184783978631
665070737509669088361316739147668310680483001761136059412558390261
849754766696217285340358592190345237671511643133726006710559414359
332135805934319651546323178338090818578233195716802322563645435465
739653891585126961726835665295452993366536165073980298734018388646
124416365174666669893892482737826454263142720386501175530970761558
733454310267608916815162421264870580775063592788200735717780569088
816079843345659706100924240360984178262541720215278830719157976674
288514505877381337614484000839126439568917135693227613352816047973
256116480024364781339419493919981444634503389773048307901722189787
611415267584913782767136404814522241700976380245927541667269859014
203411158804515183793647076944899216519582332638281683336325513023
426351694440084457734264891932074127715509564322610386891038570095
852192162848418489882732686554704236675275075298431229087305419839
504408942021416678082196809827976707749289849712423880933541449510
829425629732782669230041011618064786854216339301274558922324247867
491607615769541168830213454217159658460908480197196494872285422924
913322695771899106521926823520973428529362798860921167917076294858
474961499783598343087200700477102185689744126172310910355862262499
468390249780248231061077389080430317290598477045224303210033049575
696595575909808971877355132748296339886457187784691064035564489612
527351448682310530027781884310676814363488368688151979359194805864
518378586597310271207805878176828347642204580417485465272557925932
127542209355067091521746074186345010479544484728043228759042785327
989258645322429852338633257207854943441007130491816007509571981783
809560002874758275571459591214237982410344201199042980008348466798
477917366763391675598123307360449981783300027146207947153962607424
019051778269682879307334273726355455968205132147577968851655215785
638215061003757442106878698175908797231054718785979450934163531730
971342755736848046549368460858932795193878054835351838457955127888
971075385264812591819795227144673148897830668144129480904387647541
720328836793153948731927842820614083782111123855185925737202642344
646616985206338453406008552668716999882546853183684501164335422424

676631974561346008496308560574537359030332058584604742117198315800
728930013561157562071742314893304796447468064963812931642923523581
139029669949468001450688385729504988003174294755623676743764994243
612959018878163634223194934072584973173897184738742749355098506472
696968441265206780502194204287610736288893858850387324568556438816
578846280988661820320357823033380099305913007233341323450960259737
460520043570998600298145509578462832001513573592546027351596756441
636530112264712786403244824007737996917646650602387339665635679340
398356568072219654048851193224882054279809129711007700450022775461
206617166915591398097656598227169631737132380233081894643812813486
645249599544573599602734037495319810341373545859961495498360917612
628539530787384570759463293037148822519303817175115438350026708995
826545263811037252548877439260135406025221454919816995798737164535
132550990520879677994407822530807758169956027111277585448684402760
529394514288800290953802848541101226157784149158140774999841496292
240198891308317859666915388229009946947450247844902571367356972639
792830403286063454681985901480867741408921089040105765750311041922
161494187431458784761367147739183053531438322669545383299223940456
133606017821411886509292207929496640912160035905115388056492162705
446419123651890820653277589199738922293901200268232222369773672330
039382172367465305265074391406830947473212603208840098990148026780
199482685855351480657053914005769345471367320387577245130697596060
567953900372658461138451132306458337250580531679344725994305521750
085317786363398194721774384983941664621448550518877066168902788747
419777507278594616784819648879238392429701230219526438487691711692
941913676453989753022131894427468986445119523361135808699525657384
995132272344858932311386797831195178438771350648230787048299803447
155070141882053104142668229481600816095024682359788933239467695015
594757502235926020424722638494100311367044097453658610308012059308
927527610728526394257529284362186377642535427818993064800665696367
275161697181990722601937571168925947974476124876288821798650136747
507500638323479883964977400488412357566686571614215831108473609139
345000273200513079812815702225616906552683303083665638141347007081
942216648482210415934349190820405640859522403880037807349261650300
231717999314825929118003774744659501565939981386238692869062652382
061233623674596407209835077011082990790280690341091750963573145618
231904447704954866187160692280303501373595224123316964183487990807
480804086899822172755131619587809677521653989830962034894093683856
539421196123081021103471051742416434655171920779277138529506026751
864243969265536723344784100681455951149036782838817570535380038946
002769070563127023230141413066316801746797335097254146260959957881
594107278065966542285301608309809482798087779954151330634185197787
230301266392253999559413949621100419546078252067442508032881805033
938921875652444516995541376477841671637307558479723386593926352240
182260803169276708468269071288406191974911765628699969084970730823
375647797687484667530526919298507928036681821437679607305087380808
301446429759825417007864397304961083418619696619596322018403591635
634118435818598205141363191530912517440662404939092451358851907627
068893662709905594646893766800692046828363046250164021027437917854
480248512861821612512114570003573467406925367903689095025923989154
817162254182524520806003906004061554058929077320687309580061749971
920364712097884192446667092044497498748240886590526693588948775257
516401354367423792014530722023535768345446812068659513932726355927
699659957377744110379091071568358658465622085862107139549354539122
567328062952751900754940904896394388806425455707262211593631243949
164597256491018425754082200472288884663451280304483190178400740116
764773956154364713952355819997693590108417752197336203083262576165
968411936614585331142075321195292766971704206705185984249976283460

412316390812279089005602391472762547230446561373891934829119845493
060944629450961591153675525286261059127121220414468417749781863050
111297400394111935081890835733329055114407430444467585330390819867
745858706466753105873320444866438195473708480984019014571108015111
144466295074606523305173459452577257589307863700719576792849542202
391372656825993183849635737174554050387357805408322354286682509834
074246191721241065928405281116620092328296030172136384928510477358
529839208709892631698435885742206374457995610541443705248822335802
675674609925440227768400935931817775078576733453207311853083797369
573820246047450096045240556006415683554046864181064155915986925744
890303471460863686842071415295195399688863994416298501262198265478
995063129214796056471849993133924449529728833783355225306656081139
111557599979071382892418373574090519324118083275321057583443407862
876642948811335953007811514259578279640928378127631674688525323298
028567924732045320938542101580714740180947946116048627767867343775
751143759233304925499457206276842336439469327017336108444018756535
693160788031270156774329211095460374669864630589643299619579908391
638851073583655397358685803947562940402286352096347217039450470385
257108531336244754542001052596712178357874633359416592323562570393
312801881979934876980850885387379015678885924959933804104507095668
197806890979130475312701446911990817138057938235367271579787439956
478915490640769381923678366723218190582136399034973143981196742174
048660691965065868831513483401876813467904264395573859006548375807
152818128951074144096045017043965485359053827804348135830772445160
037860973737431472179402649530772942955247321642858586419313390462
255573142876790225334478786885637977093220704754382447137072108172
807262161922034516766385698542146002937106613178446743494946034274
590970779402571198873753139912381326000956320636823628583078987415
322744621275917935463121492158563100688909580778060593728283740660
451733814756940668968790744643728903240457174689316227991526076700
874957946365529810800605632053593234614913221150818691711550065566
655477454978755929060742276192490131286777580134210840162883087292
122615776509522101508044663744032978226504795848394929088091378349
110527018915866659781539522433630203819430779722100749295291901417
577525169929771479350013718996448891152064736296676121821839308489
926024600418991546699738521967567293096434216988980634192953311166
015202689067552639251081017259294741159705724670208362379144576573
076310550469479661341506294987476166418457078238555743704747405720
187095339272312325000336576544182150162660235171847267215331210750
964015851018981377491426545299866692087088903694910230493046303417
508983514679902569728765115044510267583560834962773334541439538796
196861122862718377702626499995437897566186384522424473949249215054
851012216707555240510210387330028459361318458442786733823142617697
356364270842120283188436738192834713195087173122191012031672114110
939589992288467480174165676099378781968770763447597018787011536350
704268062034322219624818967910905627992687206315734435950789785292
306967195110433305566783849538409612527795838910548796848486208679
717493008452144359425346200112410842665667586897808277627684013469
829419295802033057400474913978971059122642210407325578913140477467
095216337310954671071478824347469732253620897184341401689515209329
372895796179900974531322807631818289943318969568953047237039953890
583965748355015081947010033649460754156809390948275449981181003115
143112437162060285082116771605290150303839981778749861963500489080
522089690682794915503815722397466511442040712132800560653624460196
857385732581380945079434740660360543591168103854745541390100521085
682696417436459269757301112314276156916406438293041441912580970015
014762604508430299473977704434060255848315518370986210437182444909
324499909412396968072735574990974754392902557984797093482190328085

0591023318505659588569341036975217879661677104230494235235108630070
2812871321479327804020664614262300785614084032598348925571208511890
8538223851362097287919518774650641861010501100015239214019881155010
0333190671539149661273638135349062018988011860626488814169435292750
1302012074448506939497156569637005281044364579654008558044162484250
7185448372086643338665752522858109482892172578391581914769136460320
6844762022558337884307066268201365625670604291660967399373963337250
5981754023690188353530079901593967249287745723100178133888506294260
7768452361064262085472070806053673762684766876846210436566255254570
7155820968489551256042709483869900453706023638867136791042491149190
9630147564672600279406939362920852680415939165569428310137017215000
2461341255538803212017480246619940571602598114205384973309909585860
4771311219005778516821354656769254369586839553959226979119815105670
8624278738635596963515965257801008877751613948594765302893365917620
4022970657836985360711004953475675722840793387469639698205275488540
1386380912804655679578673802477962455807493572388749181720103008910
9889932379533927562492951430639175417565236205655375337478403547510
4349918016962421277305751753172714089928417997105437997664693048390
9857656970388916180268894828664983964738224030523683857879176549870
3616284716015227511055535642270930341290634121405037470653876110440
0576312776776879558283969360687974929924730557570145071286487760370
2167136663996479516812181508956359322145080853486264524413804231930
7636533552748353332155834128888664778013962249460243584302230591750
7415527544778471665151580601596831434699386022411670339610331434440
1421523781212705290041529683283581427457205480763417399768540321140
2787027099465821456696142049358600517832030749599849994536775963900
1544332983729598770215879840453042417236885395654311324912800166880
6143213359018145988153451156496930872268799815440163790362584744940
0276762231405838302463232783555897049122876375516099352286387594820
6470923454896604043955282969349632732961945392634125404435830649120
7279699414425771537866021215962838480080776486006844211951284281110
1860656338162758796685046790939303024381941471345044461099623814170
0804588938597963438244761200943147501391451102903534584642339866530
3775034032887511784456217019070082687537123489425484526795290596720
8991141621687172072527895413036625313121616871840029084914010882470
4192903310039585332809030568981619595841464035008818383544776616170
6408343356576282916036527855053342920173444239999129821560656392330
0968312326061134984745904753481757247935228998935009434950753963730
4828911547110172984407907116384882298841792185428317498575601644350
6222646122594640283086477663873594598842450470990867877167500913930
0038211751981118425649944996192501939380472533739945933377312525240
6306404342992510063627726440425221293353639838887125586502821483930
5195378291219232513295504794270774798175730690981398175836426749150
6756380340241635030089974588466445595105263773038875334873440217720
5854816570326003356204904177355790973475984394759958454297654636740
1210753515070138512126171017094388163868180032534456078011389315450
7232587631687591414183933656822296246600914620551459783379115646470
9266635436278233025485821978207099747310916035110647009748740007310
5222876647396291277862184468355500202043071914200728462790183186390
7870257027722687823910369724454864110588891669111059220294449329430
6270354133098805268800879346170956304846028827660119070894073002820
0066435986694309912883866952379298666281788984272697048886044737670
6094202615377177917909677512787197471044080915599067919077234172080
0808599042860045454567514227713847378234110053118244306323887152840
4086268756605069723478477362196202376584411033721590438118946982930
1306928611598564531398931399489998334044009242283791251755521746210
8912876051394689884726771874665047852706643625748319169084915371250
8805414540363267478695396491037240057461302202931995031019877506020

880237975002552157499644642453349885915909369543958084528045004936
639830563782254105626241683217301132374663650818321551390498019391

053459602461494020615605448430643787299452582262636091970063423456
958121081018804294851368286739852132534519851986806527920161753896
561841182522425296893463498323878626573832248821467182212392161452
163325275670017042893990524654825877851241251856125788689455531665
497546430475350319035590232143812858179275339840124608238907170546
058359605867719902183465283057186827751076250665370945298883021196
273029318588927084757014856899852966505733847103862059963894320941
335957796447699221415378655112464853794392540736219275246848238284
997312571864576555150869582415134979815701743782733663799343065090
606498092983863033353942502182256638127320974354662244588764349940
735538863587706720633681111322942298365405268821561270245962885723
548264218314546143319125458331181255979147364840129146862219867375
818977195188232785208093327828052850343881380195284554650513932469
026911560267684358544393507628566726126650839453589830932080370010
789324365829155080132238129887146480913564402924712524410024525254
450802324615782206358687167110556932854380162468346196749237552277
513105100126776057643879915719948597065176021389146406317350223384
643458394835435027981902728797303202850846884019875949870378146179
668646287546670399896304248334225490492446701329392472583236231531
199712398944621765884271933825466621610382140069902302774264438571
417574587943978979594815804972905977772621874827919154213901567104
042498796038383987308071550425303932011381726233669143418847662675
503258634492672941635544061641605812600689785048902465409536738448
508044199481231522643777835892801077052872357981319176422544079026
297752232994316244056822824048979585862042095903016753077009841255
041439517370577205755550817551260179018120073513341772372476220812
000860440795123951426598964340376424506082959966615608890385710684
640291412717376571513488794464268910769410895310119099929995630930
905035222777233262914701401786445146353118738378495543882500856927
308783947452874920176886447311783104110199160063149881892999061015
277816870842162138183955707918405119806759776959987531377577268878
910886459165446898313347423547929805191092151468307163238553510387
271875446767082952974905345953765259319251659451479336850638167973
478663688327078954395966772983270966800627905395999829457773168238
326073880180654102514617216288678835870661909367729796642225593369
082458671032121453015761406563848832046204655115731003310627177636
632725355105114011372947974242341799659537348942142140023658440811
338831976175255058900924545313775605884224762865238760627246990302
126704707809451241471629495570270401899866663201798423005507008440
753327962569991771876542652570331254951397086494471914527294488305
094601841529556251474040952579800990146338379776902129394085310248
856156735060633863492368448950752823340100752025828306207113719059
426781552141092186057054209610307132937255536822579473558746256777
651645331092982287602837922593025131851658133770605209210865756174
301233428908469922349735151163142174525426713978924805002517223209
082124574110776116353591686046523764118520831045560051390958949873
097070872311142547023121673320381085480920178739148793448883726854
568921487783039001654774176228126058072835541533136900793139630006
376970200762535050726123344151011142807093681940223698999130824742
465401270194011322299993204833287467135538349457963583689928862329
043972258449381710772590580394971625950663691604242881282548386971
596653055474254354559734332016501747169426140864138038046659532238
806099596893049398139891441778108044017768041263118730703803284078
136515237865950551008740358384973781723210016623052721994787990743
605742314099283345866153030265910880284894388262719286059268854625
261181150655431439186047386383201495201419924016510173976740922604
325484294565925858177689977165202674986419890749336425882430300822
991408842303703349200032109476423574937082515388359612855402857151

1999684121309513297601060622384467853304303605283324594771517521 10
9132184692968901359920399067517466637717540893162635269159223166 75
8528381513309573351829442340194857599928875715896113735250073352 99
4468645177277810729355506620011166278640684583474212201535461842 74
5627781395631003503800901852220399726275905468272699143753600658 65
5126345316534223994033256987619903270018293229045380216469805315 53
0988295337618967309534457130377128599254581802272613746556905822 59
5786920989804611674009391732335754451424181559427904164840501217 52
7511162224841376487939528948768911062083467875763236881995065081 72
3493681850049201395396931150450840631833169795650011516330083782 71
1074977286046415193311497771862005817211835717658891646355701844 88
7330656741216711045991852850612219680110732254829518774076669979 60
2303847200725332760059467869526790514319525735477141111573062837 94
8717238799010110737197033795111387902442285766119513470938240551 68
6729869870945885528098965550905005839479776816362135995896454669 36
7741167952365593301962543171459828163763773483041585352887106282 00
9286734513178670579055862422877697703803358671896644007604521050 77
8010902637401436327800462862893243121698489569692681269965570096 11
6297810488083332264011584449865788691989155116498775950082011654 71
0794954761627253597443140698950143479155214870180524406888053182 44
5054861510557508245833483060153051527141034013461587176204932737 68
2281179363822377263676950899606005764576074349083808672495330340 11
9364736422164031877350174262838309181603371305308194700548145666 33
4229294394379129613611797429979597898222018382043393751513900818 79
5675780849881967116995779814800468611110202998559769628419388687 61
2327451524627733080446573369546365493840400819777609706639132376 54
2539186868203566854276619326843902885919967881472483502319505887 74
7564159106418991240691253094163125619541095435308814642343408331 60
9704950449309811673539831293735539341187320088670867106762928026 62
3131366609838364307561568243371003247612866087421391893567521305 95
0626336204982646550082066501877463331840481096537269399354992508 46
0932223638918187900587249238610783215777979026003556222664391725 444
4606289329459454295831001567300550754372474262118465163712077024 59
9682774758902127077460823281087774656437622050892211762862594923 33
7322306799176150246435991356381620607408584397425133159389863383 10
2724114385075320805389733801159125087956234072913945303862707068 17
8014681947724028939617221644175848630204516488795837610929850676 05
3716776401041227878179550018233197260574617611883779468454732039 89
1838117019778662208080181016483471431403292545031424952200821114 33
0744664013624225319259875091575121739132432965349401209539286534 70
8463158821504955168014428706494848315638437272630481694795792035 56
6844577863829722889535344118520610069545041770445474492597086698 86
3609934470061993886472734499279127222316585283623292536482593421 07
3552499528548442312732204674710780642436699584238528637432273244 20
1828343973400032241859019238030590058722292896105514993883061413 50
0649369104739021291543977494536051080648720801311904902231107072 30
7706242833919528937220911487783908790449596315222989682708220530 48
9656016395945586075535222221595738349596092864920413661120498768 16
5209416326912589404845282229036070277275509104234760715102608470 37
2049953307356616520160803158835638796224312089007094192173450477 87
8774094071468706792259425905227518180949282295331821489040420843 93
3377285890253665084263277258143948601959376487549244711520859661 66
5883085955336160717058520424797750579059521204948991346273733393 51
7973537490955401805020862425294715561008799154147069653545729992 24
0709325803842553897467763514808951876988364635894254942842207312 03
6451005027160780398336131700022763357322058050472099901287776893 53
3759857416645852007639216878048573675392949503384098229397970658 31
4255553928295919229698068777227966397293907779082178517324761087 35

564189670849418232302926913249449134037576977880000852120689948851
950118704243081970477677656477051666007382064988485717104832272345
711925918065271167048969229098580751536275170955052842903922436500
482488074481318574364656698445218053666467548379873567916422013296
190351708641479733715775410615161742404449579958031556111579103087
313472099035301894999465821929921964771056882282986141014201946390
542328584438171240836332265624325123838594776356730120676441085014
753981446342859310494968693638264004641625964695149031961110485447
759191706584392706760240031145212717647083332009417568873875947770
632409980920684630534774332419452200217630004662282023808277804197
794933893918898522440855068666909872615099934327559421951361489460
327548540028247463818557430386722484814571204128940220014152688477
096246122211499922887643919191089940007645004267363603359564464427
081897852741770774513395840957604462114327655989257121246407049760
606889475217788884675365773130888483170413084708302811779259466701
208771841286594199018778750963200281102375514363561230486554615329
882829990461745177485814776012313343417313877109055770936706573655
020317579004306722930314450241991977428096762212425199286327402583
704007529728174354804106393450637326750684346881838874833235411216
634188042412330340349096757794165377908412586879828861032352788573
321553381519883058804585315346904313089809636940664181370415485931
496667115981308994408254571535523006525082284961728723967465082519
004532455823574868772006674794971216360282085235430278386536117112
453214864879424132133170085231543372774607680663766996188951228804
910891117659551573649847388606952471668475237514464152133654892467
276122585393614841651438581869173841675434827813176631429116937855
646181716609663402912720536530254447638306533550451146415224708651
212131290099900196815169592152430391022949696439063552199065139432
163036534539747151573501445915609700314795373825072228643267911802
228545445051006686838264972907481325848087102088749505142696429373
925813677184169065452156108761573780205352795800446849136136917468
253717280353678435036189012457775833864677004871875515418115037 14
129454911427269687720886195290311000652148060479389430426121125047
463622256753934768192222192006351687668258215068279880160735706110
805557861686704947486404202700061440097794418761478549764582395624
980544495512570910640270832390814460092511777876520638039371357117
644763292216214126564837394710745132290507372055423326208635230121
119230099328216475364369237906325033568253135543303478962915330449
231153809199575553294498705280190335116740752763665598147220612180
438573003072978792173568500012562331806742598872401099689698138523
973061919559283369486119032394925359441583659581613839121854119515
199265507043722245110633671266896256727586677388238790791336450938
651172201396285944786544296218326678451700202781884192400936490366
272357443728744856331087287895845848235250820156274220792392203392
045082819462261529184460706197582285213387796963236786401331304109
955645374774064577757684903513791673253218265004401500646241636404
631178277966053575667603716137442026691617218914299163923048497382
542894221998545478689482567054577120830606966401517547011398438289
931933635228885729811548286913596032428511636219222076679819006388
404842715260865907155370497185933522605711810415045793473539632763
998872325606368960841031544136421487826119285418384995743044276868
385145914918918742400661902831447985922644596334799531028630278018
311500893000765762808870776888556671136106186168996249963879937029
113619500621550959100266394298058423177896496506627565297834415149
733882552363364465203622013216280321350049361959750702691727832370
138371576432302888101329633287393824573874624509689508223833084417
619240847605102724686019144743039151080377748192387105291127959055
174988229390755127440803641693282921255378008849192870285467542546

6697357397053653624540072223989562013067604811339156349727760567144
4964090640451148094824868511796216404428068971957629753562236181688
8850027285694336528800131844121214112389838519527851194814679016655
2840688382186958683066129590397745990561487036122898098411382006155
8591424712862298600417189064530100820327940885803857608905122698766
0086424606482694850486186296517221848751835565288146631275237687066
7466752691724416729735456956733166771849284394313859957738504850611
0973138057829209449944463239430606875958119003860261904921098398711
9699336474633114066294511147152055694804027987358243091859738263977
7134041141601662377526935772236147756347905552752166482414609981488
6281328766311875241074174329874362753850457777425420575766273931566
9840438567729143837835901823517368770880480343742863236659074522888
5395228357786813472195376605008468619896263300503309360409978222911
4815147525771837952813848915680491921812383604122713582961164972477
1080261254592059524865114227833911564975466627448671852187561816299
4711964713806687771536085417869418386146607485365395552580901696623
7780000655836818847197698244458732298445308869902993378877952657199
7280899159793941934367522718663437829079368244403206246396018669900
4972319031502436250408130553533830653161092378952733391436979259366
9072869740426234042475870337917002214925834352410157186453983478455
4517589224123613673529136260171215544108493033216442300759697110588
8546958695711726320379851371929401448711950153715879163321253830799
3896944127468922739861011837208514286931971502864690987328481720733
8738152015911637945123010101966662036445412956291903554810519125344
3871316001524124785504522454804170858009744164360840375963801883866
0748953526626950353281648096816794488017615939929356306431457111488
3516674756546277594216725378229613379520048290422881659995670507600
7348704290859084996849095294910463268517636522463170134879989376888
7798420929485129627852301598830153361268342991776614639254947705199
3020500310556054936776339163283953895578869977697143135446101324966
1890191705701201820667021165776654146051368534345117330284374109755
2675183557592471851518890916898948657604164533212417028081148467599
0773013272547946094155097286789671879618012204433502968796219644044
8327886379960409838825362938230395839698373949610171235821842177433
9742703646911258107515945266355464675143678868797822902295599477155
7643067126525971855615110357476610420964178412476830158403397936011
1211878112008231745037140757004092710837435401089199345949837567066
1274097176992139541109521012508398136549562045150243668431133989733
8587361130651247452423215425715091709831141400860264890539370712777
4412440669076831670854240573003611786905243232054426823568650032700
3030650150774804738700240267292414480020515306773270191114548987399
6349292489206289712904783044926853800283148753581059970561483806922
7373009686610988863789029557324737732183929682372659640999994766799
5576053071821618693945992778164452536969658122450093564589944321911
7279168676398557892539969660988248722705869024920017849027121486355
3955328059468288469933578566896852991438034105283369383898081065411
6312507494946094474088864690836521657106852902937901140010171041877
5820439261982433726156111356858417307628652063100312749714469978199
1038819926090166461797540691029725658474690450719252449465833527644
1746399517886169056732659316334124585451782580824490071885017851422
8871766720831159955592926726211782561190445950693489617572283250711
1475204412767765750508689367098033666867867986680958545163564504566
7000982821304671244237580255335849496783455027631075616185676110244
2006229086221786801124345915647756613627310796173252346814090700111
0500097945863457244190266200577367179046123274420853797609726268687
7009464227258685007163645957236063816338474943499752065431904882688
7582535051569107427134586841794569558271770980275281686202031319544
4359749164686549228763080466621431318534173986503522645190258054511

7242379319713354798944313018430240118980856828428763561151135925455
0517590066090293175341972370373166267631045526770572841082661953955
3967680235004676392322381988953904099269167859156689219764620537135
8695769799990888413176891511374346270237557613560235953212929513399
3306880410662258095597530152275907114307261209980406112049595447022
5290224582981032604603666107907846145624771807212209453782243796088
9208478369881533998578438358476233111145529449931635895654517074344
9410086456375682365245225528902797171999867299638162137834713253888
2980766128714625534783529714630139379788432298529584543951967680388
6477081199962158170809443989580382507071135827079833478098566103000
8092483633401066437851717050086728560572566582490063038166592502766
0359401420724325335032907153406437209910495544172192961728518931877
8766754091358771099753068394228329617084806583434971118140092278255
3026159348139475517360355840894266447493309584619986206812924842999
9006904953095601991673592700342277058077772579429891924835075000266
2535753826874832363422767248087114413930325764451626363014157737299
9135855264761831061547505505435003978879153453277021596044566357033
0677066100192017932140171479697167384697333397070560585989228309255
3129526494279536183676079287994017708601760847530393479112478861233
9694532982336275032741764624321782050586312100328081025353090522811
1213357690673482789377192908366864035028279947062486247688670440200
8595385347241370469282593722752895964155974991677578726870096143799
3390912193869911363019731897109456037301611109766624424400181780655
0555724623398592568655386116826127043340700951800886897139894921311
9480765456160954465122643149669349697436169839616874112409269250877
9164951012251867524836356160571234863846892796456667649848464767166
5046561266990865485403705281050282325415823196482458286149790041800
3457596958657165789359912026924047544686256265670714416277114320700
5726232045705864254864853864287183259235882721005017819259103218622
1025254290610641964932197384822924672145088027677363100251061465899
8752818456725920500790060992633179350293026339149754789980559159833
8740722820121116031847446073130926422360572014068318740741436847355
6693028138596844963678163554669045752531854826599116179188647506999
2213268388078880217815079875262709591652828076767314368740762605544
0277158332846667905622524415031604568648941811259999795035307072833
9954188004062183769040528604637822068355374436554856947783615062633
5989936347870279090309974627721842411001764821590127056711820876688
7822757646769942854113054242846979677129365563719081124347524991888
9410442389988765581490981631338283443986788305614220699486564370566
3456816951020971434238126537052902311489174162697598468906754938155
1368823125531785534937461150504580356678194431847685134829172679533
0465154959807564116899823793686265452254476823193821655598816897566
5449898472233608040236215212637898570027320479709835073384755880888
5265600460111363664106953579734490868621432857776929771388386687544
9173683553591485305782457191099830298313951375705252562095809540177
8976954139461517202617649660795210633054864581189033232775355608044
2092880795481310443083142541175646937964493700880517884390646505988
6995299345622884978136790056842469066898234803767228391414146393833
4419705052555274566152430703116893995864095218468006890113619130099
0893426827828837570563951953301251801823500492931069727258057031966
6431977564341418649195709519441152022579601579421743329987124953988
4816432158840168231801567682205889033443405769062383726206054194700
8302698868088319400151779250677571751745937223847177220508209307044
1593117362202000388130607888400911177396641888367333204465296464455
9344197685964281262445125625778863231538319095654286792308345124022
7616888359652510288292547017458850877854674323354131435813989005233
4227038800607714317834252668029966525159580526739682566297578541122
7324599996348271937105702177276790883005849073633640131647993683788

780942754761608277906353980263547708948992177734451897291008461649
056912644584004920708308526064556605541887941017689160277283372571
529263391248090560002823379201775264068935118044977919973237802038
054845153464214411215740926117175317752534252312656527895654799495
249996613418668561137172657535761612467563936363465852902198835935
831392192491393418642454135934428166038405794303405858305951612584
120866417970404500557090151031427979014579958567197456136453537244
757325971762416221665609815477651079243328459730350221418019104377
848724061746812837199614628391664253480309667240241178483790511869
883383917902679307649564913279665781977169564574759333133134262607
748971367197005879051641105756086803903926865826348706345405515763
139861676381077414451225941285507544942159529485739898630568471553
514877119332279431038600662876069707269223883921101042205418231418
783870028474888838905667506331222092051480787061361084283744060089
044614667973715826272029111684229324748247891789685877780597760941
818644316340028850264536445513550671213401188690785557499410205012
020584369359438338431421187984966957966712318296941911718158049435
257952406018375850997934371130880264021542881644344306720286303061
244985371567180909678367412752020111345413499839171117253538517021
424306732100031441372887105544078958247023764904752320309705960620
761202742331730176569032003677492694227330322757762751700794150691
302352338229522938042374299195531100137570087357404896049301491001
310514828563869984292941736475578552941533379493920244023171942716
029023127159436936461304778015704697510260615433560235322727132552
378164940552536518894649839034517885744396354358013434976027147384
385511984781089286682294577257535978429545434990952690776186980501
260973242575667396516641860943350384149618387370350938070380101695
366304616092407294362211337355372256317992452086818271670641961004
506900017835172681539217865847481240698829943944692847539212047696
704008917516980044735013401137800552105630498825434932067996417341
838113208226066190871983360217148256562393710727708004426030257864
375469141406467379988133306274980434048844433937285851420929071406
931327851505346968127345232046363566630091702633597632388614244380
188240491008510158252293256556727930099661715167571103702279090057
724322645193485395815336762018043079066346938595228276348528073739
266954153406812865943469956911804724376608938315621924386564103131
340589115080721932867391688323814944776071992081035475388423453896
732654849684408063510671575237120307503288768536916612388601773535
404009108803958927512100254971669370797871866429220140145588245623
424144670313230350128103244201632163057653771387099052725968494087
829811861525888492527218603289522182402628298323270081763455612997
145774658378547242967461824664384902978653007763159379196442547839
488282680655017633162340101463270947259720188233353881335302545653
904634831051730084970426153736764062033013790647873873712146452555
336583558282531298690853960026366890725505682714100041735228984821
717599940268074649141888703063814711532964678955931808651223026636
997204711317478634905277669414273422723279580870002598280525801378
538783200311808721509846232270743162776152941280404273173876699769
554819153808427735709328137376056176693707288061211955806890081599
398264876451200332178564869843209063760256299992888973076124774122
838326961611075164891522825064454626830641722718033834317376581971
246395144787832000935133331865522233895566025164708101900224467477
939875010877461626988940950281310748569751286370900657719141437702
967548562314383251595038525173136644265502859810576418370704824060
732078711770552954530969818351972929411541825195835308336347495599
789876319942510417438087738564230771733254051976361123906352198949
174390525500247755923939446107776141318676550924068922230286443171
562375620553253594758883418841103183260566160857078012412132972749

166000048992747414021583437012481574191298877094711693311104113046
464573198787106957011354876601684723955558088729089717469122036925
118972468059171125745739439114565180610608056378653089578477353911
887809522439697800184582364439544824465655627892290237229846083255
470549406822187880347317899183416054026859967487218008132077885533
824305278895252897097708026085078817526844197474750300894424270027
730324729381969579912766676269025359762295246233268788313894840039
368170446872185101395713247675408223230437822817504981212218492381
106072004410173724029200225719476280314994515478334470303346453163
731315274916269277287196580757976562490296241213427394749494996058
045828871922218243736016280861644682942178448664330819416549098050
350619393537344184449884818559504965026322264508622520870983941795
161372926156316664116379086259966195848326953820640610268251704049
489883857919242168650982917047583952932601194431057299970094882000
646282506414298088578461198438509317434993315875405684618443087248
169038284969445491491211283899174426980355442566720592375940150852
875841205623818670543118901668180971789190221229351887427909219551
551808886890313447708457777145492835784529617248746573332043166606
413022240780940992408614861966164617915731781241135208581516991824
554105441256762164334410701735120323683692247023947522319864680946
657670084414776271127818203706739477302725271299203114384513520199
463470898105814668173287078775610244204807475308420410443016348726
332678834504450244842310917755167367076052841051752145229349324802
842648388484690020994452862646418420347221657095686434779811103662
204260528403203412153418624039613679265397630572391767808239419738
793739699311857904544687873150027991647682588517407844000561270342
803131241594006256008060316896796077526780558515844477375732040986
866150895683261795987193471910824256221882689002334105397189176036
305647134218859359916610040431195689986685470952963076078686347518
088766821399004676927370948474866326257852632299652649029047557265
564262817106736122779326818851162138242414638514198006184825602021
620796477460122499966967228685245060285138006176482634185967083763
616017717878758478721135242571274834527649231762646257436709226621
130773355520568338605430705415874024492900357561116555571699857931
310006819332853800182877747232509141158198505769545095128707200576
522663427177149957535199423758520108327557255910134198306611780920
840327015963024197359149660681090192953878864962912091547913184092
762346231311444102527801585364435130263119592438461455078334368713
210905114872712309587577971222071836071360236141627933630276200661
513014317558424364472527128448286083347674941120679990018473193190
469613014178604322552671008309502966151612339140072324812740694337
484813194585701844194851954609071396254069592655653623192382949857
221286126450946391949541107269221906175681772129328239509816329423
697312472408434620676415165837242952236930174326841387410209413223
159043112309008559178089809863981147242343125977273072587496545079
884608503649403556360642136024636725029758258821423970906963894751
585219601005670875761743422200688184018678289640797134211987989424
200542623226391091608083282217206238321815660095637661311507035253
943137043847640671257073659863704705747299557705633292492870667671
578426397484164818987464420627326291809186345695140821112621118307
784231880550483902301823855961986897258663753836854851880890027567
239148796757475871447704496390596664763884055513983208511051808694
673344214696438893651987429294500796357933677630658354791344094374
984874917811052595293494608869603961792375636352705682866323356938
754782849604914955943558112337629627949110896272845630669590312923
738949873906464548234526530112459709369166368198429401975703961105
018093963707677695746134167365949186840715979940977492129514475364
355705104049071822680477534689219219223966559889264013833854256494

287750824045655818033979875280750093213251659556264896843264720950
845726942676196203246524253611380812855410809861388993231752761000
593682748189193057268792705270668165094738441124135225224621640589
669773776626694722306047925937658904054510890872719669296026156460
569223470830776597249422251734490049588103258711734985129334074828
896282286845140658705958220885463566222379692684577270800624286247
083910001271322746693291077595784116055523253942755096006076083705
334480806961357479866100345694290504874288654158520571824749343029
266450201290152285085761374552109727391108825404901954679022537325
594370109330222334353367924791554865089056103150920105329770033114
909933191441582540393767103856151258970841315151528321798116250944
078384463599269824851477998262383671542281850696667162662017616097
056709486112509359420925767250273704083583389316097505678303544284
000039700202864233335323800308367275769471670632072715632881451354
026654528053705616337565756556156045683973582112723349302665713737
615780888148416954606951892450897761458277305644711560367234013737
512391133422213509952010356177643077090804473048268999177976468760
034480364441486413463468999507845551020302988863338483281810726992
000889828571936841389153981116763523701359960477679432735219462494
183398303417727528719732165352397478366615988300018701354800725499
677948156412225073198207773749493693405159261512147252409133124328
535226609509917886242062147076181444365168205906693702697284844303
506025219140497755126145044657256971231595797642958217968313207204
976676286570471311714659716899414141941558552792132916553410803586
453942360439763461695335289846339014437097710317188526335297860098
669308669843526393418436970318857439062865471068519080023824792265
970669579691292282779776008111989619170518765770471548040762342014
690147470123007236720063747941465248848800218697254454637056860047
232674220196980822142277847213930550996393066658835120573420953623
270683351905374323509642416928024349246375291319682400703838920994
682079708205085530265060841729064678943292489042266623714939148718
520453336050928192722002667835450900672192934483571874004864525843
619500945520255338530150193608275455081483677629431734666870183989
663273687066717388978381705851435561662657530589349283799568837156
619051174693401985358752506727461577175427929766541124306616885792
146630482653762362917863634478732060481168564451331963377597452108
914206426210773371687162905791090473783763999340317610132958656601
786861508413202599439184688026600919412070156736705275210446025424
647662225537968562211299822221366194969278051234613589388009378700
644588895530093096780802205671222911732449621946663360850150959491
680911944318831887557272880726049204842257269502347772736256681742
643079240727324305549238831405486394592952167346120593473310812267
074435854430639051354861245846923527729555959508163391240344880846
155748316511028056596912604738220096242987861895952287301938329285
962799349844728509583416182154386610869136544064259089115896981298
974427147086063734408895081120792563243439121604867098037269298223
248558249957089431108637654840373752138369775403725350930868402408
318659218947543425465681993319202869736416876380780559427264909405
431860868835870623993038093248937760639588088169278821723284010080
077874468552849300953561681336987821881319879609157078006065875120
413681055150138991407216054540732098424457112407869027529556371764
996922732097345339032749384224697177560429121963794004392913939936
963834312381057271231601654623818608034169377923236080648416685167
008845800707990539901913898692886788685012546791682529572979509077
814007758372919595259230778985290095374969314464885604201830724836
681645348889006164184872131401761979206738425388528296023984285540
130893392381411757012080830155418887191011712203543960412588136888
048929394096629476679405622656481939225363716863010600798228698905

371847071955248636144245298398605497226673813992712323269791352678
194750815424751582595707182151747793330838053854225259358687900112
017697150694846872323977569602190530277291344179895332845717225695
951393984500808185505028461731209346332389767439668678411629825366
441222235054206323638997861301160460642764252472119953879776525470
989913875733370958754446068818103330791592335169400268050996900920
168136950287589393771494933112157241590212362251549726987858042362
441274878998655931459382697569314305549817950653144186683273288195
130275199567217538237057152252291788997389839063017399172994785964
732882451480573157662397274681272069283546859972049158200654932142
637378536537776577631054256491563772800189810994441267947276921150
956072802362828488060198203017705573603550343134769074127602842407
027856245018676049368092179666630506285791925690321609215503829815
738436504956833388199142037563207628943768460247661039435202294481
010140411684096352222244652669840429640253001700640703723317193522
076178313500357425684523102015448618474112946240496328898364055154
538023000657624314766841533398052677981987237595528463455943508759
753081225407831152856459138266985406198907598592026853727923008414
753034616218457484881555487518028075008701148602056630051107952626
218165099970462460938200305624610355311040342287433668786969896589
571460526360133947402955027742886004823589976160326074985704712218
455866713227141006978846958171262714993858982858592146253686919607
865356133568450075766467433310863247115800710250863570422004275510
279692222982886795051603903278422738873811183032977329682416042683
236925334343948056151302774756556422435386312834139392655972966202
638496945337587293946902596287388740148807094633806597996983165111
929088025119256028581730499108412164179968432523640204120266603390
613564414013138932212028730629445326131983133356541252058211952929
321494053648823003371378130699337526267525734272054718259851934397
122847549742322825404076626173085591797748712629887002266741047470
611468698028702735148198879330690780405185216982872231913175583775
553832930641934332767058711857276687145649647500467923706677199070
691387000871163039442974822989518150941074191583828498300089051563
374997092344581268411890557203901380937449267263259914733455221666
514058384741593179377470138831092920729725748072689274863625450102
261803654579949694183630518520334858306138860891537475768145068904
830504743231041756725444567867754056535324624426384501125401588113
376287922791445769993245490207100571938902433231581806774444726672
317664560768234838627921390923872430415110888337404826020756447675
776852313457857843464984582933624074648014159794645214350928554441
465662367260070571074429471480899305462524615053954667294574547752
230988593834922732118140121819937289727478363913024222954228322658
127299397886975817429336440054623339798479236619185224022625456201
012629622742562381753005177632863755395427686041957675848786829356
580164847516468108506725307386935018654431860678211748070671023860
613289732571244782397944323926851468558707175932678693358768547160
344896167761171634129966733645058979211075460183012363336069114496
418838793412184219493537874996652379751539176305915964610347152121
465642747239185396502131632591123081652835029486819565713588747677
239629019169319916776864587305875528874759709015918885841340231494
453516371582046119392953865006309019687811487252002463250058595509
732656697594088092488527662674442466726398494549409633358854494438
550708277866043263766955889909423392133453243745869236955358408441
578541048678823088765914992585877613493789393381723956612673264586
058860998331302388177066929334834048048944814411828434656375280816
656029472988769848951911289727995059763032773051776937678299759925
957344752814862839444189362992099002413580600242332685520325343646
493589775270690343598809038877648352811417289852206157665771897459

969312690499427459585774890071501771028005051021850874633374802818
267238663761105936721215117891006644603828092457244431417385808314
417365876863724975750172418050556481564588826944241362569737929225
594590205061321039231722794686286895619967419234007390131687938180
418212831728509935919804705998908531525506061112902960745527654160
555432346261016708812851520318516352330546845016309787686886251609
553921820193843043220857880847407848236511516852457920537636285830
047248894990623220277150103893542479206727218039032318085454935230
021570322404830357516834614195045183770461312945022064049232543372
082330956689578982080018613350050687537855173898229608645792613460
122933642789412934723737724118347105671994749881325566302417485511
254461353073138250801775959002057552568829353541033294058247633459
548911914800263059411228562902099198297089226752024511822200112557
157924073365057461275883823812394802411040449071889793901792134917
798575028751711212449707103662889052674505062509392601996539954670
766856145659300467217310496756990455624866338937724735088968724553
086783819397974149839080870071248444061484882489613102697330738591
249879037418706260010514215839040887612370365371352029294878765054
888518285342824841003839855366231337645767092370447705443448028249
088623220965866449859194336311920583162054531014457848223373995095
568172734145085035650280593064829271852974721285323881753240007762
565488990111484683462321804607071758237816362115737939333656351436
126557882430018387059786827453486224103312709824869444225463205182
429773306319378288052473627727901023657515838777044573638023243101
059133025223974603254422842530476392499368741225941252534427457191
435790426198559803235541075551717960222573100794037929632241778553
617780508804949631587383212867555429706886595155552168285084918184
671511976087907235697860364620410919720649300412315018883777045831
139762918700923805268182097875166508952119937827049455139920444798
943378848423122248762725989299789548257466434857557926460375862242
308540160622023123958379396790618608202073848623338500638603716795
394641282798171911311961478216700083080895078544581326695481816638
625695092523164821917822134624141759133543797902834142377835388892
059566846197981052319282576652938328809119668761048185889645442440
220542748969112069333534552351730720139527954521612369056345572702
560858266064853839180881791607076066138641953390753463104231631434
614551495468392152545717652301762790713467029896411934810468624873
109129058828693056154855010986571699431794832040020461502892242832
539872040350919383645420568065798193492377797399236164339232844122
291241613102368123841230940085955594392123890261014800241184367325
721856692868521171174389577355671369440365534188266303219673712204
778461396724242393438206557571014652108390411058025499057430927093
659718121325372945327612925571603381159932729512007956007811205331
463611272220893115014719251795352428209704638353628132373305039579
921425714309960203390688005783518739818893141181303060737189155369
873116976049855114076377510951304991139839324182677506786129309334
341944600471092978714189848380110311027418843783292048283906220114
592454197652212689145317872121451331267798784556044561595952497545
298575352221546817148984145111384250814105501308548962342436284979
104194400095354198478294098804365041833757195053081693362546548668
506765948602108440320888369791785745623588814599483392712832581756
647814893076301831884503175187702543381512172174738086474183691780
511854271392830592551520369615442655792743340951740879029284689484
767512818289936936963800520966258096309522447841141623347063886751
542015041317535385000813287716280810470018834689655555443257656803
765673502026726529968266884467810665749563509998596178894324430751
583105497717634532380639058204773181162089074001240149200801923869
544920213679302425802464651769831056714850197856958739975556787502

9661732867079490827566132163830257936527271172357649371977298818387650160046960198076260717297338719586498709909968724717494761114101478259018801182453610215220422049819761816353003398859997872605603757975986803073314752247564007571518792201644858905540902200692157100677635924985723995527632014441216849154357780055265954849998512479780901999090881425545314201117411693915483314820573828041454362718046468662629137358234966482875220896995836290036596212940685485088790079706097153615049303070971447935664014903112055308082409502443841987582416470860586489907394068754413110174450351946487233176746260249006611578886109716268850323904256421665793019714233077714453553878628432514336021250189909452614454005268521377177876674943223919259355906514401227995323657387859633667188679821005112248481754029247501366950050475967084418012637345880106622530400185066981810971904908813022918728763660112598163407302581325662620787942939377308834058169822940480343932468067552000853043214053837036811967449736426643299033781535255022524682542776448272604906490826977213886983755924420723772857806701948407548250245903136671777876794582809712007470914103345397923040702124704789597241630631679390426246365331538246802784629998492955829706777036736178091274486510961319478375542147347260977852214220697744173339302375889154517446218414658881740633219251066399862636936880015612905397748917869227522718660000064868860694384334169568976191047931550407379069948054142393140342772120564176101918465198316227552484709378875008888303178635730728291876730356327135387492718627847836880270457848570870734728184365507652351170625675594045614751081746288865138894890196169187358664401789113965033124828628212773234149566257038143667039496496422017426965254125031386671549257792425824718393040622119315529395247295659610883491077311846506610853782237227650723300729864336816764066348271265966113355194054621502427959882603393437778513689665892077747703809123061987976754485388849348861517902298951335515131781694479389844805510160447538729346020810564239999565313294381811817949168206643422986141748888624688910910401578383578904647033850624225450915261785817209601549590419019808172498633323653239962035299833581288184440031231668441282092157103650031779327671655485926788764291194438852182338965094495108299292607756543518139988333500316594418749015738251515349117302529210911907594922425748307159707103394639477290177111117954838753245430821919571097116313655851113361677992674500225456746172702619265822809693016765263536797856218150440685524250206327743120789245928073083160954493228199057876042271412546989922037225580941931329073979529846907496688497302828612768342445094025419733427838637133216298271886802877048859039816542665131221746650688390343880540662876132415147364980113225683524539644591778808774654570209538890575598696204337257885828876643040148602881347856677752231677008528156703135170869936872283959797761427043044338753674046103409626598140079595373380376608206680710192988098346461125352172626474614809062450843560918326623328614765717887367070432644964237558311181086135320630452731355013389325846980396507589459952787098686773661665652729409662709536189923808343523250645354065363667008123808431421291608489392606475750424360773370076978010486226866973272061313087712428838079513682325960493546269875478506976087090621394446709870504353997170682855777324556183385967258415295843880954100363797690748326392232269676310863039981067968923416082594660541196578250833791005176430719600669142267780803108635894954912666019682168984872798099736518826787773105328505919123036083903834063911136575293847387327396475869511903909612921446578009656278230854852576498319237213841985818804914914081220298366647625638953591530954244210238114009422010543587336021765607515378419898361830584080950957923288723131448256881159002930870419488419522

251557714253601969600071163474474393500568456344376900335741760282
554910888521532392506087844859788167278966902631720010672064720740
459424890050807628233972035138346041011685589515018945459228325869
990993583184838883334959057125432197139992855669836826270542692 75
987881498938895553277521957161988467584092669237122724294525243982
523836417638668895023936487670293181515076725859767848492337458449
430892319353106512504708445945982293233904494552069195194753050359
746278833569846132022212993897490693428402335529626356027699332292
725089430202063972785105589058443007897205048804412923489474672886
783891502622888529128742952750435565020962942247367934640352551269
544793314931432012374843865246657866338104602907702516740675225470
354471781686148529224587986189617232446589528197151406141012192732
756948471047837285769460924518169168799535580404984124110491975743
929251100959314280976592191588701463865514029775960129535847007686
116829226443748883090358961861126606849828180729560094573218650739
506343957012535482591503536895771466916509576445043362651251199168
204088534882183992149037468832063892195839677180721260732788561951
313557657524341345366570848659341598443546453769453590903140796550
810660494682247214518383466501317890674110392803618900144192600451
772699029465191226253027545038060324885188360479364632249905482580
495776019740854482383090288704159731204703163934836548926547230251
529080407727077303618518251961201662424935513390875866910423295025
219622274262425667159298289304043119006795704120100840947826597883
650327603103028484313256421105347720758350314603861753293827376171
032952138127566993973744418533716325063558390500476440504318465550
507304089903892699362886204694026958443150631088978643382529879170
065955281987833755417779176288761977750252490672963806218479450140
143711027157594365404088338258179644194308333085998477598891768522
529027457842168969003684371389240369032563217458039652881882758186
777509035040778567728215280374417828553924639303017935575994696195
281418099816035856227245541275974536963753619557098053523451326657
464468262355483975934275684583454305809159838250894738928769210297
688742998711895415173204358065191585613271735168111490983541922118
283470365728867448815599802621633472873434300014617603878659001368
802558127766026346001449208170959073372666103607362423085988438525
246934735966099379697569178349256036933896156460246531209080086702
727847741561036000878975336766394492456229509234066383358361325146
393239122021141047583736381538827391201590659474884818049489836365
636223485421468944007752508002307778637642480862819102818203471183
174373034933442617797543695377194812821564298546505610964355938031
147766430355133888829485169813786387513074991074046317672875953236
553329126594764048735628441175079713904740055133239389619555128569
785980204776976005252060680548352054715812429473628012190883115120
816936817092279617805040894557835991309347632280801514996988913569
688136111051402341987841705950776564048246311888590148083377611155
237681938306357143194096425742267143549818473954077948135087788954
885441300133174612510004307332540107531424253624326777980106057834
007304622567359488688561912669235601232984355772650000647431975147
022267052828038895005700215205390805702685168817909665359775812636
888591476941979748297001132585765878572669679968003208967718995220
502920349071802140169102005628654772960086926380272911146940147119
550677284396877248732715812748042859781030245051328997441075754153
570752061036910290943137069230002758489532125119784688464230106804
490373289192260583773886130912107117705877528703187465304552555815
403887856524173249573697748876076701195049289418324591821807077006
224950287899840599660972843531403320074981937074803208342455636186
316599741500158189254372358414756584357119349433485975635464919175
251174560830819180438633576468307192414107500409488685010605996185

014204586165368969551147587396066060761951716262525023678143505929
992743236542178715953380317592362788987829491326901896017961588736
995835363153030503048325861920935222145942082074130397798738379090
640621247797034395114163048800821786819413639283924963789204424567
103999952897567048617902880627342384547397844728193551281160733812
632791742199283209721893969611128149769722842643702754075034764079
013453331331324564963028811571355381128154995238826309068009825704
032522248214189545731194710504933927455593513204206562153689294936
646864090563109585365986127655029652850490850254774598215669295127
371133217455907531571802909943258834053869948164099672325312246083
210899317524899234438119482066431676943205728014253352052621878287
214890835065610874192721644374574088327016759943094565014599538832
55648240406611283332293469447382298147582021317975355055545776242
963255122256361396446854997894034439749368161016591941235650173277
012122574966526646311730711573483666997513141825911584614328108578
758134217376132983820767519555975541957172396642226764547465200211
986278228782024036452599026354617705964647041183230009657954902487
137117915631899562108167542835268880911798918327001510089430933502
265509880417268148908812291287082952109766415444761833098113691278
977477122980202133212746589852634671926624555388319277144999140834
101059524872569030654767321855578141002838442058890414682109669054
337555206532913423204111494441007724598556415289012162258426352551
147078595553213609880932895069644837618776325259427108701314679076
750276325987325766791190434282627051475245364942311690421570359226
975853210231171944589747868172321561144409284498744812255972316167
944415034458684482061781214268917234825687477876627836168367743249
408773244948988691063112600380478865818134246210720845544736421518
472876874593713829842803509208275211768993845949109624624375453677
491827465418467347459270497448425473396257541989940808113988809617
887011452014324499095869529262140219339730031606517359189393323587
541379546540821388091274730654354517356644909327584900617263889764
584218459134590451977008403452259990961887919339840288954323562790
608249368941546323611677529403826834623555194286330995651263696800
115648880489294626619364652318434098834586027305854133387446270545
353835020397571542522128525212821830130299332661790412226923870614
682842645748068445855575824866887213502541730937126041796912427648
131997461140265341380050202471813955693977026651364840094792620145
897591381816690481772316593805505270690768397746184553099126023123
008399979841076047829385141598878724798422390914376454307318765451
890953265023109477426368636396795651027995433045501962995102898414
290991155800188855761777033734674454678487614755250966994450659033
739301500313160838320599729844570358016495399357568734065602219921
218156704559208658030544608103653688805197213057760336977912821309
760536858063007951517605647629964106247398349695899949168518709749
894440934598359352326346812880259885425319651316359589443145420068
157243560539801859680943714942865566944149003491115569797346153042
368660689450470004538919216435945629122204204541554833978183611551
289833126210250769674369298551683203785418677422376337169514555308
472609142939192564006809487739878753639043132845210957787024572168
036765425369755669337691689372159682642757537449497418005416994427
085677468627943345741278193459750892923701449925344551435339662061
684616286946318834116381687326356609668442661816850878358302201726
827279515949196298894654714150300669941787908569445027324080377784
271503413853735560505077429615383765820055942220959407277510193188
046442455891294859364538378440501595920916918099209322085122672924
749205144015172216109792122102691572302365693498551243092306603059
365779850296871735291334499724162964734825673764078783302942775073
652195965175395117328425384809993466669701185413116405189495265549

500814393148266488144464640209407832353934236123495389862481501646
262872514068441540323241030381292120284342758340771587145838104201
688625456195295922502893750379438292604020974002976591306686065952
755327510698794454143399655516194986920940659152382011727678666162
834438312481666252038836576254126699845464566305626956300524145350
816449079591479909647782002448130287670724944687100703971599113759
347014971086244076651521471989330630186021305048086070345183800627
956418712285362423280665412324259297091097700292972121994744426228
543308684127337911626984752085482300415690572101220265546980356715
481577352519046914043093788933407978357663892407945831053809339861
714613321315002679579725818962290576615119916240999193263215059982
468159612035086196162185140955383507737097381655129651352026318952
939243562395145390317544223633130657390191841231458942990560684292
537598977918245736986947330423936923373521115413358476203818142692
458622068160517057737223332996119298888705213003969668000446336718
096923708853050360875843204027557567729670050070934456292198755900
985174161171010498958797084469521957848116947199891507108449626352
546703160579177421169382207722093235260057182342362393439411167924
584091526061686413002559143056811111779708277736151832307889385667
509092809708369331327427004104019029461443725910813483549170741047
323029756221693280169277049193289319141114908869724389042049221875
825979970675643926559694021381142671289816729574280407646858336987
035423399064120619089258734901166405703082400764912261285010187293
510024604618222568315323826198069982118384010719482289989607372010
907570340147326678500305625838998049807198497734231901917472465983
722720742108557695432505903407033405048224226143087628088834201672
994184495616288695892134723418576797210819805461815839733317831479
781392885064825825088189657616971791871415017060915450039966398970
448413092125469123200475844245375100418446477104934773844112579849
619665499434168902643712951268056230282085270878043999881177877526
438418231405761652466193118860690405132423239531733139514493709568
694609307469314164276161660931859705889566352596023775307483043131
652545728120657912367284982185753474555387547682602700226624748154
671053178253911427371720745827165096276400991584750433634318265463
544026404059732843711650722540326513665539498189050993479379819858
069782186550218132703931536004981536976329865055365877436341521795
877561245185803483099483370886025489091525828237798366834873955709
870662763298057251921879145360285571773767137829961577960518685217
746247279774458945612549743742831904815350809536033451762018622246
012604624880226814489030208699540534068141543851849396599038459111
745869040957358146683360303234564462806343052444122209949711134702
414560239693118152077552892874878936396189283729487007933111713325
796976022839831774557754586129931105181072396948765794282037558844
620777071732341338904151955540464755763270276533801079265904501991
399911148631955713222124599327298591184973501322417377527672498332
161573711800569092997008018124471868966578772680054555115368197971
988268480789452275424334870367231884210352035048530872411544593847
549658620092222075697993203380369371970118620686785419495255563324
660911586550421706176765066648772023067335212871229572864628593292
686770613076925551413724934001927652248539432700595619641090703916
208440328327989866193987592464676893911495031828083479399860466583
725069502132569217564902388765615240185217012211621274685894817898
502864744778728805223523568228520359372244127993663796742824483964
378068084949230172094688777742518660795932453717290802613994109697
676546634094312714343688065892069923889663399237781474789350280943
736602759003646241613009187349859596342804784736956735049651242784
358854222294503380011326200397158461145519604154209120235447053382
014780387410007225248623183888193780192165821037441670975857353741

134083939552285787470682184294374504489182475143887812334555863450
776262702177165763086242091747050040170866401275592307039259902570
961549547425743327576518018968833828549557132288485916402907228197
474390843291625499233603130937725911624471648741422681576199443246
160572956060077755727121477555028219570885987610308616526997434567
736849345330753107855095203683421538202686763679904808755129976825
548332690005219503130028482569368881011500900708334010090541605439
705010448801241231425172792669780942466246160895311361541680530976
880079062255312749586495569879991888536255300611324583354828575063
694882255737304037192527978009324019657545394260194974997779469639
167367418736987987825059437117506136845125583580071465597991832278
671542835371934195490622248935956224872350015965515958203602782874
174520513574548409743275382575552195680734777891272429525285475377
416310543712273922030540663165394607929542801194972285986886262095
970577136576745769464229858567404085499316146892335485678633144181
922122136886299706540317111527979213893436282996378841327782939509
892054955684786747301183738455056131478157054163011814605181258318
152660993266856564474948642723611100639902015319341288259832107369
494952916086270297793904223636251591408247034324703681924639827518
952691022795031493373089983779927924543941160471591197331541232099
717813372288860153630328005321283493922821942798595545541667925851
085320640320984885062781566162148812846676727041620168984368806948
599100745257530198237645384205604722679798456326015055493416189255
332635667717529430341119018787056822355471201598295028936095633683
611856083769270231506933402659423041956204596724407701136473169496
910613049728321764084695335392064815005835018255851030854903488038
337481831944218813095847742203769522647144417245993959341190705441
636307972141768559382864112094716562019410130765693954697559964008
297600535418866178823111020172715573022550595290335013740258692854
277197466984463603029814118345183219329346621191049720611973683629
567033419427791676238341546392166558972067100211039085968668390528
173719652781392134501547568786291318332843345475807220124754674876
828981892346880324971215786221858465238181791603387622054450261053
527730169177366478088241739088445258913852404189170539301360562050
253228909091314659975223046546496264872705050427985635524999568943
548465629053352838905240747682823469442512422052432146049691151599
502745119211568291361987775744299750819945714978774047543664667121
836718639985938647758480497379574310313556106922648893323794188621
034303009967129575625060330359032217667494155356337239116889032366
927392379605559478222318350257576956904849957835534199270800453710
290967308048719319218734905095783279092933409790112305095355177878
797425730259126615147330971950212836644394579639594272143484791826
563859652532019504389724159269468392524242186038072871266166423738
352176839344656894225000557581315184030850597256194696235696507258
485093481378292837221706822897942641654257844542009284748645428513
828372778381335135819408279535792283988973991137735931487315643412
685577389382827974403739403858089054758537646920265681816610003762
245923078253690283197605974266134558262895200074717519866139348452
285860670989229139860073767216427450218418990687512821051640714206
606389587802832431977581088443726138355462961246061281033813110128
147483064925001565512390649263760563155724150594446447578971934930
991026680957081484238104884185792550051367684291351141125175793902
2262587400884536416338712777575302581962372271590742555475734011936
308352925466276945714811338665484639021230369169058049540678417310
559465918598303503065831399068316976483876101199519366253613888976
2266165084667337594784663042039384465890384648834728222845237953170
699411613641081944696996724440746928392364130567933923015291910836
075357808954407226578423150840588341954782356879973662184218680496

8764307531395163670366263754439135185429397386393035047322416695 28
6543843954922710470012092173801038357609531156944974648759568577 23
9395946125495083017942186451249760690958553284814130398283321957 44
1569941230839326637951758977091254917797311845939926153452213996 14
1098349106184057736741482444413357246529150310050804462575025374 52
7545985515392948604233021458280713117375319139408935171215518043 01
7046220554479737669667478931730962714817804320524153739850169540 90
5116883068125314868090439523232437602316225250438836689868570661 65
3066181904568527474665587161772658516507341550659451756136678425 90
7159518526492326611989419927697833028837779411117501447410422908 08
9023660833919406521113932372676135978853892342828890089773054733 63
1268033251710912983926148497000542686160299429609638488644406004 91
0294550396652917023423634660650422229602109878588006944215698577 05
3669844841086867310506963029609061934231606638748990018828949512 56
1559110240446282053159377096842656480346033781731481405384504499 07
5920355090644590990909144525972567149530282726452152739661221826 04
1346147501028649224457265765754529032405471437060123443121775206 57
7764552719001153953342505418075391219150598379852615733705162295 44
1197030788874317399891457948253499871589694378773437376751615663 95
4647624352081865315975103666897077758328386505752358050171402323 62
0418208538777467983029508442338331103745806536419079447497062847 70
6547679482962188669259068217600673139160665816078583284251386246 83
3062603366795467912492230323889295687728947612151536396030940627 65
3119766901091138048740549377875158608275732363545668580674906271 65
9721599029921867086138968951373706831731568009195548277920465055 77
7750668885211866929765211039077863184433695906723520283999964323 96
3876867320361379164668679503112179126791204942268631969522649415 26
0318384601653704509259257880042440594434946762285550854525566020 69
4226877321894633390276715358202225470331223479856682702825245988 01
2346839537763551746891225367881238189199546378441270332418737376 33
2561304223327118444507497424223782661970461040111226532758895572 38
4985057636480494092480401111627708715552798840790361257278835912 41
4460810333685676978349582569733383995616923989000850293535342999 65
7406963779502140851903006449547774735484116840551028776110864198 56
7266226787228785939335839702878835954512635880762654146340514808 29
7800269911581141860547629512881994308386653204842674055555102533 22
7461342219931036194777204952433882117850322504622922142456955550 03
3137758428571026505201688448712793185637412607277411417869893971 54
2267276322865848616967758187395294670929434525373350650056960134 60
7318025776790991551345034841583984675265057374239747147481254009 35
7819535459734584707650074470973254939310359524408780242766698463 08
4264446386736380162865119392598513341956303926559571167112304497 99
2321173606848975917558263162239022622489846228657935727962491037 64
0382310408048197494285927024632127390069050749887731732188546893 64
2438942096492856644246175264232707272793308155715588664841631953 16
1411736909081320190273895284251549967224303489023763280543729161 39
8227252990836908892497388522995923775450126780887326119546163620 90
0490104565727238121860734029185447799535289959211945518805213829 56
2617740804127330379420903678075311256760080426049507406190564878 08
0502343735589161553899274656330762008009969129076100632053732312 69
3727962007390543343746221025899572139788919097031755019735593786 92
4046361116027206338338409032239894189167224940658460386883599127 25
2142008927927430986616350795728379051438551387295271129836678961 61
9181394864073685794226166711785990514038234729140090097922491302 49
9787040038054145640642906637903922523044921716095890520281781615 99
0117043582891340913588943930495096599605113324294482509836510749 85
1489015128230584721525802518501199967290923019534159104663497514 80
9765758541954441938660301023932894081909479278480783045240452965 72

175086034722585941757724710712442707798690720995580682225197899864
7932984732830779343237408852481802412599360762807499552231046321 99
106829980811820415770202403786723523630415869096428133036466253394
949402426868625765918335222413541020048878505699747168524067286575
194342570625734736675473650312557208374721707773173242611280307759
065469239502290675828206127673498471063519764466442716720938461560
725568203791375209490395388168627203084219274933011968906502185542
429917425792226204508851936642892877228775513009477364630006424109
929900045932466773531374440548668487587771578864754288251325710249
958355230509904068164634131457314484939386983313477742735215011666
976795032349208702667063334267712152648808795365929937351899242067
225119480731326592334357720796452977775486743842476892616068173391
692812463591354946096450111565885729253824469117197557285107865529
845427871658302341211115530007466352555048245234541048573187791003
476233058840725783349844254988058458762713484532692040225683831642
322237097645471405091236413440636195922050000387149001957833598078
100859888605597284847911653207087459343563080218716211148958962680
089733082142060670637691930990581223716105016338135993918359318713
030449261801897108928204261003161499659858596679590094337472123334
438951788213921316896137345600884721183405537041739088655022155389
774248059789541723435365861490158428369474900604308895256061113875
543858496272691509108623975548059013623804035826260053073574512487
107741426347751250977397730939072528233632100264802882297270641095
201052883807867694620371563957604766114500580804771764272878001313
127741324430272340885129896856038315246574743679823704601279075780
608924227128322264403079900615323141020797123800533820530512191173
870930198385367908173470015597347513283321602546122502724867125834
953157390056206935329540235971715394692464427438802759614864941292
475277337413495071487803353778663631185623061534867577670632549018
682958003825878848517645563087087772192083183889862253677915514040
364912819332723464641041042088110931260983961840185584637023543594
672485749153090804859418312609672994066748441944008425983217548033
459861740020043137850828618329975681776571031196315818659950490672
379791787367219075156406534377644763062170576698567087492270750280
876724620422535389447414241343631101664366396998808785733504534672
454066921810426881156695438451339196056976913074521339412192950876
911121752555502502270789147173800685423650303237374867787025583890
598936305021008716646978571180516617315670294795858844262719841035
509462151000546726532666861744293511621047567390241977309661472422
087045241117074333885178666262283897595052031288720189523544821739
478219424439975899983500607804123879219306567932572487287019768589
246523250669611473973008800477104433865437226884395682500885716481
309468446127095654313955754758050793514267563138193621702422973187
848122776831895740704846233538362165958684330857962853761603136764
747847256586609266766292576087452731246222355044158659706369989276
817043499411681279792821296922692766507086672448008802330978928203
559308288859785353411978502118214004684250546740254977141733336689
523049168314443762977348272050599618427960138243826409005405005054
389956220325769403114107296693855412386184534165135716337686204154
882263119603753953515796511561579168752008167453622412708438608227
154950444416068767350715278673616499068407910205043844601230826219
496186924400308314293044784092563118632077751264305941995949177170
641308906867774638543917793819757616446811106638932358361840915953
211635978809063329517326102817101486669486439611310171755365403322
789044470100197631212341076463636245830977326893259327741919571499
244985596469761730467291526992474055576981593496630773754704071040
347974975517710849312135392429329973675722029345975758802576403917
756905121552802314521029313049965333937302320092050540968566150405

8680341637934252197386129365897185693312537414578482782700860598922
1654039560817318742975871919106932757121799520873208269818635984604
0672764338764820681561136791228409737944035561387140597390368679933
0474236923503106534214666419163614019702393423257526942990274693339
6440815930157918795154429053346261410491553156884501255855500091333
2206111270101844350069521746173065959864168810938163042497608770611
5457839544937918719179778214050225790496722122077816023801492381299
4008546323714040529727769335214212268461859782117443585242059109700
2894198462468999523242239816555904667713228763619601838487431946533
7298122963352740628643961041759162471820635419743568571300716754366
8106285383585873611414883279233104600613445141308647000247195647211
6798552823676900196362140435649853331976888064888620020461779025588
0227094968342346108349257247535445213392688736939312898504859588222
3281475103811888094604514397803692352923365109003413934584678504122
2917413504943706196058666194826656431821665662964560637334750932899
5534325174972737913622427082393564558244327306600773155471301780844
0169319607522344183992270011897688984844635055266072691642378379000
8047941617684334383228458537684138118251167756383889258394020120611
3567446919670757527804706934458182769157795686023249588411602895988
3784051152559797838818410290147847623450896702896672888896476579777
8230699798819270883513493304458981708646817971112838182002044197499
9117721541034205165427027031999846634914695207615986506848852203166
3287322590381506483550100084517784375450743614505922194240241872622
8249035634126526431192655030406320257536605315091862694230400933311
0248298609192470044115776935057387004285904866973642307055861273566
4020540482677643880903258027885087690994809257329017331171653054677
8392387839859920844949442823545511110755671417941567061971198641999
5640898197469650383598560001537763197865942684706532072913018346588
7824492507819878301123504261299130804129377867117144174364941704133
0959984277496152385231195216354157162041855426172577328975427489644
2524558369008052069719897834053279524962832641569341561399857286733
0987422621402885181286001908460323175013330780748312361641782613800
5117793371447041481211899591909802237467877728128904530357995934000
5672043056440449354780269634646397191566000926368642173474117619399
0641454023179390631738285189036523986290070998309862522489234371222
6060985810304095763885109243895097633649477485841674766441412104422
6996776851984981650675379539545328708054990529826809162734102724022
6108419569462737591630570306936049304955176029167714525673235033677
1309570781769610890255690131338374511581734260872080919768962376155
8247232799696762659491769689035000181087114738574349836409909279333
6945471815629034528700893317786462600184845835027509394656574351977
9662469396278967133275300103362167058028060203271745531773549327577
1281289722301694317565952958213137736407650325824120958394227661744
8987572818484763028751860746198159530914517767537614228781538324699
1582039685564713187068248641469435543418642408986534022652979350422
5310530745564744585987765188270858920942199651867033066055402432355
8530574124988971883964658269498141403272968040098567409447220294444
1441026819291341109421874151328287331079823292514506610782792101211
8010311197042776907694303544975283057095089336353333318510969023899
0698062935716343038815074851498982790171065936441270747611298518688
1777313704723445403745600286219167913221365782707024079509967914188
0334821962558626695197436112488465946582728765644989771594444211822
3492755174989682744838464215544522543357771015711153126469088386800
1039213792718885796109842454401760358927360092579861974341024609366
2898969559726019190217380700975580237538083550621119923314740908844
6814351990335032977622554102622476650244698571713535726528821856866
1123930221223530219051627735697412863498354083903277354810508071166
3896557294476684579217411209448401996556143553068983086120849486988

6451710667370769181572544604668202820526485233586992499908059551 92
7828814586941368229897692946966657523038260343104885807605511708 30
0919710119849253648072836156976781877422150711037399536927661524 52
4496535091003452889597770297427788541533978588106607156894926213 08
2779492654943621073456967878550687385561133352065110009516722384 44
4353315866717983535953576451196680957452740004243401544004906266 61
3796295747065274075783714609400233265567720783707945010252698047 93
4975995363121472488812065999504473245405295694916113543765127592 35
7126014280388914399713206284195468196885884175292922668864426214 34
0633843235449035871836990505347094758449581539405452988391465186 31
8150939736233214054509690894535311623502316264542428788803218861 91
7253625798092179692510697663155348667212890255353427663211799541 88
9440802311171241078910639117913801116908415614710432641203243520 19
4668781977732716307048851095190043634508471386726771537892816556 21
2509319933084617355227009185624196261048152846404552681817698323 60
3329448717990508744856244052584667057078202967384386993693546543 64
5644472300445362273752665314529921962230988117645680676713978543 79
1658473209504694430438488370771865018432569270115171349496173698 07
8242694080406450092250682393379568371761215390570823858548291004 57
1562854052309447709233679921158488718861524422945904780396105235 47
7529451843291821776470401267419025562578477103968755033652996221 44
8817935264058678133326215920913490441894123125521539959779526570 68
2574624076495486611392481467006572277196024957345080584087022130 78
7994543507255603602188951099248370331300766185308525391274076920 38
9698099676917560701484757577914252713802209415938774884940496468 31
2025721533555806488881999490244912487443870269648190456178567151 82
1532142145868896572634255779575626527006292978459645061748964253 00
0210922479818088894625167573273500296771470503279987579899629127 92
8746607578196479484752392035222645594063126283248417539754817457 01
0657092602259317232087409327491400979781869702601437421478631793 85
3130815571167180161841988500770608288114464967535146217195521385 23
9251104198410816414048220442494178279538017357430963694436495063 51
8748203960509107089209844314167840644619109367713615057721430047 51
6429278462760612587932649555864471865902984818220160210049977198 36
1803778211895956516892253934182635010371363211577812146023709366 91
0632191188391695270536319994253584490860239808314298724363262584 10
6915366179150117100345827398845023001900255774774312143342156091 02
1425630047292952168051282215647987913148361230334611027752033829 79
6984764875107530862096284647678635312023068605098718087512822655 05
2819891699944505458252874274597063402296033568538869497993828280 14
7109986008705956848412151964733434766337627435135600524136353719 01
1479120299222531533188660251537706833101548890999536990171736942 98
4470666770482793224482341820656742587914678111518974774907255848 91
5546647004332922203989506494527707553293229942626743329882814282 55
6896573326678657561933719593908066429191475031113284467514873963 57
7287934298975641336042658143050921348136798528882925725159524636 86
6705264718983961963598492113415695319863804558148479071780907869 52
9272791840452294301029428367110839506348425063820855586539232765 45
2862272664883418507487413938549307417630279555031029081367706943 02
8970120253177018494182091497923829631656022298361980348204057952 31
9381326654609721358839304485216628721435257511372368450592929824 95
6114742268292183057942653346922593252263720317019199984476757154 10
4896916082005560929388043856153939388610800038893141551425198807 28
1346757093933154300525690378371445159973023442914505699864146759 50
3031812715272789425023834667263317333745588099435443950036775670 31
0919094071611411540557340884834283353599319214437106006859366026 46
9934657200936031623444263821514244283917159614658131742473170515 63
2534823793147494492006979548016468218988433275915280709539882126 83

989364231810654890448048927684892185471067697886135033352449811386
1637395731026802516423133941154981062670497502013612853271679450 64
131000846851005211213639958390314022619108072899098163070206354131
115422666078695487177382021410547401402403263196456393009621855171
291432652442745944144182756021445515344045400287432495777058449408
098403302725818096317965249173507014948466841572546592899494762363
700598048903965763138240276942366626226901514789471169049802549490
252587822206853726045733035973090775835393170308887085423495312230
318022928795990640501773733442130627431431286152209051808992390909
028791205122311868460241332786097500246750791712605774045752925643
648232591599931664450989019146148028600254823438719690337398705360
037631100238503088551562739426231573907145932473869850297213477822
607116809960060440749909341853400572171993409130820882341230507612
352696212454550842224014986166215731602997904014966994917274623782
673017894094249596068843773894743154058947327147016961985825091282
157140530857846619186132280610365034200390130814037928612843022537
881128448946883053710330312357004346231659076876308980839541591685
205458809476237119278899074678575366992814235247044117166525289100
360537755973558843542542374651769418514470731452547687692899700595
461349680397382329362389980198620565056246066813102252036805483248
433496956896531003852375466758785679940094642537266615054675709129
876236192670083598762678555030286306687993922650993773988460839066
820820662301246129973037801157482964498260524705900201388562441463
341058145336313282560532052005929264808303132120350787766295846454
418916953734242813903516292914225048390362614442557358107486834892
518539656531498196305571241999503513238219511869672381514583393490
828597559919669721704534304327316193571896762686397897886844388611
904180944185825869579602634563037552477583111543114762035938698507
377670742765108248192897681013385969978614342443000676843942075955
495740760932501678239929600457403577583331065860411555508146908508
483995958616766251290531530322439401172444887403452240718053522187
971473853132168896260285312534875858556725137078186863521169633110
572031722370604678119508611426666560265806290848488172315565972646
242491374667624461437195284569352215618440020898130159548600299025
188585073573071529323123181318499178936373414539913411022035565410
510107724359860556317482778472401379834746309724538260700785102526
381660274367109349768677960974264539232419633798976824844220980191
330548596452868142462908735370534116434769696472966752583007869309
307984984271168790440833818632677597338032526824224332968073950641
806715656027142682112303123429485516536532152694576106468247007076
793291110119601654687799208741506218692435255860566081435007054636
572825128990898652988276265682300743770361058062226645479965700376
271442571577258126868254662946872399564065097283240776143891877042
497676234221451309179368774606291685183902468031364398974169613588
291859736553890645775130811934551982918149128457651522996407262983
389641873938024632247073639276859512913289625222675690312898982088 9
247134957014294468682265559575277458228284299728097773832127325305
141699246552250666146559135759865547489426015712380877942847279114
372236711153038274775334142424071794886020283405775938586047439950
943326511364877543242214726631364859057771943537278581043718337900
951798179631135089599605570568421753214407989559231848085248780836
755006834594839342478328565635247641894933649224929770885816242315
020491398043590449810043149323301059449024747184763989316316844434
740475056811723746439216134318381268547094021092795718799369313860
000384685143684582116680021828201299917480926398909895665394058295
888600282744802699916980106424049242658107592127246906309924560742
166116941838972040284553170733152315111420567850949657561203900768
315674762721070457356617187840296262487211591769263270635913876784

655361999859831823045145540096974268503775012008321332069588601973
051218708541843880610883814334713432566689792627702443419921807686
310016485733840408240758539913655790811783908542062933068122947293
355971639367946203353915270906372069467342338151383426947141024398
224388308667689896244157150644747905669323318085246429562923101600
511186409568800680522593965491379781356366627865848254046068731516
751685658713053052115870559273837534786890808148447224684033527700
001191254671233038886156296696015872181330247282478791621978491164
332860672224463528831053208583604580514784985209442235498471314113
188173524407691698381700780317068336361510531335515330958466236553
926008021258336209667955544462962234869224431908474639193517496015
959286204453799127924439547619127992304158443289127305216912408131
923408866168091854338242402945446101708827516088104274721924920945
394697026860285263079403107069099130922043115964504298191085799442
609001524514242833415815488227675820036415251050279035800480534280
923023699820894145946331693593899070015559835064469082244498619717
044307628693201445951564848777012594850115140539797963393010043840
531906790743647129958471833213887110909982356672212638054868387418
940101075400137881018393159148808747865878795001515539644076162577
508186358217931011726144046668884818219456044051379248831971545712
438419343896724755144423665893647185182260718836387507045929451981
123641178097230743409552194140524464220090222166686548356081018514
431715550874520307066813582038843521549879449603949472960654708063
982456273947063974406405137892953357285866899900859908690670394343
487080081760714050432569032008815369471670760999678083787526081073
299247949817333213953183877832823591673701258312428906473547421508
878255149841414235013016726750821791110025579725174276007393731921
421039260329708107698190589880389161813825799144434322105291569057
878847458211103826605498946693764305728200945740752925336116365750
936006367349850284388726581710725994107849303081301175864861158329
066057327427060306999694824005860864033250510745707713620352068864
946234411905631680698924069541256556398194247188892203522432260972
317548885317282667739103757237101067393376638089815158426760468520
362036724078914901879273556180766175587818153830714572203881772971
875938956629614975056785345081345976592828371823671924314009741054
372978445101625754395876245790382089029349315014810483645135388892
803043860369016426589231622072189666519355916274979550480092555159
519046186067918808187226970297962202088800248778717791258102117894
250727613197954310962466401977209723226100268637455300186190885982
565656265279366085407822811525155118261704821756956154162785139637
782479952394359312469752436905921867794263833307337392092318903473
965575739664909820526187772708461695587361455929521981268933164433
823973142384726159453088525408871886577640223851051087973101722522
845299769476173758249952632471411817301602018331119181122281350885
698210048181611461676048518736999561147171048969514528496967581258
345361297803477323132965359652239063357421420204990479779497140368
721532807064357987712128372358671861232848101428938668857037620723
484479675929144219538642201210820779887655110250311529371693291996
515388780425162560257463240850422884499776238946926963152865729374
134301693600760353293697064178277877377930650105697394561162192403
366764030907835414551383164348894499792375578158750144552064869347
130864983300738980880568943460652073487595248873814528563311886966
371772606539290129962451213621618212497585510924608606703292781986
026525232632282648357227323918383492582021275938940571530411273628
188361027150253648154993700996249826124488262917986728249764948743
752377218823270232860787867414464676075600182094890673465740757676
455255636422430212091679637261321178552432544516726617845496108737
903746066329417692646345850239275544630030638667795115643109766170

095008053674662921490319228931546134479522051756730507822406654121
643097747251304495228849925423816543796406991093037267686443698771
596745583878817823699939072913629511356585921262470605123799207098
445306806751021923597625803820917959940362293224160002144948306949
888479840257115758866426014882617247760922755278249318006124546804
432703694942805199693247405676562139868967945410457780679381898678
743896031549308087544850870841396937769738770431774286581696401871
131875555139837434149480436738506910996892834084554865883150782980
444429217813519681652065459628859248994721733329206073700725483852
165986589889077098835465950445851468112519578727298313561434878739
357789016506310758644069444839738465088854412407993571718927238760
433926754142118240462413909054293870612823904674491829046176385817
767365973869331068507357006883922614400496752244109439386794743104
730175735221430687079113899275198337431708032830179968893744273125
215821356317063512194580243208618521125215636094841086274928276882
562501686289940598158930419958816428678871076201109560759741287230
522131712605071600536828028137772342999917730050094327364174874089
319317228940480334599855226410892982215449118147136348851808329524
371156096051075765109787038763128124395958783094617349039834758336
946605791545220589591440569186560964276508524589570587748288120413
261239285894873523560338104314000357289123785627432502504636500743
890095572740636949446188365286660543726152454172205829830850965936
482841958696169115725932419827358324585383144016706816148734750861
264875198978077618791749682700117124818918466138987978076114957261
378239841534622457347391337669061778806054634749248021501000162411
212171394543562120000272927378809068638911983351608116287091044323
730701597837680528428190952153900899546814560480934772723899921077
127088311999408311819022041478882923964542865097988111642859821695
566288129031070650000932023736562567548443741799311021817623100802
014046166684899134498942412244970191755576492854239923972482065041
525370392288105886341191972034439414870165759984553384786876567773
477091766714680382367313401639828407880205349546832959001441780461
553940129223593044699854458941497443909752401223342354965425154758
972141848937914350277894140168852816498143955298295540112830729059
554776122500088200251227256136937374376926594900873746044344756874
791717024790073562716781833766636490104058900490891903746456201786
773831536991028400082287598197485352472502014372421047928487967599
705577863311114044746980788275213095399080803117091873922137847363
226332007664951635051082589788722053445147150516363923455862358747
744662242736212811092579582876119166254153684657318540677262662818
074645612365270570261399929161653055198046526503055454849917940375
541108398913905394966914995624130865765744020383965166355787306178
906142079724617567147885358069361700198445798435091165510200227365
198453484798249644618744625830476746482617361233386321767888312504
912779200926688484238181854808972739446180692274654904673210947494
745911730963142655993105118144649849164657348892990956236056918074
537823430166274316235950034507637186799869307186295069833110875567
687675209574031434859002288112378236242261019467416930842492958188
229097115975301249041505839344052802235065103086218445972740352939
276989646953854696237284285171887006227343371697645499882868235530
232764350376352044233031219185947358945604266835449612689909240130
899833787013512452394879538459690393424706092469339833594451428338
166876839060145419707922473108628216859276547233642121807873842997
293257587252274196921100888994834956422769640231142753912447443241
958951046868251384157117226630817803408346944469160547679329388942
043396620864727227134058503469476983784811165925615771535228404276
482497291625573147864088200401471973450965477703012847556814101632
861813732440985906856266371605889070719967656969369557771869700083

478267984657239831280624856641195835594668646336824101470663496905
455558926516296221007684166189734544232485587531576541157523508244
197744050894099009451558682966610670967090242188567263513022076946
164741961012483500488324399099685855418687667730961363628557499053
167283427905552087494170066782095830556996249477733433635071383166
500916099445860307019912063620947261628162815430505579730019787551
337883522833593019170150243774923829395637935896295495380106173507
005062115379411613692454017793311067313680790629158577115343529063
417402733746525121883693915935520571525480391410141160760734932551
286532242006682870834932947027112382304481910806367017055551681660
516170852577538970942707296686930226006489657414662072615047086137
372372464532543782557590092567538422619308420193014170554457973751
975300470416861185897332422455389379399588897257396558578662120421
137705850100415363247338063484930878170556606153341128860737674343
207140406875176845301024918944788228924670924764545357811472726834
119812515793747938590136536319222853772590745949489165008906353103
732934604820812754766554480334689750994173377227300800883513866121
639608769508033277446327520211238336638907570173658688340714324957
376376131890231795720119331834684075713003556003589101914426717948
486409750703489157155788012167219481317424387469848401936835506425
753888595363540645784595258026348940536848524566120713520282183609
121072824486035709848598621499110720560382459194859829823543664747
724431874436259385244319349885976950847699830301144277916640235362
440694889364336665191206330022706964314289141781565157624136606794
086442773931508764532782000051431144169384502136024538595273582412
808228405148007249950595042158198022032119117038060227262285315277
822507982816018484804463884542381877821710453476165937626072970888
421769980440600360950716305937923533727603256790842966377149031844
698075924229306159288757880937545566441609888103227332432611609552
152055865572880841228200008754923083828398024930370185292062238770
987704278101256226828645825820748937450657346805895735712702446993
304075235454486384826117949774906522988066396915491619456757341717
414665666776155891302285172493749891423154404203600837602319326891
099755462658514424413069169998816280890748596904830687724150091092
482260722119536627835626888806669171455147204065469867244613418392
754666639492422275787260538619426620379390926492695130808143167659
282504876472104863583938056093091373069208483881377562730641491551
091108441252688428224477997658280451670887896100155962325457841694
603139229878054528721555967498040850462270826259860992156066567760
591964786619653501186103387301206818626988983175553856349333496203
625458890583539704996418141434400220806029988614134685842391393401
535642324721425301428591205657638569356277624708771726378207859531
814331466842886144057787948439418544145539011896337566375370590242
787878298698149149790489982181020529068797424909942843227323929273
792293589493756346044711741346181187637755675531713533286944678866
336852529977913388840625205355767274522687590942502698802623029029
591980071872715439050757092048947427880811216175370570817778606572
327394436896759719613240934977338071774850676806611000249709483177
585048961316817104715760132811599797966971179648937493658018282931
468853266706863564738459193816300614124738538845590045829273118304
531949237507394953597139353273415735585162108563929472189809593934
148208358495693346918311894798014433218146335283910776628884496086
869637826510737550363616449216691808790491033399484824422074745087
379193547456961564410207232332009042650394967045947946721723223141
046197781792322796891151603338708596999475128428050100075079366668
644883362672503775902521102625881334848928731366640495934702802062
967005570773406220297557733498918427780848503294924150006562102268
729921694084302378690711214874594089050476760915559737701406543115

1364199391015322169319775060536264632456293786010408510259722253251
7309265096592347969499224833117681165948060880008261892370405949 80
7704001739674582189242954895071687713310010397851533534531471068 59
5709445060537335919536586171963149700601821601511678164458777993 72
3274548437021671969832403521589516853551392478205591282796153491 66
3015145805178884114809718670698427226473253962785688562186013575 51
4802584119125786169815402760912705074195114039656379289828828522 74
0860145039535211265389538838677939951729586292709478412739115243 31
1292594640007261346492499726818109451514403360630052871288117634 55
7474400496852423343398859029913064236650173092311725493223569364 62
7082647365396147019361465648808236638568712743118146280242967084 16
1021875899860964969235031298244682022862410158118338086958732157 76
0182237896180157677998926335274840895731040846106853771869639844 13
1858461150414828730502311806695986341793389531746981770668663525 11
7787844575853111495225289209150428157492245559138471133042715891 35
5341114234956673240438530735724622868469222840837937344847060291 69
3601399304095065459619003081838025272825630822093726975275298952 07
6633889581100393467050195502721525407078422203158690015995130826 38
4841974877768499169239221965372316654475744076410100996506171262 79
5901780988192588847792708101654593733253528412802007575104825911 65
2513757834010089518476852491018622117355534863696984157401995560 28
6512422361874058340908447687897154212595303559132707207606150897 38
1979948118563835674506257294695134369167891826306650795243115582 63
6437199760377444620187910161354244770062736476565491962676164446 80
7721909229290808662281129598849247811486715342571553676031195245 47
5615652369677038537047688660469802138524803056117638206875750675 81
3641286287801377651406190726700233097845877669182283339165129078 70
7608669375171168917416276908095517572796980520168210271626213606 97
0604160915617887053054072097976849302663763896866273605011398898 83
6733591351396031547428897471385416969392931830868002123289632959 93
8127165372211852951450167108432074694204902097667007422827466722 21
5683386341302328609110460240156123049845591409523921046097565436 48
3444615085503749970595533666022134626048399601227327364191069494 39
9224652457000523913622733338328497275573933564959431552309012332 30
5634341523510569628228677882109308461215686611444387076095828406 71
5187534980897143310274396702320728683010530558547406112071090359 35
2224531897377489287212239388744316548020903900810810885266922772 46
1931438252909725863112461577955027598220706166870804876950054241 98
7556204669927466398863934848684014223352872821444039547842289174 54
7658271945439737217167460006085368620665973430515242833272893912 51
0779922817171405917223602073852789264208037379292786435578021158 35
7573583590602073781354710814495049045918321175530154501983683585 98
6992326799363224360435624602028470500658345386692633431478982991 46
7853814916433293733770647285611977754717802105720656241678062049 24
9605068101450554440008369158538639919640558302728633212102715925 47
8049198906708906687151219434944169901581812162969164529656672888 22
6173464699874380606663650125491935299515634267061483686297879194 82
8582851812784137702694022167558068283567621527125100272253217550 11
7539167618570824410005697863552015457177509609839035001282512873 02
9138851759746097154637478515816291219002842149372840941016515570 61
6862064622207366895549393145435182266250177371479799689206120653 25
2754184139144761139221521346140692864193558216544796702536944885 44
4171239433349986029802709850271418159541678025432450545151692226 88
3222768070584168571088248940081080598243638806930494014003605405 88
2514727455882582328529765554366006097614188174543950683518994306 44
0767709734158274975433460741103268881973632510295986891271391832 73
2394065467765205701268560215837385465875625128673719730520083545 20
5711511563796715242285437561231936717685670090063735425030945510 19

18511962299514032597437920935437420911843155116834985132549158654З
81928399557383125945367248250671147389629672990878885848882599701О
74227252504035481804962852257052082363485122693831562806728367147Ч
35055983927973260668429507263513827510419746889767672591369017306Х
12365731719532431012869561072580528336315890095826698417353963848Г
20165200490649064035498544923722942741837841103308077738694039345О
46633322001742224053633940752750598293574910869881854105227312991О
22233397661253324690730080270049025891197866095461412213341213891Ч
62638826661786556146344210813263307717607866380636342431909183254Г
94322747324115237704877561380927960483576499695368748511308807062Ч
76127325750376659107831658785768550661988397945830269086027019641Г
22022573660586407392914387722598907407359876447331552706846619167О
81990942108608514033280601787851430149967994736342366222918206903
24453015250155785760152288473671518234944926548288571797699263163Х
27538455765576440677544890668248996613455952180097814220867268863О
56429154013829653468573489967197242017176041456299913025141444752Ч
88487885952192226843723645329643388078851106993397696127782691625Ч
63097323535451462264137652139297506809924776597347261269093978722Г
39280745585647099981589429668515562704033660587623053403109834593Г
29001269832269205022015814343028080002236580154632882552904706825О
73630063078118956871980940767158512610334401938296271880860086116Х
70723967039431812613097424711171790198574301239907540354716506288О
51264920095605513453336202926306649809154087581763402129960016194Х
11103493751576558875248272142376797264256426977368198890882172269Х
26555304987247904798100065046843426551930595486463515965834193256О
19953942725424637317151517635243951403807424442385772476565961245Г
74669931628602826485504068591224634076966397694270136693882918560Г
67582008669438337563145932941714551996669772822181470620906203497Г
31712086466030605675614933109167359686926299803365159852130088802Ч
04618168331860877929665002779221347601161748135200060259895150218Х
63264153851311775210714641070725779349718225272679005993370186596Г
57932780066176911183167614715796464874106952245376114568879231150О
86303623840717691959989003565807547270107199166447759227730658896Г
11939427586024665729164647782959517792521728407860744329511315658Г
16636186290447363155515655823373410205410970553981055118587774847Г
55317701694561977327400076274662916015578149893849915480067001588О
28727139647788555334050152578884671964802052467242449395518643725Х
84409996006306300289818578112735319400344482753400429606559508922Х
35186015542228917642946353097283905715525192200671822520448345695Г
28302485815877783543719512685965426708169607982346616792592607356Г
89398955902895422982006901135011999278337057617540712583480582780Х
81238942856193111114132504933164260528023303981416900679889803737Х
03209951643848905869936960683071012317961526692453046492374632284Х
27990824233479833037403445017864480398812755922590204653660846910Г
13794842368881452629696866213566476702014267253205644350313117144Ч
13771351467367169726545226546510614403820274351610225460111162195Г
75537690901298148136883286248160366899277390833940514714338487476Х
20116426194819239644946320044638474688479111517044843919386765303Г
10082423870498152452040557396205818316248694503295350919858056458Х
89087442568312292543450747373415195274236476418028199548731737721Г
90125242144675404294585540242390647170225700446424875936387663670Х
77479620244276809437785482576651284377690093142098666071018702933Х
59331043773285303437168895184802547799127333139633667250697624004Ч
43999842871548273540021362280036387835780861930328130999490596589Г
88937507538344269255703320890375832462846794994772016161849244806Г
07260664239432321923207176003725231360026007938117888524025045773Г
49253502497399425440513990997242778918511892389555672490883322532Г
07988627081564000322527803151097668662283346777383494174612258945Ч

209800002909329690743772601386909102791406259851525059776681844010
781670669340007514934828540555614304755391105331437574642294862097
446790844758764683631789277308598851113550957947449542186298667749
669615947444409273113200669786113808590545317626494590167819697149
861399492269722338452705143809389513504644375512254861117089139668
089366777973099438488086193319091043578607208496730738259379239635
993284751004072727938626271670447540757192025039341919725451894831
172790246140496689551790799869102537648909648459816709017139351206
782839579961226311973314913377818343384193185236753866290190046334
332853283434182492107191609276730801323536947264848927644297987068
112565462806117260460733219176304741215064030201789320579568760510
277525053043612227096046758453127386616521424194086834083758914009
511413392954577009473174811688536409418352861099710341672355817860
282349820203149986794017404171914028393621051948060481901824518008
170137104219745921279840402426896300533553685494164008639217745676
953445865088328629821658460164507800003598985212901239590070420266
074498878506271760776222550606390745319477188925099058100936729891
954099576633538658378098044793537799187712142977461976409472721214
023532655177723616341966074376391538660194501776914006240684127316
295860806350676293775125293436759607342719967513520158008737395483
897343990123825656829078591144258828521366169201402990041314621368
063235265086541121808474998758441118362909790891983411875376649604
809362648932910439059772563295581388776744695461815797870419159755
833500037728672460735185350885495464202930971585636949785764048374
150555809918840209343333512819551455518573334888164916769442778240
555433697731192014372254154192745059760137984144373599420287605255
571893780411489261257983036183801077110050042392392644156922779005
702794740136494229184793369253543248404878023177744518417795835582
575476184254957539587854945834308480441737087984926741952893230314
895899160068542287957892948159000687353733333338638139084209948725
511726171087294408886844785081163455852692141540299672098869371588
623222033148558174268263595068936234481342247378693946092325660075
472125674141034218490131189639676547329167424718993424330280290926
985075229490797094430092386728774393625511131362876159197383241349
167226826122826312779381175080740895894397190025426412664947980176
442016454158813176018972659624614413913192067850352463830657764016
522973204708920114691713372287863037038453134194264414249664984474
404861773851352937310809985947281511173650719139881269307482690614
039286422766278494329558828593837214847507077835511989622491195588
237045064582005610170205324844490215022945617655618592145743990095
548229413751544136132915043046914179941224609338165136262790282788
421381220775894240388406229433172798925941836682936792596042241845
941770653019548643948170335524102874704473117150703477508343237333
116325876727636834685844486562539187239460827324713500448957086803
150325038676401735315079400345572855037001845602769961506156829141
611706104616174082484626703351891525518824821272600725957656788991
256787020149786679084710663107487646730989091471979879259859062573
364973498235031260983098734686162739358057907354908246830497284097
732381167082491516373468087051052191917620541698826254760544581771
117993776778696542169925785577204263442443042074495489703390434507
206119007697363517401952656322139282583120528240037466954590928045
259687984608140870719534254761388363353511911214414314850552012358
138062649231353833876758091889237975855157320365883176242411691675
238145885920751640352366843726791759063705392197981126597708113947
351671962999970520901709075898569163890664270423570074450277512010
490394814832945744380974626035105789819540763987060787581774072491
184506978842994138342060812428390148814872599854181480292949227878
324356105549156410917488770670678201198591095890983868839511718380

134914825499274914269855259517765361262421572662448896096148297970
308420210516027967147856159406461363824775890201102519923421532100
601752302574212237542107495918728675189552155329945322689425188409
422826757744222275528207615607277103947182566802471066067738312063
031466284744338620474325956850568928716265329083278784399650716724
220613829453291660046380872563059524153288120937009922989600698139
627968627956763519874182401856293198492262333643189930901704881995
258827338807953265885144939381241154327320589164578642294526841175
188081840509569046913813443077848902114879712116283977344305484614
980793562435496714129473332666422483050043644545470274917232078399
565086801876173270331906565795475395206929252015307064350471306881
289032053854556398799210109566729828730479466100543163584623448744
155540713381432344131178842419601903702868696242276246502400420813
713504640159934720532755679503533906712721617790603021623997804185
763348100544838870317307162552564799599998693531968130101562970978
711673069649402749166572674943432081323146138869255334949294118316
387788990325940109341115727429801331814578281687913514243955787342
059156145877368988080791707114551154762661682081777574724842787971
298154823852036895916524054373052466728731303019258295249876393209
857312091610561357220176392716995986861088676061338436496169518654
848604616848482407438381180741734222448394789399827801473422230578
654102177292648209140948503501322415155999901630714781485270516144
322582547801434401095336602393626424931385229405475364168364670415
743005583729847040181455710029696234698505997788557369980218223035
492383187976298941569772123638440889178927527752847144776218920574
254531510374799777068623624218990630309628221177321970823034774545
506023858591140389896916662207787683260123961741999762365506363266
016990661168908868774133378091951614977054921417118191101495434786
938206209808278789573132789906002086339112784715368430438149815097
030477088688163597419253413412219139628745781099342483271410917827
631765420963125071366926365882135751199875401157902802850780669833
384183382667394553683196565717031946293364109272667274244992747322
913800983574450913407993085683604846778665354210586680052115426486
749723953793642156653587208185541259819454742751611841693662556324
193591585695088905353141218336623998780221150424566001502364691081
599741920254437873610226712941228298888053367943950329404804961677
110728788103161467730371502183528902414648175430954905944887541042
501680406999981967193798208277334648558158591077617882849750546856
791399040113845624360403574402461912376944022007604214335733872603
925372466408966491471465473007219529273741767961356523306780426820
002423074121866748669462805878878738299523278050107066101385402880
119138557309113805727558936819403093807188637937582154443516265599
120308784820523937493518955971581551828048148078313105350968235671
612355096316152866585785901952871775464250641298494510573035332433
4890979972094572917009587840832214044405014741143817095657712526715
779817097676384786420648761367939457844238586035649664463140131048
667056134627690174928322900432711208192295641589481528265584221926
189025305138159118034231088514912266539179448174339043227005068742
888199670619606885006733283536146804985960814028791196311274825466
404370384782884007981579134452321016686737411212944968134510122379
842940219479469166481503124318739691196021567121142279430682010408
767568093738982054684214785601427768820188071717414127493674678175
132277109046730015309467773069223290953495694491601169046818182723
477816197512572785153556986162922029188474530269830156638749177021
947605094174866841197276604440854832975049890782580615390200301035
218027179209950817839121233970070027832906193713368218336961540826
520392716151802279152864076831503299740609280483105062551572262871
313276818247801169154937862483224017238370727160886419294211817185

646748118569400870529961131410594582938703305286297918826493247420
179551244232947629034883495272292830804012226372276110275203800120
937520885624064531125037264015399643712337079037439512032028535025
474827798093030202196632509329094488190574510298521728306996224219
547101651939329769370654576333432433256433136391221083529135557700
812650539793164681494513412075121883505473968595553878091947374656
627903186816171364161521554077453543804147984545840634474745085680
280862324126969399311229640560327310927938491691879333596148535170
018149698261648003440278228139858790148628521286746175384850348068
386520168074767440211476655696438739675796644295886409577559154192
615071966537341081706497482220419135035223932036927792390736955880
577997552601903081435508492475981857797980298126412519269808310756
574659469351128562797590578003419323476001369611447290131137293265
188773146721410741275221010515155865713493912768855730064565566635
935253545094573789688358002770721080754685197902156776635596085899
524492722049775299815458625359295568858655219086203488574294435488
340176616830553266024583599445433095297362056428294745396641017593
878078757904014319567264450256538964052007148706853706562711746676
157191810642280464382686780641781701710145579987859492981028674877
471679017435503993169683528592116481487861286289116375992768471088
743661617762393098294982340641378280711217412378342224144069984863
288239240656377438980846317043398141901704177045856467859934941137
671018510482883458475911298599113261806311665209771093260254577766
404781139798120273962790521780796565933483031963863726360548172617
544026268435726451474111436197474885328135254323132104065537475356
091405133576448451265031599499398475912338676258998862826742421410
656317028268420274277535478527849806255477967309562135010751357010
814376712097361065693389811287700643950868226352419579899875244531
513268435771252695511656842606249795300564134236794032686943202212
771552845229455906013166300233297861842729369705425640895722473147
960842279960643121155722898884134069015706079169855397062706949869
226131550595458162406654276265360989882469228424022170510920884522
641938004050647235141065446293973629500626870691857435034689078702
526688990310590307332020997707019556267080078421417500402487764369
382704966754069144895634000929852354991296996046540283212995128817
182931733802589343360888639561881453054936332102246702371234907974
068125687248833528018208796868376748932865951563500158437345427148
615342497125226151780864718350199049932178199155353873785623455087
143139050384328696513876903290534015238428243963913256867292722487
084779696809273656042151690402300750173661949935854471440415221410
647497242161523037246612553017965334543540889800869016307189158808
455522198431157422312945196703758626058776263336684850752752847903
442501653764916331792832073572043631496293326217198412041496939002
157898758405506883631318978280327068182062011470970782464776027629
635132451352251922427860447660178455463586895641834408259553254334
088710161510703674682452922046780848531852956030260393369987912529
602307327858469371627037491448388916337500526216973323321524007087
580984856462897791809848253427212024812725655515050305700418119895
186092167878092709372414804711203209275216382196930053667750846835
893865445281522353475575590763802378521519460182724568236395490568
125932747289545698934471141809813153649597485154106854609786330324
864298777018635531367450811076763860473346402957688211528898135664
493094931043589036451413175524147809925350591481309531471226234135
406460905980393007295409692136945644985787813148498347106185885802
583353800866348220745875475776920674100675717787021480249068099354
034049780869747523182136878867192069420344186215299004686685357497
787101475284582152153509827098635277035756293849313931604238871689
907398239561898872218842061190277094299032275736687186079770707721

559232641813601697172777407028841345717732062530298816172640649801
780192696415503872932862487451156694400901469103714665895280769075
063099165801904028249123963456798392695655715947613669438739333006
837383081812309420441592959517187192492679792971295029491581185269
446544888160644890910857473849722526625613598337391783194959915065
439983793983509005174338788171829551618447325706942293753652551534
711785761849774779733167716071499421452638170475227272955705001733
744013560297812168718861307295720086827047281509944936557613530068
382030072487238918604555823405676318762623625890434079602395529144
081868873503916372993471628157658628534654447671897796640094342024
901643410848630536408494091288771199650698045788071379779515912042
538025709198604559673886019016344148290099729713922827786387126308
017669213704934976904380819565618801297909146507544068453180516940
496248454952518633632422226145869950092979045626886597039309839 69
560235643889686329923323765908114248603580354516978206769488924866
383306879176594263820092637789031658270502911378572975097400493867
535805163232169847363385841973520487633945539464273928852497451674
899046514594738849778743657589470771779435627074325722855361014929
296756502658510060032181461536129285910693432148786863743429770205
982545109580541744556250811648819563443233555091540702287345061 76
634898004928111484860336673588052242980276245065806416616460933096
583227741201687004618647087354607594600235537343636685846300082989
115932174654321735117553157555101863096588560274473288174361764536
559262461764387774037997688608018414576447643035712983995556915655
942311745306594836250206036438221735440965535395090457436938651043
129342716658105214647736285604104271523729397812487106059859320178
075773843670656311350685930588860836202347780649879758531784016729
059787657028138758026032333379883203038968539991452029129125226423
489661976339718268106023709597596629809185348190125040315899625204
717076766399868353153196608687529125423115375034755005153674068684
699567677330577510792350490345778778263396473876429056401644333168
224565090395700668568009825182733058190424322611289485184918822142
539686131003371372243018683955964417346708417832040075715124168083
755413148247924004524308125367729689704440679643179742681593592031
358215146396789238533146916848019237856136657063609422132962567182
221408537658070683461685834963756556481521327880020825169618079848
404748675428648124718923245727848809951784920023813214950559768609
780439227213656679143255838729396288555753189851339047123780845594
071844832836115336157802570583643859337129234780510580916071579237
173588327126164560656794503480990799720508422730547419077811064940
216016666629509459324696808278858738268960848774456118379844865730
454320536892684034914234508815351016785757066687495637606663072936
364979840910528400845462332617818149797614121818728612686534607116
650955135477832306274118114820717164665265427099148478807776892823
457954861106715049473647399736480665299537367799934023532749648010
344600085639769736337322294714697302776409407753962883901258246629
396938987701586208937991855169330846381599653959133926292450056440
676097423169030780271559700744418327838639200591504192666472875278
979549277034150826391547896926883308166047956420911237931251245238
262891323911425925924887235313534140371673379930617119964803740766
444036108277815093719892667899588375052554760929420018430744438964
934968142535424442287548263467259939978795979725472244117287600771 2
608840939504811921596748873955586267106549030213240224770792652497
769449552051080564104822068021729276356152237738510636020972031378
948389087608773044443391070371387133163749092821549212966094355995
765425050659702392398001339719254398835335819326042355334640709072
858048652141533903522297060471220130494123455357789547124863000470
556288945504460862226648523847310733172230385641865311802179351207

883678931632431925806448500511452822769747028812975567230419389696
691151684034252191266686056130038452053893369112100812050252410879
522034623660139062940958680638104861567034918952889959443421807536
331295702241260765662837857763105841332497008021096395134916086420
519405513798037382651472598999021247513597282764870480302409576924
624369255111392235317869482928421855572437473618265779560035189015
876875981442665762658258377735379880116858111611885458719903282377
257659747925555015170352252043295945668950459779859313354603058046
287121050992002653919990220328029855134990558952962035081185191162
393317684154510610655162478821980694146953140216385429484650993057
590184254772587685764147409170800507658641633769358146607818722445
058379424375762870854540335011053709267102160168897425190172664771
091187734019658761319238244016778669447316036433235910530463926925
486473405762211664842699383303050481743973119350053676164505084476
304732563764216661398181721671531112891024558516207319700700311254
050520823829089312875756421875416786156917970097009380501429846668
521200159151132720592321337362451009271857273494135289481232311599
234615896909789674454130627626872563304682335313715965130004061533
200562642138432231482703547358635091988446533835684004841684653835
147529872668521047590091051673159246264853570708194303523598755049
297733307531722035573470236517079315932787444549816445932473938377
943652780031092775354373492970112030888508113851103629856205948834
696156362320828310842502873761364128467264503679574982163446945992
440232038663609579652731250489120123599962848087517002713559088212
824459212365972636236261931717499306027800672703852044386944202396
265943071733875448439649357394016544694254389183159395967500993298
475531832019709586811147403411464307749078732347323831843169775800
695104759625347803929053122789720283171030770441520409620275360661
687750953874913564865489935285108137546623023010441644060787433799
388659434319739727628098872553596421836886252528684292094076693531
017467606143615040224106100657518385781845943097381666527422822359
523265631560043634606066179929543426812782469802311078319221754882
824844348942155905096249680955168161417840810580681730090026315272
179607472345797447534390082662384080704887676620125669754226324768
414436029961270632036424767255662395841363346696342018339637825422
544743063280535146449208028401169350717192513434491759163446481547
381600589645676084057980165902557489767118772253952700017838346180
768335742506196377939729071866416577565549223989511605044361810205
941685054187658471590296259403076771869386054624379389529177382974
148463926922111853547905990950972997607473872962647276052104595112
827435631270960595023755731806195452598765319888191583707806094607
301046153140796722525757786092730919024691929884517398716315076857
663518649379762973806603165031986181720651187867335919765239567443
188879533652290886520080140499811495657664501357148699739221946031
665890119202261370639549215000080968080493651561790444139936547321
194227076271680662326799317221812574576091524551670509765492798757
928496616737619368534354686042600792782105050293510602699110772925
833223313894239808716540504631465861786721994997496972905979157918
464803703518738864382027060980493400455678609307653826192652631811
202186385925165692586594832744831643461459403696172358059717958882
905838152369788533168230133145229299915405923022740585503740628535
904597657859645738065216002631591774288812480183076664637707719985
469471432460415430871067788218769070796941313678460577018382839283
094791609157762283512933081599452697606840265942339288587110544086
830636638581020473632094496534988776275786269905353915532791188119
263351069193127339766674091486139745614525452756883805182285266087
134963283884183684848013626458289540073065079156074102889083454659
625380869625526263711592359482638454560872583686037619817067263374

481287637268299887772294454040770678994016438125002755420169830230
695451162998313431071889909862541016002935524415486259137615974787
091851534025688881301989218844566111649106326888324234483096288804
965797427103408223736673828255772507677153051860616483063355980193
407109897163098840874672591044598887595960530329248899363852119394
909682837108645713523456015804386429710353846683059689879680835873
497857626785565888383649516272354520708779533467658672049161720879
813149141698913756646454569742166633880288709311596552908909685832
466209423687259552095876586763964525810627609539552914917651817376
729189876677984251192168075525816004692672892837696502864920879878
222442107140464673074851974371397605307432234515525321212358708516
162852145380083686124629515480394533296837736424862964570243581892
316862264994992186349832468121494673751199481950450744965970432717
604013383552223608153400047959819368522309258814575459795669694756
238949572473252484866070654288256287673592883976141961905913290839
946916384100532188918694325657206677652323824731643807976960444572
969446502834306166522169870802617575705124164111092073577262039704
116888594037610584331302931444829065955684296487296377161321950732
199716414417025654689461012703082459723841828360403116603489153716
076232863966616561856000946715549151974673084232558676741097334029
846169675642107632231536789799885806831989228308597633750929464903
879107437077400846349362362400830084950073558164966916759777865808
111823047707424696436047327935182038471988961170359008300455685125
280509551066769960237387823537663727822677405205106153201899838061
149198595287500266294554227352605814894880997940795238178862244330
133236455432574103883704232398092141614963275539566361768675243817
655662510133743046480820755285156491167182834541304723879598488899
915627591908215219594535894398739198788544787855883930195317034712
402500720728681966631889154092375629824773736358962930373027486492
513691978890676358246153690757238118890003868340893039793751993065
381722873667753851141716182146406300539934079367210950941233283505
714265283194967469485021225058627404548110939587405372888096652279
949131350411485737581899491522734135204022017717426975610324053900
259385589578491549406875910851090044566987790296358999578580439959
472228433554403913845515754590510122367709490042907251632725064389
114149403143929338160492141148298696151260756811930048851604289256
533437306862399621812008375911431730894419899802933772305065225027
098497205959635360606930155405423580935622219990176155133694756828
973901009351898868910230562033456067478159556373737243150513104638
843684616602221058076605501633844395133927539050471981112677893784
252742930717142873760554379041535781461948559847060404010163365311
893068369659397595008458513327284730880048487740393171839649232121
257591559863968310050334405605278988766114724308920739067717133448
999590499556528668704313897455638641950652562633820072560532502544
979125893728660693665274756954585549379365494669059562648221660110
907222716643362714785994645999926749049549615126423085297640404369
503078388756766522322785359375567721700544176152275789006884922246
472581006854831676168705370471402932937942957597129456134524552754
565682494397143313858049509737206075394125741562910110232605185216
108762961134662379674361123425177993400596014944329479641646003108
837766887059200488620180196337697614505829217689137668547554193811
607470643646183550950427836763844727462071613819711917704444879751
377889228995884738200829650704622312728062105126991039445893607890
442906612891216488673293277124505955764999531645688888539374049657
657168809130392423485693764450199912028784002735463631080280488390
398644628663159407840102917796877741898286222270285329191455035549
524356674461195336689703928030763361342278481300805902452322986453
653475937924700977123725148559789622335055037140823738855989996357

257681528249857323029102096633655298097518691642928076192749832296
521944816960437154884759085527235864404802017581425754005293438794
619643196734902934702696186973283056021266285835941429141764327043
883997140379848629650744072265264163463428982919154069458223840053
228719781301203428465115000214159693875605989584674337883215104458
173349102931408492619625443010694755863267361339601315493600270288
226537550169131948172167727277488797907130864591251768962270234348
267173744476254036044361238342663685290979347302622177434409361004
734383259470556179624247014795775993839612828218670404659473671346
740038028868906734350560654196291543982323319166341577275777262556
671272875677647403587825186324014293512309926524186105365262390689
805767959009378267212512205511131583478239251417189326668486967410
493386288058933141258364873085596852364870957352273551564173160005
704356833751285864867987776268789119701741989262975037390169668114
553105639638913349194784911260028872720224362955411330210328883125
217903860915341167857762338801385636434712302531331275834921496268
168434618056550643768648443216916009932979358869713263459480476580
167302876236263754046417737117123337555290761684576098412031481490
671265447881308749669265249507283763395824831279554241699844491415
609082123420144663561151439878692836764403819999607361303565876406
833411029087823685230451771621814804943262467842034037569121810020
485713346838603164091890493318702825651133422596513951836285179232
653400316253031177685830439058553031434700094995404289931062006909
384298598494625764243642747550200929598219970537138567540242399582
249361468818357839052925627662578147628254905215311884516726792585
106299641121890474290326898290300195391955649073481812466843389938
765229124423119814574662009378080796511082080920250037221765646622
654628516780697561651229846904028763819653602313563613649766389022
197923617233885491819809573522970142320454913947600203098311826513
470831957908274217797322911001498110420929199727079391310541688430
564766806828814326393122924847528035155632827952732656083410881616
979610239630665231004370268230915339990110185178408534796664576963
995643862325907256630756039470551358975851270259376353252345454607
115787656777517132314071984930870727417259903834799083775222662385
016189000136966533102252957386519369099362589633379104117758605187
819207087776560999410980515517605243383814985788441580214830037738
072942220576114221873419120173809741916039089694570812869196186877
182344133397780597593991704085257402459527953589551683671046122414
148488235070420989494640533461029814818149838496287485469500407432
484301004237023770269359497780909390095551642812541683795122263408
103402400601731856228367117879128635057651221052346487547089228654
757979919866349134336745731780800010159228032458041560620405881497
336905468838305683111885642692744666825628260569318271149711079080
222167427372520560852398097051928761728182949170796810849563420922
156800522265765905027081010596468960041915941397134432079748752006
197036214365310768194923146657468333019425617725802965628710574635
667936196429335090417591547605643722848231520544883264267630871114
746063603473283432300941904208674812321963355980892981390137432172
319029440338021383503784665824784928237160284570901850939986308768
974636121392228744643728222306898144271080876739847451986859735656
832475850237902290438743386565016354309204949751394651712042399638
048515240438271400499873660922159516794366552097162467190287849723
430687941462209330654035151465333534381762121409749952908133436688
742196085463005629418718571989796549038922609940064581345769898902
937525260315947935205172873837166700721547961956375740701285592607
563335804361178569570327151086097332660021100882712319916375934099
712303202613810988996422209731755274142553634130615972948437204856
730536334535661832196025697236774376640419855390845866547731334424

3061721260086297605296720785932256229235584626284633318929283198361
1000259218711370399715055774932048759783197671362863201844282336533
9347163637945712771588409841768777055114469465240422088538202824949
8929639508467046570193475974601082109002237981389393889173661995875
0235322219629414991396048429927934116586704877857111337265349285666
5368928875089626084058604973081180779650060100681097962304559548011
1897685661967624238931275652416559831945661471675822057205150733188
7438649959207729217154115270702515737429327406030388997018176392499
2844496144989211996008741455920119711061917813560083117939437002188
5678808012611811579946414717303547906767039162644803691523001638099
7509549864785771530193320758707672807382416272997985657219816684444
5193115121472153946260624154747884492531474522234289814443935668966
5208172835201849104468501236353466594439101771286059078923203698177
7814414065765795314169342756627442756479249572256177112244150820599
0572608481471404592395307959706042717245927521655060051371539677722
4263182593431649599940848813489629443980192805044699030743329586966
4202347799440608555298026016876274594816524700132047509569931582511
0565956554511246812167410441892014971291705911320464869299521893600
7872571989543326870276421120797111258063437179070285365686818813066
4931529035864912313662571902811608044992533173093318861973891372111
8396348879203809214817739751512155506071421237847824951464949328588
5000899517323133417944919571954937381022516204335585096404429995066
5494821817491829820980285016135764697993067913222478498512958741988
9762340204826428706202051130484543207456436305468298589979035884055
5646100674589972300286489589524145330379221860767572196030001998400
5346104236967394846598198903322644713641778288583186156410899810633
3325669588014908754891185529444754877707033254281654048701145290222
5916253519801238741401043603630920528139960818578217505919920444077
1679901533844586401542054227660394950985253171464765665886681458844
2246276815471774897706020161939694773855297795179206393425938196355
5238038842483958103927567056400517745841545364779201707342682078955
3784241931871811251340019135490752230188536642456151886403026504155
2062258752697464483059606000866480846739758746940310044305071100800
3285756185260033706833217834100697307370364032129825039545915664511
6251801635854889250188649041767130862347416451200097805267165914099
4586669529719432662613627554666276397479883132420766002470825655511
6863465415732273037984633497435417605339118055495848517100306504711
4657091740008220220333420842716210255069982951669623227920520679011
2499910597901723864217585369064213618772371091338814995600185227366
2965360920637316839784737149841162314047954571631028508309649294655
6142890777360309568914137573724220084319536767372075167234021174322
7264670777570720566446538170861043049130199330474798596351648879644
6194492952890582573097904095062772066683569442798805496198375127322
7465076018212152053349220808519176266170836135723334251006968310411
7820797186065027973257761157165072402736511990861376703898866503277
5577438942275815661730769721836436801942195847681141757576578022599
4122936937628548376150113712094447772678839072637650618932744947411
0926405869319895905855996960097204635671095586425942225071342281088
3161078785456208386552686224968775589567428400965170789743998364522
1940287896992967688552250992454811316798119609584499945128301743955
6586455425349246733192769929221149864428842742821896234377707149144
3857760805808485642730371713537642453067937869457905752335076438811
5218106566079270751572528839918515710526005618833910853622127568844
2615368679981807360170875673642170133324263530619346354543601726033
8855255677458062131463820548899779437994865925280732477127701533566
6724305128745511130522707692262151065261479813961301205482595539844
9829038221658540002787182817945275934575981606268256693535910919700
2531758789585078642512381690228684408855504623386176809374387125500

030627677911446042717502369048260534968220034680627979397528237235
197310708566623247325548156691201846615653934486047540357405735326
497356594491899073616081176313352491857472402949142219105534669423
028663739063083795795265229165823026099765074091873340013305234310
103037778507875206351658346277844835368366559027055834947961298350
561239433902475739693050522951308110467091324988204831537894226132
235566343098114183098668476810282571550286827483833975719258734740
115366467168262937015526822442127711052390917969319239127737977176
880154224688349620140099732275759329391772408646348928364644435387
618113834143988823534353062371783603772709222067901491315749461235
248649803680609448488571989384119196847152483689960814722241875431
733533374236949008176264368931636788534545428571396360327509922895
712580324146305634287293186997117594565836310361683515735192411529
174585686548397470920699815889999713360367051251783221658704694156
520627129418830367286169732775954748983270093376170910380551593860
779751831647911315109183280127525159365150488607939884858609930811
934938012778967091084784084709431548945577055045503618218115460265
023335986626211907545728433334065465592365267796790097240225590376
662770157178745301067836845974624241194146092702551816535744964080
370763592182048070317078004950305152791980468414802926237591441093
882117584542230025871050989743405380196080967060017294461315943539
319021552498639177030603251093959660382062356444137941788427652406
438997872152898548739082541948112684974003413805877029331600234975
233143783250683468323902948629612891771070449877062308584555830072
538581936999562749473165520895617944627647768827751115761470499019
482284323868027347074673862814752675333720121010716466861961600633
771352137821138857212155477397216933044019471665348302682850980553
100367604179853359108399121356009460421182548283826080594511633337
459993309854009095675531282250406764600734126635440624826166056357
691252799813016159259426864869950047247753327706499938464441139295
589691465220429908122439062860004650357381269521702256392168217733
673202091586750450047889816870364609615184600485574143988172609738
447212746441954501983355932317688295578306458020898295276315490735
500546541111137194763043626173297859028465131916146665516766350641
193345758667137818109841564659296236576908362716072233814788508550
638863177490787234919198767989674636254547126044095416819779922071
042764025154843319647739055810496100016470598951578529439919179851
978060893956786471973638900985242234000544223763116403151864279380
217952656842997814288383213895982439395887701557990783944892067091
706552034967699860541559021057651477157873786751371254730446603349
942396378779627117683623689624459677644019969786930278957043516744
315098022898650128774540393407397242671605002558785498888940993842
091001681738748983584562893527517079117054900054362196217064294043
278062798737866767302228520183704159213524224275962837503729973495
914312511292396853190129753561162967230848617432317638929881754024
703915228062546847910309796282934304213394022884129310475940434608
356683432324956136475425798625445544988963516713644459379357350070
277317673488451748870996682508104389915567709984887401788299074948
442331678830180605973715188996429503241991398806477821402001041117
774789688395551080742111648042275079877931031511511084338317728872
525585366801323192752339690786930159258085241915908837680453626089
750834211044419117285563214646123720291167406146603573964319013326
735113831808685442753061156822006420507762762431630907633957468027
315291779908101253549436125914719887523866639937485253979788879307
769281320874570272961219939081254625546254109008343052040387108383
857226421767563029049301769295115288579085478954134272967908455152
662497710743422153765699549216931190035675588797196959360894440560
279853228297459230057292902250191869049960515196346658738457662861

655837092622954905255871509887801915359854417167213573070063569746
236645069994385958653045816955766814151886375167295828551947025681
486752161213458539326242521744695255070076927008328053505369516383
702482620563452119086436094550878637455568841651474777446606868027
320905274568175395157132037546217069826261484759071069250556887184
036300053051386810957538874806334632999487695537434810824541310981
083736907075104526381461571373620350563741206115436983956431136731
850971749634340583229072358340161829060871658710160130421591917139
023645897059027348156810722898671953025796837645639897187692251759
331558679733407737330432167556539107557542389161607021227173759207
005630713684374782121352889897986682177628325725333451832303927476
186540391920879656525892860819307040357396420809893210894322008519
941676117175273539788820266187445622820220531528314278483033868602
799651751797558198833310256254382304160189423391703863378357921032
037786682180618908632648674196620083453772672138030048353496696010
662241386427252925300053729177370611623486543873603335731512271393
004752577030921799026910568336986814700700466807131900900638769068
942035418676510749733938247585986386289190118498516056762720635681
836412579224498280289965361861777668677814102903988473476271790234
863835367198841815377642843579068363587905670058581213427848601734
299273114985258294263813065849793217196027188839888813672103025293
737306872842842526768184950327932957470704537523032086408891882046
920257811437470677421043931464527865896380704085307448240780539431
479682354362054098652425446130960956897299253200046937227651926452
523471043868061628441502632729061257192725776763140224201856235148
905903061312244081943896347125981067222308073624874038823446428048
391759971189069304948686931188157335894633373137830646307582206036
072722165120394083173607712722910894553099727713041310614156773024
875503030331197459367823569692069290086840655178435506990979613012
085913420825236538319721640025784386531552685180455950652762182978
072927001626238075398453178749321457176744284224049806304873363455
955714192165559906931601168545680475785694458258146525410569094213
041518607874243640505075700116978451599285143636331419198562203928
363637698073696424802317505295501373358979603598744425903636907172
462752084031212380308926131880232071030140461195590396734783221472
762103942851915451503469923928686060878948272040131551785488924211
858750326012076622758794866107806199431669460231246670036640694569
880337894191692790930563800771255696111385511106823071862635087813
016591596657199561663926952401328193712268673839971023130237186061
442402816750002785237013297428005731412337710767305263002918854321
849520377262517251966548985863027520198580555286556701741242478139
844114794561403613372359291002402880016954282527637001726055817408
445343080511456901070920068537510749800562299567939370360942165585
240126826086201398966399798182668381464268876294549868698695601835
872133246870517519561716040850360702192659349072702510994757252219
108424455952078308514342748979583140906113813687321865624780519973
309894011004757071818985229378443814143454127508270984979196457929
208023550364363535096012517177168056554998278836687203057953323354
892273581439095605122292942545110596156659899801588064005422943187
694927076222111028476180826159644660270430972905492918095775775902
696247824342719684252106673708953912879269571039131701552419895665
937962888409428690519523491907549396833743385108678868311297484077
425614288802420254564707508574033953987674644706472412244050841574
598773169274280657938451080829334713697457317170780121504655607730
879875787050244201825130662513284579379669342674659176754473212872
979925532293956541582868358625639296227016169581436104796463370168
169038370025573649440139581902290259043029179330141319851960060539
395930151180348550630214863817390059278659377962839746005016600245

619242505593516523938993857858329225917116476018331586739589226917
986771992642677072280445165745545012821713074850073677934454702487
148837188476688243781859855683230039182925072221247233954381450812
495920572738582163867174121455444072000774625667799993033885814383
952246841860609946505511749493126247475454114900899298880244751171
439414717156204843166161483490190460011909296255685162877604368512
092217653725203066326102792604571211234638430897691005760760382050
626948945183133681297570084946503627830445034242988558033635619845
445054185239483989082514808667971595308723718732952461752619649890
592054696908404522519746654776340655367050839612952694377982971982
255074008724675796073755929885119227004014089922309976925072908243
725293025365545849629334370195169448316009981695382175397508939318
308818349025619452689772640110604134908045313145010713937697105463
476654293873327884965077889115704433899875968620677669411702353257
219697006335598012767963217354057017373873456002788461555755391888
881901579378055441731521247110485252795976660872618979299145615755
209797040480867560544694283122745402563321911571044554296315225230
436082636308442210335683371003474828646197343120322024724439322933
802978839273166096657341966481397117329057631860775941914189828747
832911366843302535292524964792110196464906521782428021658444801194
148375608706264682217052788555866609397308492117248898807055295004
138866907636839943008188779348037755411804546951933743693074015004
386915629027469361458814570456637297627949440616093119931117418045
204492835456146997128768235017514453738928383768007204168069639536
492505786930809325864323795839791850836678526870939433960987834815
131423664526254152492755877990653256163320812718635364405049101813
148648797280648360849666502489207356975362171904757205540792696638
443542621309943524325188309713530823407873141549480966574879196207
042981321762437810817966000036278059616864585833110248343312510293
526638577653971473510052211816165672635135384136775558921388335613
754616690150611753776496372976412757297961854600653058815433746646
375024676618736828601359389979661048870373212998988077189303455828
424798632586508329716478813687836934043158699441584056073105170080
740906242322983421483645937540666898879902452967750380630886424623
540006792050169402576684226733377623470073850861041947110699435804
534455704891685726842546490009371256247610593669638899731278465862
443799144139951569466810839263252231819117286400745587634104562885
751255056808152522939279259781486174754526947763804476995955050607
030405723074802347057423446724103122965349505065170116543132428521
975922325039634918024654316346612918022256977140890212339328788604
173941013526311520369111453920038754109001217400800370764068065824
627805087557204105425815704573154793095847220829190461794537539554
705589553490462381008166373194550235848101992227192912016177520244
466860590096640142655724768436533186703522065580145891365214214884
279565586627059338874918786393912310949856121262994129219570550982
159041459138611252665621879456917858641408418466291812312771701856
076429841403475924859795364139295700295399600044765241741180636090
891070329935760123567450289489667243683113234827356381370078481809
220454448786971363944071406838108537502379067925491990743545391118
754416978797744588070612794679102610597267850687549686191026642898
726604155400035593706209614687774802119559012974434756190369015032
298765074421165940749484642116358360774214267964398310275681555461
210571679153107221777930254573228745372929891949546444430214743494
433991526199764617560500446876141445197137848176211789772414355467
354670242507347836422189788430240648952846314388163435075296533334
782074398744784424394834378621580005295941201695844997595662195314
594638517065744940644541377088385322747539546226747217816410785971
506263948291174373316912308779475584016245243467316076527923038336

108403393227859230437069614233618515120201630037106473392360159409
348761413931578014737552099930571439690936141780868692008127299950
126894063381545942618042524870705529369512012093385006182670089611
255740262928428939779819953658533467689013525133165447848621138975
793953376384770437896000543746315267922612655403500132944795933203
899504403691234100895651264183332718963511651306511767120225793729
061014842352467437854740469612582211063998326045158125475467792932
216010039689183516686733683039313629853299887287731336514009920077
181159495852996478186606788956873041297968193338686403654299825024
897608389872787996832247994861290621538119527811750653500768127034
638069985321345239607040850382203113837312467354408540035498055988
976284821825502984175192421381995295183553440312578431076669819823
628904985956993976147201950407415341828849716367955572998115769289
902945365175441526532860972531124706097743100642810215723199143928
724718284093996741383269759137019206039345242446281820941620536688
358917458615199461028929758611633262539363485791650895497475561088
704308265783353395487206043619313816874211841752981800450246240132
138892154135406316330238216156546453399121918866588028283036730994
712897808165487889720625876819014748657643264745543586479660505441
931400783305815766575393391766014969017251101351930327641254379081
724668999810787074329882860632105428729230684618965421625785755560
161255234030058019732943125553442148865206998097004301429834507905
380923445824367943874916281483401529428782991908462113223908762350
246378918770122675476308791945324149114109125348773470452902228567
697375702167027235152036832281449865303019336247358246400226530178
178623061318267347574556271918313859370386942322406078341585617375
014810320379510019132622268591620758399992841425836075502370367514
373472500610845652123178206902693232717071701807175007667107024383
008821349562114209666627925762947535365612231196303487297992396129
561001441176843099144359806556684733183771111489825166860528824315
829668157736742930175053096196635158767553864128836864640168032901
020983641453901361820123106000007757966076771445323744903666453819
033035659640537748486377056891952143606796432870265114198205871409
962188495412759055289662717437163787015463118234995808051672638789
869011697057433252523306688114102309063716096539338291754247405722
813182485286562201408429483589030543317686693886272529901374301298
828533204149259647248708428870868121562155659055520118766992099534
928858695129349256205885299759459814735055255033151457349813024963
566600571562129412882016229998481452915802727452943367134613398954
992519726142954671341106550874868735678990505261841864946700362615
455651785900747434683022033530621263319828205481038832943772784801
543529854234069099151220711408191653284216286828263663561083432356
662184583496584243511408252713418446704388546056408915331118311239
118605398781167627676137036584284818073139200562490471623282329910
806606066470626403542859190079697347301887058565429921291410650831
050249211811525610063742292432939047324285859043691099780873687016
127156576086252725630413794618685327159089484682802764387819688303
469013986309935348904399396141313859646288438544854517861469894836
359302502333888613866057882534938204297542053481966053943726434779
791355298709044097516714256549173418657402833105637868993037656181
566235182047554994194349715215489121425206470792904376212845403635
654004264438858799154465265045884415022083481899808252376263783493
919299087741863311950233355350795095501985044294646003792077032647
231653837167797632255104615083447057278649843104069195521190290898
190955066437540036659891571296690373826058688622094315856762141694
627700344614655883709614541838367816532646717988704751624200276984
105681049934797417474275556623834482187239492559872480817902886979
178082113078266738822717569953681581006834944177014110353141107098

279679604574215573467737293131835742900988172510707001027056816105
909256197738725262954967064382697487631527099633231538978021419584
628370235855228029775802140619125039390009549720689692293515487099
579621681865172941430023651007141027555894312623499945262174251834
073149518226654136707112054359504770529840551641440823160400941485
932276718335610410319523348484607952364661069986963176588502819331
709092775438097502969129282902871827186867656056560103883625974768
993319181508684635102020444319141590772364683025539168088913774267
233213994712884977597953977347922967893621930992511200663011566173
906575736837676365937189211422368499120214755719722305574100572545
257245385556505686460537112268226795019296310394584417455806521223
889346737778117487711085358563651048040070235138414083943449149587
336317033745247442076903104658940280706520404901026101806307144095
089011836528291001042631126121723016073039142782998260548259374871
970789455908633421705653769115599133716964152529125865507192748345
937113075626822331441930750599400673536365037293550076798042151214
351972532560562264394541411316747298778368714099675896563070199695
608246280145049119912407121857480537069396403892123464697871225506
696069651615068130060629410740080470757013091617350773347556487725
473691225215098135033192993383343821078855438332361873569071608054
558098436700574350850753199409765965336872104349332228061883499200
482787381125275030492088881748464283190165396006304665029156208905
322947319996678910429991774534128768910309099767188148030932716269
812365720604331596496493420535930974995546353415998438238620494250
693932014266637836894812021997614179860830589838293900673951455175
735499971707538924803152941090118514926140875944737211593932892637
050695832991810086208404102864899234632603456423704248242570639091
293808017046596536307241449281837553304794862335063366363758865610
589066033531629111765979002365301217285753662018901016498159777247
290540226707862683387773011170094318514035776219454816762064375319
687841485184258934481405295839963849702539597621263597859456691106
370601332279533419105303795404259783041376675167497687874652996491
783423364270007454754819494713598668069156666458532914903082320598
902812058781268157674309307210176135822631899928879732309320101492
321263732671517964955489689247766118431545671617574939384016165229
078440894231508766870546652757932388055491266616937775989539255610
804069381182248000513508093720466860200390550091411653944819959417
321871903409718825590726295842837197700858179418507010239247599882
896135737787564358854963425611467807833405187109513125759999318051
909219022665615695039282619479016017023122433057544312606544646250
086866227480438667441944201539426038115578275400004040207121819013
157464010934273357483361014694036854512564432034707528448389317545
617646315722092878102799120290218922382824703505463383094194477974
691308829245720502922062498555235510565416430457629886417680620174
113480892342272883474543201198072660689569258822932702454477534721
765528390806174300254282815982876747135983139248677545318468446083
804815081566354194625658132963595505948290763301068156449665178803
283777234426495734762093975759557930638671004777439340064983405507
236218119894844821271727778513899568490447627008613126978157757229
546476033592735563430185152565958292013820915022620088003174972853
899821503906535593312828283530229104248499101040960080812922737134
515814582959625143817175466341676306580012467619302739397496828271
609649437231135575629078101961242402981117679826186714048395466852
385580727594056093297312405555373044799293256493279811483183320213
731115623240409254441936217129357321551955582693070362086939103095
626257928849446571817529163361050844013855636792071157188857988513
496298042756138550082816695303908698962080290303553800625563214036
681779081802116484387794827851293781711519531292060253499397876175

464080018854911265094773779403380813851658217736547421223193282082
698080401490534839550396438927820292472373482716964374678135415623
079293493072403367516992521889224056696146996814738788518603142897
635379762432426981910159665618186293922048809589153523367722568736
438466816976741773574492402773244271852172458249037944402883067384
456400185365607465417560537108254681792569364696441802072207679501
529746750838413523113561625499529176351416883845818879384276920770
036330816674413405717150430764455055708620196218750902138849321558
849314636118516681921933331068710415721922258451362322199002670838
022234873215757971191139682680384884040281459269592328395964188662
679614930515982037118628310945019769133557938815895114153272504224
953588864505295251885697664767754064198964612563278225970170233375
585208862221826002853592814463086109070674171612612300225306229432
694397803268357300881624868449638061833812906317206669825392733974
004947585695873513934547695113481873226417526311905776885921980237
320935229881724959823218020514164654233174602677104795738569517467
260280709681525043733589820550474008030133017558152271695309675197
201612009205662308775428710696458634713742806675167831937351325652
214838331736723081198165342239802624743765589476756921634368776691
564947998944908953335482608637982325394916672689941674998347704699
021464089968375824950582908145331422006226370265889085675892630506
217725045902749909993279197623786666529191863955876879356638777647
427669516078960839316235252927832503641558467802461815988051429269
144069896524719481933963231368546341865090928413827172521695383620
063230092109962062494250608111814867512981608654863784916838914202
440746125373499118074444680045657807234762101130684460779794221320
441751848161601019084311857783736923028533939927561111606255009383
801593115111359078521625604853869143238122459042997729469643222737
151895258029733660453560070753438041266967058679143693280921830411
392517937860772590433010536938605645312282575394317372233585221168
154304436358497427720836342278796178301536250280185857848442597198
671328342485127694810821482898998745431722097792403608326198732536
158595601419384136517625882323166497136618714988209130428155101622
439116045249633842565407862054039684759841372950931581487773712401
871797783804789899494365429776732570157053812637852227469724678742
413007936423284978184783841870950009202723276546498176971856311594
683012099715472735317355702526409742948625381481400785942093756263
839468673716324465006694756705315994726878112561704600640744455807
429019997012621053694428071409221661518213079348698972837001195293
081073666728548798578714822353168796747873575266193854236240007139
113056755503388529014237718541648922941556716384588614111063333831
204110852764582840261025555845472259375961872346364309939638012344
489255652989827202990036784391510418687495824429546262126155525198
674509444652902219649632955400007038521056321967658248422650733125
362054626026868452266096888043838047437262323316166601591279368819
959405025719999329176733931027100125953609469437966385968083266431
931649658496339772919441451837316675736885364518202302381482637706
530113911289136913462491327912603253534591991632345277581424766602
795479540704330509573058571051219829120944316533594324084681380748
875387297085375441682806609884935066699637289794431656792687636706
605922664955035210430834357140335183877561742096308666225048152511
378485882570025040515838618361645076359197566456471215061989852062
746107207788534090089741333788845290560643246783723784423811624539
607897311433337060960525973019965093743954562466866281243275277881
785764509786865491389233961453938720160995472773168875997332167711
844199589484861426103891518757536353139008447216715931361056590552
306882270163900604646542371934043098508250773501548519931747183573
730449150694975724800790842693598291438309313898554875494232274494

9162792191174416817622585153292309062702886262732717271373674728853
3638621232215215659814014346174420864122382487018421762113798480001
2891846115029134072351040099682816355155884962593470228424529656444
6314581220877964148139740521318982878542842696578224348921862124533
4021422918738248798312836552083881102235045871328965119752972393955
6001142529640219606769679575814793597999314184981204111154282216511
3239255907098748163233710191611397919813113343628756085191368235622
6377581119520159283010980245617011022257367211180753783939970561977
8347858998010395864273294684313310109468796463429787772268219444800
5699924553685460167533539940861811762259294277647153412400002769011
0274117619239922487172129321988282132145815583308103276766568215766
2232861023578888664955757065519767142309504205762010616009270364200
0234045097208356485771816682415119269448506815186293519056117128033
6592678213698507508774982207319334861979007258977582664142806319755
9559863145370970654776647680072587850063099401087894554709720638033
8948369303697002697458292541889356827697675923286776710169803509733
2769360272883121039870404729507335731757223271391288682308969775888
1257914549379342985359447300616559315055902450692901802949396531933
7276413075979435030186195182849400682794556592773381062149016449888
3428475015304083572143224589265200027521484688613520268320201235655
0451901911872323559167037232979034597875506946927721571147182379966
6807463907229451229908534653261746797338216839409164611176212107566
8264733826146148780221208854610941607249501461647180175574523157577
2564916552016964627970618347370461961194707193166112753777075198944
4648689161124640677993406222196506865913705310362339187592819657411
6107839829879513864770740645142244930292524076236866433594986611399
3309682004315015611717440284570589293425048899723028035902438855799
7151315458832846190466314888130054461650106191633925396324995668911
8855812076832961375023195402633096304694051247986849565872764528766
9709915657361774733919053124868449462587226912095502070721707162188
7967918776070558048101519229507432633782002791831155368264376788755
7991198116796887396317781452995442566577309275671432912484702302277
8647522453354025140790949182546253529101439352289666482429845599344
2557559177758575824235233897374748446334004725931357292624483984877
7701765481318806697061502288930961065688203005792824776845650575911
6401812945586968803264581170511288126050608222011029481378867623477
8883248252825039466886560479147243495936240857533931494128559506588
0257628000890635688149232095192164003188097299919802546703286321855
6744877047667974008052444941230192577061686079333772616679523723111
0225603045607349457206356031317070375962721464901942508795425966833
6567349678477964017862775009417083925965179211371888502696058085922
8715465641853891151124482809575136933274382978784025912924252701522
3801839428277642307786599800714990011271862672569779749355858588277
6207844192101150122755574177976386270585270654598893783329649518777
0115264414216448752086329424108541931861114096827628512901437848022
3439124804724666828152772743115489646255670802912294104703665441277
9619458724516005911000089599347648268573468246049695113680191131433
2130230724663416373425090192136199058793486103011684913670312515933
2112231432891632315514863903892049073046753790603338481462237904766
3363720223176833541143297333311418939424737931987551333659519236922
0605564181536292745717249538204457474709743381119982520693905592577
3907077743606915448349546454394555065175130465938835163084824746344
1099051994962367971035899271356201097850561624995231890502155814688
4467724636155469783168324827569631357175583147078970917287783371800
4851989545984382859669977686925059438280995311638096443817997760355
0113087073944851928516254905890311087233296314882559207427401434400
2388147125455959070011936654709673891258727027356852730777519396888
6203870643053734199636785940852157897724435609553832097371222349933

636234092989901253196033994721429578747514768554321732167127462276
803323300056382327072275452949421725751941251053916721864335859445
349268769220823873314300392613546630057296367331556490979598048992
472669386456437462022496833800005055789826856676967114280187672621
778655766491577003524611009327946825636771615396243792771294838137
972344729096852205312331820157895844795748404966542625020395674682
354733532589667464821188622077302441641396400574395899344512407081
002310766672834298600575549363747498649085556304880457349808974578
492631977514473595857773563077254678529823332546870200957197489619
002324974468772535045331727309242308890578830620727285549856746790
484861180492665365738111300318254729987787422632245052354172183013
256341795439649838679382945641196752277218079707950556444508380435
789200441015991008710562086545753586198813375442552127302894241653
075803033080796360397960666424281579324486052872495607487409036181
364062430201765226239558683682892096274924609118894291902212698768
197461064344788994633549049367584304851434998064609544967328877300
152215440295681234534489469325923497985578607921934790424873864420
679228419251327300496390538838157937479116299593373471044258657372
191835913423118924681215100564175537835673127527720339420845773309
322939337741474629120414336423758453227800104181991754841646907988
966638034903140420857975127670234369730901782041202312016332370681
609809619376238353166428146780856607220894937814058508265825612064
156690803913301450378737470086191634207868965841313273363314363382
372598692478567010819887206149431011600932643020534519436686730988
893658736185274628304684865086589316628441742815813439912058343184
793314382513612576865309377574773719660808241387978909568631924278
782136534145351715120124156321455772612571711542375752304356111855
891966314442308693667051199138153403226210621594397427120765465231
765198966424475262047151909698917445511843743312560411206000481062
834177449518999061022134126445340065348576158006336404668827392202
261921447571115941454757056524353886708217499556288908901677082397
310205194838871835498343288088860711036176903323107813796305572738
981129127703868279932165904053146896325986391942915207644121837405
335668958199426520915206072234787011150784945992637942582738100456
093734037384700526043240047651510339744262915897859421619027654612
437100731415331339560670120992357055893555586437332466239368273381
376660988561386081756085525751881822982365620593039848026846892564
831572720381963427502449053813871227283653813817411890381862937066
879655274018351601106777215442748763186693851665268919096693241241
457652517547713861679070746876905028630836414931896559562354278624
551587599337404868888059363509476404640422669023739434693813198094
553983059637952785004028188017151896873158310682541473547504832093
766879887868201624977207965462296599869709286344427118784043263484
658241672441603790048629063352273962632643689695218637458554773792
770810832099800656037854978617928168238018443737773965967582913220
601255392869706131183075749736498210147313999513780119583630465784
586218819441497849370098402756006854980263357350276903501334915999
410634061547078733290603707231161240341870550788379000898176947025
974081263663402332052347594946286477202796252113686448377842127754
708906075102553014546480725459627611374316793083227144449518251553
202530688993058531948318061909762818016677230361216606781369517176
487597906417672078274900447456671143903026184811709882218889166496
393868513193469112598949862477341922210392931856537346282447189895
787586796112815110996593701003783460366990836605499539314209994234
926019517200560034985940409635399105472773946979904135787022632069
202545498416572677427946396129743913685217948503406180772850987428
122769011413681640284675288754276648347172854512389859157160621106
210386115041453249787913012138068893780887857411356940236010861172

747490768634586796259736100199117029869639675360563303585985059024
044857052314430822798558580421066760697846685856139920532524870355
545853701010773500886495196354119145399547557065526277584357657458
461258415631074749536770190450884604517896103563009644983256798030
526371100903483368327380092585578396397697887574550409776166609902
795429188589308917950986812311563053892116814233795813108294191301
853876649838432666048909688018607869899694639519523554122354444951
091490427932659316891653845246476121029773238049491026972063197314
457687223018886454723103520336088032734518925146042837827235737381
379904451396461458772415780099182945276911489256449554457820811258
549746299122723264649039750796423060026194526098123860389417285256
976447427429289378164410225978278080809381188489828665645075046990
355036823640457028786192640078460831062566896721051510787599806260
533102100122358089908786452552773927454483894942460977309768103288
181048377558490535754369854782487209796239602856463370367224447256
026531392813243226027749446017801180064353804656177241828844153793
279733031656426254964457524785225151403332921802994363668920045028
087930145836265592745303693208581992368582405824492867970470048929
341036743249680787167805287155715269795387317616139356132593003098
518745852607460428071453029533444248363527863091514581116770338434
981090347138086879895128909270471036033367710778140834844624686061
472549883654767143507897165014452769938600227922887312461611888686
514548757124587583194866819607135129780973428900934829960916137217
184080568891284832030737804399029801197767445952608724501787884827
582203141607966468453384013730036339352239132617464228397146920127
293410803224014862978907413563620435519583015124060878235799054599
370559833996396427254288844432193508373960444126803498854986780142
412013984799469474267251345750432841611528318934336257825555762486
044698920810829515812130807472484883173797144065755237092962046872
292297505739043255293584811980266329093403989497358092902735650265
209686282787669265416618779365146499963351891859198281123717705808
512908891479895022969802277536978183264365803065946080924008017689
072325841441297192824247203800486590762483298432666125302685103349
902657657857996330572857815804481506534147291034011865107527575914
621385957555798465331746524212479703562965764849716996877845984143
281364150626588032373537267205100203918720865488940491633392384480
571756388725093012313790697303446402836948914532187479689036890800
919107696487522679319688397308313632855164428485454389551192351626
705524166101161919395623212154044745884493177603326458648332699995
327613115608198673031798777096885473206973611106968735230086661325
732823554513288927073584038158089593409540047766863373882209899947
758887252513928947102576115811305813730792569508911106036337471430
048180745447071235856967018761630440248592810294124481653304300197
678125184887324291465465374765308407856299090453737847639163410697
134948316414943177259257359898774141042585256506469922575333866702
293799929902483384497963616582601770376024042854352514689293826677
378840100504077814980106515655297476502302530481848290223516634907
089449876811196121510650807088452894029830319134369478860719723091
087906545455929044269621024126508962080023775486379219005822137541
799451367737550293442139478343845408824968300559698072274271475234
618638449633003720110584888444262822847183566951057836418070987118
119763413467923048279991929423344434337452657118519582758172429556
975365547653558571537158788673155823731791203581943368590246116895
493584548438102182098056456671152278111152866314879791224104671503
454122635917402310507267578156516907949753545695466102343506351789
262820073876715784184485323312647481696410450093295263939107255140
263809723450742145266346791248799219504249506398350575631670024222
097888845014235493326447708542073295642006479990456728288273089736

342401635598151271655857087602631934760357479711367322844254495461
412410314411213653295907318446626781110627401990080057408513360217
113291910191481723858110359763233621594459068606885817458272106636
078324721105539882285311162308307722493207187603142835549723999909
543867479119041206409581635030692153653952559398291083644405778947
686559064269590785558892780148115312960528297396378305223965687979
329134158295623155010561975005747882584350683894802720131680054492
417655413415536722967818672262975219357296762159745729299827845769
995818570124704106527552347093167602108874620189498309990562680354
732391917438803528523945196855902262991234055623668168420261406594
601661426898163648963226705671454527615520840319977552181122228306
946402827545830907880095255382670011748089440085824422344840901443
930995076045874992960929194486787284244655294260355040153663048572
784575067890334206375485651802605864654535049231546366067214955979
231996128389256606862453821966213790956141809481962680234837370486
445390985796041171310701243314722770694381624261607791747358930604
032216117319023629010812414634682390910147478453481264736939378034
508669020117854092269189072113908427362640084022560952795366222687
803631074992951896334937247807842462077385456462974698567818779464
133277559594959198587419166844783018668875825985063358095304730592
627958788266281356695741856635183662967796335366162569000658834528
478932612307942533321209343130986170013940224515939863015330027588
574482615552011632165583054011090247991317443186094788894424719176
565857393833615293891646315787775206926098992237784272107622675471
362967726528338260458031548818429183457905620558523138467486880987
475741829951436089527571148969698465913305515718249017264063469473
831622484570295688213478321860050219757949327957537140194691987103
391921503460117489549350057648311848003832107045510003197299460626
690817032846523263802422485817403542298510813693111624820378156824
026705402650609276295741300394590674452791979966472993327500323878
534455218203096952772541183313194929837454299674345083494569207945
583308957219416697425544682533864656106651416194740273233068918055
488714423970148248814130243332211602822892880315913275460406393144
756504510247078478270031008306239833790350592085387823674384874690
715910716613835270975585158434913210350122255865928574296051076914
689252902235938279127110071779878737897902060104053792712655426027
857235385066544466670386663145087099165571537120692078442628725803
234558565314378543259039018168386005327549657925726069037995759888
134730688880747447547111932240148505713258006452814851064945062178
797173665367581241855617818186509256591508967858838537346006935149
766940200854142411958615773819902618019957555810622548361640410620
763090175856074573884732645071333857565460417325337113028013789407
938579364339953362780923121083970023302836469423386202991033137697
450725192819304481060536148898127237275534536451517984386997375729
723447961754122638543250152317808397255726878502256871216813534253
902834781019191542034324259346091331136425107319399433703843238861
375880568271561648549365380237850903934833622482273182074099684532
966420066268037268782026486705782985119284503022158150530356417568
937754210631387943008169086192587428698754675509234944739615670759
250191683691129303774804955199097039823363826364891350584303996481
957236211574077257682336990702374463935429270205346044803831023144
481145913795384749239157294312780741204406080309758729669731071819
844106693340826049698415157716592955194865581648675779423393689882
775900357894212761604704734211672187920488769423319638405449947511
159325479617623938498538240196477081852094864855924228773249668730
030102462610446676908525456097605252767542609722175804231532157673
532907534815364111375640334493764477315701074417762358231865170035
472053759404317824599133598339181781909632989815139125754319138983

372544052815081545703102289680299577227508331211659770422199826896
583246941224511283294989872970025288692782008856127159949775135621
524144621201185726015252469722909151404640753192199281734280327618
599645702580211560174620906358907518617575300004249196720092148567
640159697615970405736942590356827057621726980826125845805961670618
866332840263385648286426103859307490073261464768345904157879793049
982050590432130023886393302978738736196275533218595801266221632584
664077546476579363380854496495709655491946816120511556943910807968
135393846059750067179506310256122479527199604657086253843127219194
520031050931912369479545856122379295846744832208038385192663153238
284507062223554163557520160484585957877279643566407928977315177892
543246016374195165332485486621259981179724635762805617849167583923
257722366843923139046362506364023028317230013785538397844059603568
332684279926654616067211095960638834242950430023363651087339459142
466082468786791422410972599551213534391932339520885700159038044698
266311069545853638464299547406804067960963340089659647612335011815
471822156520259380056259062150272901222426040414726158403427816260
545987338572456371477792160474827443344111296731237676119862978669
863080241795004730990548680786839290099752578360568423252734512493
884646426117437845901765446954096515947087299765071127626661175786
960190328974286263834806460258351836519591472871025416090341710762
667758150465169462544957993828996178666609857273572606855066958690
375723054995572090626217139470396850395236312944870874152476422506
065216697079552830412810868604973922953659243154172599393270748607
956674145938706841232750041669086025761487588798762359367347546293
045968347057818243392374739992499318213776303837529903851510492138
626855948622828980290986040984011665073222899953224056223484778426
908827773333002520957071638789137572836111316150828240586774806128
378099765881224500975070984791439925240141622405328598517840602677
533819228267849527886672456893337594516073195686216856063512035024
630992837418507807604204773843053254838763592412557531636452293163
511786522282328964448319102692474163633999280535309366592617986442
495494884617481328995681373139483095949958112473555488373871125219
033700515468040236778326154424065669062240436357919958919161873198
530482800619742223209883669364708401812321417476276732239473306004
051726285935485411882461399122545993604628969714134165203093502573
559361261145139647646649021062754457374977144715508058882686031359
661575978888082513408417512408423142188759570263961666676842178850
151166502959559786184159605479201785548116465418583113141209127828
459690444808181998063143890380522074970999644592680426847344541557
810334493205950156320196305397621418073990862708480643032178002476
090143977156423120072263543493273799157315518591100652472774851997
101984779766556894491967164861686707903757170664835628080325964867
673404584205686501819370242695253648169558145909093659078076868124
386399342565535330465056785065548655571282118381739659983633576780
308871040572972063848194704823330793522090608439862801838670895297
949455903398039750568234493536783744414698853888045281008136062558
329519311211934751776284520665192222527386696926300256656057137987
467747226321911039544639384612184558577569269211274469656540715714
141819794922961446403902152393652171319701682379101625390563079628
676903703669998720101055197275883904902666193971648348114974239117
387042271429504980391844092035353505646482647090883162717270439141
214238422921600927129123600670102952490482688952858136084943203538
041356964515930924338277301069829074003637819107214220109190692418
721602775558045932649015215059414233531352862778826912685057008770
944176708211117803391613231077884547695892356286062676906368115480
861944886505985634982420785224821027355717116828604374279300190532
421473269807603593366348559246819120239471480921233284186050062585

379108555395006935143257214182173424169658289168710477383110597050
998134940969399553351724534645472530194525002197042367256339419925
959139030043726038976533972333101892731998036678696654613980753800
150074994058963965696044446341048889101877254017581364829927018989
318743514757195119016432624565142006231074765452195530622094090762
265639677031822328595936090281625230627976852910671388077127464190
257056024461237830789026485486006490087858777224582811024344938706
614774453567937320714533408083249610368600316487116045576385296400
092889905659038807872015381686860578453602623953761584365876413156
895420184516680425311250906128057586051851261261263727019604236219
016699129075528914842550002031663943368032040571141160423757980358
565956312474994695698495135867617171614861342118764921998574023604
525815531400876092991964744628813382907321688226913157355514901842
172781677852130383660376356129007685445315638810905871806940817781
907895745143359593839035139959232215815478747867262033422730377952
548101343348870112698825270694572970442925473858639589403162524181
768010338837389259782856379513349072256643982136040806076951229905
479422077455869779933034443904419997357607975028020352529286365622
716637530104348154145433270653391650995946735871134933382166989485
670557380782200217312093915300782652612868451424290726599905709582
548604303545232999965155578146176895285778053665489485926317291170
626203829798016084121593188188696290282871579787179368849040257669
196947891197016642307944711630047969166029633665411656714129266583
864167655842583466265066904169951079819904156389709616578360678034
580385887549043983668110794625922809484398900347357457657221278020
507663612424745302728327791975368709460269211026412850520464771511
319590975978475200954067737217411843995901350727293059963625355275
183651258426047228081305017016364582988795296387473523944228984041
274230766926575389191293792702273587158906780074048592164839630908
392340398840095128732229830618530714944412455289744543189585611874
000180952752096285137117256845726219543878785925627372240011892859
210973591774453090991376018571051336552689960979827966913016647136
456697073237081484653493878889810099483298222045461002017204361275
120315381165829910151186943049114475937441511992148277698846672390
919809215085158244561052008871854606987301372553634632995644554638
726445232695578243816895531108965313406984204121863850069053799029
011296556029730496460548219601849771499587160160186321879285776555
148260986889146641786743554863988576721640798099307846447004158925
298121200807754694044486902285347709395086821323407338738152117640
444760483455529305299958930207165021318455760851637824162907159794
086617952632265090870625000097852945988034121108255776072014188772
749071012838936324373447553276610994629820292478457279595995866906
046000101825538486745656582757507158587296867716751114872652122065
893051470298169911459357597062405238204272016760908971936440310471
427018901122919727832816021135597563255486999922433885045198582826
291038182261226559925915970829197862331931668810629752541068411710
862598703071440860838890816173401839452178676169102178400070572151
153318183463981090485505984190806537984039319676526182549014496282
638131368683019053727762902214082282532050315758144911052149693400
800591718428867474232818892082210987075100960942227179606118687523
108651305487940730324755855158572712956851667115026585753721524970
207356655428748048188381689438092947193924970783426911981621047130
830957027914404488752944652228809164269322120891437353263434701894
141865498758085443897837542761116048219449857339919464163451058827
596415074970868687065333087674685517086367220041335506908982270336
380872483247736238427671272998279000472375033656913596485058948711
797177358953752351727045329880897687060371716893813114926117990763
868175722778250303799481053099714133210679111769390824978575950173

473432748633566843154997425554342879813872888588408286655506303116
923034262400651924618208512940513841094383383099433732356118408341
561095254744542667874415394527438085478157481718055429230172577082
542155145523116898159841576303310410248678593445139563372056885889
069057119083999697995213344839522875922839778656931697054502755249
860375938138006589525705654871539925942499971731716797625183078071
800651730515295633826327932127180626959480634164969102111602364643
235890477243477665172504370188262115843764422666620475127825235188
702178980272672802771182277315210303587264208245289884331683157916
664992568216114499034246695153246391357047807685268989984893205253
372101246744855945116869825165086315065590233506089461332596475857
404743071645102198896466685765093083300456818727572416807670592160
435546810092925593956489533295027971567218920273257081506277090717
387103132384249600991967666572621248871349920569723586933240738111
770557323460902157984722345213827715795803472205402589664415390534
121374470050890338715383493907836511458079202721014790629798992357
303403249969762406078897321843108824493082661908026220499901128597
492955627721746461146899392940105949420973381759438287802504440996
875340190388601771701245912276768846757152369655212200577242450365
397376969028517858272010843359833984544568178406257490431917087743
824104031867141420417203681142989503677256546071050128601831884330
590267041359144689996884717833470408291468124154743093009981538425
850563276047390876890492793224924095349919034162115446082138983645
436273452554213715789152132060376564346128773346423265279490788381
923864447557705950091194441422576047487273346424607959246298170464
153460651330840957147648715521286086578470735295517681275823209533
816373144290474179840268935951138362336190365221936869489539292986
105606543505797027155112426086430859272820573203824528633753600405
371597766322099134912226229821552464413415294565515770151918986924
072986258052706984831289548079625435319741712858425766114028200953
496918021677875090640963889389104845046640865750372940522104112800
095473196600465004394421684859422090144524292722255849059366382440
277332836264503030533539930969877703430907123325762494149601610792
428731668526388452751267060300570764109526142989664881812039606387
340849855500941732198779667532749962011869772569041446902062477656
553506566423759146917333072748915434058300807072214809831677481930
217368453700212286491519944808643918607136506738526628029015686800
738658482695676254210529864116593386924825383378787521349222969889
549770334204786174098071621018441516177221481911004373337116936743
087732669730859901037197397794961028429161868412757569913986492114
247878143531088307012871037747664524240630432837083773152561194473
055755237910984617735312906442410447089451669048806950914607318268
944927878884930939500099507022903534353921332558947652503280710528
542412429468783066310827995140399264853819433461802956014311243285
648469653171701739125387897466609714539422772741011442393879589598
789105456641042681478911626857280359967830398709786663444404744950
237805374940891697917385372097470734527397946057249275908249278258
335068256908378083545693636681739559150054891171229458934250193970
208963987204233608131092995278188504027712873857443547058197144905
713041591925075571511856871245138617084613762199481388155508293884
837569145259023563970063111260122118004370384777070672157882914472
504703857119508588093475506374838293531777538088558941174192632937
495430008507222483922287543944226262695981911189695630525279099346 2
946153609361635494478791750377713741590706231759672455836853259984
215588103162562444276554990253275017631362943127796011916430509716
959532112992045271774496546336026515365658288419363879337753552210
007523306249938917088603055134982454203328601498822518924449789713
654388787607325839686941239838808204334626611722043799813307423513

678499084586481666628620111016787728549322725897317962900838938093
783688622430928160362691807321356465371535050488691647787791858427
737908188613147543573704383964161086684544778605185698836435455394
146744883622569075822976566805177774848742973152174071722240899962
520271344638028938433145251698363807311799214678365333421747888059
772842616020358430828924451439079548741920599467031093767769273460
011572635478653303787050882558626169169547527360426276524262803824
771112903565310920613755010415351635002947736028030426515606870445
034565865327374888313887136360128083391312685040569730582623675060
661853976157041742174275940940477766295856099304644453696935713123
533139018447310167028536689418035023616326193267872577312149724982
450873030342047625852256587138441719279864813496990033682366359258
820601075142130599354051182398221393595842421288680155694960131634
265883922903517029638549314312026857517209243416771675953673854595
891563041515434088850041606705334665408281307008328977614882496962
892401604211416151036179777932102971347626579979402154699780387784
794015988160852142135353041497943485318919528301157500655585264236
187716442360830789734582505232932436402643759245918005632908723050
762970364843550869676213310828770177163493776400157407706192909977
311832715705372092053654029707767867266532779330859965800109221736
238904135842795193350888221454365191134340143428094289321478884830
738725770497425332464660948353516657817670744653783648028470969261
013186450293122961659943735558202928820234450728277138137353108738
681566684680584165539524063151157367921549112632477501265298070868
653207871804612867924288077555706529278259419430075884278012095910
166377504140143144565160939204213995507274987872445710941355550450
157228970947059287154785784237549555530688277162786068182464764719
997298003673328772074752265359103975496408864254765241431378861906
622713920337483035553828434447644598243634065327813631957808343899
184020729563312274240406329113697622685654000106238986047816686297
777840312794899917073967230675221629509652878963150378284676791610
967455848873593475491086691961722460379433265367175326679642757594
399604997668066120400165330285049499728607042754250937207738586370
041544102605952449370758500363784138186077956760668064617234295007
523977651459432948967190018394508535071152508262845453452737577969
122483337192342761582030801462801767562825024071460250971605630931
767245930760486882487900538471580520750744820305264966898199940251
579494232115902784104325425835337177788899239517463665743261372851
811005292757346641848185181569944340408818037687535197406636304783
372844055818192994312492820699574561423826653050981344664300969883
579889993336482496472266767866094838218200691764477995154100648314
950923402313298555020760129765976548251432214277265806665755782452
114351183573372377304924371425957029585515871156388807799567099240
416783945078541847459790898158041308296754681520346603969878439383
081839237477162789771382844434051340951168427734092176907252476310
892244466478911687943251322200736515345623118550138742152335445030
893885398610146110690748910956635966294815046854675622928941510892
372943193195614918231825611290602583642878172194929175345388235279
936285889636367951806699435539473796067883863943299218278556841255
867799549795461330287862146465157139916591402845873487027052610698
170625680635866012816449797246668164161969879886773684747096351963
496757677241171938898911618410167572490652812301639681693150030825
201489745797388900152682402377798309724004631085064997410591209501
570775841414891805283246730618351409517491370788512597534824769265
004236854623584360159707296182804430916802637005785921511372201216
585722336541374444765941395496439553132516160965801809920877908352
579037577267506223225185883060756932318956337473318071536686998849
863869143703937913796902175096258692842571691290542002081554697777

2690884691552481174499936570726048504395080918943285304474939896300
603185187727458210524655774108122548587461398410245523154697286056
1599004919730133874530431602324644992651250170425989598182556523887
5877954291090967219088355357772498686136615280495876215441732619
304117924969971423648039456363099307208351692249539620200838815119
183724445227526366889209929576677095667383518896619596160537535008
602323364828721267279457182592717871773248430958282735739819410794
665642841537352097892288900210373172027586642901183835024010382622
694185545174623600553905336844479903780231493500910433515559836118
650126049569602591345769365876222655770632075180259102970974492951
788854202119297169126631041420914010786425238613208134763454729775
317440856732210322546073930167741895602027299203162479753768627807
845971052132685726453736242255319250951861718760134511243376299053
555461959175254804303890441737617913169627434487853115501952536997
807793447126384248899343581917195672961221652053462230855341045461
753516028530353170601408812136373334586374744900712868341362130746
643149919626458766238324794568554952649366465017373025269911908734
889383808220490313999050562754439889044634722325658585987911886688
740806970103202682039916459653939827631397675758675630661191248528
924856994955452747582595838059266980566909315279118773020597897063
137870893388322070950897673353008555615294578493640663912452296012
669596009626249236235435006717356575093246211009787638785940003781
112255481862865919130265466121607498035325602344356367631241181589
646973856150829519318006571541263062289942986318094470882999697782
360083731932759312453730293080319708391679211238220377593869128205
704012577244486157978289703237209824314199521913569339907013764865
723794090189731026773146477049154312463353149231164982846119122320
443297987988654550488550281722412719641296214255244081433833184835
548531648915655594728454941595183299317885179785723333498219716745
220939822794703894830938700688809500950017601865107568261901821225
987911067357657410237188662724699351075758553148758506068892653011
018387189835211172154353512759382643296902223394938045976378558090
731716349568750327089865704509163882052480794235222753568708256026
031828129257727003799185301263523799010619425957035219797869460379
340909076816903937424032942224485649062429240690413555579781762809
939784678087508737889272173505415721686106252435312971752870170021
713892652686261966868712382220018081998105567112872178866928665140
868573073142030260294175800614754339699614454195780173471307453251
846650248739186631226591260156602363786266520161741609131567212837
043023831858011836035956376114402196341988517773587153802798083923
962306959289445028812707711326597922053836475249006386505384673526
547127960139270574253357239928439256682119007592076122827272386085
621382765349933921722883132892944445541855911852332513183003512791
379252076038822932907683177572843476710568432799744762007968785459
609023037060154744372426114673976376141025089181934278782304188311
556795804541243119210344135149026909550179999604207232260994274936
196212594458470157994267384082691680703420037334281735882422048034
577619180553844186706109278647544687110904276564909613367896693206
186509904811679659860550340492059617415840318373662444987889103504
706165000925499423394566216562460486362752367571958462127097101035
867837376285945519035694807841844204611642743268607874808440542518
712273222200262143479895429528267493240381500981848046570078416191
838634925747769264605691767553183675482278920331802726653109312711
643679338196228009595413304787068427586157839815966786353122126491
074162834036375848986732387826613769035930136232429615603116634579
503348069604146809599985141673315641663661063813593337029105580951
861002596596933585381337026672093038574257421678642906364254627773
712451614250089638653859527580132228918653790607932844115312395719

4433305971116746266490238943266717961130794582310441191900797838881
715223000670094400240063875922694362285108398908252287558339675045
354327424126564539480106648018793370264779678643563015419592850256
243936980244407004148981012850384761255766532196799894997511651665
525680354364260473149980694157671149571790870619144799725227147952
932796307353587611207582906805645927075287717611731266294567603663
357133534836225749231609088499733950008239080227083401844218602397
156226894697590112111641763528196178800201355089860699803555039550
769601752355717349136765805036634809891766237472777944388920986795
169389361595325081576104264980771878858319166602587545585580207124
960203569014360241160676509441751163995525117604635545835455868373
332737835385586657651755653238466588986398386295793497986580783912
028837322165418055101504518391046892095056442926187130727188975971
985224621314295193673784547251284191391728084319502081487214486818
091226214195079624858367872512008495905249253663525575397130128252
266631931267472711708740168740198182053009569012107994936932404638
634100522606283359784777509936197411021609915334124174563222729142
898453154604467932463165850820599008444304452923568356130595857276
984976510035763738094889043789814971338944112155340478285383410251
586273452209298137895801512526795905016883811079779373785231407545
364238326775372591139723168587926879041195675255583255894326247463
169595932379328077397215234131651023326955510042567134781656878944
325901020307612993187061171311147244684738098761661329821589523733
673235671671545614175551623880797120001523453111994541783387246086
759196531569649459754343526241471737702735162352186908458816943326
495436096306903278636782721734337872342122012779145307361528442917
645937575452766551173616624937762583412326694703866180109952641614
144694368666554121465355725108823132604443020594782957064696420840
506639720639317365073513173003880445262259603654848636596942695148
372191940537488664822469551380014166175344131094397669630489259497
232083175309962614307845299331801650845208032363582644210162743101
366129855870542291846918585358000259657093610688867074083687084907
612579947164130996388859772806057254383677775945949487903959265587
631921103227650583873043998704354154077217081533712281697253470848
046067848153033982742535460673613310625536480782351719373197638292
319760687931863997393970932923584652592525487847560669587367260250
749646865932053476033302670225878939971559384670734638222108716543
115987110832363590150691704625433514220561500233993163621226931614
164516346722487008908575597842867209087050350595391102855612564991
351759644938784685362718801645021502346566085754400621293280842456
354780667137045656851925933592247464344496813893964095728803007741
566740902382614245016397148992671505880621404736388771776520916125
774301134751954522037490896163122104904353465180190009099352151964
047145886477356021465122479417805900423518207667965078580026385108
261666788485589507491586451266193098383058348262969071317067310717
197280807768484805796587544413799294491070474718297280178725901703
403330009230392538061041675484669889573135068038686174263992443690
005077832346982406924270331223442533816869554568542413174368857672
121852339245514519543662928877490400439455946655074084270251388154
225801277993624948276125530109575941070155752457017401978850976999
525956172086894340915972589634928359294917641877073511887557335239
097533861390461174419754910858237894535948817340978863945061700922
735583569004058562272378064911621799257526358767717337825450819281
108102159023883118495295970302890454635523927760376697180464550093
663893952712937566183649877213557432275835211796176974028937456777
117102096019708609988891974822781834064514963240191341985954666751
863043821782298053647680859641348784882765133590607031616600807385
645023674086326510479565555523905693241365906176731915774394061383

8008162286942147836605812279660137868810364223934492899015582775604767214528875269651849840975725311412696979996835831311163623016679676374068208473522076481987519882298630528018228873740084633583983983511917977005782448199586712374407288542554258820673303865935123488499797026231342809325846120618731449057393342952618555683158647234650823356311168990392980746237301858961751274620110241350253016504735987391299668773165788793314681146209300688222308872061583309685836479381171758723221188044075636045626651016083443677231341484618712669394355809447299222058095400341747711692494857224976113166687150949060130424278786117002180954723913179444184167702457630140229750183193804488448160477701404081374189395454759655273539614603519113393012231332991332925650798965230809059858574069510691920327933473397266149554170561661608154295217879242085018926158908427708999081541020516351796459815754559688069426018001303557855470271598760068073314518161940783672212238517331773178365856999962215938487588392248992911068712777416931374725695651334300630652273792455105626692188080781183258673136960112090771466579443662883300144081586309863172641906333044044508058228112815488916198322932731818799958851273783872938509699050069095815055996862377712942317619729404081394181360272405148208207379513631484335422793933427765368610352540772583999654861874606811085441599378263442183839384485848529035304569715109912504423138252492529540089600277653873866357415638827431411023599533922274661428089503023576301847389969569687857964761481338527462600017284007661035335997001107429588617909344856882386140221202628100987841947785566957670602082972972849321728359478850747856268835413960452050327339001159768997592348823789600370474350944012621810109481571513305005269673475051595793024141924677188377990789709674198562062060336577626066200393475145895121231388967680521585832148587562100493982743377929100085634596084787274433460556184821630338722910556433093467219264786656314689814420038187211093438973898630381721295790929911274307671977729157837674854628928521808203967143785079336373695007727664266755854199958856972588894171885473245704126545387279293835554230412841370132131163168616764950318207812335280786703605753169261111413192742877904464559074531083030459561199477889297649507064639716814514629453124294363555488686361248826561240064409327046272099193802499353896059744335128490659363042830104058174606123204394459678619943758818210788705529097240315088518044697672070493219326427327474947465735270631400846002270606955967696876993581612208087614289082438282250827162654510150765071122548776783127104898581258903148080115323482235485756250163613432445755489708401852562487855841161559062915706400186193826787191671454229784270131855635300759233917437150422523687143080286973897230659408747261558320028856056430543675473012697599239121409307820516347305683944357660805054953912914586456418951984212667557032614040165264647181916825561780500043662639868126326051567703737576322825572372240337326563439926101072777491347627176169780024202417454219633542368342108998205098399693090096683351729155605180032912375027974138336346557054527834853747615770729786028264231698956616215364150611916911869585076300887739841331443323522161086480753762756279535732619276807505917919753822080505536085921437064255882040794994568053209984521619529034874717291587880433789802719917575528412495164553897366903667977458510604923731647493348513891310767047816893150928005652508074003360262558797465873389588650455491059441871151078989476427723914132008590273134823051471147108625684424430556126457313179759466908304134034969841895264128081303923795354233955145164368583297176727033879966070502753808844666613249520847059562360351328876356928310404235142307368983022576189398221045147116497508649579313310230516400702740418722925525312555050751962630901419

4288158378608018722688533033426032418874199474309487098090077968962215212782040363871849869115568928526788514369208111989669919917593944222765985852960731611027277193039228750373527674603136498728601485908780108902769648101784192505137683639443277985897834996707510645916080799781498674621295942992949510345561239528518996648389315134166342562538722904207857003100505766723878249942293043318762933107599216334103488185307894578621304384469902259715109537842483964045195613952649940910541934802783338141050549750386325213441665253257834624105431372420513436561007097502647497506018793298970049526351080384880012217081134423115923301825065523290008053296095052967476178277649903380464927564246078440062247751022984090446457608828400843839653757251633090869365950113166805903176065399413046783186045006298095464117932227606439454509746403119000404610136363756652514763392205640853948811565665156414499546999798961551708519238964173504861644019602822837023105319549445571577791956758859753036660988220249688649624023737697414908962278262671716470905454589643425135810721550993127870018109479337800194288116971384559781303437591174498305039727200508838510020486452766917597291317151669041458699094829963978857884712415821518191513119364659265502246995225206586123710861707775297248009628557381117264350439772399159135333727943712149397486397926247924574630926880601612683328108013730760678963885303524762479577296233036320607975313117003215631577396114141726709684579198896782331749802500904092769839889486946584061970883711871716267895059803799281868790835967674438673941108953719698618297673845895439244112174432607281434415683337783965800933241626531197588638631457596991628226060779033373953780686154995433439666253404137239336058376135713663148496022846567534731883339597694060242585033382282696716025148826483767031393661503046556944035909979588086530647752720761812141539410681855315173588005631797895081069982071232635714671453116275825250080620098353029985987653456158772655905776777052350680073472116044980648839123443149699456629688381099231793759615151983265012059878144161793289005863320956390449673274096775615657921695125695757343065011177279446769975484639636764740951978746985740500256663043049693037828646730889074067621720816291000927084108802198036646903200660489829526544197361650808708999139972680652562279641804946454156448767012800583944430038777135570780465643299132187060632208151427506224046357396332303341712920530795518615942218913417439346426986003963040050800204287041572959373530995771667761525162452409290068764840944524487082963723479466340834676788924290451598405086071695341689272768570261007189617528775251605114575792348758289688272500582964348325725019488704916732932741441469386161100821207301489450942209156113531966015060095153004215187968005009256702774616975269173663358847895310487516279254152291573647418488012937076008264200657418502417040705431717287584945349675596925605810680009173553233924655397658056115062668571458886231368778250270750779389298522128983767573394440612389601946254801496866953716675692027945004146572845670685309943119591039872370249270901043532552598050115712122632847074507459034059643855282087291911849839551668044048721547532339125619945930281059752503341685465676518494539988852432775783503720834777412746381874054586392925447115055543227998182086818796986470104656134118680053965131346723238124944140474145964713110072333552028123385221405072386153693166089460593075675862667907505370161104070340909262826748877502859752375102385452677962055306027527774367819405779533840765937191233904161229938965877540504209331657806959653412589292769002105835347234056106514555429320091707450439470199566983662770224702288304266506904551219438370568467083823573011816322854340018430494979858262176841561991791993512415309491580100793747740403927636888269384149937580571175

1713447558159310327457741875763711877571322468922722424933777771139
5755848434693143205619352281759976456338446352366793269416636529387
2929947315541602622781043404597128258224267019760969254233568002533
8348946563112495170146899400464009118807408707732996430309440435811
8340841417580184789950262473895690754781926652219934967405417288199
1105033252790021585459431757345887327695863977413383026542251574888
1272858188927328497769691108525938565217239184042582582314470310644
7604648145020222102865333086563744022595880471321869450144366817533
8530731589200519065754801582344915484431777081767125204611964939455
0188625676374145376864560060142151261292424645967306428464885104977
6111918846720498664547599992680177566433790034005684703754475628788
2493489840871400770236296504170750104540300696831123531729340302633
1722131708617620296043445482095434867636952493941538476675380957733
5512146374990805038295646709020523046739855643558238071200134051799
5358177592661179297460148692132026306003931799564849444447316119377
2536942062347563745047826759397321270337280578134312662111738722244
9280633363983451930368038925930968899520925203527857198099238057622
3612284960652327697097076479039139423140213336869039480868768474333
0801226886994620347082371630972470472502810603314164701447412054211
3824030812834719100930862026974909153607225275128659774951950701444
6835957034266146025302815338482727764497900776889807445830108058077
6258028265253984671218499044394258918802188062975995631428163848511
1209471349952422729096625621310572002786025213027165243573020132199
9505317112041933385624321811596853531436428098866010958543685260100
8529344637841188537182627216507454141542909241257634281683464248033
5818333998660735773094094986065706615844070167350646845510834483044
1034071433068861350648161231335008442336241417442522038471620685811
5778003440744224089977379525077227224252216325270798286483423936033
1993600770157814548549973279149571524204777183259862557471172176000
0475918686134657668007479138823888252605950369614563755509483645522
4943318493757958344708256511202977130548905985889360490419843661555
6802806391016931507941239844261414631452720749063421674666562208200
7338740544102755527732642572666260325434141645180646462013591074633
6904814091394881734915019090588786588657560805463319115395795199222
6915101752611355353654804491538052352430920956839133923664186021844
8657405653138658589180388829010049544105395042819085217095689709855
2226604914977034425634152011335435956016208048334570567858284751822
8869432645728470941550706639004202184742841481507293211425552538488
7682398405964036946755855870650778052888118437054370766853940204366
6790879472757699767427174390824114225151702319553260149292053248522
3316443033614105813480812118784454016800498418637195377507912250988
1688395943984374349050092769074304972197321668269078681894298865544
3260393479960279152866631674245204993576832197598296140906096002777
5007541161182341365951954364768265974353872503433557560760309426455
9371768443525658456189413304362658549333964488136678141899403537811
2518636180986143109380468608423894176571709198375302735294605318211
7748498067641007278068935394877856208076607646288643497578138491677
5496948013336164585535923421874443904872822023274827900043809743722
2240905566579827925407920182719176407315686878899086982344333242988
4617134807794157926078943786937879321819276238320885621982562620533
7061570533650998666043733527800430297853858257772582081434930689500
9974690284212321480543625214410992658451320869835695037934121927877
7015483766846258848514803532821005762259531238439549984559771836611
7746969487713373602949024320140089369543524642846703906282961292533
3317560905458015241533626970463341560947714703878331140804553272022
6698516916550545808852623472270091856838115291325160755751473298311
0481745116901185447389050027079662813573733289152194735131715071422
1181962239506403606625079376610114109097571987519506279076719920844

156183831262327870536779495872093480853103370037079676981443339865
319473005539550361373716903540441227441848250897255434113291414099
210105027940607813434527454574891039787039592557677197303266292058
500218412430561101471172665885887585811098013622427191783601505630
084506126095803511462218689703926560067677522712781150869182409312
639832388951433073092080618183670533272221996712213824392494133845
030855374291395100606121406401527729920472162474690601996875361612
930959443531967021387026224274713425295198346411502152585217190733
435287605089694898596618737246471484457540042632111691306610800075
901992768527723122943384537537344556192707318420770035251888198510
000910588697024636141339463736403629167648502431395922261089143124
584310802491853376636547379542810198006394675491656738822093720679
550224539749527936043218760416737125294186890416787560507158191846
283974995177618984701201417284922531659976424913961553463045596737
003669827139244746172240537756388452506057383117220633099522461382
751543842624841830545461614239767958075757928929553582315837910599
881000136355835802538193049608748484062324421301967312857279756963
808915891141510626829367132533904432204439351225627134258357193758
075555470995280586509274891485606150149058672218630181453955271543
377441157484301460454210472371065909374589455601850747065551250496
207976349526296285857419106119868433743595990276751351242842162787
382704073617901822642116190565452355982134650098443468474989342551
941906125685394712155093835778399733985359799208044091401401301969
205884816241657792074385061659298842954287592676532576461278658136
538693023064324951487229156834194893397732577238311018607285992138
274399553167071797786946310241209656299251563690707097976574622302
248111836993379540037289040035528138387916696451463050174466783026
773391565848513133733221345559120169428199446355869119901046702572
488630391431318926902723427880765595671435508100852332873676188833
143306258402854461381790916491511389868861020424410969493039946188
156434692259238227154237325561865763731911138393508298447375787630
908881906697487503462616077362010561476491958588895261757302986600
028449208833098693563896669357365831543219805114630291803035328239
125122651457960451129136204814160742634836890487253477414604979289
686654718043110963702069366180038156492646017632282354675257725100
634810833246049639745818948562507159279851400688234565876643286169
649944702876172786074016278793760031340305365372001633610673119735
402165742745526613772464146797016342322109483927352053992161846684
431657805148578748738995611735615742292710799789378304117463423317
231236870629887993956379693234381409307730316673855875833658948792
192292991702925321953131063137516995648955562792077326334439956069
913401234556618660027238644091295776817456745562042696966397914924
854631761555583478849112031329808109382020016670821426195383939135
194943324558741577258369481163492140484733546704852527626699095914
448570908316042386634335523479952419332174312708264275715015373811
447046489614779234323918836597604173276069183964760678663226749291
933231611318776739191327131564491305693705855153395058229226297936
692800988901273744011072991307584839194837251638752515268120935615
506896612815652785043774385673706596865712904074504021396786409805
016287163242664226733761382152956236522040211884309169244962016703
983772402290077519119901733887256549451670248842314466733016979564
931389538586123981116683082572022333724698573778725176730167468852
701156427758200593935709812258690125889277275347751245969545250389
826116680212877573805636856315644421994581874028106568017531855645
652955822886169552862742002819640306143910590032153797953969302185
194232688079468527914072587719484690411764169152274721106824390965
834936817407243912567260141392055375044387785097186906128308954214
450904545348523815226121360913632796256187136414316494221393554422

0600533827345153079867230668801356293013165017655537704716300915062
2479212373919370575413872603778440942173025911250492386154938190007
0397322698270844593309383716314806112834117948631308461995943078896
8496411168708433793344057007952647802553242998827021223958907157262
2154491883119891179649225568725795187376437265210419618862359708077
6370825191601974822344820994433323650040151033080334509873420821277
9214120042048018050107979856172321647350440136981148554105881197266
0873953942549086287378390374680988320817221479683074313026938154366
3684537845761557520199479117741233670859357176920959284028880000622
9172087162737977415351295805029709944241913807628723085063578557022
2002901343270927772987375157616624748404739285155086316421530282088
3526501557563119590836823073403043927151810500275265003370868949844
2881323568496500724939884740105694734338056373384023824360725388733
3091113738840764500037734478470910018648045541171100256140540878366
9928869527413926193790851385229297895810628398059044992413872737633
9857194829128448347659740140414325981885024539106705917683246226944
8397361157181489852877065023792132178926953611637930446467710253999
1656844314443202029811685936616659255206559795684826916762997773400
3173737803087482081178487672545868373342463345241994141078015369211
2415987783399746699739542951868182009064969761036782152809895298766
0699571035690960283710085997898989463348720957080217923366574870711
4677736736097246399221575321940236988042560150000758404117573195744
9841674033303526039480973788565390288665909901358403196480373293899
8604594203986896616222754894365507600023458141070896150939469264522
7739423511469401112771914913692543785853948352726485755216020872044
8124916910185271799518375607328442667718476795407111621801535398799
1824774981618583564645228030863239977138499283592092705553078665155
5645276895916218692034701564555734028766926384132577036016059645966
9040322551231020295599709891641809071291457489862443029770711389411
4628364848487157678567794878143125124329355024768726846894693387899
3096861937217245242168739271859503264117183198135708927075601079299
9185145627502866219243697984178114140454031960916424784392143902788
3386837264171155494396304194058880675238187742910855178800207881177
6791477877311363880277285669694011827275547502000935927404948376911
9641741747437643099358828114902415856717211865451819540327446308500
8490018672136527178874236275133685438258435726097657633985935364877
9062020368888102701585005808302800529052500592040995400955993382811
5605515780805692775037640593242285382169458924730837269334803451555
4408908180300009713590313876036950646295255811932331910420173976966
8511078545102058841174742956674264086276226066772160763338326092444
3117163266104428145958606250699868607477542904124446463286078462799
2080416316171887736540720514693121214325169234294535433247282417299
6043324790290635405744264355101657618868875755289249058307322668855
7940636107263471314512803909679409368497933681487571329869781321199
2473059949601402778186483195060983999490292484822645196907669493666
8091852924654025480077219908917729196093156605486780271484478376600
4390600314714645229672337382101872503917315524586995542388613649799
2989340573091186898229687569221987835267888481656201217993235571811
1933947899729411316250382377160747601225078909139136007369816164499
6155077115624751848671864274187522209836992625110794587674427102600
5491018377141493953846017308993344936047697330192877913802703135077
0732109818820990421774795824467599020083571168178448830478739147533
4493519381401175208813705984398465495570550101894746331785135447800
6050024532228986959561098127445372003405068433161951983630318170377
4789862663270724406537943927775061173843773910037015604508542441711
8294622323098741599261379231030639797519629062149549367514934829555
3425573267340573662545638782087724780170125191080613807632941910488
3768620615503990171057754937943719814986022745743276873586654721199

372473648368884738636955047230458616875778992624179919242888086846
632765621548945377584642693660170549041069679139658565047231426979
266889208569296287842331651540087970794840446062660205914207157264
149118427257725445185179225229922899892552417931329556162933387610
416084919966631744230877940588735083947873072830991697739834979436
847746344801579069104208387495354926175917185412293597518990089222
621721914459306788619760356221881278063881322456355560680694152552
978974969052102555871166688039462531658155902647017179900039902483
340191847418611177914250879578322003743133899943887879017493217832
857091362259345239879921194135829648604238718240674170986228121901
857333681568570323594309199084131003274241630856070401839676454219
756598215258342288679649061753328803833759251880213557889351191633
363591256530761963446885955556790319313426753383306631643406076972
503374612045657857542749445605773180947349044636421152998533043536
983846609846137669343084617000549083610123916548740215520180743832
046374678390499993518567810792289725874690367749579133853503513360
755073213256002919103155131072831771162507725515312573049623272208
602252146484022028427985932928366887990771408192398837850356220529
453361568028203753139540331764315894056325311235868239472892104281
477709045295704912875935241205135868760328451425827346944885456431
933445606103927719582129219413108746666766592457491385391579446355
239886906767996953556594034008392663094891563705155183329394000503
226417088488994601744966590766868472286681018342347335807481678608
256992636145794143415773796972761953625148160475046445713935285259
217578395278564412027696318595151992537064738543750734841980458523
109952456640263945256711483053596867831113800408161923406923403260
989704104568037934836010544929206927313239109289489416122528772541
725880715769800290232769299265396722223125954237897818796172973692
312698629041329406930477926903407960859369695530828706334988535898
063170379065510234555035981104722630784324378875026808665286661970
123584310754871934469961351102465382307632638598946857435306560582
753001735912983069515639541943378121211180440701536153143845798731
666720361840466592291400072861570470923183888837125901137751101546
728156831261731358454449555693404016062515912214452026304007316786
242123473984156636061570022957579512596067890949180714872199201151
338603342012490334326901903152471111177053767490379250704771080007
807243797219997486780512705438658097738366084557141592231311250769
943850574957208447061617646428970167342485313072653113141132969224
499732589869379336205382310430468811672702967817935315147925262277
150873178413472011750829199181400243851651872933219223671393302183
937180182843192346206861224877124816144643726238466722738716927043
432266762821335957208657592529933570469301671377062937231618402812
814665403393929976479945083556352931340448149974608215731436782770
602090362000236561479481796166953389820330364315197605893882403131
045864624539039457563768870592794191446351316565638530341380551160
738301152349650160262898331175266540895142764548739436429000310464
975634186467063383937026404327199934445017653621194183980914054354
312046611071022949147957282230048881509892880052029822219560313715
553191807236758087351573949415863863465924264929827124687428737887
107211779609342852822185075176120316328786505095678597846969439706
685743639441733419056383504407294386217526100606739944657144525650
821851108112347349770923533060731560343833666812802897283552949783
468612079306536662298488684458973023686950573180717092710488020936
988600525942346855824214663237148360334708879050834675141631859978
731821377113609337967922671304808400635712740447619016990212805036
249551464937562857255534722015529162736004842071745078807950761845
913606957788248618747949602794821468325536369648055794751958042265
961817575455372575780063850078828942880154045147286645076936364292

616561464092376099194423025307177606647646097489013007128320670095
834441486795964288442656533480626985008900143585979343204954700739
790197624021831864502251873557681953846695713070062888292637561603
278764215965593125292492422161329574504065382201672623986186616485
814342988831519203159057960073366305926447801768242805793775192549
911613874081655519618008061914487729485116625699772451508213714632
819036518087733473753221390179569455469855894609950994481976623160
582738973924308531049444078708472699064031783593529046138482240608
1401306739211940359265892291119690168304343622797153048445980731590
371353990852305554135850303305994263075300844749731213292281390041
493729257315810390367157343929813723660967707037239975647113138365
036061040548871609861903961849936105390323056035908952716521688244
120760002937772054200549345059959328476579144513894804179203585085
252993874450064907705032042624603929134791860529641815140735430834
587703620162613635647536716676059747800859031429361333792933191750
084855096043897181104098877520049212223706955858124962571331447606
650693367882768887310324454243982890773510726773326678439323322019
262193656446632205485521963628598869821245905948414538983552431719
342491299006181463959235638285940616902975647631126229146674653662
658235758329722166170996892121526322495409725300927609096890929815
398547781047546039704805640970194386112437832161330172173520169538
667789380518472999961133017530953639202007972943843344271324196298
010719595118940802076078542247534707659726795708604373801337156148
493023257101981328749438961494854878373297094278163362544363330826
939905579688104948920375875078545376405053657575719555719402413921
082687609088769052263686540301870822701883547584723999228940340790
795136796379635072634422455419128095770590315877255589220778969111
186865369280723830240389236271049807288831287553507175113342480969
287697201586675189142171434255763904895946985807500609279810043909
249452408176625095274172741560161454315945185221718557495526847527
727167389139029014720235059895496157417316989042855399440283027838
377623650108590936919201540276948681440882683921593425318596862968
867707355681783603419705184191167919396618337297000193822980150272
483083508010971773091110587089489467230542892715118246415440910664
532953239354505193052789909317281149964927253060347021598719613456
500206310713361365178616544164970357368209762583749438630392248773
435717559667110116693127919204620889828753887107153631368815546679
590155314546236533727710941929274840416913145419700177540191661941
927952326018882537303377523360121961711612555388978356176708377387
852607563134205865681970192980420505034509501358373027020583244706
964639692236906385933110811220139677100067477245536145173982465787
334364145518521246858040728801878105976487177630797893325464580093
215613548419484217791755933093578596719469919505619129316799344119
459729424346000102857975899404969436566619097579329566805424670138
374499909488656972175297862499944403863256488733167600407677690717
691102171332461667136933577677517966874823798119741641389329665109
832191318891230612883213061753473064594326312369021942487650442656
800640372373565200124319482373191116415861199401623456107055588036
662603162216687847134896499772571443635703187500753298600633308289
970512791458197779206078069420505494926820444046342562971575340949
274355797251601572079797266070199691870098612224188969224783312230
698835193026800133351582348097469113783697448676320781546648812639
240828418651602491495497986442720986605182035717645689499356020430
710489295815865063951917305638559382217514301314348075986693326504
874799038056468350956561639841602315510479659885931684745229784532
711563022567963824580570873833598486159426999235303174720562022037
261527089760668460260887447119518675285250056178297288871967524660
489541310791051300257310392626908884742371565183099163546737457239

943835000925165391918101842370641827844631996490552888569939325282
6562628242869076046959122933888826367890525889629799260043658351 29
2859166016816271158503859509920045023828805257871607999148577951 17
4107145878927892859445542297574892663914906061225590184674242048 98
3069603260992416053731980399309580318458741875611965516941030258 84
2746132677152860416756259971668900919744620570788760619382471443 06
8200786999515821869152348094620599473367284161874380183762446843 11
4622719971835404199085721267006752205570817790802076422387700830 23
1459632437697248430228137474801499459678297652451111647562844948 82
3911265802232072339396724873534837968347090372172780718219930457 96
1708748466832260754831194646363162955046142891818703440255160661 09
9604396822797600851051090393629109199421193882665513643110459377 39
8233754702234897098938238334960622241445881815717448698580076801 76
8098313544889080730980104598298840671012861381855597791311265857 94
6279763440209325404642565232144878549983704521267864862959677235 99
3867028758906282699279492148880889025975297177478906720299367123 67
8763451986595708011874771798648451089825195533914045264040275752 86
2201560983909743678839234336869029379490238806297699255692023125 04
2770510894350978320237026090787722102888386917306520297074268705 92
3543037688984749133115084572724089272768529320256830382290269854 98
3092664279816962154826437896461283683804207320924463481062482376 28
6784819581085473378891721650337093171623008278354460953550001570 87
3258537182960697550817043583499220434782397372708582326963623701 76
0976748450030410906040116877481312364157224925413673506596999974 35
1468311300047904376338946838115075044798362249775689187063312159 82
5736569343060981010581075128320284644444669225835877645410765424 5
4461602377782788423014324148376077527228666458631768687572843620 34
6387264647033781045580384086990018470013294906720162910673208665 60
1527200357037700877236393370846191528320488231140350582535412867 18
4976918987401837011197112474081661540189701457760230237450381123 11
0997102646614140418572610895636960583124466251033442176986955312 30
6918353300561885184871146756537471284253783753602700254047815267 69
6386800281490670826847143662704493834208868297956055915309143195 92
3053793897090912350168317523156938922081723667794771797136271924 14
5558888086019038040749460151095181573219926316308153672778639533 98
2650376935093196217493071036054682746385192384010858938048215379 60
5703755413634194531791021440277244002285950510525078853005636254 87
9620396305141675053890281548398938260561846059692543092305011844 82
0244405735333994864623246986164271525520414183945458833906450700 21
1202816269037643723678632709238480835704928556654225657004171664 34
6794270566931694659035590025009811020461599706922269604303931341 50
1123852020843307834927685212802322911525197379137517432840567171 95
7865482009683483949354987063341045109115580239978965553728671671 99
8063562188229089859713594565995658390071990841135290070321279848 68
1737876376919750159650347621049267928002979882816144262470454993 18
7358737961144612207504177376803842330889951248927382171911705995 17
7134534299457297252152140383430460734029321292971835990233671675 51
9020483679889348578542813074091711212749135188966503880595036488 66
0019305177479737720060385947944314665010410771923517224472581698 76
1357315539473606361022608171954947748733465753076976238292997066 59
3811303556669828383083276695476109668865318112204113255088889820 62
7979806480301121722792334181960798412999720720088418393872211390 34
7247310851532774836698378248679654485396054673324517828218373712 90
6848843226097503190635530179412648238953511473878639950548602246 00
0335769136031838256952239304394162767786502263671590542608217941 62
6062786534137817872842038156593007446364067398966754926876493957 18
4903132121136562023902615229840628730956481281693035018696850371 31
0954723293767472224785729641708198589405216965981052533788923350 31

9872584948893728640768329664533840034139733684656642998129620745325565166107548253738167396922771695636536682581378539295928048639346240680045612897367776564992644452755616222399431748911099786814130034087861609640689091934466010685781739964966919294071519797706196735563278083037486762428189532993799350174377033041267846394107423900040751986059181564659477586096999941255968962286988157890242657789777920452894572685978801512039187864497160499936222646124958687721434771817782721540331579087438333180945029353819157281454183268211248197232597214322349402628954695747621010807874258476571478016088334049625546506324147444237115967899237058982776656858977194579259926929040833893272332479302542032741208279443693635479139795797203963663957821049584163144039654240938604752833259243435007813065949179499077038816705671448564759014708193628846063438708308730139992537252983668910410331359439434771325452511125521110927987277859513827089163665909520741709275251299026204554103080348103227000462081993134977410339699357052008134906942080378722037904643828902499024012213804633979802421821068393468508849301679182896621304254933387996548743861093208514910533275877322690267241292966256736459068755914896312050174243945263893979024423237032649035968525782137809651504544989318660685590975663239442261822295196564215725418090320998044966138139531209853479671146993426949382451496674751598529004751805276612260071977572249670815150580391434618240125218092935634426976907759366545209082025060278046714933632677872058168159702504818400764542843654950033719423356553170611002844230300420530529529330867637602864565461103827537415474849100931287259564420569761099930208810403531866948926239609953565722335747574315878618459048319664295632227261052716481983985463379437083657296409394888203974869606943333151457916397207480723433442706976286568508894730949815971906831106120010286752309520111063997859704188194278438731917954837460367190355693038399401548373818626248926181581754672309466283620556512169174703278872845703153454448585223696069798688922493453282096934356761679260108472382625897599052637923259164150327636255946077462741704332544934574448894772168762718277270729479679929407037256821061295089993702462171998898944678766862734579413522640334981775308339939067029665213380346983727289053247600661939254582065928970141526129507274262922793246579170438371626932075365011196015575259469406191818184873777134268344442405293066005733445888690588803931774845117741023973587752822843859586720282398743743529592115562432243892896300272910568728872681616117730356952723169774369592914248446211898945750116903129574251482845174419871337174865767463539747457615954160878152194938038219063171978546364806877248861810391894489750730538558049092079632148308935231848037909066681345271782335322466125219499267652914275908909226211751081746705000595680931351952840080439007572617866577512574528843305355317484142917533742487750948993354373583595545788270603739739129226937030124396568971237739451673185967041931739307423102053944927937255669514349788055457033059083401130455242088377453018234714836854057038398030083490146661575627829724543844947365389473998534287543282274785381373116324699293836702958321529676293169015770163764597073115455682766349019482504203271623554376160628961010317789208130071331349683386548654072526999424381887465482728672722781054698999243638538389171009159271708230490667276596162378168640441085875745479366675438596986709554749996591202364718630251342342866031230832887254261484650491333914084557134897421213326279563751415885938343702328836763614272109109163264381199307118058137053205218187168903404084228331495613971410009101715099373550162504986980212807755241862004587089684443830634459894955514400987651922004434826887012701983039406922428539144344376925256906037856331636359169597563628551168556316245250270

```
7545376196294289043661945896802391851580679143860655457630666538550897916719672277397520763582919057664796718038856453881886603506454316833551245320523828327827721092592979474365082733419069484117477135866941623551515418976650273652437782927375010905109308258678984624186849472218794509286730565647293726572105569324973753017203003429846293990357604055326948019752126003066980384350399536224586496757173536448662296086766502211476197190668367000787861952572772496077495301582704019156303489627631553591293521702092981509995711897771246908544676144850835054133339784826134395314953719150241321492525701145762701032683591978855164103614737647596250976223028811188954047134804246179115385416323284005437108464269095036218683372877564455558445132126070936508889689962610406609727149015825926516847763506236573352767195383297892000906729856532354522274816541019480074074983918823027932639144942369573528899527704109953394755282701081943357336971843195081657518177313617892037222004623202250257101959975795240224447773214620837600834855387730627390209188683525101963976707841850327839303456164014187654569380004166672187859830183324978043066841370878997780609708751312245373317921047765321963226929290624441186024038239395826938487694386479921582750767801607506536356019247816328489506739317047508196646271951189687929550485598142253735349188202252232254527064031100450586493401962683249967502709419772579999621126315498180662935407155836102749719065184274065659372545125747421356527406125514208736831953589153401830056437614755600059018875594324899873423544185362988977246414291129851849531060905307036852909517474704662175927821270284427202763242218865003628293273448127781908247371971787331228262452933903310566123136943767215970190562786251023149650838505178495474625792863354846764750561938956048712747631535427130602573246197073058891449957628661080519401608773839935947596879342063061649761016289384743787627083980936528689093624135397422309740440123377345283506225830076819495350573727124729146302429342011820559428587540967299824774332995253289388910288262385002918686066223060076954145344014154378027435465277981124805950108815688653905810551792517892616859476198901851288548533001971913658050934308651373391567144253106933455853593690680573111213522090148984322616396432630776114024959572757551801795894194013197745734228922330997391962454237815316373992053247664553480610143673068325795760516674364736620234621205488325796206777946589615346666284962251255998837366356154573809942398223413977857318118526694509219333400278395660522190434390795218769528629536258345114288337418801389766833483451992354372759509972488475499853482128754160212142000716742527322818658471302437403801247212757715517354380686932178170984693047721386934362393518517720943809190247679191235016341974983001943492514392273283999852752845430980061397557007914170816782579339825803450503504355997163018455281682926422796379517399826256972139310488869523650338876723534591792138831157879766244044458568626611876186607785442345782556217513915151217506997028267121482353761675339029972479438694009843980337239260825759149712252496999091625168224188302770648315381122368712756122605840232521772823899197546169668710046806668395139405468301470663243728097173085261750040540584635799643871306025046653245098513711350478406669674081206228084952470827367784896750668680665695204615935906403278260228102365520837977749099881339305724930668665438786938362894312535175161385304765960848342689216379531764454189162730517522167897208041102237228388620965663043269375053812605807435715564425203015360659827372446319420027263684000729039135232160978068208980025039711541356380741843338384377559456889934327573287635899539343330132152259001208386005125201093186688267356726049987995351226586460768784544884183383413662542219697146325189211728250097412198389
```

Los primeros millones de dígitos de Pi

379964774246111828756492740080109580681071631909055544066376841992
483030382445386120476391807877747840955329367731266650623046349154
209455030131869928385870404977694987623086816011982250603784077829
331371486931955769041248096002894285901471563003599521187511349609
284646438827763668164442908723542365626241849131109707115881107599
568488241862765942931155326435533657810786249366068097352567283282
438804714953365163044632204199356237763659235469498248612224043693
305064454708669838194561327173167062872112922330882782287685661129
367040431097366815821566525309531927357606575536633813081141261504
182742591979158468609756617111553592650472452890139797307483656845
667637660750300080388682744809256019525018228778677511683518513900
923990735105970327066961915407328728911684660750520909200607145646
383935659156554266871106258607999663404577588827698230347449917712
787416589237797961170443306654990881949703719928121853092042455010
101872809707443290433948270288632007292968230071606130096726729562
697918386254192392746603900071210997349610532335584725675941583353
650389695788836122277161020990818078499423562309210965202007496819
097023368204647962109385232105587621508865676768483543211634698215
738765508378320373381431990074202634978428101168489575401021897545
070983266542762146933390803990467531115202415024832005665615806359
792361819323007628827294668878379078853974048969533931470031131324
493093227705326130028850543429077890063403191002285599374199590545
341982948388657641910838216642991461141910541040721718375771550615
135153927714008775520012284097818725816627089312739645464772598088
949046387444120338340398470547482648434216601506040978703871976045
332968159456039741792770386611691754030605604275947492737317580608
753112966079880717230218830918163103554699678999676814113223840584
872150451109777541309273348085613994313891956459179137461296122743
264902894505828696018397663266768184863672978442961082457532735323
78558101279916957607536616328445715479677570022592039479012456471
885952733235380132049867071615509158782889567274613439615495902481
052675789916395615629228002473414729092945654241442384279751348945
730605833955546620662702100141027670794584352116489088168624369796
568234197708223331301580282187684116710285191137349625550441565003
220132187807208363215672758328941194293009420176277343107493222163
016969037110211968178145961129850803567824717557225952337646404023
992449941171332270648140922089039340677416590793358224796176127195
757906232160753334804425925247216637653281249173787913554545318283
886538707564763973408162444498793361431231856965340138644220930574
391287276338158138712550673712242883009985818632101563534940227831
056311703310767124990400513200129348970272130995215492391507859042
140268931300460986561523614052530392725431314097867037236715981350
870414441556847409342428580682669188705870133146463205081915056248
476004435207080754087821149494621150927923356416767368335016422842
786529339283279284533215152892040943012000817086185841075044157621
681026060833568283697384319713651082936212468002579767991155399907
648403804992817180375653459518384595099340093392603110508797537641
335490529395708765991342899729770181614294760801328372843715905906
287968664004706149178465951433808979790174722888221305314151452675
047969517343623347261533030009304974265653945794747407885636678194
708758120346048621222119732683985031983988067512355607212314224839 7
682069335797025454114267856882868576218146166824675502952377526614
089492621794102342151635411775702690729443076957090896064414965881
671742121668318114963709144779139340867791720363604718337590738200
996909450123084402978243198983074299124747509659505402432113462983
344156393868466638451130417168804680082835017990969544557428581327
744030140033636837871236116275322391852009315108695478540406038514
296753370514492285816823175467578599332489704331947481163136568762

244209211961639847807493990632550658610472649946278570911848293076
400523023957169404530229774843375344969347910427880464975509168928
481102733559380944046934895784831966191619156876786647442091767696
146015961430071187637115981843570948763419739913808562861781819516
833566051319780945322585426552516534052564189836041918098775647547
009333545646386374588183707193089927774747776519400712100160212924
290428843775188556969379841374619594878664049528851797029944034170
922571269836434779234200044508972401956427768435740004691806885788
296382555685769552433481059235369632377665412136136594165896489360
126908303912189079669346387826994625689894323842694790019544917649
079925967283332015020405505639582288322986542152012739038571255115
833894601478826796130705936844627140731766358507487735153608785471
059945081573750376872175758668974763714204508585934755203715928941
449038455518882477822488860567681794844885054248271176560204127562
510816987302947899169290417780732082029453912387288505780471150279
434067819720679870667734689917596857017096422149884386213172333014
036484090622963366139731205126785480197514010687614978678223829515
530144775438800942091958111908455931728419128447542459302404344156
046849603652232207039181979547390237479288943062875587989550434633
272922942658198189938496433903901748591900745498519432437746889715
163506178404476581726383698089797509331606867090273629067967365282
770315463201164237555377992984746403323273985355161097777810752126
229689498605135171656024102871037724129408278075558919925350758497
154770214909146833655432231086547487771386228875760810079271785897
902598759188635196306045666633363192174079445303345927730124049043
232891698863107254908590395013066665927301170260376629810683291888
015400774006822293021385957645423568417243649753033910342475954667
977697080027375943580064715248683506681994620785001781035428128258
352865340395212327966035363240822318089825447710520475037042522647
972286991591452243000708332000742959773227257950376529937676872026
591893146678879839618766508408972120716214708050532965530683823375
864780997017362177525182662259448897555479107900294328073777695412
037888193857533624535557555386215137215790485645195524782723839043
922555586085459837832420422489960586622158423688887828188750328772
057840977870899101239796223592813041542814620670946907294304427637
357079519463824063853539753893251455320403986581318766650671801285
529209290281388464944991314896215110965735382736711051946125607048
321120628812596874969053325465166098551532847050207218448979151303
859961827075525350830941788153307371333348324728777479051810609940
065062184695791416090258633376537026950336325159012400610772655185
040857437205040286964190345060154341482587482135948966805169716220
412921890901365194266163349101517770935418782341159443425730184584
604796749773411239673674607693758490635429993974545300717430914967
401452185883758079084100939528251239939418878000980008529832501179
715524696629805239359426053342566834841710659646899602406759318187
300760771656964600274918478453928375977395610105436229722833079671
242759581913381790783409621408277302609459830241168133924254021024
790829584271922720912310498777743600822820404793982383576317324431
719483156971330010828525340178091758465229417473591973493722187334
865037756637694545173480584127419296480623788474696003236329645607
187500856199400629019636181432769610791010248477449948177473036975
189922813557693575014468454703817964356041927482029664114842647553
884616092843173667326095117141455146642087759372116066400571318718
319403782493035660264211455546550963815617175988326306606354150291
012138175740705460347589437776573433474433136145706954995855206815
968719207955264670235032289325886926552115837404571767926978698309
365844160521753983979691416469213052887124734821526840486335441603
666716454520572878920653903968965700988330392782283124639883225936

818488973007620295019139221746963919008129822447578103017840712413
711813334742069153806373196342037227001353128231561282092730787333
606573188224330352677536168514401284814216046927928006261490423726
475295528980672386898011246352617089223609419514298318505493877642
205598397842354960683843080444630918738982811032326174942490245929
687054290959893277188672788181490220518594249649786437220191508458
725241513773308659016343738990369096183941846604804764128577485733
960243288848561594816539130995078432615276124274373041981321913109
713823323536521962565656841321009977934658671253098091631236945456
552408670990257957373786907357079576233304152045776015138834558474
196237479266731639431708110461614928063588389189301292776504366428
922229524865961964742501563936513045554221841369811550560226456922
426884427092190824913879746046884262153522223215969529720460035628
448018051430923514649064831558147073373909909403306351628476364524
307039902289069103226906335776036486055194090278268031593780882659
283867885892833398144312107432421057444077972553048758075438271808
973816058294605104830293838632112044063237985310181200968004784013
121041931723115880198941289995094490518235202855017478454727620598
636970700962150536736780071040186618081413859627807691530330859735
979222742977968064432368930843822216161344502909244442413428682045
989239144100586494855598206028492271624778702699558974228142701436
725836202019104692411143248113656782388531661678230591013029577237
394942182206285322925329662810562789429374661505175320710232540395
606954202499821431539771325543297586855252724801325259204962363918
642824022950565291717349820738772748645347449926663833468080472843
102113780927195036693983708889807928735328153398474260645007408084
432945021048660235279258531331296531322453687733089541670661483631
106827794190105286544385525475882138943087838755469743892676454966
213807228842572393450520834542156644577393590327231975817176591609
149922300536477728381273341666225338414722426299424119246224009785
447297982912784403926399816969824983199881028202402018949606067126
365661007469397089206468940335704923809270107051053509385611794273
021697988253541628015272720389796835160423690238188359887210402920
190710560875100167903711110517939171375466236838325414471785938653
029705646262609481596059731112820725571828111332460761042177477596
454839111797136188734748786825398458668974921061770350321736670657
082169855598660531527270236429296210603327629512934921752142974883
617498973053872979523177137651695656076009410257209652641367228047
189019484536577305232471845768564345313341809126025754013903941163
886109277630735614771042982037148558809988280770118207688604358180
555697428951349392085027036099852913656672420004093406815626648000
477503692670100671875654983026784039497790284984080411286490427373
187873235749233515777926654640587552701973317415255343693433358781
774394766769865341090342418288560046824427173558919562996250797908
273745606776538490242262424341394441051476683286260981169869629957
329189480313093836578772030544063568880873921733643168563019749588
240778565646911005844850632217485602786987082544923435009462428781
142479255709287588160371333704989444793554135786176777425930035019
948788189354645706998980238842859434023529395735903638779955485801
844435598231690842488353550065678400248622885397790591902101008326
643914042378583471415392112521196644127196798500140377737816113954
694556263934396372291698397034431618022638018535077274790383583877
603813757838647012136315206550285043820926854716048049446724877051
115295639919846196607048019909225438759193604899417764243237878245
127509762457528554900919496634300563250421582478503943865657347030
265069800272249653816227554125812383002246685055927019280952766320
805532391360748859854952576989950792761407664345764642909718181527
040843411686487519529152425069868697209121972727641663998948035293

815572061036528542998042279339909846309262878679188844745822818384
915413790257576173055737219098917335808706095211813913922837017330
476881808509917109050444013024907362722374529981247942216588118589
638088129678928602717350247906136422666697096556330601017905052265
542575044259197988430962928103065781734716370568213331695467538525
704127557040755862586832496666639996077175071424542434763807349935
092557265250192876408649276184971730458976251487164885915989512553
752282229553578092755157717734942544940646365328643887343342175307
027972107888439357840805194777569825417393212928035281904328304226
608115277615033728093222216146272802255172759402589140495678040276
685368356006483751211956556037929089017497056882892495376800055117
044514709040276477095266126178911643527084947663363303750476266681
813493831684698386036717861807570903840999441668188850885715673375
085945238160582885059497191411577351946916382663291000936319693762
626563399714388590830624050022106856248393754516645389779526455014
543848991742196831219314013729951184100975097941992374688409542501
321236476707532895687164905935102896844431703315138814848447542911
565514954932398604734701430994530959296573299640696179056571891557
139592252223779966163349292409269002121723513543080937580132161231
377545123487290335614609148164275810499520023608713598549648012759
693337261148782204827141654286109728738531498106973275369685591326
889312465886397377860527964731457744387037551291438363101480880102
554975018505634383742326494288403807981432555780016392499296908528
458983639132925179370625401502266817359646575985941633224415157573
672662192304256955666018622138261908801925812037238815460077600385
904490388617664212001571276624408763052928397860029377083531090043
918658812000874319507410289980656593798887012309731006970179557992
604473869636116078651598376486501679432859334319628128655516084529
190591426779204939904118967887787866743039299757616764655468134247
356325818313412266269003748336985031872001174603213572511554875102
276922014334441704147593650389209545499769900214280493035695458920
060089088122898084805497614642398124170653574543043763040631682499
554358976779787290679404769481126790951355743782017524164675346132
975800098129577909972707119039363809449713956296258726823835894718
541656384732924275869509842767377721923321752765396866061772823715
965708211303558103638151827913256944611930915881335319427340665428
840741599708194924029183884976257483153393752546673650828439655401
138966301676390463017835475369478652393655479832094346814763378984
065784724561420759944989774128751744945814534657383789979602559586
269280739502699277569907760849202215589743467392637791753036664387
053071485251947022095708928286369504935855848932090955868667023345
755431925451442518128800784991514185003301380182835829191679510151
350632589157356879487674191838233061591376859223498332250831999552
784862550590848674550469516024205215252356676382666432062440113462
461848355382319190307897904891564928816756949512976060226185159575
090914427722463313568357223509941125528091622824240694113223256899
532000390302021969682173861309879698007213116386203903272971919955
577059189465177709310867334359701908675463750777494181642136624587
122836257130969042522142409274144442862946764111573339026068992 83
995914207344591821012987893827130475037383316679578727390062834881
721234327931679007801792778205762794247419639511777509457395274438
958633533473679660705505270121425442994790804913464473573810923689
307860356623664611507441594192307991226358053752635962493588388549
945357860888234906479016662455720947882310387009991721086516270017
412776478931430636070317268396116681796735997405243721801206234819
404677351511011501357530393553613503983876540463630317292404004439
345422288665043755952167963855990474148107366357622269326643306422
466225136196475599479394475167428303938849538786086663136566087608

674016868254243859509309839009508247414611518279715147925387823632
311603910159790837053267613356530501089255973694782566935222898154
208014466204855019765323210218161662195303465718412880165026448317
775303785757210757216727037351922240314148705332812556025237909652
855171060447447911806731970710020686033490952336928994351734601699
910718450704909528695777413179412053056639315825980800945415945684
740167337619934446441859524845857806791846718267214579330271628648
423325497020868147406915857052483014262513491301317931897383824525
493171754034351063059441518585179933228918463985687661286780829821
411290668500392562077476960056653243485162514854282704856142333971
063396132693140524821184022802087649328246007079295186711877074641
645736456342222618471812428438354882660565417559049879536936295956
649725411837193356979846993998266970823283120991093412559948081987
322038686457497615007315013080359405040673405601232570978746962918
829946496700955322993288831623762277023446084161786295841810033059
517722906006608958130305831313955885880482762259625175518394264980
631200451271810019222194970576697488445965926929976916207972664234
143396980960850145452991168678452787722580150857428597643180504071
622549465121526895079761409835692430941746765451817195667472044498
428603269680371841082593827335584974386855805135952284552875963613
860275898194531001707608944273324746872429589116478218853620984582
946830304075110083054667661213169494465638662336973149053630487890
788328740420726733833969258348281353332462611966397276729576987444
036547136001659167477142386181991645306272289815577356622922661089
717797715008346279464409360584315732063783476195170000165810602100
928784044356820652019452702856826432217607135816017522219734672233
277802743989435971155978038127627806526046703857508556025560810516
667781838263691621120275954763575092735610337565179769946577949596
114491162131167916004607234256813482210917470416102540842483992404
235096219691263681209164349037926693492225463510174034101546543752
831620706105390821226693539714144670163871339195724562013513920405
091861473232182936195189123645492088239049722488287914257299133977
822247818652101339141437160107780810007161296620936804672633770301
940591847858596557308893645078579360008786286866338079763689028078
061985701002322447725140393303221195720569671864238802321863347761
125994354864992447475166117836031669526375416043600635663238710592
793579217568711999822811110891424646101546553565962127042099944031
975873515343983331956098941730938654745465140999389397693553922458
643035887623157615625861587462872818781337112351345878837855804216
977643985259927890499624290653889621582122218978878116258382965907
363248496977987612007130681883372519003703774034872250429734960993
476607284864000163199296066954370714271183192140992442394695825665
420541914512045536142364884148160260537748661498641102837595162909
996220912329819216783392396425613907277536570773639372511982297369
678692468915137165264869759651344357671228268583753144012628041840
462286935889735824637378784844748164121073381675877592282230791549
822108047959043483193387634330733994992519424337213632119153658108
725527549390349701179531056527436888894408547466647272707809098080
469973094052028161295824460656291655076968023561451397859995356144
918568579496089902281540993189622735210747582448567245261951004826
725615270172300934394302906880530192645535304297709997828918871272
977567312250801215690898921046206103032654195355883084346331184232
432667935024698940574739104932355738728624978680751440498738143435
118385255825859650848619765348305165577465354849251847062358463611
289612310634756134878291962080802902154188956716954705784126360651
280509700448653394569212676107464890218260151360021764042075934304
251549604712165606382690726688106032814204741220088866734941517997
246444314878523028195667730092434525278035472371332498112111447527

196051728526390932400074100850410135349534043775070868269290958964
505677769755051816997654774249074987137689708054222310307369986214
421344497048083338862903619246209941700659527552349945608408883527
711995125641178874877554269069537890166583717050597606881779084911
618570218746070392004112101273866342584584512364593848810490498891
712468573926962218064811341034779991028533450433635293559946999107
974838607309383222418565543650497649458385709575475892418107954937
764316896260734364589130152744656521145786141557709921049334371327
654855020781975775613019026316273124397224267414660169404353621126
647620668955718147149979122203905936045317129530955540122855108112
121026572969756546972317828275358932526338331110696576581556117359
486795475942419029558201244575090753733704603536226154971039544311
293340778323908570180904613579628848552716340269965063129190994269
695966225589497975628721287757198542419673475301587463470733050737
845796145354542520644230878240841408078462796736873887889585204470
927908101071211987798727835924233933557556193713249979593876098414
779898213818265034322401306385745448854935897070486251427872429652
100656649787070156838838645399590365080171114364104266278696724141
998326547334111284879330934395808667890754340702026793784774345535
265665129290134337234628978010782011552218872393731201609370970406
863255367709261919003989418841145926153701166686589563673150522163
304107798488677211494160046621106586052485041079547948381425140499
636824970739689414424666717487367463168517045635775424231051505809
864764641739106287459904737924888107274308142629524890931985495762
898324171908961998384100181546644378082375332840225441604148959931
908730084724728557488183769758189534793908801984580628942112361133
354632540040466535717316673238652078450308016619577080902713241189
165462019807089554609187238543726113874966299766658252314714818800
323795003806670118598942195994821840489226045885487688802337594014
215791542952871235682271939416595000624391183593426781640483541623
849679242080877099637573387339727138570051017216390102814006199640
295555510920514823727888939586225063582005762355860460670033354514
888308803206990796123184492379733390033115058829483802068767102409
164859588883944324656344667574633584953224141651880328254882089918
241029406831822065117122105635810950805267608243003755064833828150
365835077439401630802437480979848295664872770213417005589113966218
009352304353954888255902667090006571188533595233013070087619042828
655767907621690733940856070615889361930134878025952499670315914362
442199778519830043798444145486551659082820414113937673181040877195
965789360890060092985718784824543162180245386116837858586234510782
849182169145864330972476771131495903082734618524789221595763617619
415803413031319184160775944101215743941774531300010795056442252510
930673752322368854324279121353055759262100311221186203829750275381
784254173117337551711968165240928436766301402843312361032923452318
918370223034445497414188639739865083728606861694362513165598064294
041596095582815279474489407960067040156066354233056608882241092462
255818735880428279346966420627411245975215220276131826209673609273
703418630680429620948015190112156463233546199496049740834443545314
211500672682516687795066725418216964868333082337244585492412921673
190981802291517170276395390765960845015945874597607378223637182049
117249030372172847521476818938282858524186640140709140991778837139
569216170769790100601923052662978421951009921840123220629140060482
178194901561947902646631312875029083244483715546624849403861524853
532736635483810240007269503753672481333156495813195298329582489456
994701540983863588375105274450387542374163505345484390591298010160
337024065091419654406408930992874563503612249158486023751328733731
306177764383349114167974279563535826432656509343897438769712540489
099543976103094470122301704959677916134546024092072149464971044874

8038255096475579233784085015704696540926099375292975065756324454784
640178182086899760355012046052898752372284096564154010430487466276
071995929003518139082264656278006917499381889757550412455262811876
953735750525012728015922292778267737194613719216516400180711103260
665465764572568399041112655103269898477620049452573207633661187946
685468075655577881616833650598047997528938859344621827274827697573
534811670385110008812060026845121931613498729227973543514525162066
264467550435130099588759986591144348733027605783273860610819603256
783353625213985372146327137143733668525942897840927984778786647466
449578835896680820451477672719070312628807710771780875944659287949
105828127513178451193902192043621739992710417481747355300551496807
137461376682610245822978890268640706208716918408059066840210711797
550731636097123210429979833192165994641187673904738358239727102066
913868675822234076837140251287860243360137545695612101211186685695
275760983876242013180600973001510948770418647501460347190956001644
591325816011088700342409510860065966824661861370034045403056501560
321089611195643279401133232062441296852718973390029304387526826413
252372811818734183772668317079822366819849255173111404842922636004
972983664647174703203589251119031455263782036974827376444746579634
703436277452109556074920999706859663108318811970526754076084185209
907452641268309014347673429855065555504958367106871903849244388501
716241895924159706438955179197612480105118326621083951809191931686
471500762285491546332100294923138434804057097770139827445193483922
197130608237016546337256801393503481012122660511497687829462858623
206434741211262663352782157747324524831241354286604414019190563714
456193361673409966378271496009780576875416953445440599479396181489
149477288393444938623785445710715026668290496140379849969979904177
314534985205251546802967974626481966870228616423121477629241242965
831276366150132159956875563032138349578504195023669392820440838149
111506865684280960304485296973825380024172676987094580558823876675
088046999123811364649817803232713886275399981430647461240477541717
786963338613965617885964831756351902365389428609879813243105964107
502022049060393598709159547794213809864179132509391514302291823591
945291150294344931341236215198182158312032029486003940276690126632
207066257065165460052747522401019923873469029975061163166192818509
767792260931005135445649361164596566028491128455262247857268747061
159462603273049260387319098427270223022793637175671192685836471857
815155133520340200942557325702413567497929832606616892374772379092
315644836993982219062239598351292774874049218848651486180067646836
474766349043546852270441815032947346688059802599704514719086726975
420909271463724793987242908001465960306126644166022286040507213318
150829460988850709805662279815499892792431405323990348617380802149
334102633155051103722338875148162043988162961449937118414730654397
256358037320605374193767157215516252026287912434751769566274504051
833871608859843704646720497692571862630681746111178965071273389413
431264004219002284268846322192496026992853768096158931948902304258
339012860852902135855253522872936927725731124839805870962208930684
664626363416474317898670004740615668576378571075842749474296485796
676254876979594106944926811657656925791063739128091743329342766008
234744512264681724479134541128328974457551465078695658990528246653
499093871511116967951536432826151198278986688971093101695910417845
024882873523192384486242263629734975768439282263112020004713218720
170178371097575668553713938247585338118980568055245617589253290124
104460613862625297201449551884592486107615753201952379210693182246
551772858642266047786938398442151913918849477120401248032226146171
138594797565685911745747244418275564366755031861737105312840615915
488212497193717302126743920082041117549854683639841356774608838167
338674171004703304512237269963296753350355683742559327885052848439

709953415176590329384028506921996426091089906842903712845293454949
079349840370395015943656344631399512982458133353138964830395468537
774238675823879959507312791666339121357622930082381374995088042414
367706341186794579020222525197702359954488429230463287549234967220
873007422618532623944158468650826153186560577857699729253351807440
463828973043612131248741664955773205830319852649228400338212296198
294000357218896092227607689217373213756128171401278947680860184617
347613358304779955557011084658991846526471602906243268230972137919
999502600200767792842812801021890465503686449406851637469474009796
705228717466533465347668328529930583917529192568422946133303350299
266147490355309970592944301756633438343223044154343703476466404927
395026581091264882415178063849558473212925984863914337804053563760
280606861278168889215248356454361916584590511206537019448479242546
205587901558333354325586591018391532755634325304791374070246658885
855173264155785108271162140919115020187616175817025131170079441408
634863148319055296155411318677747603095539999860807938437497622730
370371697491622920021830001353391812999182960402359294816224037573
499647898156526226824692246618226600334656315544406919091944613359
229476476175309840144569649498541787417212313607795570046231575740
701647612827340963897976977401987616019415760152910910925312276183
834786795185241937060797916559070575151805129542831018535917318636
529202913084205780739267574115631345641060048148590659777277558923
397304760176118610946668393831705136767659806086454653275384417193
324821035003461438700642574999821742521821218920424698345969460171
454108096717354784790289649005709369565850736027996266961684643111
823719819499540175555079372487801969337650451347412370232785817170
527287540676808677865733191918065414650702346930410760260438076498
398418776243353883813581831396332297830451927354200012443477014391
410202805835137615248683465400922414855558907372029219460949678309
380472522542715397156446139320717562051057479473825563034044998409
055189312252581517064469135994549410789766052839379950219126026120
477205145883687727742039393492746617423169661272448881420286391420
227812419353329742169450946795452067395697738280628009153419557209
296208702178162359573153985804940599130964597843674616880332762471
313321871636394671809366747344033575552621977254844202499963393174
861668116858002416101935718158763913937159153107634250433840677491
100623988859795461135553975583965305392425113385151972957150725671
949315914454388674809412700929742577221170197678077755411531464441
588881354640461003436754633954381365737941755202298370463378124045
276311595878742915414204162066248912616238500777039286348472623334
350644174622655488896432896084716921233108446333350533714717333033
190172115307748181597531874032065206546663038340247240443641929585
156620772019573193519488591629815330055105279952540010923346567985
970645405142910657105043026284793759359388054120084681207165725958
968277943629931119229046287498933815161612418075418388765972717000
319388966533656527359657047298370555651002680279238516795033652066
530917843546800532221181178456832436800443266590254628594599103854
757965209123438950325105958302845145019453098923277198489280787845
546749643627564616966261836486662036715578498138398682528761956385
736085204193320257641086585308207834609373542674417458791798165097
760674803423587943788166111998959566679446483821547715844522357513
096308613259832304456646819209725029344903578658988884052055288786
406593898270941098662152737161752449269126472228562674431790670660
513250331457206783440463795142601733349592062646181273287377940013
015357157366237612685283211039112016619481155877955040394086512236
041949757935718979740811556373467207427424157737740444109123848555
845196736483504888683099313898234421248549562023391981900603548985
180440671358033140872413265815580856335529235650556243406221738635

871005910916669020110600851921062061521729889870836133794588258419
892972813593784638640814620973215748876458545452905648569347625409
289910669192256024642545291001498200945147538869058507821574990164
238325826612333030842360171331330197402643659281051697460061129741
349954361141507789015523161636275821160734521938551112723008960033
993710873634008474458582811692917284014715929271271973822535539639
876459247383693261128037429940138758081761750693604738088259160765
499660285494158397942913044178937413498128512994331756758244076734
176951024244331173208054198122503155476482578701650865766702309785
271213432609608282808472227355161279802179432486389890602925191544
808852944924913238575321489641284456505833651534398394353706322369
086818474891634082930268567197857966041601215228834098644950300613
637984752788790195341774348444672748004363482761808233991610087405
112235165967744517830819216702751251435494699668726687370827849191
991682025903711477659826068464297168288715196482705657937945663048
499534258282710020287457514253134878869888080123918252754748629359
202579750028182197510099462917837851103466716091576507689424057643
488232454106255171455768523557408154552326601776743209479015645205
466875325651052514797632011122660267524833213955089931268326349301
368519242840309426023879053232047876793848815781799120758839989511
824201625492439937529250292683380891296512472328149902698230237888
614435318987992150720017872694765932161051852405076863648912351751
671937073774216243588562940623594770431200526606256976250968421781
211488829880026616044059222329331624176122908743379022287804561701
357723750619521603426862806290537864968871393385712562416964079324
475831369885918272999275782949295751304825043666028532371402054964
473380738245775558257092700759153582136224878739519806447536509228
338732197378945098948812224316665010698739616672989920964420596817
569619231839866191793408474257868154615941458938640602296132950038
120038389767450208633855782667988106569036999081567827785163782934
599361943366980652979221522153666288839940268038621838784138954997
920072289371169507757061724002344872898683808889469325821863378234
356912074028956871885668709606127386219349873263224096065960699176
020054536038165896602143871771287553098370990207133084712303917975
574483810050683280951189329272191231654940906640214568359874463216
265575739792837308702860612939772368385814919939258415742549146335
154820414128505256116414384738621579485025909591694016701922227152
051592446384786736844034101976022548505859620374520210340195867216
081712701926460704607959928713121074803511882506823353044969812655
209567080884541941022535199131368352911597222819779651917510914125
749066752719879928439903727410645886716981183509101205683498176773
100954846991006642170375101296402795266807926201346490826570837312
730887703498538168830180415910735087802789781444525165407708127488
473796550331829893602610515170900920110222071001669479948606498841
609925577821033292542220238243161693794552445077116612781957202899
490592371787630713791620773280519004359506302783720524286071686319
756831994495359654617582379331954922183557140638217262170118990624
363016468349879943067324897484029900626756368663934498668702957463
295592763582274173904767366468327098725400825658274079373013421250
157872246935933602320278802133447547116925472442788234788572020478
481096682495732594650693818393289944085629329548452346954732470720
957681550003136286818305873597665524456292333709800392024465397081
980880975167759000829452339338253873797516636684848199061917189230
530293275282052288738997779857757464433066738428466834238197778223
941515224363898742495170106566785302676664370854624061450751098238
265082329219231169465936055216243701274300239492460008464419137134
537390881710543297199625921785958368900227535469344199270563544994
464648463569211473954542342093035095619125962942760332314028381564

1958123992168435705926115521864367293908114049884299540135030458261
1668561511919247042480677787488387131898718967382619247397490892 21
696564899815767170428901744966620596800868199091956648398712799600
060660098336650850131726705066780738105362533240436156109801108476
755494877494236585163719465279328497990577018451049091701533568613
632443894879659034367590349560021664265581524443928278722717359459
483078938720248473420322290052133606846053129294097497598893201349
050155466399788069991700873715889175956776894727061811503019647289
132576784816190919388459773052888173913796341910139122828818689576
669158175066401906642575911857638875482934362992117191271054977385
373015577838101884441860657830592410452724319669227643946881902302
936603689392914352790067834549205228896117886051875408310491808917
759260962571182883270864363467278181627472557148502535750935601944
533705704297279316518324369707363874856092728216957075593521798282
931763040398854389505725017946553411966438406118328171225805809313
865366901632341550423553948803977100712507041056787741620258599084
007176820989414486746229922762892025508580816217315083897553884053
494279190567344876604830970791086659225293101759747853825571471946
452962908784519565174095947894396337685688784133633407353907274376
637220528022445916053457375406618371695805242171800321860228583753
225978883501880423178875689402319751974374446133525974578974005546
624424324975934404953762682364015057347269539801101002565825131195
753891584938212512967996772536212764607639106722691844111059166671
823174812066194772280535025793861898710732931143196219558359007573
254549265440534485876237997048696398212906230465260237154569746398
218504024061606472122473862853691454227582815893032578671920038152
313070301231450016203835585597084636288728568661829588038151412597
924271222800658072175375995609753028168132431908826758112139786458
977991567077123341300614050720737874775422713347772318791387780604
116028338928073229462986109438994804268776309041382820082493276437
844569466685596913509728092965602968378424831906376648975894022974
765233737070759029573229676410744477902854220571083318641606283483
284039376713381480941530810038363462098674092314162577259260164241
310768383853609677439389645388121987184708783576028465758500662643
013183563775983439423256319567388921786474251153914648306105617618
522661484986211735299300394196267978351154324719792100999023599501
018504522633621366295417587904115529116300595092988709372051119953
209519197611911117856568563145823742527336348744262178943734255594
438827210995525834404807815336301231817250476112098586213911950381
276857684222706022880857922802278992701354502689828981286708469480
858690773687310488241352092533779928151782807224730432956057066223
456189965692940799043010318005588385154956003710153628833932963083
886118375725134429296237436256902862399081808966747840721541648215
364669852511183560937695388382477926820540355622931033982346172177
499287611431071126186981767165101021328174843226860492899962137442
648917874708005217789914597936832576908254470499557365460738332954
455037605455616938462993526955598254814369522745135159635012844381
657623878219028344778419434849167543322089886572510721638012574559
205006261383235333100174635632696788299795223122133592295598777147
842562152819660095824803979607418806864814622218467350238464996209
482900237216747151301761618348664856900958044527129241361077448550
164540165882100946953185167094965320283685563439427552586762309399
026264688025210023483988108103139591567221675210364031168276980204
470846827510216007652912859618123289239199898376154654015288476402
389564008009111707771686632584715188865213418100963097892468142777
674442490984819462072099118606178378827256060277489202507756549609
224153721848981913999493043561686936215964291771095256950970699006
323100610856485554482317681694918920335382593839797795520178060026

150453846602234805842806680800540972724248870988991814030172108374
085197168446555068686682595762131761853474144377640981168974620203
712113186150318053481637099280510057939395818396053815727990531735
646204725646756465733752324960442866627542283341194771011586148225
132905747233696454593507786302813970350269335586720254206532019113
645684278522271130499308474015508320553450220711151829250378245841
515954238572909205590931555270937157304365071391970662707208366050
653592578075387996624278296260271908636785842034261794272927838720
742270392586478996988852017285437329638914179856495498712313174210
781117458478347148101130220066918811713906332237746391442787135013
391013614654758235473132163877978594229259092873266039806170514510
518935261384635649007582348632915202586551031103413814049101573516
178860757643964618834101756544414874774396958712593182068392921811
680883559712722653711952674639135472889090102527777429906681680053
198706232475569631647941994318772899895890737174479138221069168303
144302108832718736937223637159824851127773765854395220664987630276
981234613453697621047397548443980664968551500182428724139629300207
842390407701717530874006211038869812751613311076710422656095342065
627964803091959171222256860508660697491958719528511720186301457223
111255958058030059590451780162091560033927158135619396152450582940
942383067522310487602756833193139537061594056900825467163407688518
738062028393764941416952247897644827415924393890738587033683110647
482959165636319407597879773893685682536565679811940555829468907562
097486397051586280616049553801992987901072698852640686948961003323
272842034061884542128979432188689707273827362778501372701149638708
846640786079426555525554856648253672623885530195700899094418141196
819278225214743673023757726479063021362700929435193537520244824650
445028177473530313055878404289052956536166955757460304468400201302
583472857878603479642966228563383909385040595996338205201313459775
949549591528249136758265577370863098534310316569918647749352355876
985616764025694367949650826595164936185639067761340863449496109230
852815957594732446929978437875069577965234066270348934399220039331
420221596404753079877248547192899031903311360675387409926265876145
829524546296274478253060713708610093256561091062901593703234578465
109425415658486336759717141036824690682136459502259382358689803420
521458424156210977125941988605174184609810521802330913491593055323
640211801353993827390760960188127085700221614994202352285301197851
514825409266951856567653410404445485488177660629153334239355883040
977080382629431894438507702390408475017104093236868309790449784932
389215598500214358700771342871584700693024716766312285302839112029
615848332287621873127025440275098869777524186719725803984567834528
672337262681942591376892237327986963699571947508280574929908016092
963856488757743668130599330030106516567168643311600381784331809476
982492426608263925647221085630282122858435912911420360327206018252
323794629310925410251245417005166491749697850176586800128632544573
787252932671277451624334360127340397859302221599617751736148666793
967656332219514934298376790374930825170161852849338344242504183230
302641005578188318544289364087403203966008892343871002340926852388
496732284456687365704234315669893811311708549805563342411090390294
020698788366865009641636917052815658583564774755048831911648430645
989966327033980010970627143154871743704811217006209186084162459632
196275818916875947150823636892761717485163145845180705435637970723
278957450538758447100756455874737245671626075875582631624163830175
894812372734658328426433498421199067903327699506187886673063449032
827837648590916868065398440393171382569665959236573482235687609504
600206957367369539435373448928789454142994492422965419920687071717
990820275112322883020637409332430828407680236599622307450723954829
132510014623152283856699636464816199306108035011934098551287730815

9545015497909832610070008435163220914097131668390509307770678257938
848915921320992865980751664776274042102287069580316910197690665849
294116301449041755241528407985584192045942224722408579545248996614
996312956745993178744978341350197476002485583093556978815369731363
214452511408292841812804502491992959845617297886498365296717374065
350275757846534187078421309805735758509870892321833860276680968786
744587673937042506105294559344800003379484411869103438489819927217
800456984088256180027740246971556963453537058177132496654317079548
795257766421120685694340740736941652110453017077751449502966420150
856734185613308793690799085988881954177426188031441417486935293012
862868769796349716441242177380019690974862799608946093642530679104
174593571283190402983113155059303861120619275400347429960129769845
672856800757478682568526558880550446502824723406212267230987650952
467955511675760755189736710818664873391355547303871771482599249820
906556362463688874428163547597380200927033727972357562058520194887
311757364152085688799839625539506720457656370866786849616739928990
516639547348064688416321612696232140430043034978793765895525591261
273349443137493187558515220350488771542061283232155425010369584201
177706058113108574067217688447392412151890674297679952843460462085
104229892955901538861717778596259659024537479964480573754259033955
717369017939751600199875836990940353460200600611457081297272864924
415558859750242749010199752785695834533449432500257802043444408682
890750774396173670553837615787863853870009535733359025946681197512
373898387266536879554300184150448072052764944570257994686803499492
941686747104745236313650471152698278105520599626500224544073428713
991949802538333850588539364994173363696431899803695321146317461717
020388070866349064786340422458469135590424245140281425972094336803
940426469576220351976052537466919686468405748522732221411263468200
732680991283596804337124898651248471333865999581557036241284311923
713805206985546305223962860016932609247618752321257009959416454501
759791304831585226900924405531186581531978459314051354967975019715
913056364079678742743886974318121596332024245369509081085401074867
453223366948874174475845601897763958449021749345971047703154197947
217559031048955150713033750922642894743661501146171128540489836287
823217755403355815130890086002311190892831719794615273396398147557
956104816547218228209282412622440866173161182953146270119621366199
594108793583564320932964189356289507521834160949562866054760820233
943903693829441070690737842159371100843550809934951258480556142602
794888117357782314109215630977556334356892809062401470430406809674
541428500105312911014407193181060055619529375994409816126454374436
773978928455823616806573056868188932905552483777388697883384821269
003385525577296329485036257241617945606880625056743983435840688586
527984713205682033268015840118612253710729945929721983140398249546
430136414120937944647846329673080412403157916714681071721546579759
508437906546392689441643670202671733321428687279300067525680895944
724605400773921436623774703669370647989280683436306662357354918836
306740896905345419625492185959482963529914425068124219578493976249
362699766843201171783094789764534282159211054419253956738906802587
429523470246253627205862445299161425787499201547834925160434238534
924384341030380727377077657014743734358079845112149890213877261130
749312518484971289917459095003932190625680772393254545546917673500
211427825159153713922475215102619575181255589919223775605562518625
777871520402423564300801544064737868647177454853375685133039577305
055429841027452084882456380181174324411508866694172029225138714052
593329218903930234849521783732353344653262693777473250410920550827
627013601076268805734928341061501432117912584109328122674911529496
919441405798335403820079492052726207312385833278588756477905672110
416544166147076128836100062438413053105014008101079875557731522504

246358724208134651707819681326647305265266870097539010235484005431
910303058505073284856662189230736101609798730109604578786272596971
821497774593191217242085520383223097743733627260091079170854159065
400695404757694645269352738958908946566093553216942712942611401893
368175582123366092880936868361084129593136897668254634161807973379
931143491994506197674140383673959104332508378960976546321634429684
475047180877538796601159469105846985693463154671519673105401894347
253273510123305556649244625308979855259889634444538294144883825709
671236053389198293136490349913321228421966087365757136943286363383
874965694154477107061380343673939543299455488946044328621170422810
297576490108461303625809885204445652889253865618355437466905075794
821106981116094362272781719468844223901364355582252243301409371154
840113662138841082479809005429724928690877078639433835697580891344
855483753767771965895936587515432750294934011636286284193306048171
093923998791900884203487294343721494612397017034303370791698316245
766050613624590549183588052452030731298424258801870960784918163583
376321417765526484660862674494777513116337460985326156771682160131
478190445605770892030801852154088126888224610854206843331279758480
921954444388966711314446178931474129366512819879025932919456527368
734483639889338998436121168068986579756748851654888633769003537529
198775769308105735517395144379527270380044704900728573092526263167
309907400068490459975878713209353348147998072978030685925274921540
325080620629679368029096365711965545474983265755760946724722924089
206137105621700979339927932066567094589212083904984604758648011445
523278136028145344579543873365991854029550601001878962582320644671
450963980891996756614659823701412873664688038594032665222408750886
052884106719799914085448700729302201722026030478638071088617263141
531392374899477819178104077545255536936054590363781619286394200226
696480397586822634537581285355079620606463620227634100156253911994
632578678836087025243725262830330102104489432622627532207366765291
091628199888719161678669769861721068950090236405929175721859458476
306892124704365027536328350650043346183189703050828391535850605251
722344229331896294372577616315222687395005813591563799500907045720
072609689883738753698242621863149512139883571673563880630056290325
475145199661817267782078962727991656377480299102250947244094198014
686901886252851004233665906643076501671002367873518980417508647603
805560882711984788639116966057125758111614332203162398619539960810
644891151299038321892449671151819857985027704469785184162807329531
875221707375427807836745060608436887769304983023041436468913983700
826939640606945628816416952916654437390847572819696146411957158066
368813124848782960051923653816696914413164378212808037745822319142
506653727318660158555763100054588191460863415120134066056861830539
910928422209722277276664200709987582315907629439129515634967208380
989724723042038732783508601474116048285204200743959607793967665745
457415734381437629295610953115848209200019968349222746222332034922
978797720932593734589318530363220021852332922660432632777386992952
544003746065480447629498272404229146560052904598661490530533034118
423277471347528763241774686005103519680259504893354161773876502389
319108406652138046674665296435771960522892728790582333626717180104
787074150978653274415552281550979015314325699141091329952502769916
412184798903534173418028880785943704747003746871669807291369878105
191348231743199718175697324716934112404219323832375815834075050325
121024232721599976225595360817163965955459215200626349383277938717
450987669553428787897746644363855170650265044857714758789516639052
612618767173875404593877592449369724687022198468051519182603434146
351533751735439834658403665007800825133761958111253960595894171880
472178746360466850775595608766461497997590725725466930950181226605
975633832045120846386446499477556747110488258186245181148216024173

113511553376394180161986082932584828502972156412493543549370147221
837149093135274651614042298840347258735848047100304971036786199690
396640031890270141021874714397393047966712714696745248582196159044
358857504747116108355827618601159886799252327767007791348806270678
430582303768443224083728557775850821627326777552157538549313918894
433113709718797654930990630437083812107972731604146887410442732940
307277743637828844239775948723462917328964323648950423030339525477
232852922518209786329412792277610699764839644615498030391036874763
670074420720134868042097834465670780850085124892609127081572378968
179538971471665316354179274132493745551049067708830538291046609861
801335492736471578823175170229529255747672943807184323528278938787
305850717216987840870936084891275829673184503523300910082450089460
001683728969855347815677089860663702437991818712713748359424429636
432094727572711041804433460130510702217782472919884095444291559247
296793147664168646799094563770460369988700796128573467050871763579
926726419077586482979580150961497179864393231187059023097451683435
712523358744257165025130783843967812489541028789968672155583518182
197672923726750882719132592890457053921699623157341359810162606343
841974111595598712194855707915404099126084315344947293618259714666
352094030430179436126307970778095387707949828645366676326353342206
894534303062697485729601880846564902097499552566734013380282307886
298068187052054125204011999043042891991240154630648960755234800192
945487528805570650554523548791789559874402509130074164191809399729
468221035701898118676721549044950284462599683767825168872707929533
499355139851172380491169556661244188049351821195423145457932954973
290115497632797004257252928851676055670695788818916668926496278266
068428178885513568220105986486442689731040420642038862021415931334
335650607977648372861174785410131819538820963263739781867501567020
103516138276223554990781670817625800632651909072309731132612645394
806127461576397469729038199157580630745875385173348334686076088964
622701214040165795597908155136431792697143278116000395092953053015
664053854401446819567416891439500506012989953252062425640256999735
405633568511706263129378820965576305578326756161629221703945185899
593927795463337352050168898464364888207314613992856015764619060882
700521838829449052835018564065043364175350139349857051006350044232
775532805166325015553600168558606321618016788228898592777398070823
443012187649829882195076487937452732497757164679437682597865380777
090931582686989321856754102218113706628915050719169240557175153729
798546795477169440460872858340200716825587850350258068980279430946
184672580186255717699914366692567766247888256367102390508929757982
489522270941846744341466441191197624863088675226917379560846434163
676355883085129548653711250744903732288271992572715199660002166693
895605038279519066233710710296452611253548201808162340593161238338
327872154509090544271980320064422532360012498934484363675937191423
227785159626576845253075848553735830841651524777849983556099679145
290553712899338041735803322331380434826019161910280534759866238541
512038956061132700556496689281316755512979967633665355404709079398
886689530685781017330266056885368956021180772162258921919924311730
489252249712553122821175882252826509235822912252041383700828638795
994087533142292025537883192590178881759789430772711316048915678508
678373881223628875585526611865733674460226117363328802255620686149
5846722660537793575255558360934098916382963659980073078450013699458
821205197427166295188936366178872451938798839149850746367011614623
559091808914648782476983237759787096345593154570680055282070629464
310763848171836412428448832224163453064177764928060031678970019137
344145995290818130082735712024454178146061237267144018753822527453
515155242450079079753687991871156710284530318732656311281918735814
205042307746297225403696352335748306562048561086409342738331833463

```
4327351271592642393900491279730288837834637442360464419658158438405319108290323239391500637052537770106594292190766393180810878765575969707840731732397323550634413585567460029281228194482626386918581367216041395463318790725616930815409969437600214768482366689595833864458433913973419577395445894737996499396501973180187582154388185804924401538657071887678789060589434397057243968067662330777502154247770823779044126904120760661717514583290656812401908880652059214459722368760226173024555463740562074808139937746700941252221532734488417063681524435825611869662613638340292866449700660379967501793763167639180693767843386214908962356182010564061401237788509883566708473114371688891394284794853876466509841171954337028921584835072586019765152460415435606762746411781037958055110585275094244729655712945889544502046822567201062098620677182166748688559677813336730489413888303965661219189330587140477845513287672803014322099270529021061771392127737590526124680357832336122316724513143018328278987695299046550698485033434839833599227416481068335963179705040480171635758116961108988752650503945545081890457820333988805527336174058906607625678876023448996558182195071306798279843747014713056703678040027908882626096871733063621616836497577339489691813441882416886502289967808162797562569227498087402088768810359436929920395726561305068128838761441195918624002236445248003947999424405825317268246513520948959665872693663488401509928375984646475342403056155906510544916912421860787811768003899307609069048350672795121403003404594882920845356727163295012007112146837654494140706925962143328567874574683801853930454624313698559873264207073736209526825330022465965421102188316355553221022325835419869926664913531929631878234901491587001477499219108946501280172618658424119957747844638088817923589672365496158227535354999841302939493205679621375776989665420961561839357548510610187366314026732506199565814384095884354592710427524744855320153629002887902736371511709761157510447444857500232585814856078898512835095561221244135323878162333181656119292576209991851687924286242308017058600765585346450992122138629193200629166710405344413253099405031484201600328999231910328401724803603264117395877373643931580547563446116674421959053416946656368004997460891763261639369972680056711919008111646000296009990629766649508010850800515867038581971813055231732463017352876930349798853304607612670691519805210418792169386199911313682841025843874830863102275566524082814123688895190624472937522403669031592181864323402691929323768871517708076749523898992149245741762991858043348629606089363110625810014138063060123149436279306873326876877147445496118241966037173011732267211548894144715807643463644764575907033408588793793885511751946742353404539412252406457071214465904665673480924261538841750263649967640397964039506453603305846710659160869493642767063841875250763968961560317311929268633832386744633518113308307439130354337227907141030795282271658841103444348578821809080282082955442812200380195266021863595246105666063149576127025158230333522494707890466105078851861326007087053125210092418814033311098034325447218753564339432204046959402692850448855646142510526547958472166305729945635788271560772802148217504487700112477936570705673098921138721930592905808649783986319434663257922428340202752079620107667460469407170560953513333937607492713011765060222240784478082149383963988120054778938005665780359904311487101637270352144947284480659802102462962863743293337500534210840248860977159460346265070892757684803201836190549885228928095376821315150435582517203728601695960958764251395013822098404961222624228173404340280893997262257739330366102986819922133775791637356034537807550181325596156935501032832994238499747515243381001151950121317805013879646562849154332489194337183269470192681676759606159187889763652603208651265852264245241199
```

590189818788450828769443767663184922384879924137400767229406807310
528039535402366035209984205504305921203882755655930480839116597306
245017725252787907988546850842585551738383833851994344288915912253
644118669644171242400135887960721910613494230833029789663443088271
107467000523629974326102318027142266222618750572543969077381474263
522155244832400804375696699071029472640517803015161891026800926358
769818418013034526647105519950731606432675504048745317728164797498
493168163518881132546149964031831401208499997545056544056651148358
387174381071044446819957363462868930027137176430696041478322732756
789030508095769143478308670354016162028184911441232008439992821318
184843322881342551248886686544852708423042840098831385549010037940
264844762363637536465110550081029406609915248147926317308774406420
709539199916755639316762475890832242707294829544328151229529031647
506098107151709493216616813022200848999073351928484090014332369886
937917599779238728056448586363560471696443660204452597048682215144
197815912322747578772163986575276098408998893737775089374040658456
115404534488982635679449628642247071613265874995955834400802449400
525647531127582945824555238339938861602167095409039509622984369753
605794438167782815663517171901560867850102297106693787721490988919
368454386725973007974938110342945358118921302910485720499673562211
673336635007643262740588295448615756961432047896330591725250029655
954680487653626281549757676580277875590236787348162504245315702741
835390649972371430862395364283337985258809365635808787587211416735
820002378585791714654161211202603427255738422155180158746305776779
395293678912532977700508226250081937416451141684737365725226777890
874579968237345277327360629946429241699671550862292806080316787715
019020416166302049350758837769066186746162964701677056344183089676
266188744032970517788145243401251222679410412177617218288850815972
164208384793333982956699403495937907282033978008796049701378070294
014570618322752960348530283719222610059395644991241509277875461366
823146128946998167258824711898544761466413597472404001167264640338
329990401502635271218579913818751838215422530479921538890284616537
929472363796333479312708466427227370435410768537912131903433119245
063452076733343809168129039267109298757177148028222733070858590225
913929052589740024375710216995532657613335185187663860276199700398
052393052742893370901691023675207451770169640472375386382876543190
430290357981930446828632045430189142160750516996685123364451883139
431581404652068503559767528406209686484001463298802638325495627213
258275734485355830002225513318596228864977249448196664152819040702
879710950567775583836470750892928012992146550898465270072696571688
974013243287957198217231190281099092249421069115194270447735875202
660217787299739380432917832163467212887284336979031693485924557721
759863321692291013129964934565694568312672848095842925093551561535
868203373672201361285171957991790678887948977874155795078582804005
198795143793102409735137542445229106658730078654625141882080807307
192689839135049253775437442026570165148549039037849153357835239195
091842294100795817946261304621688184412174680622072287104625149387
649178333892585359415439913580058590242985408557250448942910311306
684106105252152943640589428225619515090298853496701185208964643320
418793215333668475009093794745862440500944197952593058084705730441
714228077856570371279475809345629087704798834697169323551696059155
129039465464919469769565801044772122115297178854242063014493599903
647048816869639454598739566495684468008279740648593976288861542063
449595204778764796022224814045187112205762128289512096424262439769
107779187598915091696748849690140417814624882189920472153978970100
410044519163746354849377767240489630561760857490190664199208564988
244166592591364114979721105709200483463562191125920531594952077285
728535022771786911343170950747417740461125977105440663928887571839

332360002445026038759995174213594979764940400041440939868093193286
423323138073107260523470222699550297533641333336376838307699122239
114777055859977842874256964525973045897989161844009118754738104698
043805595170062963032943375011243769165920722953015125432139405443
377891627819140621551682088473634534197999887951611726102841063233
698534566227140898250206912867044411690258204796576506806083389354
490862114387382565994643497880323272175829269451699863126735875109
548455878463140759717201962433708521996779288308204170836282188671
042940242600584400437735875331070418881422192092460714913350296369
058466448832031947410173461128786735179422094145466041853403015518
155623214316574733266610798980310906817008268873210193645956178585
173450547285898007872872115417256740244197902884322531541019214013
509123867111032321373145940511561470672128959326381967580376907231
303216158247304070138858933463663359767715470701977324954881451714
956158891597270403164434951218597470414671715097311329473848085021
070730048952123748421540389981859513224901441857291935709437524159
215545692963115014493847033948930762435538342354395078579177058758
873286872636137723131795763188119174939973645829559955961684714478
441518985430774145594300916272777064006784526222188606338106724847
269024402642674133907219353005842440622594642539483685654784505343
490529674305897486495643892935250696872825573073886534797956973796
373941631251221135723661242014026468319875234913753259196515806193
872666193916051049359265271321692209622463969924533949416814876975
945022756931601737297825225932113922797264469907870797211292701007
289316414132897554051129860713004542449721998255923017335593991966
625886284890280161029774147281472179960743046863683943583762096637
059217800358151699129476731548326243472252980038009595875555451363
524852923366036661334521578492026850615194920345290214617851420324
233104228486352089687974218454003873494172832011762737822647963978
467771365873511193020707222560037507494078103946338951998454416631
432297316080844049828135430303833631635314540529914831642560125106
820856569001603029729165846789183221058699489100407801076924778257
280672186586644935759237706601999726065952554332733642503894798336
601431993073084809345161508804807646366675290866716936206249287398
148879904365333871639691167273697027312653742840860973486972932552
788541993019041684282321395857966024873754065439260849531863413469
468678923583360680339445576185648701132596427755820263192568099715
894489345407354516693238449214991185549338282445770766882305254697
961282244041599668923715929509392373211954789450740806774448900380
624434575224611555723894226838593051527754976545431808349023872919
846748693162608871792151248292476158935141491415890423510507353496
796948749186334430479362520365105567215698882395203498052301531223
852125132616644947370461248186099014395654637271017556216112211047
224792650608818792187856456477020191870817409827426388517851782319
529341904819315715640400178260080474641545364258579688221314712021
950687073703931215333223942964710143388176399181150742155542260482
199024500820520315515880310767656881219857503845120447360279692388
489439850407766939191917803851311790463726457872800566499501595762
530276734247490355778730320694669762067937109531408787466090719090
054787150227573861562284031199979360148174018140726855934642470818
651372676127973427764124089407024122505759128332044876750838248233
549006224319625729282648056600967750928532573038883418242504410194
438374908292890770441518151343279012631862709344102805833319718393
808451124787757790528799614248096853758097666763701569484348743174
757489914638891633504338362739885110295590997268995590471511291794
555912698359429306738574304869898985594432619896425343492171171761
949868813811537360119252837634812218777109439259322057370956269816
464526459305254130817680476849179967094590975627099457464166873129

9851777131558862076554331510263023608492235320184002464426949822200
0938856198141742352942110120448887865176204772310072355773711756960
4540267737869878293238488465868548243072513224599718195176378206510
6770173496390729119732315211045083889636900343634564977138841805680
0298414053230978368787887332357458437167785962319311821299654426420
2746033116562189958073857091407481709077707206012582553725598818250
5400017096790909741338551791505034624136279629433752798039212161240
4942285734805540929961742218675526706638715401971649592580419828450
7272339435872738491298062505229908230414417964201863239335975640850
6264721140987102756842328471054420476927372279586934325516237287060
1306248948317683005950316273539272221555960371912609270563209001680
8446422399745990762836038614515601146790867195227442253415373563040
3636807658209294481681575624407583542094450414818369400724787199370
1608074714370480527241227205762001482655673842585276152042257561670
7566344890835515904034755970552781149851302508741216556160585427290
2302899331654735499079156121786647178134339282499415905014092363200
1698408680599677236463118003230917231449065960183944335732467994720
1363667143093322687259227699597866342198486047640383312151598246330
4815753891362137470506267760949391565434449665030715756019052561490
3434123986500863349768772582014261603587642188657530917405182417490
1784121530322238300418806639385455889178762006878814048766927605970
6263885084187671723906882151375344690742052796875938629657498654410
7762942518703009114961352844389205145007155110873094664959499070890
9793052340129573493866881785927244230815215906606499607550272376080
1272387058512137274552888617735445449593851589568775195180268779850
6482520266240944486188286727054207475043536799845846802118161245110
9179164083882209778864182756810585076775657286484828360370249328710
5819806043555879980375757476331720000544959849872516688565706303350
2876068093081590181410593721378560788103151292531750411050960975160
5425371030855174854899280792792165082670247752463749983785047234110
4872240388787796856216589184157356593968703031935075029813828952990
6830357304306071207546629980584795107732290419143068162870295090070
1881413421458284156116327645897977943185244670333572201518300806770
3009843428145985559436573897199032628610071674691150902659464279230
7556249374235121744508031213499874102105040262541157631141230640330
7384023024844739361327771431778326487227872000031324379911584541070
3200832547176553357788419738811198783081161282533435001379109732640
5804567535626928483455102531756976137831443682524778543069370631430
2550964076224942709697276210616798163074586477313621029169131901930
5053917363387720959307728802113849522530852335642009147582113215080
1416345593732766381646209964150418142792614784856112250969744180730
9940121864957617087742985390839419901188858773363731131301710135770
7903347562044395262607677976568538504151780028622026017398315357890
4904544427165705596492052223188354474283111934696037119412186093960
4743696835216300841130921221376123619315550911877534644560429373790
2151668962024254716803778182746385907968207356409342994334271792080
0288752211254331790114149116004796389603318772204714551925930589480
6933504992233576520706393366578610808592005775957357706056346934570
6038849108050669551609381069436621287588273316132286483143147176720
1157046192356146500377405387217627411136601782358558451731002982070
7899936468177687598057719690442932656414928889506161743273954534820
3316663997917484984027478354053591200222609439905312070766019667270
4321466731325059919615374919120610926487819537779061425351892234660
1396095319606252617842571586992437826609161717464971634720477389610
3148671942948249029198941916758308889233973117415554172680947533100
2737797997098175650450547360227678621069754045059261438837781516170
9253790106064022916738026962573434304645300421104252766230305520720
4757393067927263937131887228801269585549042486632283070227740155520

803422055731726091592927513287204433777236381546602242627227955242
640479069128534664743956703901536664482511862340278040253780886661
135356644106913769723882365405370572032648513307118001886217776805
979532180654367532102225042800043994061851812889536140733723950663
115170700057138631530213293685538018489869696302851089301202179506
470724877503209994836756871724700290558145698405144674694507188717
376368028734735561968531753075661201569305703443098761497230689528
664441564074834588089865256616643797202895868442203921819431715127
564111776147563714059368640001035880263891259692381706227637167628
748062838160227594105114626922888091294330277664959472497384473093
376327460037108435907859976671800558687028730183229667292566511959
261005941581003650892906260399978910764693101952271744645199443616
999155564156412151087143820808868075229785081480228623413531843920
566639711524608904813184451923149291063281540279224893782282515457
682716245961176395668864617423953715865744626643996155478905163732
521825783332535644589892905951926058659798671344827447826266678984
191962736059352022149668157043655690416708257527445881757281160956
148185722436954647505083028443075317077923557132934876117839081302
910599183552262237468671157570593774909379757938195247331632266235
982695699804734334402616879654751304293461624266134607473252695703
114881469691642933690719481545481790829291072069429731875971973101
542619933564615328361822870151559033107061465304217006688253379701
323449506071416835268609881312272205409030946646066185857999914153
978144847741564082258903540644906463510615433719400401386160350714
559736014278623451486573479621797846757021898995133336443819291905
300857739950452349349571896846127113768895759793323495332089538145
398467702851241091399996240942861535615495201564188996212593005126
442096865972528994184350366818804807529105972336008365482357019198
685509260350048765737882951629237418327132367686584946400059670950
677834536100367442594918858195595926902512393110725951212115633824
158960673748007183246877841307809693824148291518956042755017542065
174420881340145436070713556026763499597575960041036160961213773621
820223563980101455924936015689714897933365854991863497304103495007
905509710373294892197640588699532018966493350820431004885230594298
486801785556564538971529638687139823938927886283130538898704416338
748532366550562543023828613176831474399344615609310765384947584648
931621515835889893391956732944334790390909645002015254529742236093
348737748570906018648070516991257559332518203044120573389116924949
793744441817210180048695274815824860757712217241382985252976703526
885042133034637032059011127692708423122473740399034467618957001025
917858966147045611886905543180001357411454538480916238456019398214
576980154036744730933242141647275552190877396917417373506414595184
607851240181377454588376298517906609425179969503658723513291154069
411855800405756107804357919105154389529301786070568857811721742139
155095320721197089841522154253164791930461604981176009994043413190
991189215513651226115501813110735194067489641860940284869283055022
119924343866309661229983761658981274730669004071331315325819303202
814967455702892711980502308342949072461054910957995507893660263469
846566281880554901043878989574409314152964143377690260506436409832
682176336287098826272397430230055063851675289226483750950886137219
833353460698489068556859024446788863364396043781823649316075069795
253661777044807862852104682093268266828972207159109800819778019264
952538304724636079589391737003693289663580220506598028533870299680
922286754271291338699940266335773608637540472021149927333995596386
713941415995063555038162271317992876143298924595866321022805072720
176632829028139513624639259879408411977424214784974887928534813292
261758042969536056849641633358836124647760471766303398537726717373
232324351929797334237646067007259056978477822590102247186184955108

700414015527634922430585064979174699941224701667003101044327626530
993015284206842468595235910530969681058431185510376080853681033317
095349081348831311722359377438741462183926501715609032794028189935
612694496396714332078290473191666678085182551977172880062773545399
159278903401078628896366115708075792637125157532125643458797675822
798605621785390463443878260224769831644730911677313769865439441397
481344800381829810375495058853983542914632275329122606239178293199
621398691881771111842441962771878992305735044724577538311943385179
322128576603521216877901140477658976778435696351365329151493096380
391047545011699675878027999795538955855005904553329793563702640770
333481120559679109660880465445819911756967335381794020297742084467
140554762538001665796195719912620080781668202885915862485723615599
401625547770791411160067640782608077107894734372899115676130685073
224963159123163419758846276472881920236762716375194766953325420490
891610249164837334965917270800147115271012908902961211040472462065
622820963283626670888972846484919450548524147558133923773626921276
628090107039603299462627250947141176912142913353975130151431774671
685840290596862221708011103666071463020620642207396736740275444511
153186803573711970612632143552346855544382456532551949622309244222
627616181076353271218486711038748633241670789046885223329211115019
790098723766740155479167534474858911628126868673604222994356076826
978331735176394113756818731185310939147331613471464295748025886612
098433336264478923277992171893811049025750898332957523113851163841
181019244991329300877847253627365880167927323911956677377346029231
167147252754387732395409644074174493088103356901689944732650629356
812407468591689254650921109142316433966434965355399905226030471148
711750195108603621437887928407449825270332425169177953432393380537
534154286334492005727579681918742184272188588466626602813391591226
508703295562974312100608476462382406120209740885851097134502445345
626967484521749379519983660135959959804421055339305799463541215659
260373954548130709002681616473580753090700579469859512185766928204
335931333658021043935801610790827942664487820352801574984777718753
666388687146928492233597970201859216375263706470723923280711774975
523653624170626315463270059026630402473980453353020409393130497397
130791718151488632385160351409187151727259632060397751818987737942
983354896214929883065168797261732334295186029197912354209146617618
580812065785097554051812624547853587142349872282450762802185554164
393735572873413177079533182641069580231812678272926217247904786733
132302602879014764854335809993244372349188499585994862583067600012
204733634466868003021774428308956732120657310909298521268530829353
520331626096123871927047491031694115164838847479745677123433557442
981268446143275337106037702381158730688628896939413236300606050428
996520045106037486769613649172511721417104539723698376574825092862
531991761037960505070047452751987069243830797208133651074580862533
987045295036577394794375194325536600142105564641482243606164677079
171658511765610859235634609485497644779621165511318700969902914073
151483903908991815918578332650277953957841825197056152467518107456
330457082959442889150666715929760412803354745155100439949339911357
400368108214520100371663337695212133753239590644515065233379074750
428578159695275696181784704238178420315992417112157281753138255289
908317222708031933401849974624661506864137178679359480593272851964
335736880274143158690076520872345466373639831869120209656207541348
874115504351794570520219208662862157046501295951312793744072467620
419226655674453334447296817148735449387338480166542826423783384831
756543833361744087321879219971430971939075615289979919334816845664
869894315760143802862633533136185723793167236606367549438005252967
139974035099407121933737585712045559496028444564046130603362226362
162934122457615116541938791684813280962469524445695462125087911893

5398322196378999498705755174877188610510452587091200155027181112140083303394599977286587045234191667304068557004717286117263358849682710717450035389033631066658091122161122795352059735631542387862792211740027929927660272309100878896448671977510644852854236760680678328702716021491220890738359867916779079846546847654432886332754592689976471361182191936371970943091897609589330741950915357899815945626817403109118621361123870326632874592512380172218592375964203971780119733013545486303115628764539733301035351993689089171658211844720253940470931783306012396416727093121636937919332391842597730527614792293021230131636529561376233305284546377449667838557241630555328610532755207843894044247233087001494007564853949389708563666247235115549684263707422419853407218843317118086247851099998176232258058120204907270236751559960385584667283973473259596127104496948996928070408723556135501883486098273344942119279511596389142170133713625405959158400657637103362185943540907214950797192642474168788661350962013130319398165644318423191036741420512556863328098552077093239955742204583728924383094811084233008764153663084724168976375194193998480863927695317901643727802977688806162490841933764103645096126040651273694733432136475166867454187542353324904525140012619910255049422060899086534891218519778520803538297935164736163639485284975628497148856270364254376152530348567914218138341546765630362935943271568888511396453417550113555234226609517738178180389386443090830539927386531988392370825144349766957951254066405582132495347608244642379595204674037169104022865060164401188212816887278392342736929260620640964091959614590431451723416161791510706177671741511297009743626357169179809791310760755444007274823165853639170769125919005551128507328081677051347490741450119502481084276777357730810360845003755565026865827089490664096114629969042922698380843496813891492479886224871671281240892627970065093741291428012018819220654215938973633819322591270713038489421629319110049071492253628218620356176446854469959430764190727133878182633847902690514134885240883415970409316671764584851653904600109634729323170245268608078649180077024542605338592009166331507927787324832590160442171566874940579151896771159131892750178044518249937438743299329143554374680946834026083464252681707351360267844117117547680302578284327412712955509267108574023047469600264457118930180581121892575725002417910664730201129469375495333839271076783815855808875670613299964991589394990408749778235503921051363016467163408622693653940345676951865277526856031286808815689169916046013679356000288784865017387036118613661682337006376249017187035483916530088806575237376799068155478888938646233804336788144738626369751444635331513645033652509877954130939941467601122228501278273455755159561984487267288862169113912786444182650107159343331816055288098093137576021954484236689181404876129698357403680117551891330057226994759192287243969471072449770404732967513384853728989198514487912693399562727628630157178270573552384501936652886942503015712886490989930558977451480649740071081376020676606100283353983207243594567205949451216844025305614161150472376796871252693156319309816082329795042589816674800878152648677364144935695842879538795111120900413882435069998882091565554032892502288051416967879299266268622246705254906674953625013269700318245101140735192981527091168287631615254533623132422680452228896149709173971135352554401236086188154541470853204672299469390714881886033268282617228269647851698409755613280910904929942058902099758680270118297143811306166501656069405094174470841365931729460368323148867837834015846665262779381103471856527342901126469689951352204381388359254084508757429340483048052570263674681999971113924994308238094814731925760115285382473572083149105271608169922281418675329911795524477487920246982478357701790581768433766677768902177649062193699589654667

659969428721801097813692136744622097478300409271819051376356123254
861272145222616805180293256818310931413966592453103442368843397067
352872663830004541951464423032623019071897598561247023586500542075
982524898199075031653803249502601693723058314817314752430435942498
914879189062802634091227267353344853777985327688970476167261585288
351406035252708851992921713307057857638749393745559400967615375217
782801162690377265289896203441261598810632168253206443816406129171
172120095567473839167222962355574612439015599054488322626441625687
126870485003449211415757614315487883822624493825719072052822435654
030668643394952786639197826196621288902931708091506933547609363069
503877964838065009708771258420744211499716985561589989747876513750
578536272453652178066289777507327157034985477471678902956663958351
111997725430882108300838719703001636037548232031811034519634199719
570801626375425606969661834362972690706622306143131863618116113316
841849516129647994635408155166288645312201056179623810144384620141
325246851026413793411662166660443555433967260839002933424985605923
047725430160485968987816153242523488947992749956804057508785961584
656399688277050582480803752624440992284265581071965313962147422223
415350770031361866522902424242733975223220119730089596891049854054
474276975638059626226908788476436765519375681951996304422809024719
659779814112299761130996689484065470304306161542840528984605556105
277431670945479765425699944325615151270411776840247262990518468739
384403174909227786713746504877565400352618233613582209691595165310
030299470261213798326995515479430045282504041161789922994791117641
217399269377416582020283502426115579535771019286950264605435924118
006680782334174983342235251194039578690357868099795735556646348184
109235356638053216250587339612730165179209152696307741603539343614
876508656958944166875931028197227084213006069890327681248136434088
291450693535007842690028338969289003676630651962125691137082514952
641307300205723426006143479478418466207633742474019652349063930296
622337730820640228704088095403944892602375593027578381867271119555
903626438180369441026989560997022402685189290570563411576345663453
530917836449127065514652145274516095709269601981935148250423083093
324020856938232573732465561978380507982367839148964413212119032538
371930512612143512054346721380249172084457240675607838911836144206
172196093241887871539065311934562423143050595975813896800145932726
803699031531485898178421841408627035413234057140637242334416230520
114600537243354544085804784915273835605370083298419441940878577289
428942989055641118489012798817424271309417325022464998977618499584
448243196333877136064170050575881120626018903546125859345154561817
568409731473384201495189375815899601208752575627603329500301183188
095642910867929936491408742632266721386849152241299032914629320268
237349095662579032064280453385167557256633596432829836906797154489
491441442844573661312147165257729283228387225191227818503331845753
752311813889104687301120253329343303322817674447909206656325018838
874991783124527795687803251857087877108213218175422991370299903463
408243198220018181430169501586756477231845517351601935397411806816
255498633469297427936383683122862090150084763296027154205540923472
197748755577372771253584379299733675504135390096260754601770478320
092090000437030477206239693112361996923069451921228075128062610903
396080855119939362576645605845474892984566105164377632302047629334
883313664553345734804735715674449977347178219815739262943566148533
256352573800753734245856962732264432925391218548350084718726153761
193599211755449468751722095340217149673323008543031277343008442170
392235658052374699781195238474449333837385774851142746225220393467
572123278506610526913279773063462887372622241958467166720221516808
291000526702236415126522740776004619794966850442414929033037526153
247556530093153145577415607854888437204157140600876512807613311400

021517609289824898629450626479863972781208733447929847854531512329
334051406847255746928486263150354770925719144201422185887802572791
283311779822123368077931168758654777139994623954398600178217140445
115877933764582521759199108819238300516633102828372361341272140722
462379539129338836418793155329932894879874861538613915230746891741
006626186077722679134871363221475165685084419917806948619546019340
893708192321419263827753375919457032645023630434756871734529583995
536709739473113745139433281977911222269397254591249383798231266070
963822259670190083814532862904610606586856320978015085422334848110
590617385229862052817896049500732570427222020393613638247958310354
325985507262140340985962778601721689559875030328828176804094685209
388640336365236494428576533381097953342025875230660994737779174834
099640562083733043167671087592982666684354670095997048589537484151
152214502249945441528386578029285301765856291013881441726693837902
070500341910121386791346354652287481407153382029019192351467212683
827510001739480517922357591031062941178267158381863781954648843122
973630207590729496131322642355108491026499847418870181274039872030
679358312315482878780386867207634549849519911344509912442473105052
272527668320660348538056734851263693194665299251629026264658941634
139609150972187236402755002697010883868324941421257120488696456582
963616098653685988378839028020706070296399620892916924201175646292
127178414438660944484153071327538274180512475604700845614196078604
954485925581307161527176818710961041702864624451063869927990313298
023938322923078600246111212562537492992069623605549739779337090550
915061599580746264769307061465473365729538801084659307737092643932
709617335897987551332985173533580576198203756071739649512102605682
421535394322065787806543336816683791839254310296299786255831381508
429023460414642850633182078026674085750429654935395449486518527564
708814351323195973497899171415169373256883389331628338964518488703
226398930556894518391912430829325156540236753850043094552275229862
193634999307995606896844661874598947488234136640851885321936731143
758946356570214222303717414812012726282910573318578392273347952606
800413122404444690695700343265791095617342284655138302877708170928
004370327526445576200902948987017264718228932761788234679959538966
801140286687052633670600630426129946084949956382755990602647776521
970253758306411814612875438760985782899634221059502253415043982609
618760983521652316543316977214412517700380390215981379748913202929
277554387117033911632248075246572497296231247650935179435674838114
315286413330290891237771466124690448645511649267993463415562118822
817564230240516948954442816831414049043805788605901073700671829849
936504074947027855738627203271084260273269569006412015558094691371
012984255290544957645064575600374031494587908210547355911363990672
780648145919170643387069714773665247784433863025569838810258987930
950197131284070891871969674939400265719405722159295868834578669810
318183594938102719311615251530174090403194517238322459633052678626
421000745736336797264614352971498884605529190782295721345692646383
479217594057805130367348879544947334464560679667691278267990494200
362880699002603522166525266488097224672121294616782282247427178341
053585849093818084382076967122622155649252446410116006638391181830
873085635422672150172188913491114434074231672018580154409683941721
845529247030666331743969920320999137230793920870633268149502702418
363237393557565948355864342758527153036475346746011816231218086111
379932483545148228986306253693327937473726404693126737565340199730
090761426212286501158568944820803714283612048583161747503907712876
046503361236135224312142049114096204585829225543574900902717114310
056202779664273282036840883514218997367661285154174170155055966929
543355338498868702324902061064458071692286334339185539443465974183
103315453291025913036064622666879779455734904546748823275317375995

9372322731037104452113311533828930424773972419572744011654184843l5
5648940489213580557085576275584955348891913856437916383424089396O2
2097880195875047614164578733843443198087351575166749682003791537 96
1029734944321094760732700463633436612590711792603829657765048983 39
9682005284642342068544946993038712496466424858116044200046669339 85
7416855517298369829263584910447179338446832504338447175872526993 66
8623375707985863799511764743787742210295932621738817179921125649 60
7665490503647530112846059719986422397278433919677740389582319175 57
3259941937900854928259806607678949854843333553305204429781468642 26
2154639070566780479389131776519220499357616638821963223572241387 58
0488187287554778343055337141624291591814407249101833736072586131 30
5858393796369137316050463865378761619976568352789603916541221197 12
3163706463843508750588046575531967200804810632083118215379561380 09
8353559526093637000645317080644202888377266908268009424750615773 65
3069536999464734442641799088072365856916238996365175780762373186 13
6628030006775952545698303593502093103401066548823876059063096671 52
5803190270180565107741796599641778895066406027884717068077927555 70
3510222371473067950065096075380534263982026154071272137856032274 32
8861680241733894597905050321379748466149030953017402300954957526 17
9588969836097031429140848045838420177059333087278988292106539860 85
4978417702268001994317231256072796693509378461673808145347108132 93
7634521964744163193311786906499824823727616205615024443944723233 79
1069608396885603267436594476132436686239105834352637258702655272 72
3546810973613675379988543402247829732195864738470798498514172853 86
7527792306584091743206050109910223892981893864572160416894923402 08
5594048059798887199075389944836245759181795872647854824368717842 80
5118165701035999489616756458144117743599941557415640541980940777 06
0781817873278088392351665272981172947045182489488694025397849704 04
0125785017085252294800326448553982933954102504934105444614356130 45
3712369616822024270875468032257772246764538690691735846329099659 78
9270857241360685294722841899888111976949257775673473149204541882 49
9353860754485383273493160249445830184005201100597121122488189926 01
4090339058430141050559807188444154763356093389295582703356383918 92
0724411566241363467937554167389089309186860803126378923091291660 75
5009898084043087717386876849306238533350915041060003830601639488 53
6879210612389410574394034606240163718548425217716754516397600255 05
0226439611525994294308693498690746297837599701612950308438036606 60
0589226585293056378866958466784875726002532918393071854726101201 43
5318123008262824539075652638481662843067124140915353230173735777 22
3170545453318573303986361162909280796514000762580295868325211303 56
2521349985400678329057981002626637678051720624754016353702521682 18
7355287204019963596188736069347306728409608128864989228165452185 24
0832827912818493863635272203008598275445998989995835111574368787 88
8127048557173814857403078036294204859420644334157901693839596815 33
5852775087815743971924322779883170605463400533096961159954373203 94
1299551771974092493728193869104247191680745755805413172816833655 37
9652759510402582937660069379484763050243686693087498612911515579 02
9908914751147143616550977810891689159389043228611630980896160154 36
5423970713173398762556138393349278906057471453816915692648820151 02
6214721832503409165624542935311732839683741755506978877246043985 56
2610853373740287709972880476114915778576510475290891138178065469 22
2072171325415946797805559574054495325587792843232475048202572961 07
2119305427203445431119018432651599832951192425499568866292451206 15
5443548518778433760228457318552553020385780679964233347394328325 50
7976814317493529036535523570833622729540297603622459678702246796 10
8729006536915811032977241127196871846317120153108720228291216785 13
6832868288998410063083059699732951240183437928080758668778898496 04
3772754027589522929366853922675139928237161596447373298270175090 83

7568027446669159111149779944667113569108892437919930942472130807300
8198426259314434796579085670082562885883611446330706901910636068590
9518538704171062385680432411229940699769765217189489934971880450380
6432175982864331340232731735034487552793783486413104199496595525770
0669045671843550215620189672793973426821625686085922488113166647340
1429891013875712757048305145943663609924661062720112440987239997100
4207565439150686310201357598460146730265119903429865063967600069660
8795828289243397825905874856782626926330346837233212406615776029510
5653722610682290383661336834150499989593428093201865424703607359070
6560816219599759343820172461807695817834722127150399123937330805980
1643494623136717495999946304211763818147830191021334473569265625880
0571016446879845566172037587428149099843393046523931220003564424860
5028020022103872381508554360806108595381742785324654979231101510180
1266741384662946267400340729092430677564917857934277516529509846000
0986282198651935014863141311338234081864181019598887229593585603430
7224236723960151462789656548533533174007419842426013606673552984070
5440257317771495402192754876256636632097951348389232398473093428270
2993909549226286852582803762571040814041407092153377982471219334640
8252071838785374450072385259360567659576220402194519247929124130750
8546485918127845559512533948537732743954653252016862250537285001300
4537240004647444790745978251029444790475972689949375374692808933110
5543550514205161236368344100734984299470708653487282616826119499540
4459888850359607914367111963913932091120095413351288550899249339280
5379476656164159254527588534790680348593042101431778577117245113740
1846243215533722405654121494232234673410032864092372275714731703800
9305846661141052866534929215704384371938758254891849894465897489210
1239804355925364919086589066917390808867500913233054266548207715730
6402520816248301658987303608659808379615767364117736273466976156660
5392134829345642399129280785997987881520429221519091416907854973610
8725169309999132270006749972335155765795143664747023748766149644040
9261348608299760978362604927823173889497922468520977599508049882690
7239249576598722306469511876779916054956726996908515258226529522730
8588543930217342747557439187441137663399412859483123438484881279450
7601367100667616597439589632554530670816842945121140912212009108660
6989989150010205569248485237225542131071661391982827657429818829170
5183372084175238696768280591023151992531280144537722164743682595080
6088863644346720804079957456104290101965608808393098287160616049120
1636045869086222897375645574135743071591089367242331664477332829680
2418831492171649497251401194936905670952961527043291961756410101850
1405960839542210112530043203244772904509568672868692837978994453340
7325407832005428354880451308874136319369558168287460790465669459000
4074428841873812325676996716469267998695588605208063729838321123860
2468120288170434815581406294988306263459334499888403865260573742230
0738578664000237741531288590945512575353933694086944429394075221820
8471001077665809512756702014775408298259436553900777906180300371040
0301910921852932847824116551890922870290124041600452149317093577530
6081634208565523320144384538895834220684171388239953227063563872420
6113302172360887531969248201179065222750848154653606346843208352510
9510833216068431733436584680591301574087870182295987658228300204250
2835566932045019819881714582611715984000117232324846223680233784980
3905719584208339418833025000410026003788342211483673054749609677920
4297044999837994790440543497108962658967669130028499096038606304620
4009333797909203575516255166640057112187717239030015039609540518450
8169993864304498040103991612865934744955827606683482489093373386290
2669896469705317415608922966624289143819273723567260303050110341590
7015039075941159915617925116562289244176755772026392710897852605990
4713153357004590483012453586022457077160582123321852958758220305190
3728902001773432061942873421475237886083007029979653155681030112870

992589391833877964700675202703688772405840664369190902874387633882
097145801017495101346458402812780113168139897806509007407674642209
638998045332620765149608259774522758423904134502684618616814579533
717594622683030636661453659920280300843252851498178817712725738675
355028513383679230567432436869620272756904956947214224246798843604
119226316915567882764842223911962740367145989741445431800616886293
376356239752548161092018062894420650865088651743884451744029361570
891066530518191344083524173853908952947331269090022881476173592405
472755741008722118602480706552734785464670810033252880494872818846
476645138719484647002739836639678691108722490689445254499301361359
823021009664966265824979074179330260447961646789612176304735470941
059054767787436276981114648195946765395331326021604518805685201238
185383599352509055867304816958939312668888710724516375807869185298
046443759849390149864088672912156151469350544680039277537716280028
444617088728346133201602784693514171037189813592856544404738893533
643422529953563067148643575822661507084722421213957490588123647260
807956653918210780697591919627299613768250527190168013501825936503
904314892374222182997294359105047665101984354967715836390356050902
744094547376200086625518953798973986955249442094528368937291622558
644588185723220050973402112420242701338138097506387073687862241346
162660761418658903675756728049468513929492469474976704482862785037
993942832787912203329713975438436447227794195248300533133083265941
268165481431836724185190716453711839456188537671861146345100987635
561039688240346932274316386856389366920782628786664631623058656232
080344670332241489658442908620119179775183607898117847087626296153
194003478154640506345659858453959336783920471778161961151978159915
334832397561116212221045289683087138354599880658578013548593749042
639560201729578681154940798878998952785944953129124758248171371088
590969140706193303618003033238919132168402423711785594147938175122
615373552928204846201190878355782410767958987282648380188363060516
258745813238071702127070311601599319566532110559086844637230112193
935288299328435695606597198930148418941924696514195047131003620913
846840871436786883238124871873805822177969166872677052869491723296
929757412937157650310486149826499639425425153552278926558176593281
228135199049986283389176950986498709388528652246416241498009133604
809416167206933424250017253335902412245206966274283806079157097461
019323432744228427903009219716781979659790595491272105538644724076
008310005880818190724478703436574542794750466602116861532820793670
422831576774109787065652889958092151207900910624889386465174860336
630488088385858365475419590635290169607959866719791951547267539998
847762188847851073660556792237455158009612734637037295470996414489
544035707005097959712497079149894057504201650307392100837573941328
165780857198028511304247961345145042777636660548705739016497996388
006749276335699901742142470860427633687015388954255448605196615601
145707431101267836061897633765408595584416739699898991714686664840
902419001493111173462062958230778705794867646385567587210995136468
309977716094546557201681228539377673740994283039515574945316920658
203714520458277535783379827116157535547547595988090288825001513269
030621837535588152280080499462199263139514759007671504441201028640
422323467572146522255433374645407695544296373365183294408114816553
112317888568534493625651092338223250887519700640217856262405043920
393115512742419812786611804575203790313522638215002107721305024066
241830028624776559111141308947497641704427632877747366695141529627
972984736229019636223154363191418417996968962803592775061551398755
785367266353781400817153183187933147980316630735418382498547746143
475821220350330394913462672508437397313313461349718786522154847952
113280655897451002032487297922392568927537490270425986685614904053
752845046626144264259912295769949845956168866129342741521686045369

508582771055380684247063968607781328993106285511287995439433670099
191520888614455564574422792533094751032786399982860866477824697766
936469596820933063048325230272861628840918540210758575059523354917
451756350558943167491291170862073846960048789782639109056257395994
874924959790110901916146590802074849626393582792650583647676708383
011968855505051861579809721852980782027546790777352845948855486420
957184809577355026418379662201056062017672410164759618231771444198
810096102794777608196256246820854574993759391755772555043901644270
909099403336820210181891880943144687251194488397607261064289476377
050838168092847287045308547161072786663101220366887582906462496532
944215040426089607955960284837681158331065639818871541022291856363
755468086146768060626175912547513262658963341657062651172681705493
010940658630266922042298948302376443236714219463649003200189102951
055373197420393993038094287078665529147692881385645878149664779808
233148266402166554846713406240185971412175424409787127718287785341
343837382580995377745556686390309700061492840773024700917201995246
206245391985859237134507423999851718224954288951323435031823344837
883192959553348790109921171899225365294293653362582595390946552963
581374497293699746511875338537487094217708081745701742251604090438
846121574124452850202379839036999113896967347788049704208886393128
438915798686149953572063769482149209306281251312280804996662625532
242838399173520256674525229908409946325864683411130420845898803241
428782414860826210577494753300377060215168255421685888255205289137
193877249869082025393362940473047505009970440709469358919699005334
783044635811964910483163816068074323974751887377450485393208011892
092176200325412859001921285078008780108096121869972156727878783603
783428505022335910473861003790033681958215347953124203321923791186
979738109328501036782788060812745282883103918315704414803727152691
119589138273502062661678813673893005894349871926275421758678377586
169291156419695497805005027174414821422531771664564897625594375826
764309491260552928577535565273114929560879110821596194017570249204
462620779468053776955441637902384442862707600133588293722905895613
531099244879237739700126380103906210362971005400902332662052868551
292388936540076639663983925724508244968989262459924394384508765578
909028189856834334510996196384091164376705960548419525350568787230
520679162057973980086958750046561196154504016297677700965470185284
334977644679496028037224229231209258155238064515073175826397848971
659561076294495873794568519845906093691349732270242823829358483476
200972795732039739082440490265245937396257295449117729608598859109
798319161919237155743147773056132758650301867128792233399940922106
267909462585081169282796692381723798551276299352386088317714689728
571559104796911352900853677375489955124718689039574466000484795401
447802882232082425670184511475458385946399776041212321829451207207
790817682331516184554219598749744558901511992706236051896340735393
487564095315603407069359582576081667695587492098240480666527562455
192322003251452941755396468271902352195763796378975941750521586754
201928536559666201450456338552783571256712051282275196092953909245
784188554012712828606220318403041625230457334991986203368394185491
917443128141702746834805331236365464080095227986799808167861438767
022991764204219357703030288924063382337118831666892347256653147154
261973692488185677444236830676285808035577667085249394327267591827
130580282047449868310923884518396569291282691413580228508792026381
557594458857783917630415382477745027363004796768568959057429077532
824031838874195328472505758236998984185573609737934792621075648001
276066005684856289529627036503340728499245707682166060043085192144
993994615927401867906702492509188084254975382500057364115276562788
206831683745613611646610594529609876478761781065732569944130069604
044127574848059081543152521914759307810414099180436770663956672634

4353562456193564075135654672716790941187948848086809230938328738222
5004285130861556467382313448911976530330590349488507090436408551117
089681596818853555968367767082875926959001222681306340790521808314
175342883875013165292187663333574314371010163477966588836188698834
998328981164007025965502047611990688459306411880137433528093795109
830522058657551902553313247393551842157260882310168318176409724179
664282170553923573318235997210559146758099096015712545362591465735
834510808497696708071726694371830812496641392852932420581483522627
446937585856957168703450223775777783598158580954566745546272979473
079756932050856264050352830255672286677544482840862099813897930370
925326425964038534996170546386083723031489481001371999013197012628
010849698683279080599525074937754235999978783744657783712375357578
526777106381435613678907947372479242618159928019155423635840922410
926951949867583701400806912594594455592546704732039280047011160015
595417020287950359292017703968601134563044492333977435455716545727
149517353452904622158776693210397256540533868239130580966002121232
483113870490726163498817775250633988037352830441378850405352914195
734486262214803329495448889085450792480542683741940669188555167572
166221109208997318526676782935266132904276171207173433002345258919
537355747509268743152936342844964077178567399584381489421046285181
038496434277355192443854011056003640918609065983002337368459149958
401444990129369372589395288983481155645581061030794545804756646504
893576785275211183407994598744205675506984616282974816927434031957
448112126921989132435503198370546644424960963633748486558714369342
400084268306946647268678216054307605555515711301054996369421412014
528605671549281450356360885793542044988312557195995587078583365330
551210839284998411268479057129722024655013870820524474927234191950
360303939460347677085153472543380769135430210323311827099410525437
316371791899608133844403673509209111063173376587401600018697304252
984202448885270331725146924974753931982350352522617616094384809705
351245708751318689267370050744277412070979040734631226205290006391
892909903319643533353377827730338009564355202372811893414222213163
841246621876265629262131653747440952305454016919059121029833254873
844314996900817917666244456257105500140603668001332495809064102834
877164193564714304095505763803857385220987161679591048522208070839
544381665295350087746068113602730824885662613928667728371703032378
323346716406418651059916248176707063456531467640744926589904002492
943382034766548273034152265790423510131092975678304848136329763976
322746732729909893927449638572144129084870644807046616306718326269
730189550522617503670443765606386089754748091995263944035360465439
982377356190246502693129589140222105988734088163222562586861744532
441158949303555099774824741515073734119475733373556527627418519164
245146201049878262945368950884462321176358003511841835926759864297
128139853841446909691719079951674046781893587502744350355118079967
776249870628475929132726168844888493914112874532057248359162360674
161634463880131235116126332141573507358737890898646033191010479049
510880532762436343801953205313641343554593647041984399732731928183
025760085767530258321696714646834358840039142037072426708260176162
533902989867152675622198130603529594844646404039688560064817661090
330560790650387689684467316948543438918368935379334168987646104050
602410935985553266431299975939026367969692513769369261591022851172
165414889215726223597736677014639845855210470747638897225490221795
578347385363008193343789887481568027697599949512125441570271376490
277515078779949109561489574262273987940332212825753245784561955271
497177374892311071758004485261087533971440933423641670007394747605
338766380254295863552936913034769868990613336245908473538052999169
523740650576570393490154739065565289258081944696284012213924551119
876038074056609941052311643601925684722053285107258758837088787835

407461779760153173049500582938124750525030217002361095736709078402
235116222597238130144407984791813303210544324431102719791005913738
093483775863613997719436720065592456993814702761918466612118042961
718665283106957766092437716159831512459361728010390163655204661937
092525125363139655920117782142768019428047658653485815874703119926
770979133504911072051652432462312538315744875129541560355275026367
961454610934441685357810273138996999546867343518103443255259516930
023300505925727997815904820223589052604792034825075042171734554664
253125285259478440684213337897972455998381452902491341277243424509
717951186446150628152839286502372129264368408132689423169315188818
953852681800476310307780389924412151871985827222544989996778751458
791602397076666044133305940017725196828827618138902540142141154032
221880752214931387303943894838634880488587257312960544022675401194
443442712395569023790715007138610641985838887956880548633517280844
464472481327723859561052130130910151062642932763162472228598525710
263715946299940132265505188044657398980037754421846299791933040060
517616187986026555760768914956796240330209203533823006419857512128
054908768126499986629682021600839357742569239001450967655189683001
149858039500662463386168022550668707591274831975300014554060154119
807841134948294656806017074182194482694202914591931179729442535235
139331011218688316780023266376919519389893049565596364430499826362
332222131737958633752729015980267624382084908943642831249679621625
001635299668930446258458041672490710904142795447432277640558606449
799377481597906129222029306198335261800426117966549675805482901810
689473722161202657162630436353022821293372450839435343709678543243
805831288950527866356571712880369852845487149507985624665557793170
507902899868597143645930779735070140152275447669341982392638989294
535343190218016938758502877868797020461682319735199280766975865127
606468238391696014867111500960384593882005106152664625627270863739
947150257718107230896204362641552557152127904583542959059101205185
086051998335829520276445242512357735153614513291221335783411967187
075856606350002976645872189965684680983542255567976997861529583162
065743207372109968440619460852752139972077460283796182940677826598
099698358660897438651036562425562508423543545630151219711116732833
655070583247917273565142769410984986357066618802528434536119774234
900016041091359806582532510477723487375858846669785802999922419736
650411551196281600473215765070051662898453996379194144719612753684
963848418407835392194951607607529847670841382746044030177075799966
676756861253610514003917168172567805013897837186583796897615017209
848060227215120876367111635529356196130402092739641852869360472651
396687556304008753585686831314128686092282555124226959567993035024
901136677093640349903748458741989108901894570519857812478440357578
671393197085549893809997065410579169020959889749873844727261372435
180656164993163897351119703310393978040928094799734337726502122497
143409823782365196589288627922327799039418205068569837671166237721
514412022766337949173743734228317972794011937453904905797144617183
602567322140552194621862859145438965623402489453798119559649687070
730218607805131930946785284844420212843249930715413564423079386272
526585208492269484399394853053527270682335863948608170577407516973
852120210628959417716079254130699134608143824632866935231265907343
036680953859560845016739322909654282885409786377872218259072743419
564661165959340871344812029957960400057641468485638419208402583268
552123795496248911586260094009876541358587061925113653719481486085
710770837602097237465955311440307339494234844861525237226662531720
908162269400021122759183425529828168997196876101438519190128988074
242805283555533252325715485875614477520119468011155094405429657310
193621595918758219482207475615307833480300854994330873982134027070
003112858879279673962736609207126971151381953771554641063374555849

196316917552555991892240897978331242735453841796027845958986470600
952841808664677110946415984315000959749470220759587493696093489235
131553087952267531922887519326905699269590112428008437808975802237
272111281427715809215786190314382328222158431197363867972722768495
813632814701827652361699870383165480571461752017797801074900520098
622253867134378987984881044503027177386068210671823485666103281598
409185714908477074125773721529623628951428193949344923100247552946
876881422826882633819921070500314822969078127068502360967952456156
317625378443908683885454717662505486886145388589401906509184101588
520883369612987731672752691975623864276095136945838426185218338957
051864132632025229313913483808212879643388136298455390423731285738
559006232871979159091218171033492088287365725960067510345169173034
840664773124728536498697032255058028512103145813971655005402199912
584671247522962330479476204174835733965129338846259860546690206872
743107989200936008629962585264955692634224434907588987120754055723
917788898374740062831103598936397536831431637915535084459949981517
903571916645957972640535635796228522323209995625290729565968625666
476118217436889365526584209735880483823563270384629174104274634032
764044247217919633892333004523529200287573013563038211172897133169
436372206175085815202908497246369055667628921842626517819765195385
246430364256203212959160895853359815407065024525216570882264388969
553200330712386017719942697998742711966035304852835818441460854913
450644431713086666567324744794322805473391376062758189042836565865
989546648856170985902335718936471102219155448014160810863286526572
025037347796586980289697568759695665517157299781741491255194508337
794974466980602686431815234229243167763265101550537467770920415647
646247512496723011428848395397060605607246531422732188958383550139
850224798061638234945366128994040935591780926586823606419849478639
492739255146759621855648434028716399842416564079224320499215193527
094274925509720983764055479950763696237008961585314208285497806440
657569461074012428301167709175408804880626657504874497001006448172
817033718571687699052050431269126758942354642426321926816126071352
559377998468768487666374637370848309130230318759755192524399178262
640279966163670943691125300862843502978866714838773557009540850951
092542672370871628508720499100146666069343525439681324227750520412
084311778362086425913741403701893905849130885307671803377759779815
450406004508428169265395494242417343968257979429633223312132181078
012932197936027503888526310458725788790499330172493716992903363545
290749651464056091275487528815748748504665647881571336432427015771
206508826472570911545293554151064551035094710720178800179246413597
213842994871045977552798427450697742656414883406830080923054646260
389483267223960406246465945742025221084288128266889675278980243468
265578962656266379745368910929346892092484109702357131627533023890
207698673143258427609481838812458575873401409706867189561813112229
470021978448241581544509819889152942428906934660562607956566439433
934279983588235711675751163292556214994709518352233124581091315865
577359175847036941484881503863264098660524416089944214237244673185
768540526164596080359046160459477472320562878910886992342019575526
455549151862881037098556289818492084536281760741755782246663879072
604677554834517443481890496880563765032503535926271374514988624054
829562473693334496233090273911370810584071237265540394440666165466
698127940161174380314425458361131387001800510642225047421267495399
707590971527103141655363347732005496354914667194992566437711135196
471224844213383344829914740191692970978273304820965702365744166216
404138597571994011075505481383567509753677020862148022476905759312
845796120520106065272215959974558956392927416101354477714866027222
280787891903104933048606423488894126536509198046804726679290797077
022905020257671384436845815634829002226658722453892420758678126480

742598431037231448350739349163285687087989353089830355384383950079
707801508993166772121535578504768244806681206008160925249005506560
688200539439752940429777997773909548121823388281599786284393448937
918615556384584794259298949054384503736976473332256852424021601959
044724016399444925891545222094738197285735608141629442012082969234
213675190569210533735923778160066566876364146366579043573782443665
166851049351957765790791933549005424537483625826410516843786445029
591835898396440568593688826368637105027687838531277770566599560300
157235823714715472190567142601433687966468436491439499957272215058
042899218100989507993449442141990214468925539286769175103982467582
463734380523973508302806871873446064187629932031217040704830461291
642631982086285078695172901899700143428968262441780781916264417195
044507576668563242456745817551859136043599958574598825035538466741
328204525370108050902351148404819530588806416040823552351294128140
484544881037085694262600027163923010086037214242484291264957195698
732190524275633949016224645462593474567030056728375084672498252798
367349561770898365165478278894261861051832769208503603621780033915
249337148444550141579116250506890910713827580224465050986098688327
677971183257939187162167678835622419886753868393157565897768652016
394528273886744065178756600689498217355748074443255775906927363784
818051335709627018971520589097081198620052276793499133040582845672
035856647241058894553087522364618384396402596011254852876608866284
830763601287006667228026700036149423026125416550458296169931638437
058296750705322926910916119674936127372916312058636884790525095273
515438062221932730028959924079390744385736690935294925868944010734
221780243707715281612425319088227173271543382374014745436218433325
680295994077130149833237045109699654532027453350702177037070611381
910516358803074747708198082653195105524034346189080408772855887102
619129910922959508822518192058518874419863486251882456654507803295
363481026348433030837241811365562783019391016183517403223845097914
687521623877144239223232455763641079747001255398324712260190530488
666649333228486329053808683517096435404402568667911688444342169402
517726916720054236587952458648729193194196398370591083465955654573
745542747225256387204919648468045612163467555780018391145805072029
104091774619788296504861235552872697552000423820381832076425536409
632089339245449675981523092151894730501978535100152995735305428112
836484236594743595960959569801620275302395941995334462820826497923
607942188680411060241587415085751945806156888083430185412537819545
969741423677874187066721584275223193527707018877628030323374028626
604207305052378520354210425772442559140427008749076435248269386810
716376693073037272374171754245852247735758270295996649854102311510
138743237047991591787902994485501682558654515388125485742541460429
120123228556148895327177172401226279944108268691399729874382556815
811126238732626104264249191467303139324078996737861432904142084411
467415351674268973370321906902874770602008842219032125165528911717
385674777311366153734391751962707954921617093780054340457873789689
579406584026092226706663974706474619148511446524438074152055212868
620200671723263684717967231549153359492453428928874859317664269936
209673407497745053070568431410133263287775921305762314700874373845
076260305875774978732420714066513617994956945601081928431937367328
417989351895954235197022893472976977104975358649956731850469509873
966280139531524733606745957465367342250965950109876696237341406068
393503481983827182118684406017615765602547011395373572678345269455
960791770944971727234694733436780387223775747916868955520413621538
014282548673776952837038414279340044001305689783556227986071360705
966044685334333224708199605172761522010806671065237950190709749374
182163352993865189170077889883476360923618805269060064082807971343
497894275959288720261078515554112397373046097592317883468807253835

105908002186604490289791189672593675521396472906857973507367571821
697403667069896134578745061097120350147956537516416615312164732544
167892775072459436281923825623362981037565328913282392322272506794
170946913185669962267630084749332949237724820251680550666316199034
578005029621609509712783134975497484970807501469286177972053920877
355735426344654046917507878362978303712221263449953760458706825466
567329277539722860367819247326075875375036396055575515247044790468
927900741744080991621535352379551593168250391708411573389472148337
705878936954153482731607170302320249290945466553120552501263225317
414273729408935823231304140359670910492571838352019535775111030301
893738736672956883475900280466901502804156922062794107897682809626
966101213748811955631196777980468124930647837405316274760628345868
471645943824367753427608269557653234427605339971298708052089898561
442065934722157535135731353150964325686326997601181676887233090478
473878261088300271876502608262925233194476909940416700264006555597
136991814669791135677806574510572964711963826438069896023388113530
721498585368708628587178926879629780160894163936301209416355230277
734299630152634357751250413519834118736205833454731185380745726843
372069052208562550105061009379428561404741845592117933927270859725
115288005694028053614114492402092462087948741836224854453701673479
359020150069908947111950095477169960645156934098095760872306116798
593054474249458559276375426550790985078262274524142805641961957947
016181410188593967029288408817507132694912645147924587138834722095
701254537628711546135844710131132320149549094464014760003023763285
717139536547149001355586963306925811264047920053172809211791287009
678813893732959490687691623091782228643533340593396791602428932748
444663155945748561132045178306464916622418132462957675091859029883
332306551450236294043474054925561176422160938847117341895740719985
035273669869338669851702573938066023027910628085352549353166194585
293885401347619818297901927026997553976270972133207752142888313638
279403779548104363968462169524948229844322968969208533555308531740
953971002744873252835275736247945801278044550361060645585780357362
625255636064773490568638324600588264572996728670647068819718804899
591820953876986724126105812313371883281538730532406351716048837318
634831944878552453402131059605432697873627899027362358152686677286
484137632175406689989734882611860180029360022362615884959038938183
834781502164731089138369537380868316436990879808593012837352876220
600536227587287679465791680576358143240925305502388654829492572512
760977104308414241327149223014555024915380116515701072599196608891
033445877802018420198687255798348589279411579165489841807965598165
292440028600089283308995984612515413473641247553705658072496073372
896863956551034497585830017188013929340815934657740749168731401990
382842771226233324460588756739838593500769513118556316845738386555
122929408030684220362567245918113860635048015522616706356496428673
234596566937992435872932911668849839364206979703901915931945597036
125926270637083717136079722292448389736599492632218594309529344551
705400945927487032843519938814026708591528949635950763638073234705
346230932441509575691850480891957173919165310002415714293566869097
067553848502610804074340645742634283252211020710345037453834072171
927286093079709087864027403756034196203260951802333194466047043934
800540635869102941831438198076626369229201519626745478890548730085
334220881597403289253567824780457234485556638842993651785938154287
147347054077625040798071086832571272096595247028093129849059790306
196750805994442179885069831610963804318575734932089702792144339391
342829009838902927600998103497167534005535026657548513582069817189
431736521873727270386652434205926968399585877165807536293049174582
102753301267023622273305213709274757549275403224866536323928428878
807181194344775443943157463373774219051446263840148384522306013263

650278845147170479058318058348940856949424994415155483863342377204
069960193358031375344976028444995154109011381560664132329431053540
356633498250090053413621495974752980282398461972836700621058461397
781582746765798260178472965764639589418774249633169588422839119159
056564022819349680175816384013942920814208820454690299463765205998
819783175448012711996556221317324427160802193166446071845067024516
046120117976382723921134833943879896290584017968636094325530065062
888973239251361632702390752395982653489399468065805948768646275141
094064993115341987321729914312591009777188686945571244449358286138
125976463755113427984573762023435625689831225304205902149070999674
160321546707538816502965863991553151342905513331653248308850347019
549055674484101032187658995675839455823828688310814186283547319475
525274711575402543480466177480387868598378715694913427853082947288
735412043190232090595295432861066132697607626692661135211466252769
841277340852419138268582809550758375787518294419538166996475933805
810974419704088768832525737438561825911089750196431479372572070809
405896055397098285800445563078599861108297845198039988230941625098
680263516282280756081650704834896441683618365946329769197332664504
433270265296440733260835948712972056368036299922692205555021936131
309439292561689825893809531154348132895184916542872546286351978103
023730034903799179307688612204532651318101381689879195678466786614
433105801438125991279141588766717029067599907122292817274527854431
917637751864885446905521418294754607553734560608556346420396176670
957528745494901204660351964636873577292974282347505496786544592736
062760898924697824189071366910300926678191303055919511695693178319
754079624033842110466446524045818686393260964635303347112921315436
957144220672372701903216128316366068353535914027988526095314744197
670576401090753060472138657067665499726561399562590818508530304555
928407614124652218099654353071631850748864789331371598040191058010
242554171356618961206011069761203387121769536277481470240462879594
479656892916665615162911773694618494617768316635945285117164140087
961096558671942116381654578935594374741659601910402650699653760891
088490540908807662422362445253132852178568721171075072872580243702
749583566462456351397720596477873476721370969778743722222285444150
516258147590016001034987342164287379415209172808743852870687452996
758506346236156568380656846858665912883929939874919280450975993576
219153034533964024162816375645733798596901282927418796276250380640
305799822393935095892199527851029164638047832936209192780407715041
873006891785738178253793126532269564298480575057043385936993433934
560449623259372433043576671477116642620566716193777375770182049361
597820655177596044557427140159585062420861432022102794700328644097
498531194933972205256017243806783980806301980330387140108237370202
178023999196594847420810041624631399989387267812969837139653343697
806394667642860024152824873785639412927935383607707608300750085468
836684968344738138000194809994639279397254809261755712323072287991
472949962782931812117999531191393368291421708003917108392039962532
465712426711480762187323888663027326326051022748558768582482996273
785630375020526294883169608949012916313726348858049819248754553524
887326239439367504501654768934020682145856556617105077511943738058
941342569604131394758191970668230263242340902445054095883410876889
880583600190580085619949103323884501331396041945468828359061480627
917027425505698363038681904080769860746508844236776170546226084543
972221940355420265203310445526900704688277458214569663667446999428
841734711480702347951794307783615275740011675423810497822651699679
327017909913253596925641310212031767596026367955108692598919360515
293161163999379060522162182625734473633420263075057264252255255006
962503721338053244844653771497170577712173855502140364109117838972
141797635473176486099732370208765716623286273640666665252244484423

704743126027019405293253920388124561167839226071478001195718475045
561161525038448220826918667452950019454795547426703119533884633675
047534119243051728905583063960642730093178990339713439315840591610
085863938221382022717081924757782100150391638486660170908139091359
533406190146269042409568052624010705647776618407365199659831201591
486191247910453282084900376962357904520492814748144846581726874291
601112567800981177269122209070237851486611243714459198466857630947
375120942433520044650532973912516708301825542971302260674660980052
603919627557983895090692431900473756401836074549348591017944755771
628631505548876102867291818675864766444786596278272940399932099053
354969138475743042203580266820050183524856515170342099431107260374
750821643495885414321045735574198011829400651638459077831309473009
929939541827181805997731995522537656235226168798804828472031495890
625696894424278407617197478521211170867529446036705335557033361952
699406435233081909574370804656078412350061934156495100497331738362
040042273443789157896534958611591918135897244495607070322322782801
579148558088663267009240423420313927164689630137056221855039903462
294679176978329701524127573584580130897595258639855021546367705090
070332907975583265256973309925199423352342674324526287834348780393
209901478697413172811254964459042777973691266877075337938105295979
219560094519647245214566447811294088842597399502289315673204890035
956531488181813352488448698694800612536474277550005042040462103442
555588086621442523793246458613086709152614396887816336773496951240
900773916726414094124216456185364620858380521948089887377463428514
000439792350670242467066706973079235532297655668457047629025632259
783196183339724915469525525143514347973072505898539350344143010372
769330828701075552612213237948915324248501547845700977456836739570
646245323167834271605995132533503844764618045298891008925761423645
689209371216233577791901016985274650743313394038605583835605125299
114647525104974008392381880409524665697821906750077451273404137469
485989032430384217737576080925883639849428524916612397421340306639
968399457315314592189561854297369416392912745866021491932560629083
547889453870589099102877684263449092427581953822771544550755082820
784883600938857504071338064314464351066357725420010721512821487380
127832552194772666696435196399513880976645324332723557684264153138
097822980463213153774625235404290603580170561927446884847759849178
086745549832965851953461620010812542242676672446591985003737246700
094531418328513802244338672642501595675921141474962451849120472064
675609405933598879179790590013674885386450686962065614990834968225
785681134556483957272889037685647348587027874709244378417015400337
456982748232469221776707380599850755861668713787186830968096765583
702166111407722078522106402682698887307289605168437835203674022500
330129422087997280733552033208498251879476366174290552837591285641
649741372819365114332541321596654479750889663784405834138448245573
385931223675087756917458077706663761431383703360433458674650157199
994935709263149831353947601099746000005376581449457332674586106330
493215029738393935442737099386415060481731338107605825309439419878
575323657233230479592495750580234655485760174078300407648946768258
640951038804374399269553415069260955209966849636219609754199025668
927300183039884115526354875841019186258565195894991754367013775262
962123556260890759814472451063453168437420392696341251225494255324
466039223854149218025474882876575364066956656854499049481491528050
382535285564672004425228943146357459705605413211134776183459143500
680409751657893967117854851652292067783571075255139531452823122246
077432648578021471069671258249054953252002980118743298038560982084
749878105162425738536217494683456079440138680427259737217799597613
484926836925904945447285453485554767285509262696633351543953191992
620902229011791650354053205354155732396286587788501001210509448364

3693554565652987025104273373112703686432701853930462298639018498497790852704663810074106064199346768348792149018237926231535776760045253983094883499531297315673811035767138095060268988103260660443176435502995330743512178353637422630730894118909833411963860551522024968443939425305314272823845197724460166040399583547279137257994876905630996389204706293760505652182054213457997735548935383680336528207608125148943624690017425014836948910324978639419114600540230621618556990861024673154864609880202781073473737770491883439815296069606171715477091558045391472137944886307027510625910079537399951394861744903022978921815233955882101576496402094591940900160611658741111198073433510338190204012029929324031443298771647219418758925676345923219909229015572393372888607136940617761645093456715228049982747509278302635993198163991685562604495679935194832038447039650098998538011265861333379477552130328891619787933732768447413283162153821350502232982479519855842530644062732756704048542157953717334383013657922716976581525422725319026917215835634790655014339322211845457743373186545271855941021062294882520434730878381222298316872357783733734451559948232923392695789294479982420094939266427073943232747132009716034757074410728503079630390757270283805020959161755070005016627792429318124505238672399685851931779590388404675565133255758214943153517959498790175939954018699586162066971538933325756001809207795785012715852501324370267983815321683151058802737455893982251650796556806740552933580416458692852316528925062441034507254751746696957664759912065568479831778838624441646954191913411663831359509426984078970554946580729459831838654621775210631145510433633536617757305037406342920891277502236209418309382037942049430183256488151462174731495312272496651940332666946548174825341725229124749705114616160054281880540354198947234572559079014198518298148145990271405143266071026229634919481259342145337898724583097604861888669585130390729173392077225689609836520912793114821797475064465597613403875759224022396034735708491833781121498925829532335444378531833361017437217127075561619143805327266024494866847503438075251839224592395717830234714190223503503807941127277487289504002308047407224556001247620731599212504578861913386499033912685147243309106085594366056248486764753301033636598577489631546413465281763741261581100781736701249544796541160122490093946034993309994023927494381350400802944899168793936676108675503546923865708941470394616477845589307011895036016968430078158866532913562055689169725157812754395541621519521053001313362218719381457197443546784636798831874133330551292210015747304782227473543623380608200983366453685586892563315746920243151683123406729773141705079853683002114655362735781206338697324687906485958758167228676488743765465044904838056518022973211179540565437944615042021563406645608062174908344929657888829537930350472608621682320154984933606588503695960666607613634125466771426576696693825333353829686677801855476375874137561497408516836293864444543728252821275965733418806978040386375624321359353338276914364031872205194448826998998678043790503172651953332428847616800651629802990750232478834434240656782881288607696374064960256307156567675052037053083913616628392164184509828446743051228444239833464130153027392175042011926614572750828139037673363576392544605297160176537577389894691397706717184212302966812872049713645325528993086401233052322605408161138788925319487861723276315274802047699701084142223997929110102895691963294280332770835352538903514318588286319374292654222129276285260042254539799810059553667839998923929180915038777361400928153081940786066474842382259576352851784924147444843684342520668215659669197697288057366703621563551249944361226689330580394804546277509788735672716123758257138391394108724319551951605337651555589253551826979714756066893173531053191521229835917302302675839274164932

142243938974431008744911962224480737158524947552758284137168733885
684513971935717435137665104895239029017063092712264684066927834839
988628595942396793645641735587184019901875725463460676207062627896
232203480537183635179469108776385199110783793669022647896142652819
899498944095836469265144316565821247179207892033514059366782849401
779896529798150547543580317758562255869061012302340109361295535357
635843299746307928840816702336678897012814595884742819942874986614
377118597010460786118312228567494691319004482564302826200724878752
539439790125220351799067010886444417333294270385047776295948438149
909989126253488800224701126853866059437662227036508267221232223515
725503765038540952531017575868733835311996936024166003965092807274
380713754704848445688684891968721231098199098730747953205414010395
973619696752305244216405619005267427599397913726868627853543055179
125750471576601849237182239348493919692953944998838019657266250365
175749403311969597941172125762371383165114796260557917844027818812
255383408963982704978907257430443033411791081090599505417122077373
797477503036812582030995844119486799985794011171393324239526270361
992706377241703397811133323827156827734201479054726165434019322671
442180196105337050263337427319045518794871348524986266822221111131
891445576221042289834739034998125977811080901318642567088910367429
803049136365142132498203398923826233114577540076316382512686668485
031584111114115588642679072134604092217050745982472070245524314035
201195653139245833100914253634958789790743937136597095527255566660
070242028391007459462466313074544675113059937775120411928055649729
151234915055327810229864306084053764409891744431076998717276003815
163442860652183069210091799279417093193629424774580681733533597017
598932860314853201568769791565212418967004030959172775708160301869
459714079982443633328754319221407359969526268303856595845208956554
977810132745394340864386526954140660420525015130837808664572997492
569037617093002816162250318700303273714486051251640723900700882382
390681147399580435559035124122182329827436677789038538586239181478
158835325813789319130516472390159051500732925827462042891439266753
495215494292409278561294142586937295146893142705444227000932416109
334447817626188849164416925608135907757944738620601592404012063374
998954252911634095244853142318247458686792135102696628751705210646
078470497466615451881415103516734981578308880506290252472784913288
358585719687703163300975539049048845664489746888824842250422741076
906915478241586198518421957909459139269455393497074170826012991361
372933199089961244761127027704388927170172348861763196368502467208
266987608481975265151178468397433083172604878540303329427864436091
148976287974130203367539268931859458016183291794401009583249805875
064583664127695292859826577033300623458265495553231665323056373735
121952849214896392942381059559822709275997303299473750568744987281
293470260662447761583466617049162697571797587242929114187975074878
217153341997452680557322560031417046342203189757820773023738624697
850416509797584452716458522043551397592875295089546522806626969434
499014880200418118642039774220404270266955446032990925495943520252
796488734580054345846849452975353915837929113057037617736633757952
397710873933795473321185487906192685422400839536103687789915221045
210650200380051808347709316151054412972685089966422824644897764232
319476756024380976946310016887760572567989369280086502487446760824
545957501328381000122974730565399913766112760678583451295803038405
025304166311739822211379220747439396630034070496076432882198733987
733380285979360982153546559100724317097157060971059686886906647906
795150810115197051363575163611207596373863757385849998378645305790
304439430129504109743783727473215821070222676757039661418608774439
690962477761429826812572551820738210629142917928982577970023307492
988858235399319356394252680619486420670833245104681706704055421341

876516419219776188680295892187243673912979296702170026047079540759
988069653829470682629475007992091780545010872131836710302140341239
939886741014047291317644420908011091980352443211333653582852718284
326236725037002411625948225597448808317606737015485628911866544655
045630521377904505732818512019796654094302700497446325461212241411
283293664379403219844792766561092717076355940122055359024467307073
784068108916048402263161316537882261306234764932281552291952234092
518396017149557062533930191906745971899007765435853945373057085876
733937752255618875908626655726071481360268430480946337810894870533
253346931528652281848501503993800336638789733893411288434577352332
199976257543876194782906084104923170869792726685650177178453576014
440687171686900952806803431893356304270972778706508863333729703100
159320223247970041018149467646133696884479094536114901744629897493
230037580253191769550524162500655284261143730762265420826822134594
675370336621842181656644347757209630013688515145967947203601213939
946326114541444682752648661586756681602323921704745125701348659061
643086005885568792084783360624630419584641747083033660653300534206
204283686318888324266816035175214007464026900758761089479463515084
495961700050182770896682426327475529391344648268756009627622242507
296272188378746955853968086987312689237481269813501287025948529870
938537227129950556301593716628582188659160520740380572603304513197
216792914771867563052935572768823902922662197305804873114011753081
338921701186180117337251436635308756573420894170480721933598874797
364268619879410285421295294104365480616664665609535068126798608377
234268522061587747745045440859724123572813629395024877213229181447
460352824090500401017736626986417021816703518189746705120427960543
666279452174941485648640342337595905490601360969309168410629163679
468923218912091274019517061803872122843070879607731137254413060541
729899505483788277270466638641911377988697406327767999608103275565
628709067701614858118516715255720673109259432660248555938871841243
042256167746151083897288342422589148505084729051760618997775830070
656525208474082088421733739107673981148807733322016588911410051585
422388406367286567250897128850384529403162918837144537878661305400
091705011115471854363558310332072119813348586311534236019202937183
043526169084401955004814506589376871523847124185820705644135304874
205156145120866680968865536473070145171155583996458356780034909490
393274451441177991637963103382544506126729662982076892834738348275
637617138396079392508938287519388908374248283953342256640130058887
766579178359774040670750177108719391145784682542500121104011567813
812956625725510917646036596778057996130862820011501251679248494760
484988420373339395434686685902354575230954073815304116759191964033
950082322121220319485821924434755293375301739351818146692053006768
354983260897626736030117845855487527030732200353241223910296706648
167195592545322134782497402500270274805998168376214118183387608348
792580981381516616041464208075202053745495801305135529753878317955
606609534527502899952843052599586314977990312599592685238675997576
441360225760470651198719323526264910813019359159967624775420054683
329136080933231845309103266426957027363688615868419863558986966216
126369423462698706529516460365908897763094369532892149718025971263
107919863423433683379854278159243753610595231367670588425147268669
259622556233388254449153389514807803531600962362723626293210938381
213442925961689776071296109653285812638563528406918707269095087199
084875880597680615434384983307862237329950538595446528725800917384
821639524761866919428440920203252858635973427365210841779240653376
994870919040065362840026579910278085881694281124198678032126766119
082120687694390256898318550295073581362833258813293497875611996570
647703233546013593301573718699852759527884015523130446664670070445
701673747302944778425837971339579810234192743011416633563104720020

623034667200434736336209186074063793874108377983726591022622662816
683681746145088810586794020916962370702672270785567024669662152359
232489065565411423216530012306683158137095011751649747417707710478
671144231270308259649702806523097265225953502609376032046418104012
825702971529099663017972874967160781873864346043656031260091308019
905591344969824305981044812142232391988323305174876177610603802422
486933607826983487990531871201936565718811379882854700036618033764
616418080056211065665713544573803557216270206698706659611630266928
133512859723422734740435504503018436615705975860259189729717629378
207585152143663005844137543530152873638639375592024940199122961478
312053390204021524957162375177139207404812163206956168783744067514
276611819357040926225442812572446747935669902240001616279356999773
793622293288995109667188147254724474423324508328161135885062617781
347522637741668930679618906981738542620711683452020866172255402151
315203014261536352924176248872401938432847031453356855321163460324
119109690049806616365370483004401011812918656108974698069557691913
585155593833791589067981878573696873349166531702934832744826234967
893671344072677226840840390785044733709169016194834174928447685766
055823894997626657072609591728102611237088220424048967417981761059
712165243418987697325405183576390689675246430494598140399601983368
186282170586073372014699356972850002318515413576999413002897984546
387206092599165675004257455772138558216066238188184326085590864884
230577290245837548332719465922189060822557719303102442845088023804
118245874545954059911879389866524346777606716241118610010104090734
913030671369690732159434848129745453214650616117015870792378267767
522436635663919196042731264289021440187347592854707425670344996917
675233598478138865565705899983318601234615036475938171158603856970
478924993590444127976041889820913034833021495306782619690302406082
509918409496241117147501936682547196684447339851530387850051106979
020064973535455938575707883336768892461107934627144419802729030596
670946542694668000365572482505385372657003464552984375485605766436
548468959198703255509085909374209804862413099267432372863561176180
971636873658852587542928998684070667409131052333116913901759061177
908405550410409730126750877167686004326404717317308748944579536828
065166828841880976387687751677225401507003933693798837135823136755
015852875240337553986870947839756157946308525991462120723856095229
220102419422643655009643728162123659295649212034193108558048057925
207056097073311003610872573365512443639741726877515322065422563933
914249879192202992430401513532618304251639821759987994032717706306
529601965946603316609193225213978517420275604532822558009110705570
160851977806571014316301211880912558064986030948049146676107720745
502634506956158153283070441964462644401978953041673808332923846545
153725133316840331525638965894711008798811829532364680046133945376
701491217704282194282850506622188463050880409783570115326654916255
249526385096275796749475771603492347359628017615562674390623303470
044538119409528697550938580679702661145684844846308991494315152488
178024416974099890603908439441850253047357246937305616185379340688
294601425402211423373139724085744945862377619322551855689110364637
684070516003606140643570811847797770405995641200104601413000890788
089377595295745047655039053183599146854554075702541944535881728230
217184087340156065947706698217296638659132127716519251666291242160
026082404556418182824207155593041412847921238148595144839965671505
764602713610407345488817072271800832968140120396622375240917625930
501196457437538992864618902187410750169415517307487965557943412213
401861945711114145143476791105087385843795432281462392510321525178
061022002985061171511522924684406233670927089226453241078178623493
002036486152993070136846970506636958762130387191849673626286128773
135307721316622088806901178452231994936532272443177479044080521012

426828275776057685207211032353363551733222846585385579072592997658
497868869011934529274642275255585048782417415962774392726950863003
739197232432809642332098580674697455115723670387955932445758453122
600239564518634241370010986150265195096501276333828196736597643559
400008983705072192268375625342457964215208141538140352834232745745
282188653998454027744122254522942265414501024628838852570646391990
412738586374723771970181661501559306552580402449092982449535013277
809532564263426263432798995168669229691978769462307638213428791853
401663826586138981055665067401063420828539478180020453642269679016
347991779681426970196243141837017933239208206963911456865343575178
937024664269595259600654326091604270903277334124879376220897854569
431847419434510620397466555147205617061019461222686681596904838394
290430992831677354144429372219257639217779234223773397148488181910
169982018278621131812845363263984386215655096776531988541783185586
741582390043053451170737372867280188233545785306959967788067417964
300979384132540544812380831903058654085153227854231354283742353758
721688236322055070652706495251356963675212104632064184322393563779
520998965454720016968351074307701939884197870709476949874864200855
470745726706021712740956692665431438337769024013142789997756778724
179571357223060632305238563514763132557264467597733776986284175094
033938121692142673563864623543402066943063507513940274428897658237
003075649301065734518698212694757885041191961361046093431644074153
374395772435885256502313780947543195773054518785207209863861162273
043345329587547485512733832797221918503504787189788424928710689618
210899417158677612083801516188865145400128585971646301364496516055
149382279283444908376743281989211429104310611108686921655279207982
016493293745813421507655118784892767382548793511783235161120855178
410837621175281500785185477818607679428641484323323191097266850003
293412891404585820443155761077878576257742383848993157237395983811
060781246778635855689965273688452409425287045964359207605793466843
241453255963562487488211791208183970347846417549291422486198816983
583681912923190240717129570007687463345058546053618974136529114874
878826670127663175041210072031578108892437664036773091175530904092
817119613621053923413873342259376787685262571351224341348244924378
633188527682753743104903544552421435713693138564029040006569936253
681779918785587184473077058252974350574866412708465442603847274453
318352984893683898897808289018623074484047084490852849403039434295
546385274085475901526881600037477252281178116115742371398195074067
417534318414635054434243835745192486115808800396066834394019089873
781924404002198322845207651547921136925507478741658366024221854621
946430775152186135581519887540463551761409590543738570052501358093
904859672162021606984416156907877168406812741437661409111813963108
559915166148107954451532495992136682549963271237356256841474541431
231206048819565493502823579799437677757183566590069020417993369091
728241049062313271244249416014285160962807790636038335841419927091
542276842581774992219930572580325951237712012994424840701227968679
444734180679258265793495891476788837891544093263165670060889473109
325610561988030860548652087745645452474853531540501116812428474957
904372159415539436702907125778653689754228949640116185024437131408
434630354358064772127114350431362548438660924361550031965108550050
907158337041502556889102458400418193352025212449845716767925568221
802326639623157096458907968699494137343262118149547389785624882172
010558278984533333136548489450888785675190404459592653195215811924
489811352902213455038356598271936949317656578186760047007731691816
455034194766774380181590333099302566595666806010250926530115150160
622468616389719309021432141704002191457726858407865209722168098063
403409743086907298822309751951983100298612670489081778827687757961
178330223290184600190716087476842315224050774360779330699714208266

188407940469258063274247275041565742546714723309962603957286538590
552888005911222577468976219282389040655521371974945223212768338451
551457684661127766882078834758858600648865735763165275569994119108
346614456186706812749463392864273661511558912240868597078927007503
394219875836535973430041069559226761035533059931059176312793511629
714079606501253293619401366506307941570050211188043581494533791320
858732548430463659635754453470236895764075477044155714931768679302
277753119882184837301911786289306940111589359951274829912053068129
551929824938272147795541012944377345175642511716526216166999185835
646874649357924097724551332802362936675709907697852514226641191193
585434501374096079376005086552834228065726478022042061307951699639
533247616622891546684694096914515252563415426976727096542892366968
403192535094906738450902029724318091231270182551951383460029378821
762077676614701791056987095327706600308416181059206587486560051483
952184824992543254856132508585197436417072553803196406928071563221
322173345451876615575526390318339396568420029460701119129003740322
343976701062591895494110816617775621921623121137090313971995109300
060103007153333452901597889358798595884784180052537960087983471109
265787548954190753861066220189959789540593437873947063842367677502
183369288728660527834544522024058057113629600759746651977711112630
969469503423846510531433667095110760686290587829078822087133464200
364390366332980988500851337814963166188577108066312558044324207698
647512216582361620834681484140831525275396050627066696526301902593
848744034126606357473771924725215165229394066955245342248129991832
656594423759120559882004728642042067074222872759074097139821572379
632145499167296730802864864484068322190336849026989929710200920411
865787025178591835750552703347688775638585462739607509976147400572
192898182966726201203114582608158553826922251013825611025429443067
962436400899781005440067802134276707642549925936710102284674866225
941175294051667555818626941750593997115376753996650983301615736970
922700557309695955649272385182575787553417888752639788555964624474
923264074821628542338036335949374899526806016754142197883509023731
057687503281918259052125331849318306100702202678580527851563024324
195553938565711330622522462341479711447932578993736265220222845799
230346011771041574409412468197295002911413986761550352599819480735
239154528581118222981815649447927563553322350629049623760218885772
940818935145056394333893533977655456340866555282658136000816463334
525449484505955566705163107708872505206626022560573629214451674721
138860169162930054205124206415555272401945587359509752625533729093
899907528808524234255268789623261274535575780817153091024596353553
948147627719691641984261118275886258905804366154875620681637434080
047600164419843802937341468286777176160414285412606425641580937439
615912924271363136731776124458993385917773061133298846655245748283
492523119458706998912381060083820227026598562576333919033672940001
264290699668384238179436127469866593189619045322223293603166329601
494368718280932743049152389322562551911147300753148128807206426842
226981136185520154479808760107287609450269249454061487952597780986
360069669101377814123490020686919838926415376722551768749515204014
883031204113020227806459645894805871377996768873493918703798214391
672064590869651897225691698509990310203096657363301877215791078781
426445725617411584185877699635635291576611517161175561912146377213
801136522636271278503521453330658424042719346570805618056428626998
831932727372468508080637253458677431435647134329913610845871145670
176806024156398745240385833637939835633934944595030714427694213921
659335151610028068260018621710802758990916345462460226985867174542
310977297306019504557502121786672926863366512580710505001747213369
207269807192779063301291903342918220130117130206861246373615361763
948055611226790359599834582073680303215605083664016691546402608726

050665198490757496212963311920460864247010599662752040679908521111
887393952622217171839456743584366250259407567787455206883177021018
226392892933319946189556214339398753777418233490776385599354008719
353215578106343492646921668019730695877934717222544807911811119639
263927648001235177257192747883057839711366906064552543319190322289
193609549718432491009045406627292385027405633838548590188268149435
843645843980262611116171765842816097957652506787611795116323992635
170032619534150929750055340488664096583519165979491935086348821926
159814484369243754556511220419480552682307533247697408847277874354
523592721088040526258353686891993198446098971608446742636735916800
552847863406269127172173171756061677171463475561619807884390311358
477716426051047474576636143832085499367219745739979786652277503539
806189140888838590932137437527203362302578779561047292856386085130
915778464960008736333920310489778169199045483721157693261472210169
373395677086569137611108691532783540556894860507108229542480918055
808095852840667352878148038653802146646757143896547580860434512955
393551309586932110862993111060583993942496576010657495240264494636
552444240730599036528490896664804046794551760568902763171719187687
277257489033656717785638232165305692129115050326412815732707501138
355197893094089107488034261090882741413711940912309437167869613636
072477657104623486150406068547046457718789166038214014347509730536
910311084407969550456237753811982755215952136501877563397073543958
012047196601951288251054503317305162163410905181922605255463122643
553225929574757288200162627080823604244459035813619904596044916754
037553727206181988999514777161493276079799935405323179303743527584
995426817187213747300025933561536192111129261638916218469566956203
3564970596509332371688551878420333041807503066505556062517416050526
233166409192522382588709552189028812957505217116559791713082534046
084330797746547688166691968144768973284839179217767764271032151745
244795073588076328905416731603181192610241700381775659611825654152
518096798760261634301727837032796173292508134704765485765605901072
767352138545982768929873329758329944685365659919272027231284196896
663259359477266722350011371950264673084492628609598526205224095218
223592003147069826977926672250423655929192492054350354442390940880
576201050465309269773134941085727997638011304927973986558419898876
583320159334396104687507963520178472987317304408427266965840609618
054654656319302505014959888401925085596318809233280147303879129195
795825101292043776533474108918075807247127240276166629686262222231
660704487522921471507146159607733512382721669154552729130788761367
040033447710520770059428997271177365919242991321208097064896312558
843911944264248345550207274615226720992564456528346798994906603417
413684761557731344073469800379804214122671320372465321073217357376
049193206275564676654903913028689978015277912027247510532924595527
398642066245295718008680915733555397019651293100483231470413504942
935965118265724049820443139756703147053709850613146155991545967908
038206332711270539764389461306833524669156764448058479053185626495
783935454683629709750886407255782366929906508127064320767425390436
885713810940745855659674181134810267297801287659770581626728457561
593281266064575328698356754169437335171869154494298039532809562532
967176474278419217105496385341428321986214861895267914830400454230
243724462494276958818851304787948051509240221847272687432602896204
859856831807437521486290992133913992180695380744363471106230210202
399080166428312197903931088989028681277449139877816012369634935383
790483373886164973988642408564038860012173560371256630282419328441
393715260355025536500684691379951253301570881693176198059576609611
328145362486381437470813760997339279340713871021835604437946559576
321085972638056113173862779961866282810658000636060566965160500275
463200064283833990047068610621589780135918708023883757689557911171

327021871913861244609228509466217880091235664671425284581316883233
438617026345453106357326861714173268252109927195832490783232192898
048512298230337937859269722693195895033354126067763684519202799011
294351329008525896049061348176846124481858634526732494412395033702
428955285667455763776548313039154490724174469903334896301032696085
126405368878222121462152194238250907818894026435367515689104488568
329212836025815748009984583205487653084082425613508935972296031858
838858038358185664412153867087676012483101046308447443218801447909
336747468844785641481744590912453981032300885920637101563587565164
309596112739640158617697813140879507371428831776043668981962641347
500697194056519504550516774239794019689986252789008523744580732886
706974177396357254506098542345678985204250732286070942026394841828
669256606166544407204577568393932312265407812478316668801803018422
504520053551868684850558453085253849754261205794305353308074775082
649608852944557278500344139558937933505118403022529870616291505964
225999600585648957233653179869136696994427866578912525684626041479
811086568557173907213307893310852590333311371858772870349262790271
567329168662716674908199318258316683282850015757078016119316922193
151475493775515980465409283999109493742010371708560860588178544900
570410413604043513764246899815268060925540112346532950434918053747
735616666710469298309567892031648206393173922124840551203478063211
131681337322406321645541558823784609194273808850283831236226654974
430055809989829957425843235376429863146563505528356047709075747328
263677043963097923465629794934456641396085146437130393213677421247
090445272154068792154263064259726029201899465529811514261260490076
38671417302357272768390415597234506669386646058829201247114417883
178223482153389187605836327618181943322769555311258190484751746290
562001346899644071619823205434718461102051131555093022682510749199
014960817856260510885903658474515037638491513400032951639910621924
055728300810352176197961683221398169240835763955621165712611219290
508716325525855864961663825419359148218187619592329205699550637645
818268557522115278701180299433546741536276207749785405413330313633
542368241010846476374906388527984149007646469764854009479635895497
546144813763697059163569983681198752505479306935320757076678014844
770142471624190816682249007420711186488154772891718653596776539579
933503342728214605416964960098470697958559264304287036366471307131
478233061157641991322242064609989883076268583605552740990478467610
760424178421506285175573529996478625529542836742987066457943375801
014074021161861448432976574426342852870477855630830963143527878304
194501970294657577773281674685808745393160393725331589928057943463
140873586086177882633492774615118491165513068184671367734882334108
513640394793920887688633633946138235834479408156961091429387734713
893423773619109646056424447477908207604966027135616895410644483213
659808293890972961891211834291490616389638610693752089534688398334
446718982124347807238740745769755450743684674713502485881839966556
819634452881194183317263682505061186490039412552057457120360355780
251419043526718372192138482990580322469584243231589844325103965443
535053543229216747040778614684859762557446153511880031430569954927
847167454497269761283933251838197222328360707522781292813010656941
262948730634268837338181742170608647548276394242391402753218042951
903411635170469807423351556057857562450999253201787499636640473477
038985587306507603870997731843128109897898820854355955094325390237
189521682023344245572575307879263398550901645594237339662522335164
875058955694217297244895998825089232112034795894154654603037878617
591571661398869326873749684730549653293782147564810579380828530053
244708050656929422340010959348294614539078890661626402150130735330
033192074563726377077099939992288621224324880206263485088853036010
723436890136064275814252839878594917997961121963797576519245218670

9608809213711197750008781593043072934488393095757415924137528597779
97291893453850508038319867745900251865791723708085741642971538078
40607130686803619824197157747638950725346840456919275953193722370
22901558006560760473854735990447799674874996976942713766869553319
12533776409858709668386326392616494560868414037456842071940595070
74303546918215090046649399855174138938519757312156826162286223188
09672974760601302833119371611408747270676255856777511995666748615
96491297019331808499410961813929649278936090212535443327375064260
24299412032736255824417498345094730945343661590728416319368307571
79806823153573715557181612215678793642501388711702327555577930226
78580319993081083057630765233205074001393909580790163771762925928
76487479017727412567819055556218050487674699114083997791937654232
62337471732470336976335792589151526031561403332127284919441843715
69655208754245059895678796130331164628399634646042209010610577945
151

www.ingramcontent.com/pod-product-compliance
Lightning Source LLC
Chambersburg PA
CBHW070052080526
44586CB00013B/1020
* 9 7 8 1 6 3 2 7 0 3 2 5 5 *